Global Multilateral International Conference, Protection and Security Services

경호 · 경비 필수영어 ❶

Essentials of Protection and Security English

박영서
전경복 공저

도서출판 진 영 사

경호 · 경비 필수영어

박영서 · 전경복 공저

2013년 01월 22일 초판인쇄
2013년 01월 25일 발 행
발행인 박 진 영
발행처 도서출판 진영사
인천광역시 부평구 갈산동 16-22번지
전화 : 032)505-4207
팩스 : 032)505-4206
E-mail : 0183734207@hanmail.net
등록 : 122-91-77317

ISBN 978-89-6541-108-6 93740
값 30,000원

Preface

작금 시대는 국가주의, 민족주의를 뛰어넘어 세계화, 국제화 시대를 거쳐 지구촌시대로 탈바꿈하여 즉, 글로벌 시대, 글로컬 시대가 되었습니다. 바야흐로 다문화시대로 다양하게 진화하고 있습니다. 이렇게 급변하는 시대에 대한민국도 결코 예외일 수는 없습니다. 이러한 대한민국의 실상을 대변할 수 있는 것이 대한민국에서 개최되고 있는 국제회의 및 각종 행사입니다. 국제회의 및 각종행사에는 역시 경호안전이 심대한 이슈가 됩니다. 동시에 국제회의 공용어인 영어의 중요성이 과거 어느 때 보다도 실질적으로 강조되고 있습니다. 따라서 글로벌 다자간 국제회의, 경호, 경비 등 분야의 공무원, 종사자 및 예비종사자들은 이 분야에 대한 영어지식을 온당히 갖추어야 하며 이 분야의 영어를 자기 주도적으로 사용할 시점이 이미 도래되었다고 사료됩니다. 그리하여 이 분야의 공무원, 종사자 및 예비종사자가 필독서로 뿐만 아니라 업무수행에 자신감과 긍지를 가지고 완벽하게 대비 할 수 있도록 저자가 심혈을 쏟았습니다.

"경호 · 경비 필수영어(Essentials of Protection and Security English)!" 이제 우리나라에서는 처음으로 본격시도되는 "글로벌 다자간 국제회의, 경호, 경비"분야 등에 대한 전문화를 추구하는 특별목적의 영어교재(English Textbook for Special Purpose)입니다. "경호 · 경비 영어의 분야"는 여느 분야와 비교해 볼 때 다루는 내용 및 수준과 방법에서 특수한 면이 있습니다. 이 특수성을 정확히 간파해야 합니다. "경호 · 경비 영어의 분야"가 경호공무원, 종사자 및 예비종사자 자신들의 삶의 질을 더욱 향상시킬 뿐만 아니라 인생을 전환시키는 새로운 세계로의 도전 등의 진지한 의미를 그들 자신에게 부여한다고 감히 말할 수 있습니다. 그러므로 "경호경비영어활용능력"을 신장함에 있어 교재가 중차대 합니다. 본서는 글로벌 다자간 국제회의, 경호, 경비 등 분야의 필수지식과 경험에 실제적 일반영어를 가미하고 분석하여 과학적으로 구성했습니다. 가장 짧고 빠른 시간에 가장 많은 것을 체계적이고 유기적이며 효율적으로 습득하여 학습자가 지고의 목표를 달성 할 수 있도록 최대한의 노력을 바쳤습니다. 특히 다음과 같은 내용을 각별히 고려했음을 알려드립니다.

"왜, 한국인 영어학습자들이 영어문장에 대해 시간이 흐를수록 자신감을 상실하는가? 그리고 결국 포기하는가?"라는 질문에 여러 이유와 그에 대한 나름의 분명한 답이 있습니다. 저자는 다음과 같이 확신을 가지고 말씀드릴 수 있습니다. 학습자가 이미 알고 있는 문장을 혹은 조금만 누군가 도와주면 스스로 해석할 수 있는 문장을 어찌된 이유인지 영어책을 저술하는 저자가 모조리 해석을 제공하는 데 있다고 판단합니다. 그래서 본 저자는 학습자를 진정 코 사랑하는 근본적 태도에서 단순한 영어문장의 해석은 과감히 지양하고 그 대신 학습자가 스스로 해석하여 수준이 높은 번역에 이를 수 있도록 부분해석 및 분석을 철저히 도와 드리겠습니다. 이것을 원동력으로 삼아 학습자 스스로 절차탁마해야 합니다. 꾸준히 그리하다보면 자신도 모르게 영어문장에 결코 후퇴할 수없는 굳건한 실력이 붙게 됩니다. 그리고 말과 글로 자신 있게 표현할 수 있는 자신을 기적처럼 재발견하게 됩니다. 마치 광활한 사막에서 오매불망 기다리다가 오아시스를 만나듯이 말입니다. 화룡점정의 순간입니다. 도전 합시다. 반드시 성공자가 됩시다. 본서의 준비과정에서 많은 조언을 해 주신 Peter E.Nelson, Ph.D, 격려를 아끼지 않으신 홍성곤님께 감사를 드립니다.

끝으로 본서가 발간되기까지 온갖 정성을 다해주신 도서출판 진영사 박진영사장님과 편집부 여러분의 진정한 노고에 심심한 사의를 표합니다.

2013년 1월

박영서
전경복 드림

본서의 구성과 특징 및 효과적 학습을 위한 일러두기

-Practice and Pleasure Make Your protection and Security English Perfect! -

본서는 저자가 그간의 실제적 지식과 현장경험을 바탕으로 경제적, 과학적으로 구성한 본격 "글로벌다자간 국제회의, 경호, 경비분야의 의사소통"에 완벽 대비한 필수 경호경비 영어지침서입니다. 지식이 노출되어 단순한 정보역할만 해서는 불충분하기 때문에 학습자는 그 지식을 창조적으로 신속하고 정확하게 전문화하고 심화하는데 노력을 다해야 합니다.

PART Ⅰ. Protection and Security Terms and Issues **분야**

핵심용어와 논점을 문장을 통하여 정확하게 확인하도록 했으며 상황별로 철지히게 분석하고 정선하여 제시했습니다.

PART Ⅱ. Protection and Security Reading Details **분야**

주제, 화제 및 아이디어 별로 정선하여 유기적으로 배열했습니다. 특히, 본서는 학습자가 스스로 문장을 파악할 수 있는 능력을 갖도록 하기 위해 어구와 문형해설을 상세히 하고 전문해석은 과감히 피했습니다. 곧, 학습자들이 자신감을 가지고 본서를 끝까지 정독하고 향후 사전만 곁에 있으면 어떠한 영어문장에도 두려움이 사라지고 정확히 이해하리라고 선험자로서 확신하는 바입니다.

PART Ⅲ,Ⅳ.

Evacuation Cases and Equipment, Assassination and Threat Cases **분야**

대표적인 실제 사례를 정선하여 실제 업무대처에 도움이 되도록 했습니다.

PART Ⅴ. The Great Protection, Security, and Intelligence Organizations **분야**

글로벌시대를 대표할 수 있는 경호, 정보기관을 정선하여 그 업무수행 내용을 명료하게 정확히 비교할 수 있도록 했습니다.

PART Ⅵ. Communicative Competence for Protection and Security 분야

한국어와 영어의 특성을 비교하여 유용한 표현만을 정선하여 정확하게 확인하도록 했습니다.

PART Ⅶ. Vocabulary 분야

단어가 문맥에서 어떤 의미로 사용되고 있는가를 분명히 하고 체계적이고 경제적 학습이 되도록 했습니다.

PART Ⅷ. English structures 분야

문장의 이해력을 극대화하도록 효율성이 높은 핵심사항을 정선하여 질문응답형식으로 유기적 관계를 구축했습니다.

PART Ⅸ. Protection and Security Checklists 분야

각 상황별로 유용한 점검표를 정선하여 실제업무대처에 도움이 되도록 했습니다.

CONTENTS

Chapter 2. Critical issues of Protection and Security(경호경비 주요논점)

PART Ⅷ. English structures (영어문장구조)

Chapter 1. English Grammar and its Usage(영어문법과 어법)

※ 다음은 영어문법과 어법에 따른 필수항목이며 어떠한 시험에도 소용 되는 반드시 이해하고 활용해야 할 사항입니다.※

Part Ⅸ Protection and Security Checklists(경호경비 점검표)

Korea-U.S. summit joint press conference security at Cheongwadae

VIP limousine security formation

PART Ⅰ Protection and Security Terms (경호경비용어)

Chapter 1. Typical Terms in Protection and Security (경호경비 대표용어)

1. 경호경비 대표용어의 학습 범위

경호! 일국의 대통령으로부터 초등학교 학생에 이르기까지 이 '용어'와 완전히 자유로운 사람은 없다 해도 결코 지나친 말은 아니다. 바야흐로 "경호시대"라고 할 만하다. 따라서 본서는 현재 이 분야의 공무원, 종사자 그리고 앞으로 직·간접으로 관련된 학습자에게 조금이나마 제대로 도움을 주고자 계획되었다. 공무원, 종사자 및 학습자가 경호분야에 관련된 어휘를 제대로 활용하기 위해서는 먼저 이 분야에 관련된 일반어휘에 정통해야 함은 두말할 필요가 없다. 이어서 상세분야별로 부분적인 표현, 완성된 표현, 담화표현, 대화표현을 소재로 실제상황을 예정하여 부단히 연마해야한다. 한편 '경호'란 어휘는 '경찰' '경비' '정보' 등의 어휘와 무관하지 않음을 명심해야 한다.

참고로 일반 영어어휘를 학습할 때 다음사항을 유념해야 한다. 경호분야의 공무원, 종사자 및 학습자가 공경호의 영어 전문분야로 입문하여 영어로 말할 때, 작문할 때 경호어휘를 제대로 활용하기 위해서 무엇보다도 먼저 일반어휘를 근원적으로, 포괄적으로 이해하는 습관을 기른다. 즉, 사전에서 어휘를 부분적으로 설명한 내용을 문장을 통해서 반드시 확인한다. 그러니까 단어집을 기계적으로 학습(Rote Learning)하는 것은 오히려 영어를 익히고 즐기는데 방해가 된다는 엄연한 사실을 각성해야 한다. 줄기차게 독서를 수행해야 한다. 현재 분명코 영어는 우리 한국인에게 외래어가 아닌 외국어이기 때문이다. 독서방법으로 속독(Rapid Reading), 다독(Extensive Reading) 그리고 정독(Intensive Reading)을 동시에 수행하는 창의적인 자기 주도적 사고자(Creative Self-Thinker)가 되어야 한다. 속독과 다독의 재료는 구어적(Colloquial)인 표현을 채택한 것이며 정독의 재료는 문어적(Literary)인 표현을 강조한 것이다. 독서 시에는 반드시 큰소리로 한다. 이 양면성을 통합한 재료로 엄격하고 지속적인 독서를 통해 개별 어휘에 따른 다음사항을 미리 익힌다. 왜냐하면 언어는 관습과 문화의 결집체이기 때문이다. 그래야만 글로벌시대에 진정한 공경호 전문가로서 진화할 수 있음을 명심해야 한다. 한편, 대한민국에서 공경호를 수행하는 주인공은 대통령 경호실의 경호원이 중심임을 명확히 구분해야 한다.

어휘에 대하여 미리 익혀 할 내용은 • 개별 어휘 자체에 대한 정보에 정통한가? • 개별 숙어 자체에 대한 정보에 정통한가? • 개별 관용 표현 자체에 대한 정보에 정통한가? · 개별 시사용어 자체에 대한 정보에 정통한가? • 기독교 문화에서 비롯된 용어 자체에 대한 정보에 정통한가? • 그리스 문화에서 비롯된 용어 자체에 대한 정보에 정통한가? • 로마 문화에서 비롯된 용어 자체에 대한 정보에 정통한가? 등이다. 가장 먼저 철저히 준비해야 할 사항은 개별 어휘 자체에 정통한 지식을 익힌다. 즉, 어휘마다에 따라 ⓐ 강세 ⓑ 발음 ⓒ 품사의 특성 ⓓ 품사변화에 따른 그 의미 ⓔ 긍정적, 부정적 의미 ⓕ 철자법 ⓖ 파생어 ⓗ 동의어 ⓘ 반의어 ⓙ 어원 ⓚ알기 쉬운 말로 바꾸어 말하기(Paraphrase) ⓛ 동의(류)어 끼리의 미묘한 의미 차이(nuance : nice shades of meaning) 등을 그 자체로서, 동시에 문장 속에서 그 유기적인 역할을 상황에 어울리게 정확하게 파악하는 능력을 배양하기 위해서 반복 학습을 거듭한다. 예를 들어 'tender'는 라틴어의 '부드러운'이란 뜻에서 나왔으며 형용사로서 고기 등이 부드러운, 사람이 허약한, 문제 등이 미묘한, 다루기 까다로운 등의 의미로 사용된다. 그런데 품사가 동사로 바뀌면 서류를 제출하다, 돈을 지불하다, 채무변제로서 제공하다 등으로 뜻이 변한다. 명사로 바뀌면 마찬가지로 제출, 제안, 입찰, 간호인, 감독, 거룻배, 급수기 등으로 뜻이 다양하게 변한다.

기술 순서대로 설명하면 다음과 같다. **1.** 강세, 발음, 품사의 특성, 품사변화에 따른 그 의미와 동의(류)어 끼리의 미묘한 의미차이에 대하여: 어휘, 'exercise'를 예를 들어, 'exercise'에서 제일 강세에 제일음절에 강한 힘을 주어 발음해야하는 데 한국인은 제이 강세에 더 강한 힘을 주어 자주 잘못 발음하는 경향이 있다. 이런 잘못된 발음을 할 경우 의미전달에서 오류가 발생할 수 있다. 하물며 국가 중대사를 논하는 대화가 교차되는 현장에서 우리가 이러한 실수를 범한다면 그 결과는 자명하다. 품사는 명사와 동사 (자동사 , 타동사)가 있다. 「명사」일 때의 뜻은 (신체의 운동) (실습) (권리 따위의 행사) (학과) (의식) (군대의 훈련) 등이 있고 「동사」일 때의 뜻은 (~을 훈련하다) (권리를 행사하다) (영향 , 감화 따위를 미치다) (~을 괴롭히다) 등이다. 한편, 동의(류)어 끼리의 미묘한 의미차이에서는 'exercise'는 이미 가지고 있는 기능, 기술 강화시키기 위해 반복적으로 행하는 조직적 활동을, 'practice'는 어떤 기능 혹은 기술의 습득을 목적으로 반복해서 행하는 규칙적인 연습을, 'drill'은 어떤 일을 습관적으로 할 수 있도록 하기 위하여 지도자 밑에서 규칙적으로 행하는 집단 활동을 말한다. **2.** 어휘의 긍정적 , 부정적 의미에 대하여: 영어의 어휘는 그 자체로 "긍정적" 의미만을 혹은 "부정적" 의미만을 갖는 경우가 있고 아니면 '긍정적' 의미와 '부정적'의미를 동시에 갖는 경우가 있으므로 각별히 주의 한다. 그래서 학습자는 글을 읽을 때 어휘가 문장에서 긍정적으로 혹은 부정적으로 사용되고 있는지를 확인한다. 어휘 「beautiful」을 예를 들면 「아름다운, 훌륭한」으로 긍정적 의미만을 어휘 「common」은 「공통의, 사회 일반의」 「통속적인, 야비한」으로 긍정적 의미와 부정적 의미를 동시에 갖고 있다. 한편, 「follow the crowd」에서 「the crowd」는 「긍정적 의미」에서 「부정적 의미」로 변화되었다. 결국 「부화뇌동하다, 대세에 따르다」의 의미를 갖는다. **3.** 어원을 정확히 파악하는 자세에 대하여: 개별어휘는 문맥 속에서 의미의 변화를 가져올 수 있으므로 이점에 항상 주의한다. 이때 어원을 정확히 파악하고 있으면 문장의 의미를 제대로 이해할 수 있고 문장의 상황을 적절히 판단할 수 있으며 곧 필자의 의도를 제대로 간파할 수 있다. 예를 들어 「romantic」이란 어휘를 보자. 한국인은 이 어휘를 거의 「긍정적인 의미」로만 이해하고 있다. 이 어휘는 라틴어에서 파생되어 로맨스어 (즉, 프랑스어, 이탈리어, 스페인어, 포르투칼어, 루마니어, 사르디니아어)로 쓰인 통속적인 중세 이야기에 적용되는 말로 한층 더 진지한 글을 상징하는 라틴어와 구별되어 쓰인다. 즉 연애사건(love affair)에 쓰이는 경우에 남녀 간에 벌어지는 황당무계한 (경이로운, 강렬하면서도 정열적인) 사랑의 뜻을 암시한다. 즉, 다음과 같다. a romantic conceit(엉뚱한 생각), a romantic mind(공상을 좋아하는 마음), a romantic love(열렬한 사랑) **4.** 쉬운 말로 바꾸어 말하기(Paraphrase)에 대하여 「paraphrase」 어휘의 뜻은 「알기 쉽게 하기 위해 자세한 설명으로 바꾸어 말하기이다. 이렇게 하기 위해서는 동의어 , 반의어 ,및 유의어에 대한 포괄적인 어휘사용능력을 갖추어야 한다. 그리고 실제 활용법 (usage) 에 정통해야 한다. 다음 두 부류의 어휘를 비교해보자. • flammable : 어떤 물질이 가연성을 갖는 (보통의 뜻) • inflammable : 어떤 물질이 불타기 쉬운 (강조의 뜻) • nonflammable : 어떤 물질이 불에 타지 않는 (반의어) • delay : 속히 해결해야 할 일을 실패, 과실 등에 의해 어느 시기까지 무기한으로 늦추다 • review : 어떤 사안을 다시 협의하다 • apply : 어떤 일을 어떤 경우에 적용하다 **5.** 글의 전 · 후 관계에서 숙어의미를 합리적으로 판단하는 자세에 대하여: 숙어(Phrase)란 두 단어 이상이 모여 이루어진 표현으로 의미 기능상의 한 단위를 담당하는 것을 말한다. 주어나 동사를 포함하지 않는다. 문장에서의 기능에 따라 명사구, 형용사구, 부사구등으로 부른다. 그 기능에 따라 문맥에서 합리적으로 판단하는 훈련을 거듭 한다.「a matter of ~」를 예를 들어보자. 'of' 다음에 오는 말에 의해 여러 가지 의미를 갖게 되므로 유의한다. ① a matter of life and death : 생과사의 문제 ② a matter of fact : 사실상, 당연히 ③ as a matter of course : 당연히 ④ a matter of tree miles : 약 3마일 ⑤ in the matter of discipline : 훈련에 있어서 ⑥ a matter for (of) regret : 유감 된 일 **6.** 관용표현의 이해에 대하여: 「Idiom」을 말하는 것으로 다음과 같은 의미를 갖는다. ① 한 언어의 특유한 총체적인 표현 양식, 「어법」을 뜻 한다. : a white house ② 한 언어에서 일반적 구문을 벗어난 인정된 관용구로서 총체적인 고유의 뜻을 갖는다.: somebody else's 결국, 관용 표현은 문맥 내에서 판단이 불가능 하므로 평소에 철저한 이해가 필수적이다. 즉 정확히 기억해야 한다. **7.** 전문어의 활용에 대하여: 일반적으로 사용하는 어휘를 특정분야에 국한하여 사용될 때는 전문어로 탈바꿈하여 그 의미가 변하므로 학습자는 그 용어에 대한 정의, 적용 및 응용에 대한 적확한 사용 능력을 준비 한다. 각기 과학 분야에 따라 전문어가 사용되는 그 의미를 철저히 식별 하는 것이 바람 직 하다. 예를 들면 「radical」을 "명사" 일 때 일반용어로는 「근본원리」의 의미로 사용하지만 「사회학」에서는 「과격파」, 「수학」에서는 「근(根)」, 「화학」에서는「기(基)」, 「어학」에서는 「어근(語根)」등으로 사용한다. 한편, 전문어는 전문용어의 준말이며 특히 한정된 분야에만 사용하는 전문어인 학술어와 비교 사용하는 습관을 기른다. **8.** 시사영어의 배경에 대하여: 「시사」라는 어휘를 언급하면 무릇 사람들은 「시사」는 그때그때 일어난 일을 의미하므로 「현재시사」에만 관심을 갖는 경향이 농후하다. 물론 감각적으로 지금 말하는 순간에 벌어지고 있는 일은 「순간시사」라고 말할 수 있다. 즉 「과거시사」는 아예 도외시하는 경향이 짙다. 혹은 지나간 일이라고 내버리기도 한다. 주지하다시피 언어는 시간과 공간을 초월해서 역사성을 갖기도 한다. 시사를 다루는 시사영어도 마찬가지다. 지금 벌어지고 있는 일을 기술한다 할지라도 과거를 무시한 채 사건을 흥미위주로만 관찰하면 안 된다. 지금의 사건이 벌어지는 상황이나 배경등과 관계를 갖는 과거의 사건과 비교 대조하여 조명할 줄 알아야 한다. 그리하자면 과거의 사건을 주제별로 일목요연하게 배열해 놓아야 하며 그 사건을 형상하는 상황을 미래에 연관하여 예측할 수 있는 판단력도 길러야 한다. **9.** 기독교 문화의 보고인 성서표현에 대하여: 서구문화는 기독교와 그리스 문화에서 시작한다고 흔히들 말한다. 기독교는 서구문화의 씨앗이며 중세의 암흑기를 거치면서 서양인들에게 뿌리 깊은 세계관을 형성하는데 그 근간을 제공했다. 그래서 영어에는 성서(The Bible)에서 비롯된 표현들이 많다. 자주 사용되는 그 표현들을 이해한다. 그리고 성서에서 유래된 시, 희곡, 소설의 제목도 알아두어야 한다. 성서의 창세기(Genesis) 제 37장, 36절 말씀을 보면 “미디안 사람이 애굽에서 바로의 신하 시위대장 보디발에게 요셉을 팔았더라” (Meanwhile, in Egypt, the traders sold Joseph to Potiphar, an officer to Pharaoh, the king of Egypt. Potiphar was captain of the palace guard.) 보디발은 성경에서 처음 언급되는 궁정 경호대장의 이름이다. 그에게 국사범을 감시하고 또 형을 집행하는 권한이 부여되었다. (John (Ernst) Steinbeck(1902-1968) 의 명작 “분노의 포도(the grapes of wrath)”는 요한계시록의 14장 10질 말씀에서 비롯되었나. (“he himself shall also drink of the wine of the wrath of God, which is poured out full strength into the cup of His indignation.: 그도 하느님의 진노의 포도주를 마시리니, 그 진노의 잔에 섞인 것이 없이 부은 포도주라).

본론으로 어휘 ‘경호’ 를 정의하면 다음과 같다.

경호(警護)란 경호대상자(피경호인)의 신체에 가해지는 직·간접적인 위해를 근접에서 방지 또는 제거하기 위한 호위(護衛)활동과 생명 또는 재산을 보호하기 위하여 특정지역을 경계, 순찰, 방비하는 모든 안전경비(警備)활동을 말한다. 관련 한자를 영어로 바꾸면 경(警)은 warn(경계하다), caution(경고하다), 호(護)는 guard(보호하다), escort(호위하다), 위(衛)는 guard(보호하다), 비(備)는 possess(소유하다), 찰(察)은 watch(감시하다)로 된다. 그리고 국가마다 경호환경과 경호수준이 다르므로 경호분야에 사용되는 용어의 정의와 사용한계를 정확히 이해해야 한다. 경호환경이란 지리적 위치(location), 정치적(political), 사회적(social), 경제적(economic), 문화적(cultural), 종교적(religious) 상황을 말한다. 따라서 글로벌시대에 경호분야 종사자나 학습자는 경호분야의 영어표현에 능숙해야 함은 두말할 필요가 없다. 특히 우리나라의 대통령 경호실의 경호원들은 다른 나라와 달리 경호활동을 통해서 외교적인 분야에도 일익을 담당하고 있다는 사실을 간과해서는 안 된다. 한편, 경호분야 종사자나 학습자가 준비해야 할 "경호영어용어"의 소재는 다음과 같다. 일반의사소통/인성/수행예절/의전/경호기법/스포츠/무술/응급처치/구급/위생/검식/안전/사격/수리/검측/자원활용/문제해결/정보/통신/장비기술/공구/자기관리/자기계발/대인관계/조직이해/리더십/창의력/진로 등이다.

먼저 경호업무에 관계하는 '사람'을 중심으로 설명하면 '경호원'은 "security officer, security agent, bodyguard, bouncer" 등으로 나타낸다. 대한민국 대통령 경호실의 경호원은 'security officer'를 선호한다. 'bodyguard'는 제도권 밖에서 'bouncer'는 극장 등 유흥업소에서 사용된다. 이에 대해 경호대상자(피경호인)은 'protectee, principal'이며 상업적인 관계에서는 'client'를 사용한다. 'principal'에 대하여 경호방법은 근접경호(protective service detail)를 채택한다. 경호업무를 수행하기 위해서 선발경호(advance)가 수행된다. 선발경호는 경호대상자가 현장에 도착하기 전에 근접경호원이 수행하는 모든 경호계획(security plan), 경호일정(security arrangement) 및 경호활동(security activities)을 말한다. 이때 이 업무를 사전에 담당하는 개인을 선발경호원(advance man)이라 하며 이를 조력하는(assist) 팀을 선발경호팀(advance team)이라 한다. 선발경호원은 사전답사(advance survey)를 하여 반드시 보고서 형식(report format)으로 작성하여 보고해야 한다. 한편, 경호팀은 선발경호, 근접경호, 수행경호팀으로 세분화 된다. 여기서 주의해야할 영어표현은 수행경호팀인데 수행경호팀은 "detailed team" 이 아니라 "detail team" 임에 주의해야 한다. 'detailed'는 정확한(precise)의 뜻이며 이며 'detail'은 특별임무를 부여받은 팀(special team)을 의미한다. 피경호인의 수하물(baggage)이나 소지품(personal effects)을 분실(loss), 도난(pilferage), 파괴(sabotage)를 미연에 방지하는 팀을 "baggage team"이라 한다. 한편, 일례로 미국에서는 워싱턴의 고위인사(dignitary)가 로스앤젤레스를 방문한다면 로스앤젤레스 경찰국(LAPD)이 경호주무처(host agency)역할을 한다. 이때 선발경호팀은 현지 정보국과 정보선발경호(intelligence advance)를 공유한다. 경호 시 경호책임구역(security responsibility area)에 경호지휘본부(command post: cp)를 설치하고 경호책임자(agent in charge, special agent in charge, a federal agent, officer in charge)를 배치한다. 모든 경호활동을 마치고 경호활동보고서(after action report)를 작성해야 하는데 그 작성방법은 이야기 조(narrative form)로 해야 하고 그 내용에 반드시 경호상의 어려움과 해결책을 제시해야 한다.

결론적으로 글로벌 시대의 경호원 특히 공경호를 수행하는 대한민국 대통령 경호실의 경호원이 되기 위한 학습자는 경호경비영어를 나 자신의 수족으로 만들기 위한 영어 학습 및 훈련과정에서 어떠한 상황에서도 영어를 유창하고 동시에 정확하게 표현하겠다는 결연한 의지를 시종일관 유지해야 한다.

✷ 경호경비 활용 표현

advance 선발대(先發隊)

행사지역에 미리 파견된 TF(Task Force: 특수임무기동부대)팀으로 제반 업무의 협조, 안전도모, 혼란예방, 질서유지, 중요한 사항을 본대에 통보하고 지침을 받아 조치

advance protection 선발경호(先發警護)

VIP경호의 효율성을 도모할 목적으로 선발대가 행사지역의 각종 안전 조치강구, 본대와의 유기적 정보 교환, 유관기관과 협조체계구축 및 유사시 대비책 등의 사전 조치

advance security 사전 안전 활동(事前安全活動)

본대가 도착하기 전 선발경호대가 행사장에 투입되어 시행하는 사전안전조치를 위한 제반 경호활동

assassination 암살(暗殺)

VIP를 계획적 음모, 정치적 요인 등으로 살해하는 모든 행위

bodyguard 경호원(警護員)

의뢰인의 생명과 재산의 보호임무를 직업으로 삼는 사람

bullet-proof 방탄(防彈)

위해 기도자가 사용하는 소총, 권총, 칼 등의 공격을 방어하기 위한 일체의 도구

bullet – proof bag 방탄(防彈)가방

방탄재질로 제작된 방탄용 특수가방

bullet – proof blanket 방탄(防彈)담요

폭발물 발견 시, 피해를 최소화할 목적으로 폭발물 위에 덮는 특수 담요

bullet – proof coat(vest) 방탄(防彈)코트(조끼)

실탄, 금속류로 공격 시, VIP와 경호원의 몸을 동시에 보호하는 특수 코트(조끼)

bullet – proof podium 방탄연대(防彈連帶)

VIP가 연설할 때 VIP의 안전을 확보하는 특수 제작된 연대

counterterror team 대(對) 테러 팀

각종 테러로부터 VIP의 안전과 효과적인 대피를 확보하기 위해 경호기관이 운영하는 전문팀

defence (guard)경비(警備); 방호(防護)

VIP 또는 특정지역을 경비하기 위한 경계, 순찰, 방비하는 제반 활동

detail protection (security)근접경호(近接警護)

VIP이 일정한 장소에서 타 장소로 각종 기동수단으로 장시간 이동 시 지근거리에서의 각종 위해요소의 접근 방지, 위협요소에 대한 경호조치, 특히 비상시 대피 및 응급조치, 후송 책임업무

emergency route 비상통로(非常通路)

비상상황 혹은 긴급 상황 시, VIP를 가장 신속하고 안전하게 이동시키기 위해 사전에 확보 해 놓은 통로로 가능한 비상대피소 혹은 비상대기 차량과 연계됨

escape 탈출(脫出)

VIP이 스스로 위급상황을 피하는 행위

estimate of security 보안판단(保安判斷)

경호행사 시, 적 또는 위해세력의 공격에 대한 아측의 안전판단과 경호의 보안능력에 관한 판단

evacuation 대피(待避)

우발상황 발생 시 경호원이 VIP를 위기현장에서 안전한 장소로 신속하게 이동시키는 행위

(event) site survey 행사장 답사(行事場 踏査)

행사의 원활한 진행을 목적으로 행사준비단계에서 각종 위해요소를 사전에 파악하여 관계부서와 협조하고 안전조치를 강구함

explosive ordnance disposal (EOD)폭발물처리(爆發物處理)

폭발물 처리반이 폭발성 화기, 폭탄, 포탄 및 이와 관련된 기타 위험물을 안전하게 처리함

explosives 폭발물(爆發物)

열, 충격 또는 마찰에 의한 급격한 화학반응으로 다량의 가스와 열을 방출시켜 분해, 재배열되는 혼합물 혹은 화합물

fire prevention and extinction measures 소방대책(消防對策)

행사 중 화재, 구급상황 발생시, VIP를 소방차 및 소방장비로 안전하게 대피시키는 준비한 일련의 대책

geographical factor 지리적 위해요소(地理的 危害要素)

행사주변의 직시 고층빌딩, 감제고지, 건널목, 취약 구조물, 해안 및 강 등을 말함

guard sector 경비구역(警備區域)

3선 경호 시 1선(안전구역)과 3선(경계구역) 사이의 중간지점인 안선구역으로 출입하는 인·물적 요소에 대한 경호조치를 강구함

maneuvering protection 기동 간 경호(機動間 警護)

VIP이 각종 차량, 항공기, 철도, 여객선 등 기동수단으로 이동 시, 실시하는 근접 경호활동

material factor 물적 위해요소(物的 危害要素)

행사지역 내의 총포, 화약류, 무기고, 주변 공사장의 화약류, 가스충전소 및 유류 저장소 등을 말함

method of assassination 암살수단(暗殺手段)

VIP를 위해할 목적으로 암살 기도자나 테러단체가 사용하는 각종 무기, 폭발물, 장비, 약품 등을 말함

official event 공식행사(公式行事)

공식적인 의전절차에 의해 이루어지는 행사

personal factor 인적 위해요소(人的 危害要素)

VIP를 위해할 목적으로 주변에서 활동하는 행사 참석자, 종사자, 상근자, 방문자, 적대감을 갖고 있는 일반인 등을 말함

principal (protectee)피 경호인(被警護人)

경호원들로부터 공적, 사적으로 경호활동을 제공 받는 모든 사람을 말함

protection (security, guard)경호(警護)

VIP의 생명과 재산을 보호하기 위해 경호원이 VIP의 신체에 직접적으로 가해지는 각종 위해 행위를 방지 및 제거하는 모든 활동

protective security plan 경호경비계획(警護警備計劃)

경호임무를 완벽하게 수행하기 위한 기상상황, 시간계획, 의전계획, 경호책임 및 임무, 지원부서의 협조사항, 통신 · 의료 등 비상대책을 수록한 계획

protective environment 경호환경(警護環境)

경호활동 시, 자연 및 인공적 조건

protective information 경호첩보(警護諜報)

경호활동 시, VIP의 위해 계획 및 기도에 대한 확인, 해석, 평가되지 않은 정보

protective intelligence 경호정보(警護情報)

VIP의 위해계획 및 경호안전활동을 방해할 목적에 대한 확인, 해석, 평가된 정보

safety sector 안전구역(安全區域)

VIP의 경호구역 중 핵심지역으로 안전구역을 정하는 관례는 옥외행사시, 권총의 유효사거리, 수류탄의 투척거리를, 옥내행사 시, 직접적인 위해가 가능한 내부지역 전체로 함

safety security 안전 확보(安全確保)

사전 안전조치의 일환으로 안전구역 등 VIP행사장의 검측 및 출입통제조치를 강구한 후 안전유지를 확보하는 경호조치

secure area 안전구역(安全區域)

행사장의 가장 핵심지역으로 VIP에게 위해 행위가 발생할 때 치명적인 결과가 초래될 수 있으므로 경호의 핵심역량이 집중되어야 함

security agent 경호원(警護員)
VIP의 각각의 경호임무를 담당하는 구성원을 말함

security evaluation conference 경호평가회의(警護評價會議)
행사의 모든 문제점, 대책, 보완 및 장려 사항 등을 토의하고 평가하여 차기 행사에 대비하는 피이드백(feedback) 과정

security meeting 경호관계관회의(警護關係官會議)
행사직전 경호 관계부서가 준비 및 협조사항 등을 사전 조율하고 예측되는 문제점에 대한 대책을 강구하는 회의

security procedure 경호절차(警護節次)
경호업무를 수행하는 일련의 과정으로 사전 준비단계, 현장활동 단계, 실시단계 및 평가단계를 말함

support service 지원업무(支援業務)
직접경호 업무를 지원하는 적절하고 효과적인 지원활동 업무로 통신, 의무, 수송, 소방, 차량 등을 말함

terror 테러; 공포(恐怖); 폭력(暴力)
강압적인 방법으로 공포 분위기를 조성하거나, 반정부 인사를 저항활동에 가담 시키는 등 저항운동으로 살인, 납치, 유괴, 저격, 약탈 등이 있음

threat factor 위해요소(危害要素)
VIP의 안전에 영향을 줄 수 있는 요소로 VIP 주변인의 인적 위해요소, 총기나 폭발물, 화약류, 가스, 인화물질 등 물적 위해요소, VIP 주변의 고층빌딩 혹은 감제고지에 의한 지리적 취약요소로 구분함

traffic controlling vehicles 경호순찰차량(警護巡察車輛)
행사장으로 본대차량이 이동하기 전 도로의 안전상태 점검, 기동 간 위험물 적재차량의 우회 등 각종 접근차량의 차단, 기동 간 본대차량을 선도하는 차량을 말함

transformer station 변전소(變電所)

vehicular assault 차량강습(車輛强襲)
VIP의 위해, 행사 방해 또는 이슈 표현방법으로 각종 차량 특히 자살용 폭탄차량을 이용하여 VIP의 차량 및 주 행사장에 돌진하는 행위

2. 수행경호예절(Detail Protection Etiquette)

수행예절(隨行禮節) 어휘를 각기 영어로 나타내면 '수'는 'follow' '행'은 'perform, g' '예'는 'good manners, courtesy', '절'은 'chapter, joint' 이며 '예절'은 '예의(禮儀)'와 같은 뜻으로 쓰이고 "예의의 절차"를 의미한다. 한편, 예절은 동양적 의미와 서양적 의미로 대별된다. 전자는 유교 원리 즉 인의예지신(仁義禮智信)에 바탕을 두고 일상생활에서 지켜야 할 규범이나 질서를 말하고 후자는 기독교정신에서 비롯되어 언어와 동작의 법식을 통하여 사회생활에서 지켜야 할 위상이나 품위유지를 말한다. 따라서 수행경호 시, 경호원의 정신적인 면과 형식적인 면이 일치하여 타인을 배려하는 국제 예절정신으로 승화되어 표출되어야 바람직하다.

경호 시, 수행예절이란 경호대상자를 근접경호(close-in security, detail security, protective detail)할 때 경호대상자를 따라가며 지켜야 할 예의와 절차를 말한다. 예의와 절차는 수행경호기법과 연관되어 있음을 기억한다. 피경호인(principal, 일반적으로 VIP)을 근접 경호하는 경호원을 'PSO(personal security officer) 라 말한다. 'PSO'는 각종 의무(duties), 외모(appearance), 민첩성(alertness), 예절(courtesy) 및 지력(intelligence)에서 출중한 (outstanding) 면모를 갖추어야 한다. 'PSO'는 'VIP'가 공식방문(the official visit)시 시종일관 수행해야 한다. 'PSO'의 임무(mission)는 구두(verbal)로 하거나 혹은 문서(written)로 반드시 작성되어야 한다. 'PSO'의 임무는 공격자(assailant)가 피경호인과 수행경호팀사이에 절대로 끼어들지 못하게 해야 하는 것이며 그러기 위해 위치변경을 빈번히 해야 한다. 'PSO'가 맡은바 과업을 완벽히 수행하기 위하여 선발경호대(advance team)로부터 수행경호에 필요한 정보 즉, 각종 지도(maps) 각종 약도(sketches), 관계자 명단(names of people involved), 전화번호(telephone numbers)등을 제공받는다. 특히, 'PSO'는 'VIP'의 도보 시 경호(protection while walking), 골프운동 시 경호(protection while playing golf), 공공행사 시 경호(protection at public events), 숙소 경호(residence protection, residence watch) 등에 유의해야 한다. 상기 수행경호 시, 일반대중 및 기자단과의 불필요한 대화는 반드시 삼가 해야 한다.

경호원은 수행경호 시 여러 가지 예절 중에 특히, 인사예절, 소개예절, 대화예절, 전화예절 등에 각별히 주의해야 한다.

한편, '수행경호'란 표현은 '근접경호'와 동일한 표현임에 주의한다. 수행경호 시 연도경호(roadside security)와도 연관성이 깊다는 것도 역시 유의한다.

✸ 수행경호(Detail Protection) 활용 표현

carrying a weapon 휴대무기(携帶武器)
어떤 사람이 어떤 화기를 소지하고 있는 상태

defensive driving 방어운전(防禦運轉)
피해를 예방하는 운전자의 조심운전

controlling actions of potential criminals while walking
도보이동 시 감시대상자 통제 대책 (徒步移動 時 監視 對象者 統制對策)

convoy 호송단(護送團)
차량대형 장악과 통제 편의 목적으로 일단으로 행진하는 차량군(群)으로 호송대의 유무를 판단해야 함

convoy of vehicles 차량 호송단(車輛護送團)
일시 편성된 제대의 안전 호송 목적으로 편성된 호송책임단

designation of the nearest hospital from each site
사전 경호팀과 협조된 각 행사장(各 行事場)의 최기병원(最嗜病院) 선정(選定)

detail protection 수행경호(隨行警護)
VIP의 가장 지근거리에서 모든 위해요소 예방 및 접근 차단, 비상시, VIP의 인진 장소 대피, 후송 업무를 말함

detail protective formation 근접경호대형(近接警護隊形

emergency measures 비상대책(非常對策)

emergency security measures 비상안전대책(非常安全對策)

emergency route at each site 행사장 비상통로(各 行事場 非常通路)

employment of an ambulance 구급차 운용(救急車運用)
구급의사 및 간호사의 전부를 지칭

employment of force 병력운용(兵力運用)
행사에 참여한 모든 부대의 성격과 병력을 특기에 따라 적재적소에 경호임무를 부여한 경제적이며 효율적인 경호업무 수행

entrance to the event site **행사장입구(行事場入口)**

행사장으로 통하는 정문역할을 함

equipment and facilities **장비(裝備) 및 시설(施設)**

✸ 행사장경호(Site Security) 활용 표현(1)

countermeasures during an emergency **비상사태 시 대처방법(非常事態 時 對處方法)**

fire services **소방(消防)**

화재예방 및 진화에 관한 전반적인 업무

flog jump **플러그 점프**

VIP경호대의 이동시, 경찰사이드카가 선행하여 교차로 등 주요지점에서 교통통제를 교대로 실행 함과 동시에 경호대를 추진시키는 경호기법

follow-up agents **후미담당 경호원(後尾擔當 警護員)**

VIP의 진행방향으로 VIP의 후방경계임무를 담당하는 경호원

follow-up car(vehicle) **후미차량(後尾車輛)**

VIP의 진행방향으로 VIP차량의 후방과 좌, 우측방의 경계임무를 담당하는 경호차량

formations in an emergency **비상사태 시 대형(非常時 隊形)**

비상사태 발생 시, 시야를 차단하고 대피하기가 용이하도록 전환된 대형

invited guests **초청인사(招請人事)**

각종 행사에 초청장을 발급받은 인사로 초청장과 신분증을 주최 측의 데스크에 제시하면 행사참석비표를 발급 받게 됨

joint duty **합동근무(合同勤務)**

국가 간 행사에서 각국 별 경호부서 책임자가 같이 경호업무를 수행하는 경우임

keep away **접근금지(接近禁止)**

비 특정인을 특정한 장소에 가까이 오지 못하게 하는 것

keeping distance from suspects under surveillance 감시대상자 이격범위(監視對象者 離隔範圍)

취약한 경호수행 장소의 행사시, 인적위해가 예상될 때 인간의 반응시간을 고려해 유지하는 최소한의 이격거리로 보통 4~5m의 간격을 둠

lead vehicle (lead car) 선도 차량(先道車輛)

VIP의 진행방향으로 VIP차량의 앞쪽에서 후방 및 좌, 우측방의 경계임무를 담당하는 경호 차량

leading the VIP while walking 도보이동 시 VIP안내(徒步移動 時 VIP案內)

VIP의 도보이동 시, 대형 내 의전요원이 VIP의 전면 및 우측 1~2m 지점에서의 안내업무

line-up dignitaries 도열고위인사(堵列高位人事)

영접 열(列)(receiving line)내에서 VIP를 영접, 환송, 환영하는 인사

motorcade formation 차량대형(車輛隊形)

VIP의 일행 즉 경호원, 수행원, 보도요원, 가족 등이 차량으로 이동할 때 VIP의 안전을 도모하기 위해 일정한 시스템을 유지, 기동하는 차량대형

operation of VIP reserve car VIP 예비차(豫備車) 운용(運用)

VIP의 차량의 불시의 고장, 타이어 파열 등으로 경호업무를 수행할 수 없을 때 예비임무를 수행하기 위해 준비된 차량

position of our security agents 우리 측 경호원 위치(我側 警護員 位置)

외국의 경호부서 책임자와 합동근무 시, 차량탑승이나 도보이동 등 우리 측 경호원 위치를 사전에 조율해야 하는 협조업무

press corps 기자단(記者團)

주요기관과 단체에 출입하는 언론사의 기자가 원활한 취재 활동을 위해 공동으로 조직 한 단체로 이들과 협조를 할 때는 간사가 사전협의를 통해 결정

protection while VIP walking 도보(徒步)간 경호(警護)

VIP이 도보로 이동할 때의 경호업무로 주변의 인적, 지리적 취약요소를 고려해야 하고, 행사장인 경우 참석자의 성향과 보도여부, 정치적인 상황에 따라 도보대형을 변형

protocol 의전(儀典)

국가, 지자체 , 그리고 소 조직에서 지켜야 할 각종 예의범절

railway escort 철도호송(鐵道護送)

VIP이 열차를 이용할 때 필요한 호송절차이며 보통 1개역(5~6Km) 앞에서 호송함

safety room of each site 각 행사장 대피소(各 行事場 待避所)

VIP의 연속 행사 참석 시 비상사태에 대비한 각 행사장별로 준비된 대피소

security measures 안전조치(安全措置)

경호원이 VIP를 보호할 때 행사장에 투입되어 실행하는 제반 경호활동

separate events 각 행사(各 行事)

staff car 수행원차량(隨行員車輛)

공식, 비공식 수행원 등이 이용하는 차량

standby car 대기차량(待期車輛)

특정한 임무 또는 위급한 상황에 대비한 차량

steady full 전 속력유지(全 速力維持)

VIP의 기동수단이 유지하는 최고 속력

steady state 정상상태(正常狀態)

행사시, 최초 계획대로 행사가 운영되고 사용 중인 장비가 정상적으로 작동됨

vehicle maintenance 차량정비(車輛整備)

welcoming parties 영접인사(迎接人事)

행사시, VIP를 맞이하기 위해 하차지점 또는 지정된 장소에서 예의범절을 지켜 대기하는 사람

whether or not VIP vehicle follows while walking 도보이동시 VIP 차량후속여부(徒步移動 時 車輛後續與否)

VIP이 도보이동 시 비상사태 발생 등에 대비한 경호방법으로 VIP이 승차할 차량이 도보대형의 후미에서 따라 오는 것

✹ 행사장경호(Site Security) 활용 표현(2)

access aisle 진입로(進入路)
주도로에서 행사장으로 연결된 간선 혹은 협소한 도로

accident 안전사고(安全事故)
사고(事故)예방활동과 특별한 주의를 경시하여 발생하는 각종 사고

adjoining zone 인접지대(隣接地帶)
행사관련지역의 경계설정의 기준으로 경비대의 반응시간 내 불순세력이 영향지역 내로 이동하여 경비대와 접전하는 영향지역 밖의 거리를 설정하는 완충지대

agent in charge of each site 각 행사장 책임자(各 行事場 責任者)
행사를 조직적, 일괄적으로 동시에 책임을 지고 운영하는 책임자로 의전, 공보, 주최 측, 관계부서 및 지원부서와 협의 또는 조율함

air alertness 대공경계(對空警戒)
행사장이나 VIP이 체류하는 하늘 방향을 경계

alert emergency 비상(非常)

alternate 교대(交代)시키다; 교대(交代)하다; 교체자(交替者)

annual mean temperature 연평균 기온(年平均 氣溫)
일정한 지역의 1년간 기온을 365로 나눈 수치

atmospheric pressure 기압(氣壓)
대기의 압력으로 단위는 '헥토파스칼(hectopascal, hPa)'임

atmospheric temperature 기온(氣溫)
지면으로부터 1.5m 높이에 있는 공기의 온도인 대기온도

automatic fire 자동사격(自動射擊)
방아쇠 압력이 다할 때까지 실탄이 연속 발사되는 사격

automatic gun 자동화기(自動火器)
방아쇠 압력이 다할 때까지 실탄이 연속 발사되는 소화기, 직사포 또는 대포

checklist 점검표(點檢表)
행사 시, 순서대로 업무를 수행하도록 분야별로 점검사항을 작성한 표

city map 시가지도(市街地圖)

collection of secret badge samples 비표견본수집(秘標見本蒐集)
방문 국 경호팀 또는 동료 경호원 및 행사 관련부서 담당자에게 교육하기 위해 제작된 제 비표의 부착

coordination and confirmation 동등협조(同等協調) 및 확인(確認)

cryptic coloring 보호색(保護色)
경호활동 시, 불순세력이 발견하기 어렵게 하는 주위의 색과 비슷한 색상

daily mean temperature 일일평균기온(日日平均氣溫)

dead angle 사각(死角)
사격할 수 없는 각도

dead space 사각(死角)
지형의 기복으로 사격 할 수 없는 지역 또는 수신 불가능한 통신 지역

dead zone 사각지대(死角地帶)
경호화기, 관측 장비 및 탄도로 사격, 감시 또는 관측이 불가능한 지역

delivery time of secret badges 비표전달시기(秘標傳達時期)
비표보안 책임부서에서 검인 실시 후 배포담당자가 주최 측에게 전달하여 행사 참석자에게 분배 되는 시간 대

deployment of protective force 경호 병력 배치(警護兵力配置)
행사에 대비한 전 경호 병력의 해당 근무지의 배치로 보통 'H-2' 이전에 배치함

destination 목적지(目的地)

drizzle 이슬비, 가랑비

drum major 군악대장(軍樂隊長)

duty post 근무초소(勤務哨所)

emergency door(exit) 비상구(非常口)

emergency medical treatment 경호응급조치(警護應急措置)

VIP의 비상상황 발생 시, 상해 등 위급상황에 의료진의 의료행위 전 근접 경호원 및 의무요원의 즉각적이고 일시적 구급활동

emergency security measures 비상대책(非常對策)

VIP의 위치에서 우연히, 계획적으로 발생할 상황에 대비한 가장 효율적인 대처계획

emergency security room 비상대피소(非常待避所)

employee 종사자(從事者)

행사장의 행사의 원활한 진행을 위한 조리, 서빙, 소방, 전기, 엘리베이터, 통신 등 분야의 요원

entrance pass 출입증(出入證)

일정한 행사장의 임시출입 및 일정한 근무지를 상시 출입할 수 있는 증명서

entry(entrance) is over 입장완료(入場完了)

행사의 전 참석자가 계층별로 시간대별로 참석하여 마지막에 단상참석자들이 'H-15'에 참석하면 입장이 완료됨

equation of time 균시차(均時差)

세계 각 표준시와 상호간의 차, 세계시와 표준시와의 차

equator 적도(赤道)

위도가 0도인 선으로 지구중심을 지나는 지축에 직각인 평면과 지표가 교차하는 선

escort 호송(護送); 호위(護衛)

경호행사의 인원 및 장비의 안전하고 신속한 이동

fetch a compass 우회(迂回)하다

fire fighting team 소방(消防)팀

gas mask 방독면(防毒面)

가스 및 연막을 여과 혹은 중화시켜 인체를 보호하는 개인 방호장치

inner-ring 내곽(內廓)

특정한 울타리나 가장의 선을 중심으로 그 안쪽을 말함

international airport 국제공항(國際空港)

itinerary 일정(日程)

특정한 직책을 가진 사람의 그 날의 할 일

joint responsibility(operation)합동책임(合同責任)

light automatic gun 경기관총(經機關銃)

경호용 혹은 특수 임무용이며 휴대가 간편한 가벼운 기관총

light data 광명제원(光明諸元)

경호행사에 매우 중요한 참고사항인 일출, 일몰, BMNT, EENT, 월출, 월몰, 박명, 예명시간 등에 대한 시간자료

local climate 지역기후(地域氣候); 국지기후(局地氣候)

특유하게 나타나는 지역별 기후

local newspaper 현지신문(現地新聞)

VIP가 위치하는 지역에서 발행하는 신문

lock-in 봉쇄(封鎖)

외부와의 통로 차단

management of the surveillance team 감시조 운용(監視組 運用)

행사장의 지리적인 특성 상 특별한 감시활동을 하는 저격조, 승하차 지점에서 직시되는 건물 및 빌딩을 감시활동을 하는 근무자를 말함

main gate(entrance) 정문(正門)

maintenance of communication network 통신망유지(通信網維持)

유무선의 통신시설의 제 기능 유지 및 네트워크화가 확보된 상황

map of each site and floor plan 각 행사장 및 층별 요도(各 行事場 및 層別 要圖)

각 행사장 및 층별로 요점, 요소만을 간단히 나타낸 도면 혹은 지도

map problem 도상연구(圖上硏究); 도상전술(圖上戰術)

경호행사의 지도상의 실제적 실습

marginal weather 악천후(惡天候)

경호작전 행동에 제약을 줄 정도로 매우 불리한 기상

mission(duty, responsibility) 임무, 책임(任務, 責任)

mobilization to the site 행사장 출동(行事場 出動)

행사장으로 관련부서의 출발

national cemetery 국립묘지(國立墓地), 현충원(顯忠園)

국가가 직접 운영하는 성역화 묘지

newspaper of korean society 교포신문(僑胞新聞)

현지 교민들의 친목과 정보교환 등을 위한 신문

off-guard 비번(非番)

officer in charge 책임자(責任者)

official 공무(公務); 공무원(公務員)

open country 개활지(開豁地)

탁 트인 땅

outer - ring 외곽(外廓)

특정한 울타리나 가장의 선을 중심으로 그 바깥쪽을 말함

participant, guest 참석자(參席者); 초청자(招請者)

password 음어(陰語)

VIP 및 행사 보안을 유지하는 미리 지정한 암호

performance of duties(misson) 임무수행(任務遂行)

personal background of chief security agent 경호책임자 인적사항(警護責任者 人的事項)

인적사항에 성명, 성별, 연령, 학력, 경력, 가족사항, 출생지 등을 포함

personal belongings 개인휴대품(個人携帶品)

platform (dais)단상(壇上)

VIP의 의전활동을 용이하게 하기 위해 제작한 틀

police station 경찰서(警察署)

파출소 및 지구대의 상위기관으로 치안 담당 부서

precipitation 강수량(降水量)

preparation of national anthem 국가악보(國歌樂譜) 준비(準備)

국가적인 행사의 군악대 국가연주가 있을 시, 국가악보를 미리 상대국 의전 팀에게 전달함

preliminary test 사전점검(事前點檢)

행사 전 출동준비, 유관기관과의 사전조율, 회의실 및 CP협조, 현장 활동 중 예측되는 문제점 등을 미리 점검

presidential aircraft security 대통령전용 특별기경비(特別專用機警備)

대통령전용 항공기의 제 경비시스템으로 주기장소 선정, Police Line설치, 조명설치, 근무초소 막사 선정, 초소별 근무시간표, 탐지견 배치 등임

press control 보도통제(報道統制)

보도요원 중 대표 간사와 사전조율 된 기술적 통제방식

press equipment 보도 기자재(報道 機資材)

보도용 총체적 카메라 및 관련 장비

questions and confirmations 질의 및 점검사항(質疑 및 點檢事項)

rainfall probability 강수확률(降水確率)

일정 기간의 강수 시간을 전 기간으로 나눈 수

rainy period, rainy spell 우기(雨期)

1년 중 비가 많이 내리는 기간

rehearsal 예행연습(豫行演習)

행사 전 예측 문제점을 도출하고 행사 감각적응 목적으로 실제 상황에서의 실제 연습

rescue vehicles 구난차(救難車)

도로상의 고장 차 및 사고 차의 견인 차량

responsibility for security 경호책임(警護責任)
경호임무는 수임자의 전적인 책임이며 국제적 관례도 경호책임은 초청국에 있음

restricted area 제한지역(制限地域)
비밀취급 인가 자 및 소속 직원만이 출입할 수 있는 지역

restricted traffic 통행제한(通行制限)

safety precaution 안전수칙(安全守則)
위험물 취급 시, 인원과 물자를 보호하기 위한 취급자의 준수사항

saluting gun 예식 발사 포(禮式發射砲)
국가의식에 참가 시, 수례대상에 대한 경의 표시로 예식절차인 발사 포

scale(size) of duty force 근무병력(勤務兵力)의 규모(規模)
근무병력의 수(數) 혹은 장비의 질(質)의 척도

screening efficiency 차장효율(遮障效率)
행사 중 VIP의 은폐 조치

search-and-rescue service 구난업무(救難業務)
조직적 재해 구세 업무

searching control 탐조조정장치(探照調整裝置)
탐조등의 방위각과 양각조준의 자동 변화 장치

searching sector 탐색구역(探索區域)
위험물 탐색 및 위치 발견 목적으로 레이더, 탐지장치 등으로 조준 탐색하는 구역

secretary interpreter 통역관(通譯官)

security support vehicles 경호지원차량(警護支援車輛)
경호행사 지원으로 차종과 사용자, 사용일시, 운전자 연락망 등이 작성됨

service shift 근무교대(勤務交代)

set-up of the control center 통제소 설치(統制所 設置)
일정한 방침에 의한 명령, 제약 업무수행 장소의 설치

standby radio 무전개방 대기(無電開放 待期)

submarine screen 잠수함 경계(潛水艦 警戒)
잠수함의 해상 및 수중경계

summit conference(meeting, talk) 정상회담(頂上會談)

sunrise and sunset time 일출 및 일몰시간(日出 및 日沒時間)

suspect 불순용의자(不純容疑者)
VIP의 상해 및 모독 목적의 용의자

temperature 온도(溫度)

the control plan 통제계획(統制計劃)
행사 참석자의 비표운용, 이동로 선정, 금속 탐지기 통과, 소지품 및 외투 보관, 좌석 및 화장실 안내 등에 대한 조직적 대처 업무 혹은 일반인 통제지역의 진입 금지 업무

the duty roster 근무편성표(勤務編成表)
제반 근무지 또는 근무자의 근무명령 지침 기록표

the expected area of crowds 군중예상지역(群衆豫想地域)
행사지역의 일반인의 비 통제 지역 , 교통 비 방해 공지, 넓은 인도 등을 말함

the guide course 안내(案內)코스

the invitation card 초청장(招請狀)

The invited guests 초청인사(招請人事)

the line-up member 도열인사(堵列人事)
리시빙 라인 안의 VIP의 영접, 환송, 환영 인사

the next schedule(program) 차기 계획(次期 計劃)

the protective security area 경호경비구역(警護警備區域)
행사장의 1~2선 지역으로 핵심지역과 핵심지역을 둘러싼 지역

to reinforce spot-check and search 검문검색강화(檢問檢索强化)
행사장에 통하는 주요 점검사항을 설정하고 인적 물적 위해요소를 사전에 적발하기 위한 경호조치

types of weapons 휴대무기종류(携帶武器種類)

VIP room 귀빈실(貴賓室)

waiting lounge(room) 대기실(待機室)

warning 경고(警告)

weapons and equipment 무기(武器) 및 장비(裝備)

weather 기상(氣像)

weather forecast 일기예보(日氣豫報)

weather station 기상대(氣象臺)

welcoming crowds 환영인파(歡迎人波), 환영군중(歡迎群衆)

welcoming parties in the airplane 기내 영접자(機內 迎接者)

국가 의전 상 VIP이 탑승 항공기내에서 VIP를 영접하는 인사

whole responsibility for security 경호총괄책임(警護總括責任)

✵ 차량대형(Motorcade Formation)과 연도경호(Roadside Security) 활용 표현

accelerating force 가속력(加速力)

단위시간 내 속도의 변화 비율

assassinator 위해 기도자(危害企圖者)

VIP의 정치적 암살자 및 공격 시도자

air patrol by helicopter 헬기의 공중감시(空中監視)

주간에 제대의 도로상 이동시, 교통망의 복잡성 및 취약성에 기인한 예상 테러의 헬기에 의한 방지

alternate routes 예비통로(豫備通路)

주 통로의 문제 발생 시, 대비한 별도통로

average speed 평균속도(平均速度)

기동장비의 정상상태 유지 및 가능한 가동 속도

blockading measures regarding high buildings 고층건물 봉쇄대책(高層建物 封鎖對策)

고층건물의 출입문 및 로비 완전통제, 층별 직시 사무실 내 근무자 배치, 옥상에 근무자 배치, 고층건물 전면의 감시조운용 등의 경호조치

confirmation of traffic control system 교통통제방식 확인(交通統制方式 確認)

각종 교통통제 방식 즉 GPS 시스템, 교통경찰 배치, 에스코트, Frog Jump 등을 확인함

control point of traffic 교통통제점(交通統制點)

이동로에 연결된 교차로에 설치

coordination point 협조점(協調點)

경호선발대와 본대가 협조하기 위한 지정된 점

countermeasures against an emergency 비상 시 대처방법(非常 時 對處方法)

deployment of force in an emergency 비상 시 병력전개(非常 時 兵力展開)

비상 대비 시. 단시간 전 병력 배치 후 맞교대하는 방식 등의 여부를 사전 대비 및 조정 함

designed speed 규정 속도(規定速度)

도로교통법에 의한 지정된 도로상에서 안전 속도

disposition of force 병력배치(兵力配置)

행사 시, 경호원의 성격과 특기에 따라 적재적소에 경제적이고 효율적인 경호임무를 부여하여 배치 함

door opening of VIP Vehicle, opening and closing the VIP's Door) VIP의 차문(車門)및 개폐(開閉)

국가 간 합동근무 시 및 선발, 수행근무자가 사전 협의해야 할 중한 업무 임

follow-up car (rear car) 후미차량(後尾車輛)
VIP의 차량의 좌우 및 후미를 경계하는 차량

geographically vulnerable elements 지리적 취약요소(地理的 脆弱要素)
행사장 주변의 경호에 영향력 있는 직시 고층빌딩, 감제고지, 건널목, 취약 구조물, 해안 및 강 등을 말함

go straight ahead 똑바로

immediate protection during movement 기동간 근접경호(機動間 近接警護)
도로상에서 제대내의 경호 및 차량과 도보이동시의 경호행위

in case of joint events 합동행사 시(合同行事 時)
대통령내외분, 총리내외분 또는 양국 정상동반 행사를 말함

in case of separate events 단독행사 시(單獨行事 時)
부부동반 행사가 아니거나, 양국 정상 행사가 아닐 때를 말함

jump seat 보조의자(補助倚子)
통역요원 등이 사용하는 의자

land bridge 육교(陸橋)

lead agents 선도담당경호원(先導擔當警護員)
VIP의 진행방향으로 VIP의 전방 경계임무를 담당하는 경호원

list of doctors 의료진(醫療陣)
주치의, 의사, 간호사의 총칭

main course 주(主)코스

main route 주 통로(主 通路)

(to) maintain constant communications network 통신망 유지(通信網 維持)
동일기종의 무전기와 동일주파수 사용 및 유선 연락망의 사전 협조

management of the surveillance team 감시조 운용(監視組 運用)
교차로, 곡각지, 육교 등 도로취약지에서 운영되는 근무자의 유무

mobile security 기동경호(機動警護)

육로, 공로, 철로, 해로 등에서의 기동수단에 의한 경호

mobilization plan of the welcoming crowds 환영군중 동원계획(歡迎群衆 動員計劃)

network of roads 도로망(道路網)

전 방향 통행 가능한 도로를 말함

open wagon 무개차(無蓋車)

필요시 차의 천정부분이 열리는 차량

operation of motorcycles 모터사이클 운용(運用)

제대에 순간 기동력으로 접근하는 차량의 차단 및 제대의 진행을 도와주는 2륜 및 3륜 차량의 유무

operation of reaction team 기동타격대 운용(機動打擊隊 運用)

행사장 및 기동 간 테러리스트의 공격에 대비한 부대의 유무

operation of the VIP reserve car VIP 예비차(豫備車) 운용(運用)

VIP차량의 비상시, 예비임무를 수행하기 위한 준비된 차량의 유무

pavement condition 도로 포장상태(道路 包裝狀態)

도로표면의 질적인 상태

plan of roadside seurity 연도경비계획(沿道警備計劃)

연도에서의 경호원 및 경찰근무자의 배치계획

position of the VIP seat according to the keep-left system 좌측통행(左側通行)과 VIP좌석위치(座席位置)

운전대가 우측에 있는 국가에서의 VIP의 승차위치

preventive measures 방호대책(防護對策)

기동 간 차량사용 자살특공대의 방어대책 및 경비분야 의 효율적 방어

railway crossing 철도(鐵道)건널목

road maintenance 도로정비(道路整備)
도로 장애물을 제거하는 노면정리 작업

road net (road system) 도로망(道路網)
특정지역 내 사용 가능한 도로 조직

road traffic law 도로교통법(道路交通法)

safety room(place) on the route 행차로 상 대피소(行次路上 待避所)
VIP차량의 행차로 상 비상시, 안전 대피 장소

seat arrangement of our security agents in security car 경호차 내 우리 측 경호원 승차여부(警護車內 我側警護員 乘車與否)
초청국에서 선, 후미 경호차에서의 우리 측 경호원의 탑승여부를 조율함

security arrangements 안전조치(安全措置)

separate events of the first lady 영부인 단독행사(令夫人 單獨行事)

size(scale) of force 병력규모(兵力規模)
병력의 수(數) 및 장비의 질(質) 등의 척도

traffic control 교통통제(交通統制)
행사시, 안전을 위한 제대의 일정 속도 유지, 지역 내의 도로, 교량, 터널등의 사전 안전조치 강구 및 통행의 우선권 결정 등의 제반조치

traffic patrol 교통순찰(交通巡察)

traffic signs 교통표지(交通標識)

traffic volume 교통량(交通量)

turn to the left (right) 좌(左)(우)회전(回轉)

types of VIP vehicles VIP차종(車種)
VIP전용의 공식차량, 비공식차량, 리무진, 방탄 유무 등을 말함

uneven ground 요철지형(凹凸地形)
포장 도로 및 평탄하지 않은 도로

vehicle chart 차량편성표(車輛編成表)

차량제원 및 차량사용자, 운전요원 등이 망라된 종합된 표

vulnerable area(points) 취약지역(脆弱地域)

제대의 공격이 비교적 용이한 지역

✸ 항공기(Aircraft)와 공중경호(Air Security) 활용 표현

absolute speed 절대속도(絶對速度)

두 지점간의 거리를 소요시간으로 나눈 값

accessibility 접근가능성(接近可能性)

항공기의 이륙 및 착륙 능력

active course 사용항로(使用航路)

active runway 사용 활주로(使用 滑走路)

actual time of enroute 실 비행시간(實 飛行時間)

aerial attack 공습(空襲)

aerial chart 항공지도(航空地圖)

항법, 항공기조정 및 공중작전의 계획지도

aerial escort 공중호위(空中護衛)

aerial photograph (aerophoto)항공사진(航空寫眞)

aeropause (aerophobia)비행공포증(飛行恐怖症)

aerostat 경기구 및 비행선 등의 경항공기(經航空機)

aerodyne 중항공기(重航空機)

aerostat light aircraft 1-4인승의 경항공기(輕航空機)

airborne transport 공수수송(空輸輸送)

air cargo 항공화물(航空貨物)

aircraft(AC) 항공기(航空機)
비행기, 비행선, 기구, 헬리콥터 등의 총칭

aircraft accident 항공사고(航空事故)

aircraft arresting system 항공기제어장치(航空機制御裝置)
기어(Gear)

aircraft block speed 항공기 구간속도(航空機 區間速度)
풍력조건 '0'서 노트(knot)로 표시한 대기속도

aircraft commander(AC) 기장(機長)

aircraft utilization 평균비행시간(平均飛行時間)
24시간 동안 항공기가 실제 비행한 평균 시간 수

aircraft warning(AW) 대공경보(對空警報)

air current 기류(氣流)

air defence artillery intelligence service 비행 제한공역(飛行 制限空域)
아군부대간의 방해 방지 및 최소화 목적으로 특별 제한수단이 사용되는 공역

air guard post(AGP) 대공초소(對空哨所)
적 항공기의 접근을 조기 경고하기 위한 초소

air lane 항공로(航空路)

airlift 탑재량(搭載量)
공로 운반 공수물자 및 인원의 총중량

airlift plane 수송기(輸送機)

air navigation 공중항법(空中航法)
항공기의 유도 및 이동 방법

air pickets 공중 초계기(空中 哨戒機)
적 탐지 임무 수행 비행기

airport ceremony outline 공항 행사개요(空港 行事 概要)

airport lighting system 공항 야간조명(空港 夜間照明)시스템

airport passport 공항 출입증(空港 出入證)

airport security for normal 평시 공항경비(平時 空港警備)

airport security plan 공항 경비계획(空港 警備計劃)

airport size(scale) 비행장 규모(飛行場 規模)

airport traffic area 공항통행영역(空港通行領域)

관제탑의 활동영역인 공항의 중심점에서 수평으로 5마일 반경과 지표면으로부터 수직 2,000피트까지의 공역(空域)을 말함

air refueling 공중급유(空中給油)

air request 항공지원요청(航空支援要請)

air restricted area 제한공역(制限空域)

air route 항공로(航空路)

항공기의 위험지역 통과 시, 항공기의 안전을 위해 협조고도 이상에 설치된 비행로로 진입회랑과 귀환회랑으로 구분

airsickness 비행기멀미

airspace reservation 비행제한공역(飛行制限空域)

정부 및 타 기관이 비행을 금지 또는 제한한 공역

air surveillance 대공감시(對空監視)

all-weather navigation facility 전천후 항법시설(全天候 航法施設)

antiaircraft defense(AAD) 대공방어(對空防禦)

approach light 야간착륙 유도등(夜間着陸 誘導燈)

auxiliary airfield 간이시설을 갖춘 보조 비행장(補助 飛行場)

availability of hangar 격납고 가용여부(格納庫 可用與否)

aviation duty 비행근무(飛行勤務)

비행자격이 있는 항공사의 항공기 조종자 직책을 말함

aviation gasoline 항공용 휘발유(航空用 揮發油)

baggage cart 하역차(下役車)

baggage inspection 화물검측(貨物檢測)

black box 비행기록장치 (飛行記錄裝置)

bringing in-out and placement of weapons 무기 반입(출입) 및 영치(武器搬入(出入) 및 領置)

C-130(Hercules) 허큘리스

인원 및 공중 투하(강하) 화물 중거리 수송기

cargo truck 화물차량(貨物車輛)

catering 음식물탑재(飮食物搭載)

characteristics of visiting area 방문지역 특기사항(訪問地域 特記事項)

check list 점검표(點檢標)

chemical fire engine 화학소방차(化學消防車)

chief of security agents 경비책임자(警備責任者)

clear all traffic on airport by NOTAM 공항(空港) 항공 조치 여부(航空措置與否)

combat air patrol 전투 초계비행(戰鬪哨戒飛行)

VIP의 탑승 특별기에 대한 각종 외부공격 및 방해에 대한 전투비행을 말함

combat air patrol flight 전투 초계비행(戰鬪 哨戒飛行)

방공 식별 구역 내를 운항하는 VIP의 탑승 특별기에 대한 각종 외부공격 및 방해에 대한 경호비행을 말함

control plan for welcoming crowds 환영군중 통제계획(歡迎群衆 統制計劃)

control tower 관제소(管制所)

cruising speed 순항속도(巡航速度)

항공기의 인가된 비행속도의 90% 속도

detail flights schedule 공로행차 세부계획(空路行次 細部計劃)

duty runway 사용 활주로(使用 滑走路)

early warning aircraft 조기경보기(早期警報器)
적의 내습을 신속하게 탐지하기 위한 고성능 레이더 적재 항공기

early warning system 조기경보체계(早期警報體系)
경호 안전활동 및 비상 시, 관련 인원 및 부서에 신속, 정확하게 전파하기 위한 경보체계

endurance flight 항속비행(航續飛行)
항공기의 항속력, 항공장비 및 병력의 지구력을 시험할 목적의 시험 비행

endurance hour 체공시간(滯空時間)

entrance(exit route) 출입로(出入路)

escort flight 호위비행(護衛飛行)
VIP의 탑승 항공기의 공해지역 통과 시, 경호비행

exit and entrance procedures 출입절차(出入節次)

filling station (refueling station, gas station) 급유소(給油所)

fill-up 휘발유 보급(揮發油 補給)

flight operations room location 운항실 위치(運航室 位置)

flying time 비행시간(飛行時間)

"follow me car" availability daring taxing 활주로 이동시 호위차량 가능여부 (滑走路 移動時 護衛車輛 可能與否)

fueling plane 급유기(給油機)
비행중 항공기의 연료 보급 비행기

ground facility 비행장시설(飛行場施設)

hangar 격납고(格納庫)
항공기의 안전 보관 및 정비 창고

hangar space 격납고 공간(格納庫 空間)

jet stream 제트 기류(氣流)

지구의 중위도 30~50도 부근의 고도 10~14km 상공의 강한 서풍으로 강할 때는 시속 250km로 항공기가 태평양 횡단 시 항공로에서 이용, 서진할 때 비행시간이 수 시간 단축되고 동진할 때는 오히려 지연됨

landing-on 착륙(着陸)

landing site 착륙지역(着陸地域)

landing spot 착륙지점(着陸地點)

local weather conditions 지역기상의 특성(地役氣象의 特性)

location, distance 위치(位置), 거리(距離)

location of main facilities 주요시설 위치(主要施設 位置)

notice to airman(NOTAM) 항공고시(航空告示)

항공시설, 항공업무, 항공관제 절차 및 설치와 변경정보를 조종사 및 항공종사자에게 제공하는 고시

no-wind position 무풍위치(無風位置)

바람의 위치를 고려치 않은 항공기의 위치

officer in charge of refueling 급유책임자(給油責任者)

officer in charge of security 공항경비책임자(空港警備責任者)

off-limit area(restricted area) 통제구역(統制區域)

parking lot control; apron control 주기장통제(駐機場統制)

격납고 앞의 항공기 계류 및 정비목적의 광장 통제 업무

point of contact and phone number 협조부서 연락망(協調部署 聯絡網)

position of fuel tank 연료(燃料)탱크 위치(位置)

possibility of air trip 공로행차여부(空路行次與否)

presidential aircraft 대통령 전용 특별기(大統領 全用 特別機)

presidential aircraft parking apron 대통령 전용 특별기 계류장(大統領 全用 特別機 繫留場)

quantity of holding fuel 연료보유량(燃料保有量)

radar spotting 레이더 탐지(探知)

radio navigation 무선항법(無線航法)
　위치, 방향결정 및 항행 중 장애물에 대한 경보 목적의 항법

required time for refueling 급유소요시간(給油所要時間)

reserve aircraft 예비기(豫備機)

run a trial 시운전(試運轉)하다

runway 활주로(滑走路)

salute guns (gun-salute, artillery salute) 예포(禮砲)

seat arrangement 좌석배치도(座席配置圖)

security for presidential aircraft 대통령특별기 경비(大統領特別機 警備)

security plan at the airport 항공기 경비계획(航空機 警備計劃)

shift schedule and number of security agents 근무요령(勤務要領) 및 인원(人員)

speed wind 풍속(風速)

stationary searchlight 고정탐조등(固定探照燈)

status of airplane 항공기종류(航空機種類)

stealth 스텔스기(機)
　미국이 보유한 적의 레이더에 포착되지 않는 전폭기로 1991년 걸프전에 최초 사용됨

step car 트랩차량(車輛)
　비행기 승강대 이용목적의 임시 개조 차량

strain of flying 비행과로(飛行過勞)

stratosphere 성층권(成層圈)

대류권의 상부의 대기권으로 고도는 약11km, 상한은 약26km 임

strong gale 강풍(强風)

sunrise time 일출시간(日出時間)

sunset time 일몰시간(日沒時間)

support ability 지원능력(支援能力)

support equipment 지원장비(支援裝備)

tail wind 뒤에서 불어오는 순풍(順風)

take-off position 활주로의 끝 시점인 이륙지섬(離陸地點)

taking off and landing priority for the VIP airplane 특별기 이·착륙 시 우선권(特別機 離·着陸時 優先權)

taxi guidance light 유도로 등(誘導路 燈)

taxi-way(T/W) 유도로(誘導路)

항공기 배치 사용 목적의 특별히 지정된 통로

temperature, wind, fog 기온, 바람, 안개

thick fog 농무(濃霧)

time difference 시차(時差)

tower 관제탑(管制塔)

tug car(tractor) 항공기견인차(航空機牽引車)

지상의 항공기 견인 소형 자동차

uncoverage 노출지역(露出地域)

VIP lounge(VIP room) 귀빈실(貴賓室)

weather forecast 기상예보(氣象豫報)

3. 경호의전(Security Protocal)

어휘 '의전(儀典)'을 영어로 각기 나타내면 '의'는 'model', 'law and system', '전'은 'regulations'이다. 한 단어로 나타내면 'protocol'이다. 통용되는 일반적 의미로는 "행사를 진행할 때의 형식절차"를 말한다. 본래는 공식적인 의식, 행사 즉 "외교상(diplomatic)의 의례준칙"을 뜻한다. 혹자는 'secretary'로 표현하는데 어색한 측면이 없지 않다. 왜냐하면 'secretary'의 어원을 살펴보면 "관청에서 비밀스러운 책무를 수행하는 사람"아라는 의미를 갖고 있기 때문이다.

"경호수행임무의 핵심은 무엇인가?"라는 질문의 대한 그 답은 처음부터 끝까지 '피경호인의 절대적 안전(safety)'을 지키는데 있다. 한편, 경호 시 "의전수행임무의 핵심은 무엇인가?" 라는 질문의 그 답은 시종여일하게 '피경호인에 대한 친절봉사(service)정신의 발휘'에 있다. 경호의전을 수행할 때 주의사항은 피경호인에 대한 품위유지, 참석자에 대한 예우, 질서유지 그리고 피경호인과의 조화로운 인간관계 등이 자연스럽게 유지되어야 한다.

특히, 경호인이 피경호인과 인관관계를 유지할 때 결코 망각해서는 안 되는 중차대한 사실은 어떠한 경호상황에서도 경호인의 임무 즉 '피경호인의 절대적 안전'을 사수해야 한다는 점이다. 그 좋은 예가 '가족경호'이다.

그리고, 경호인이 피 경호인을 수행 경호할 때 반드시 지켜야 할 기본 의전의식은 안전(safety), 보안(security), 예절(courtesy), 봉사(service) 등이다. 경호인의 이 기본의식의 바탕에 친절성(kindheartedness)이 굳건히 깔려있어야 함은 두말할 필요가 없다. 특히 숙소경호(Residence Security)에서의 이점을 아무리 강조해도 지나치지 않는다.

경호의전 활용 표현(1)

agrement

한 국가에 대한 신임 대사, 공사의 파견 시, 주재할 정부로부터의 승인을 의미하며, 이는 외교사절 파견국과 주재국간의 외교적 마찰을 방지하는 효과가 있음

appetizer 전채(前菜)(hors d'oeuvere)

본 요리에서 진미를 맛보기 위한 식욕촉진 음식 즉 위를 자극하여 위액 분비를 촉진시킴

ambassador extraordinary and plenipotentiary 특명전권대사(特命全權大使)
가장 보편적인 외교사절이며 국가원수에게 파견

arrange talk 조정회담(調整會談)
대두된 문제를 당사자 간에 협조와 조절에 의해 해결하기 위한 회의

autograph letter 친서(親書)
정부기관 등에 일정한 지위에 있는 관리가 대두된 문제에 대하여 직접 쓰는 글

black tie 남자용 약식 야회복(男子用 略式 夜會服)
만찬복인 턱시도(tuxedo), '디너 쟈킷(dinner jacket)'과 같은 의미이며 검정 나비넥타이(black tie)를 착용, 여자용 약식 야회복은 dinner dress(gown)임

business card; professional card 업무용 명함(業務用 名銜)
업무관계에서 사용하며 본인의 성명, 직책, 연락전화번호 등을 인쇄한 소형카드

calling card 소개용 명함(紹介用 名銜)
국빈 만찬 시, 양국 수행원이 만찬장으로 입장하기 전 양국 정상내외에게 양국 수행원을 소개할 성명 및 직책이 기록된 소형카드이며 관례적으로 의전장이 소개함

career consul 직업영사(職業領事)
주재국에 파견되어 영사 업무만을 수행하는 4계급 즉 총영사, 영사, 부영사, 영사대리를 말함. 대리(명예)영사(acting(honorary)consul)와 다름

charge d'affaires ad interim 대사대리(大使代理)
외교부 직원 중에서 임명하는 임시 공관장이며 정식 외교사절인 대사와 다름

conference 회의(會議)
국제기구가 특정한 문제에 대한 의견교환과 토의로 사업심의, 예산편성 및 정보전달 등을 주목적으로 하는 정기집회

convention 회의(會議)
국제기구가 집회, 대회에서 이끌어내는 협정 및 약조

consulate 영사관(領事館)
직업영사들이 영사업무를 수행하는 장소

diplomatic corps (body)외교단(外交團)

주재국내 주재한 모든 외교관으로 구성된 단체로 주재국 외교부와의 연락 및 협조, 구성원의 이익, 명예와 특권보호, 상호간의 친목을 목적으로 함

diplomatic mission 외교사절(外交使節)

국가 간 현안문제를 다루기 위해 외국에 파견되는 사절

entree 앙트레

생선(fish)과 뼈에 붙은 어깨, 다리 고기(joint)중간에 나오는 주요 요리로 원래 재료는 양고기이었으나, 지금은 소, 돼지, 닭, 오리고기 등을 재료로 사용함

finger bowl (glass)핑거보울

디저트(dessert)후 물을 담아 내놓는 손가락 씻는 그릇

forum 공개토론 (公開討論)프로그램

사회자가 제시한 주제에 대해 일단의 토론자(panel)가 청중 앞에서 벌이는 공개토론회로 청중이 자유롭게 질문에 참여할 수 있고 사회자가 토론내용을 의견을 종합함

goodwill visit 친선방문(親善訪問)

한 국가의 원수 또는 귀빈이 친선만을 목적으로 다른 국가를 방문하는 것

good will mission 친선사절단(親善使節團)

high commissioner 고등판무관(高等辦務官)

영연방국가 간 파견하는 외교사절로 국가원수 명의의 위임장 혹은 총리명의의 소개장을 소지함

honor guard 의장대(儀仗隊)

귀빈 혹은 고관에 대한 경의를 나타내기 위하여 특별히 편성된 부대

host 주최자(主催者)

의식, 식전 등을 운영하고 주최하는 자로 주빈(the guest of honor)의 지위, 의식, 식전 등의 특징 등을 고려하여 결정

coat hanger 옷걸이

letter of credence 신임장(信任狀)

파견국의 국가원수 혹은 외교부장관이 신임 외교사절이 주재할 국가원수 혹은 외교부장관에게 보내는 재청에 관한 외교문서

meeting 회의(會議) 토론, 결정 등을 하기 위한 모임

minister 외교사절(外交使節), 공사(公使)

minister plenipotentiary 전권공사(全權公使)

과거에 국가원수에게 파견되었던 외교사절

morning coat 예복(禮服)

남자의 주간예복(morning dress)의 상의

national guest 국빈(國賓)

한 나라에서 최고의 예우를 받는 외국 손님으로 대통령, 수상 및 총리, 내통령 당선자이며 한편, 특정한 국가의 국무장관과 그 직계 가족이 포함되기도 함

official visit 공식방문(公式訪問)

대한민국 국가원수의 임기 중 국가원수 명의의 공식 초청대상은 외국 행정수반인 총리(A급 총리) 및 이에 준하는 외빈이며 방문 횟수는 대한민국 국가원수의 임기 중 나라별로 1회에 한하지만, 해당 A급 총리가 재선된 경우는 재차 국빈방문이 가능하고 한편, 국무총리 명의(외국 B급 총리) 또는 외교부장관 명의(외국 외교부장관)로 공식 초청하는 외교부장관 이상의 외빈의 대한민국 '공식방문' 여부는 양국간 협의에 의해 결정

official working visit 공식 실무방문(公式 實務訪問)

외교부장관 이상이 공식초청으로 대한민국을 방문하는 것이며 국빈방문이나 공식방문과는 무관함

officer in charge of protocol 의전책임관(儀典責任官)

panel discussion 공개토론회(公開討論會)

사회자의 주도하에 2-8명의 대표자가 청중 앞에서 견해를 발표하는 공개 토론회로 청중도 자신의 의견을 발표할 기회를 가짐

private visit 사적방문(私的訪問)

국제회의 등에 개인적인 목적으로 참가하는 일

protocol officer의전관계관(儀典關係官)

receiver 영접자(迎接者)

receiving line 영접열(迎接列)

공식 연회(reception)에서 초대 손님(guest, participant)이 주최자와 주빈에게 인사할 수 있는 기회를 갖게 하기 위하여 '영접열'을 형성하는데 주최자 내외 혹은 주빈내외가 서고 손님은 일렬로 한명씩 서서 인사를 한다. 손님은 영접열 앞쪽에 위치한 안내자에게 자신의 이름과 공식 관직명을 말한다. 이때 손님이 주의해야 할 점이 손님은 안내자와 악수를 해서는 안 됨

seating arrangement 좌석배열(座席配列)

공식적인 회의 혹은 연회를 주최할 때의 좌석배열을 말하며 공직자는 서열에 따르고 명성이 있는 민간인에게는 예우 상 상석을 배정하는 것이 관례임

seminar 세미나

지도교수아래서 보통 30명 이하의 참석자가 특수 주제에 대한 각자의 경험과 지식을 발표, 연구, 토의하는 교육목적의 회의

state visit 국빈방문(國賓訪問)

대한민국 국가 원수의 임기 중 국가원수 명의의 공식초청 대상은 해당 국가원수로 대한민국 국가원수의 임기 중에 나라별로 1회에 한함을 원칙으로 하며 해당 국가원수가 재선된 경우는 예외로 재차 국빈방문이 가능함

swearing-in 선서취임식(宣誓就任式)

임직에 처음으로 나갈 때 치르는 의전의식

swearing-in of the president 대통령 취임식(大統領 就任式)

symposium 토론회

특정문제에 대해 대표자가 청중 앞에서 자유롭게 의견을 교환하는 공개토론회로서 'Forum'과 달리 다소 형식을 갖추며, 청중에게는 자신의 의견을 발표할 수 있는 기회가 비교적 많지 않음

toast 건배(乾杯)

사람이나 국기 등에 경의를 표함

vehicle chart 차량편성표(車輛編成表)

whether or not our security agents' riding 아측 경호원 승차여부(我側 警護員 乘車與否)

white tie 남자의 정장 야회복(男子의 正裝夜會服)

연미복(燕尾服)이라고도 하며 무도회나 정식만찬 등에서 입는 남자의 정식예복

working visit 실무방문(實務訪問)

공식 초청장을 발송치 않으며 대상은 공무를 목적으로 대한민국을 방문하는 외교부장관 이상이고 통상적으로 현지 대한민국 공관의 방한접수 통보 공한을 통해 추진하며 체재비용은 방한하는 외빈이 부담하는 것이 관례임

workshop 워크숍

공동연구, 훈련을 목적으로 하는 회의로 30명 정도의 참가자가 특정문제, 과제에 대한 의견 및 실제적용, 기술을 실행하여 서로 교환함

✱경호의전 활용 표현(2)

academy 사관학교(士官學校)

Military Academy(육사), Naval Academy(해사), Air Academy(공사), Coast guard Academy(해안경비대사관학교), 간호사관학교 등

accuracy 정확성(正確性)

정보 내용의 사실과의 부합 여부 즉 정보의 생명임

administration 행정(行政); 관리(管理)

경호의 전략 및 전술과 무관한 경호 및 경비회사의 일체의 내부 행정 관리

administrative chain of command 행정지휘계통(行政指揮系統)

행사장의 경호경비업무를 지원하는 지휘계통

agency 기관(機關), 파견대(派遣隊)

all over again 처음부터 다시

all-weather 전천후(全天候)

alma mater 모교(母校), 출신교(出身校)

altitude 고도(高度)

annual massage 연두교서(年頭敎書)

anti-submarine 대잠수함(對潛水艦)

APC 장갑차(裝甲車)

approval 결재(決裁)

around-the-lock 간단(間斷)없는, 24시간 동안

attache 무관(武官)
대사관 및 공사관에서 근무하는 장교

avalanche 눈사태(雪沙汰)

(azimuth)compass 나침의(羅針儀)

badge 기장(記章)
상급기술에 도달한 자에게 수여하는 기장

ballistic coefficient 탄도계수(彈道係數)
공기의 저항력을 극복하는 탄환 능력의 척도

balloon 기구(氣球)

balloon bomb 기구폭탄(氣球爆彈)

balloon cargo 용적하물(容積荷物)
중량에 비해 큰 화물

banner 기(旗), 군기(軍旗)

barometric pressure 기압(氣壓)

base activities unit 기지부대(基地部隊)

basic ration 기본식량(基本食糧)

battery of tests 종합검사(綜合檢査)
지능, 적성, 능력 등을 검사

blackout(BO) 등화관제(燈火管制)

blank ammunition 공포탄(空砲彈)

briefing 요지설명(要旨說明), 요약보고(要約報告)

cannon salute 예포(禮砲)

case method 사례연구법(事例硏究法)

change of command ceremony 이(취)임식(離(就)任式)

change watch 당직교대(當直交代)

cipher code 암호통신법(暗號通信法)

cipher clerk 암호(暗號)코드
암호해석 및 조립 표

coffee break 커피타임; 휴식시간(休息時間)

commendation 표창(表彰)

Congress 국회(國會), 회의(會議), 위원회(委員會)

containment policy 봉쇄정책(封鎖政策)
적대 국가의 고립화 정책

contrary weather 악천후(惡天候)

counter-air weapon 대공화기(對空火器)

date of birth(DOB) 생년월일(生年月日)

decontamination 제독(除毒), 기밀문서삭제(機密文書削除)

decoration 훈장(勳章), 표창(表彰)

defense department(Department of Defence) 국방성(國防省)

defensive driving 방어운전(防禦運轉)

defensive obstacle 방어 장애물(防禦障碍物)

경호현장에서 적을 저지시킬 목적으로 사용하는 인공 및 자연 장애물

deficiency budget 추가 경정 예산(追加更訂豫算)

Eighth Army(EA) 주한미군, 미8군(美8軍)

elder title(preference) 우선권(優先權)

elementary knowledge 소양(素養), 기초지식(基礎知識)

entertaining 접대(接待),향응(饗應)

entertainment money 금일봉(金一封)

fingerprint 지문(指紋)

fire truck 소방차(消防車)

first Citizen (president) 대통령(大統領)

flag at half-mast 조기(弔旗)

깃봉에서 기폭만큼 내려 담

foreboding 예감(豫感)

frisk 총기의 소지여부를 위한 신체수색(身體搜索)

fruitful diplomacy 실리외교(實利外交)

fruitful negotiation 실리외교협상(實利外交協商)

full dress 정장(正裝)

funeral service 장례식(葬禮式)

future-oriented education 미래지향 교육(未來指向 敎育)

교육의 목적이 생활의 대응력 및 준비에 있다는 교육

glossary 용어집(用語集), 용어해설(用語解說)

government official 관리(官吏)

graphic solution 도해법(圖解法)

ground plan 평면도(平面圖), 기초계획(基礎計劃)

ground-to-air missile 지대공(地對空)미사일

guard duty 위병근무(衛兵勤務)

guard house (station) 위병소(衛兵所)

guard rail 교통차단기(交通遮斷器)

guide flag 유도기(誘導旗)

행사의 위치, 방향, 통로, 위험지대 등을 표시하는 기

handshaking 악수(握手)

hiding place 은닉장소(隱匿場所)

hostage 인질(人質)

hurricane 허리케인, 태풍(颱風)

풍속 약 65노트 이상인 강풍

kidnapping 납치(拉致)

knighthood 기사도(騎士道)

용맹, 예절, 명예, 충성 등과 같은 덕을 이상으로 함

knot 노트, 해리속도(海里速度)

배의 속도 단위로 1노트는 한 시간에 1해리(1,852km)를 달리는 속도를 말함

know-how 지식(知識), 비장(秘藏)된 기술(技術)

lachrymatory 최루제(催淚劑)

land-water car 수륙양용 자동차(水陸兩用 自動車)

laundry 세탁소(洗濯所)

lay-out 배치(配置), 설계(設計)

lay-out chart 배치도(配置圖)

leadership 리더십, 지도력(指導力)

조직원이 충성심, 존경심, 신뢰성, 복종심 및 협동심을 스스로 갖게 하는 감동, 감화 기술

legal basis 법적근거(法的根據)

legal defense 정당방위(正當防衛)

letter of credence 신임장(信任狀)

특정인에게 외교사절 혹은 특정임무를 부여해 파견하는 공문서

letter of instructions 훈령(訓令)

외교문서 등의 교시로 본국에서 대사관, 영사관 등으로 하달하는 명령

level of the sea 해면(海面)

levitation 공중부양(空中浮揚)

long range weapon 장거리 살상 무기

marine 해병(海兵), 해병대(海兵隊)

mass observation 여론조사(輿論調査)

mean temperature 평균온도(平均溫度)

meeting at the responsible officers 책임자회의(責任者會議)

meeting at the summit 정상회담(頂上會)

memoir 회고록(回顧錄)

memorandum 비망록(備忘錄)

message of the president 대통령(大統領)의 교서(敎書)

meteorological observation 기상관측(氣象觀測)

meteorological summary 기상개황(氣象槪況)

national cemetery 국립묘지(國立墓地)

national colors 국기(國旗)

national friendship 국교(國交

national intelligence 국가정보(國家情報)

nationality 국적(國籍)

national power 국력(國力)

한 나라가 소유한 모든 힘 즉 군사조직, 국토 면적, 인구, 지리적 위치, 산업, 자원, 과학기술, 국민성, 정치, 사회, 사회제도 등을 말함

national security 국가안전보장(國家安全保障)

국토방위와 국민의 생명, 재산 및 주권과 자유를 수호하기 위한 모든 대책

national strategy 국가전략(國家戰略)

국가의 목표를 달성하는 군사력 및 경제, 정치, 심리적 역량과 응용과학과 기술

negotiation 협상(協商)

No trespassing. 출입금지(出入禁止)

oath 선서(宣誓)

official business 공무(公務)

official business hours 집무시간(執務時間)

official call 공식방문(公式訪問)

official commendation 표창(表彰)

official courtesies 공식적 예의(公式的 禮儀)

off-the-record 비공식(非公式)으로

old case 전례(前例)

omen 전조(前兆)

ominous 불길(不吉)한

on-line 직결(直結)

on-the-record 공식(公式)으로

open diplomacy 공개외교(公開外交)

open sea 공해(公海)

power of command 명령권(命令權)

press conference 기자회견(記者會見)

preventive maintenance(PM) 예방정비(豫防整備)

proposition bill 건의안(建議案)

protective service 신변보호업무(身邊保護業務)

protocol call 의례적 방문(儀禮的 訪問)
국가적으로 형식을 갖춘 공식적인 방문

psychological announcement 공보업무(公報業務)

radar meteorology 레이더 기상학(氣象學)

radioactive material 방사능 물질(放射能 物質)

ransom 몸값

rate of fire 발사속도(發射速度),사격속도(射擊速度)

recreation facilities 휴양시설(休養施設)

repeat-back 복창(復唱)

schematic drawing 약도(略圖)

secretary 장관(長官), 비서(秘書), 서기관(書記官)

sense of hearing 청각(聽覺)

sense of sight 시각(視覺)

sense of smell 후각(嗅覺)

sense of taste 미각(味覺)

sense of touch (tactile sense)촉각(觸覺)

short range weapon 단거리 살상무기(短距離 殺傷武器)

sign post 이정표(里程標)

Star and Stripes (Star-Spangled Banner) 성조기(星條旗)

State Department 국무성(國務省)

state minister 국무장관(國務長官)

state service 공무(公務)

supreme command 통수권(統帥權)

surprise muster 비상소집(非常召集)

survey of public opinion 여론조사(輿論調査)

task force(T/F) (ad hoc committee) 특별위원회(特別委員會)

ultraviolet rays 자외선(紫外線)

United Nations(UN) 국제연합(國際聯合)

utility value 사용가치(使用價値)

utilization factor 이용률(利用率)

visa 비자; 사증(査證)

visit of ceremony 공식방문(公式訪問)

warning for flood 홍수경보(洪水警報)

warning for heavy rain 폭우경보(暴雨警報)

warning for heavy snow 대설경보(大雪警報)

warning for snow storm 폭풍설경보(暴風雪警報)

warning for storm 폭풍우경보(暴風雨警報)

weak point 약점(弱點)

weather satellite 기상위성(氣象衛星)

West Point 미 육군사관학교(美 陸軍士官學校)

whirlwind 선풍(旋風), 회오리바람

wind alert 바람경보(警報)

wind direction 풍향(風向)

wind force 풍력(風力)

wind gust 돌풍(突風)

wind speed 풍속(風速)

yeoman of the guard 친위병(親衛兵)

Your Grace 각하(閣下)

zero defect 무결점제도(無缺點制度)

Zionism 시오니즘

국가적 통일을 이룬 유태인의 팔레스타인 복귀운동으로 지금은 이스라엘 공화국 지향운동을 뜻함

✸숙소경호(Residence Security) 활용 표현

air conditioning 냉방장치(冷房裝置)

arise 기상(起床)하다

consideration of noise 소음고려(騷音考慮)

VIP 수면의 장애요인으로 냉, 난방기 작동소음, 보일러 작동소음, 근무자교대 소음, 인접 방의 변기 물 내리는 소음 등을 점검

daily schedule 당일행사(當日行事)

disposition of rooms for security agents 경호원 방 배치(警護員 房 配置)

dress(clothes) hanger 옷걸이

drinking water 음료수(飮料水)

emergency route 비상통로(非常通路)

heating system 난방장치(煖房裝置)

human vulnerability elements 인적 취약요소(人的 脆弱要素)

identification (identity) screening 신원확인(身元確認)

inform in advance 사전통보(事前通報)

intelligence coordination 정보협조(情報協調)

internal facilities 내부시설(內部施設)

joint meeting 합동회의(合同會議)

number and identity of employees 종사자(從事者) 인원(人員) 및 신원(身元)

number and positions of our security agents 아측 인원(我側人員) 및 근무지(勤務地)

plan of residence security 숙소경비계획(宿所警備計劃)

receiver 영접자(迎接者)

reinforcement of coordination system 협조체제강화(協調體制强化)

residence facilities 숙소편의시설(宿所便宜施設)

schedule for tomorrow 명일행사(明日行事)

sketch(map) and ground plan (layout) 약도(略圖) 및 평면도(平面圖)

standby drivers 운전요원 대기(運轉要員 待期)

status of residence 숙소현황(宿所現況)

temperature, humidity 온도, 습도(溫度, 濕度)

toilet set(toiletries) 화장실 도구(化粧室 道具)

ventilation(ventilating) system 환기장치(換氣裝置)

VIP elevator VIP 전용 엘리베이터

VIP room VIP 전용 실(室)

walking course in the morning 아침 산책코스

4. 경호기법(Protective Techniques)

경호기법이란 철저한 경호계획(Security Planning)에 의거 경호대상자를 주어진 환경에서 경호요원을 적재적소에 배치하고 조정하여 경호업무를 효율적으로 수행하기 위한 기술(Methods and Techniques)을 말한다. 주어진 환경이란 경호요원에게 익숙지 않은 혹은 예기치 않은 환경을 뜻한다. 즉, 이 환경은 우발상황 시(in Case of Emergency)의 위해 기도자의 각종 언행과 밀접한 관계가 있다.

경호계획은 두 영역에서 완벽히 준비되어야 한다. 그 하나는 선발경호팀의 각종 통합된 정보수집이며 나머지 하나는 경호책임자의 경호계획을 문서화해서 해당경호요원과 그 내용을 공유해야 한다.

경호기법과 관련하여 경호요원의 경호목적은 경호대상자를 경호대상자의 숙소(residence or hotel)에서 예정된 장소(given location)까지 안전하게 이동하는 것이다.

상기 목적을 완벽하게 수행하기 위해서 경호요원은 기본 경호기법(Basic Protective Techniques)을 체화해야 한다. 이 기법을 2가지로 대별하면 무도기술(Martial Arts)과 응급구조법(Emergency Medicine)이다. 이 기법과 관련하여 경호요원은 다음과 같이 세분화 된 특성(Character)을 갖추어야 한다. 결단력(Decisiveness), 침착성(Calmness), 인내력(Patience), 분석력(Analytical nature), 신체적성(Physical fitness), 반사신경(Quick reflexes), 신뢰성(Trust), 민첩성(Promptness), 적응력(Adaptability), 충성심(Loyalty), 논리성(Logic), 완벽성(Thoroughness)등이다. 다음으로 경호요원이 연마해야 할 필수기술(Essential skills)을 제시한다. 무기취급(Weapons), 맨손결투(Unarmed combat), 폭발물 수색(Explosive recce/reconnaissance), 수행경호 행정업무(Protective functions and techniques), 요인 차량운전(VIP driving), 정보 및 위해

분석(Intelligence and threat analysis), 통신수단 운용(communications), 지역 책임경호(Area security)등이다. 또한, 경호요원이 습득해야 할 유용한 경호기법은 다음과 같다. 항공기 조종능력(A pilot), 외국어 구사능력(Foreign languages), 광범한 해외여행 및 타국문화의 정통(Extensive foreign travel and familiarity with other cultures), 심리파악 교육훈련(Training in psychology), 컴퓨터 전문기술(Computer expertise), 소형선박 조정능력(The ability to handle small boats), 스키술(Skiing), 승마술(Horsemanship), 전자식 대응책 교육훈련(Training in electronic countermeasures) 등이다.

한편, '경호기법의 절정(絶頂)'은 각종 운동경기(運動競技/Sports) 활동의 기본인'달리기(Run)'에서 비롯되어 여기에 무예(武藝/Martial Arts)가 접목되어 표현되고 있는 사실을 명심해야 한다.

경호요원은 위에 기술한 경호기법을 체계화된 시스템으로 보안이 철저하게 유지된 상태에서 집중력(Attention Strength) 을 분업화해야 경호업무 수행효과가 극대화 된다는 사실을 명심해야 한다.

경호기법이 주효하는 경호상황은 경호대상자가 다음의 상황에 있을 때이다. 첫째, 경호대상자의 도보 시 경호(Protection While Walking), 옥외산보 시 경호 (Protection During Outdoor Walks), 조깅 시 경호(Protection During Jogging) 둘째, 행사장 경호(Protection At Public Events) 셋째, 숙소경호(Residence Watch /Residence Security)등이다. 첫째의 경우, 우발상황에 대처하기 위하여 경호 차량은 근접지역을 반드시 순회해야 하고 경호요원의 복장은 상황에 막게 적절히 바뀌어야 한다. 둘째의 경우, 행사장이 대중에게 노출되기 전에 폭발물 처리반(EOD: Explosive Ordnance Disposal)이 폭발물을 검색하여 반드시 처리해야 한다. 셋째의 경우, 가장 민감한(Sensitive)경호기법이 발휘된다. 근접경호팀은 예감(Hunch), 육감(The Sixth Sense), 검문(Spot-check), 검색(Search), 검식(Food Inspection), 검측(Technical Detection), 기만(Deception), 비표(Accreditation), 통신장비(Communication equipment)등을 활용한다. 경호대상자의 숙소가 자택(Home)이던 호텔이던 경호통제본부(CP: Command Post)가 설치되고 항상 청결해야 하며 경호업무를 수행하는데 공격적(Offensive)인 위해요소들을 모두 제거해야 한다.

한편, 경호대상자의 숙소가 자택인 경우는 안가(Safe Room)를 설치한다.

경호요원은 경호대상자의 촉수거리 내(Within Arms Reach Of The Principal)에

위치하고 특별한 상황을 제외하고는 경호요원의 양 손은 맨손(Free)상태 이어야 한다. 절대적 상황을 제외하고는 경호원의 시선은 경호대상자와 시선과 결코 마주쳐서는 안 된다. 즉, 유연한(Flexible) 시선처리가 필요하다. 경호대형(Protective Formation)은 경호대상자를 중심으로 3중(Triple Rings)으로 한다.

결론적으로 경호요원이 경호업무를 완벽하게 수행하기 위해서는 경호요원 자신이 경호기법을 자신의 수족처럼 만들어야 한다. 그리고 이 말은 결코 지나친 말은 아닐 것이다.

✸경호기법 활용 표현

access control 출입통제(出入統制)

사전에 모든 위해요소를 제거 및 색출하기 위하여 인적, 물적 요소에 비표를 표시하거나 문형 금속 탐지기를 설치하는 경호조치

aerial security 공중경호(空中警護)

항공기, 헬리곱터, 비행선, 기구 등의 비행체를 이용한 모든 위해요소를 사전에 제거하고 색출하기 위한 경호 조치

aid protective area 치안강화지역(治安强化地域)

3중 경호 원리를 수행할 때의 VIP를 중심으로 한 가장 외곽구역

aid protective sector 경계구역(警戒區域)

3선 경호를 수행할 때의 중심부에서 가장 외부에 위치한 지역이며 주요 지점에서 사찰 과 통제 활동이 수행됨

all - round security 사주경계(四周警戒)

모든 방향으로 부터 위해 기도자의 위협을 철저히 대비하기 위한 전 방면(前 方面) 경계방식

arms reach principle 촉수거리의 원칙(觸手距離의 原則)

위해 기도자가 VIP에게 위해를 시도할 때, 주변 경호원 중에서 위해 기도자와 가장 가까운 경호원이 최우선적으로 대응함으로써 위해 기도자로부터 VIP를 방어하기 용이하고 피해를 최소화하는 원칙

attention strength 주의력(注意力)

이상 징후 및 위해 기도와 행위가 발생하기 전, 후에 경호 원각자가 임무를 극대화하기 위해 마음을 집중시키고 긴장하는 힘

background screening 신원조회(身元照會)

인적 위해요소를 사전에 제거하기 위해 VIP의 주변 모든 인물을 체크하여 안전을 도모하는 검증과정

basic protective technique 기본경호기술(基本警護技術)

VIP에 대한 위해기도 시 경호원이 신속하게 대처하는 각종기술

body-expand principle 체위확장의 원칙(體位擴張의 原則)

우발상황이 발생했을 때 위해 기도자 방향의 경호원은 가슴을 충분히 펴고 손을 벌리는 등 체위를 확장하여 피해를 최소화하는 경호기법

counter act 차단(遮斷)

불순하게 접근하는 모든 위해요소에 대해 경호원이 바리케이드(barricade), 차량, 플래카드(placard) 등을 이용하여 VIP의 절대 안전을 도모하는 모든 경호조치

counter effectiveness principle 대응효과원리(對應效果原理)

위해 기도자에 대한 VIP의 안전거리확보 경호조치로 경호원의 주의력이 발휘되는 최소한거리는 4-5m임

cover 방호(防護)

우발상황 발생 시, VIP를 중심으로 근접한 경호원이 신속하게 방벽을 형성하여 조준, 사격 등 위해가 불가능하게 하는 경호조치

deception communication 기만통신(欺瞞通信)

위해 기도자의 판단을 흐리게 하는 통신수단

deception installation 기만시설(欺瞞施設)

위해 기도자의 판단을 흐리게 하는 위조건물 등의 각종시설

deception operation 기만작전(欺瞞作戰)

위해 기도자의 판단을 흐리게 하는 경호작전

diversionary tactics/ demonstration operation 양동작전(陽動作戰)

실제 병력을 투입해 위해 기도자의 판단을 흐리게 하는 허위작전

food Inspection 검식(檢食)

VIP에게 제공되는 각종 음식물의 구매, 운반, 저장, 조리 및 서빙과정에서의 위해 요소를 사전에 제거하는 경호 기법

hunch 육감(肉感)/예감(豫感)

위해요소를 사전에 암시적으로 느끼는 감각

immediate measures 즉각조치(卽刻措置)

우발상황 발생 시, 경호원이 즉각 취하는 무의식적, 순간적, 기계적인 경호조치

immediate shooting measures 즉각대응사격(卽刻對應射擊)

경호원이 각종 피해를 최소화하기 위해 위해 기도자에 대해 즉각 대응하는 사격

immediate measures technique 즉각조치기법(卽刻措置技法)

우발상황 발생 시 경호원이 순간적으로 취하는 각종 기술

maneuvering deception technique 기동기만기법(機動欺瞞技法)

VIP의 각종 기동수단과 관련하여 위해 기도자의 판단을 흐리게 하는 정보제공 경호기법

metal detector 금속탐지기(金屬探知機)

문형과 휴대용 형태의 금속성 물질을 탐지하는 장비

preliminary safety measures 사전안전조치(事前安全措置)

경호본대가 도착하기 전 주로 경호 선발대가 실시하는 모든 안전 활동

press control 보도통제(報道統制)

행사에 참석하는 기자들에 대한 기술적 통제 경호조치

previous protective activities 사전경호안전활동(事前警護安全活動)

VIP의 안전에 영향을 줄 수 있는 모든 위해요소에 대한 사전 대책 강구 및 수립 경호조치

protective deception techniques 경호기만기법(警護欺瞞技法)

경호대상자와 관련된 모든 정보에 대하여 위해 기도자가 오판하도록 허위정보를 다방면으로 제공하는 경호기법

protective techniques 경호기법(警護技法)
경호임무를 효율적으로 수행하기 위한 검증된 기술

seal paper 봉인지(封印紙)
취약시설 및 장소에 대하여 검측 필 후 부착하는 특수 제작된 스티커(sticker)

secret badge 비표(秘標)
행사장에 출입, 반입하는 모든 인적, 물적 요소에 대하여 경호조치 필 후 제작하는 1회용 표지

secret badge proof mark 비표검인(秘標檢印)
비표의 위조 및 도용을 방지할 목적으로 제작부서에서 확인 및 점검하여 비표에 표시하는 도장 혹은 서명

security command post 경호지휘소(警護指揮所)
행사장에서 경호업무를 조정, 통제하고 행사관련 등의 임무를 수행하는 지휘소

sound off(warning) 경고(警告)
우발상황 시, 최초로 인지한 경호원 혹은 경비원이 육성 및 무전으로 동료 및 상황본부에 신속히 전하여 피해를 최소화 하는 조치

standby ambulance 구급대책(救急對策)
우발상황 시, 구급차를 사용하여 취하는 즉각적, 일시적인 응급조치

technical detection 검측(檢測)
VIP의 안전을 위해 VIP의 체류장소와 시설물의 안전점검과 위해요소를 사전에 탐지, 제거하는 경호기법

the emergency hospital 구급병원(救急病院)
행사장에서 가장 가까운 종합병원에 사전에 의료진과 병실을 준비시키는 등 우발사태에 대비한 비상대책

the nearest hospital 최기병원(最嗜病院)
VIP와 행사장에서 제일 가까운 종합병원으로 사전협조가 완료된 병원

the principles of triple rings (three perimeter strategy) 3중 경호 원리(3重 警護 原理)
효율적인 경호업무를 수행할 목적으로 VIP를 중심으로 3중 경호 대형을 형성하는 경호조치

the sixth sense (inspiration)육감(六感)/직감(直感)

인간의 5대 감각(The Five Senses)외에 사물의 본질과 대상을 암묵적으로 느끼는 감각

walking formation 도보대형(徒步隊形)

VIP이 도보이동 시, 도보상황에 따라 경호 도보대형 을 쐐기대형, 사각대형, 다이아몬드대형, 혼합대형 등으로 함

X-ray machine X선검색기(X線檢索器)

행사 참석자 및 항공기 등 주요 기동수단 탑승자의 휴대품을 개방하지 않고 X선을 이용하여 확인할 수 있는 기계

5. 경호와 무예(Security Services and Martial Arts)

경호원은 스포츠맨(운동경기선수/sportsman)도, 무술인(martial artist)도, 무도인도, 무예인도, 격투기선수(martial arts player)도 아니다. 오로지 경호업무에 관한 전문직업인(specialist)이다. 그러나 스포츠(sports)와 무예(martial arts)와도 결코 무관하지 않다. 운동경기(sports)의 주요요소는 달리기(run), 던지기(cast), 뛰어오르기(bound)이다. 즉 체력(physical fitness)이 밑바탕이 되어야한다. 뿐만 아니라 기술(degree of skill)을 소유하고 있어야한다. 한편, 오락(entertainment)추구정신과 승부근성(competitive spirit)을 필요로 한다.

그리고 무예(무술, 무도, 격투기)의 정의는 일체의 싸우는 운동경기나 기술을 말한다. 동양의 무예는 도교와 선불교의 영향을 받았다. 참고로 '무예(武藝)'와 '무도(武道)'의 차이는 '무예'는 전통적(traditional)인 전투기술을 예술적으로 승화하는 동시에 심신의 단련을 위한 체계적인 수련방법이며 '무도'는 정신수양 발달(mental and spiritual development)을 위한 수련방법이다. 이는 비무장무예(unarmed martial arts)와 무장무예(armed martial arts)로 대별된다. 비무장기술(unarmed techniques)무예는 중국에서 시작되었으며 타격(strikes)과 격투(grappling)기술 즉 주먹지르기(punching), 발차기(kicking), 메치기(throwing), 관절기(joint lock), 조르기(chokes), 굴복조르기(submission holds),누르기(pinning techniques)등의 기술을 사용한다. 즉, 태극권(T'Chai Ch'uan), 태권도(Taekwondo), 스모(Sumo), 가라테

(Karate), 쿵푸(Kung Fu), 권투(Western Boxing), 킥복싱(Kickboxing), 무에타이(Muay Thai), 글리마(Glima) 레슬링(Wrestling), 부라질유술(Brazilian Jiu-Jitsu), 씨름(Korean Wrestling), 유술(Jujutsu), 유도(Judo), 이이키도(Aikido) 등이 여기에 속한다. 무장기술(armed techniques)은 날선무기(bladed arms), 봉 무기(pole arms) 등을 사용한다. 즉, 궁술, 창술, 검술, 검도, 해동검도, 궁도, 펜싱 등이 여기에 속한다. 비무장기술과 무장기술을 혼합한(hybrid)무예는 택견, 한풀, 합기도(Hapkido), 한무도, 우슈, 소림권, 절권도, 크라브마가, 칼라리피야트(Kalarippayattu), 경호무도(Security Service Martial Arts)가 여기에 속한다. 그리고 둔갑술은 가장 다예 다능한 기술을 발휘하며 봉건시대 일본군대의 밀정이 익힌 무예이다.

최근에 경호무도와 관련하여 인구에 회자하고 있는 특공무술(Secret Martial Arts)의 본질은 무엇인가? 살펴보자면 우리나라에서 특수부대원들이 실전에서 특히 테러범을 감각적으로 공격과 방어를 동시에 가능하기위해 1978년 11월에 완성된 혼합무예로 태권도, 유도, 합기도, 쿵푸, 태극권, 당랑권, 타이복싱, 레슬링, 권투, 격술, 군무술(Martial commando), 소림무술 등의 격투기에 호신술(Self Defence)의 장점을 결합한 무예이다. 각 무예의 장점은 다음과 같다. 유도는 각종 격투기의 특징을 모두 가지고 있으며, 쿵푸는 적을 신속히 제압하고, 태극권은 동작의 연계성을 강조하고, 당랑권은 실진의 근집전에서 쉼 없이 연결동작(combination)을 구사하여 단숨에 승부를 유도하고, 합기도는 호신술로 기본으로 상대빙의 힘을 이용하여 반격하는 기술이며, 타이복싱은 앞다리를 들어 자신의 몸 자체를 방어함과 동시에 공격하고, 권투는 손과 발의 타이밍과 협응성으로 공격과 방어를 동시에 하며, 레슬링은 타격이 불가능한 장소에서 자기주도의 균형을 유지하여 상대방을 견제할 수 있으며, 격술은 상대방의 공격을 막고 동시에 공격하며, 소림무술은 권법과 선종(禪宗)을 일치시켜 강도 높게 공격하고 전격적으로 후퇴가 가능하게 한다.

결론적으로 실전에서의 '일반인의 무예'와 '경호원의 무도'의 근본적인 차이점은 무엇인가? 전자는 오로지 자신을 보호하기 위해서 타인을 제압하는 것이며 후자는 자신의 생명을 담보하면서까지 피경호인의 안전을 지킬 뿐만 아니라 자신을 보호하기 위해서 상대방을 배려하면서 제압하는 데 있다. 그러므로 경호원이 피경호인을 우발상황에서 위해발생시, 특히 시회병리학적인 테러에 감각적으로 대처하고 무결점 경호활동을 수행하기 위해서는 유연성 있는 경호방법과 경호를 위한 최고도의 훈련된 무도 실력이 결합되어야만 시너지효과를 기대할 수 있음은 자명한 이치다. 경호원 자신이

다양한 무예 중에서 즉 비무장무예, 무장무예, 혼합무예 중에서 자신의 체형에 맞는 무예를 선택하고 통합하여 시종일관 절차탁마(切磋琢磨)해서 '완성미(完成美)'를 추구하는 것이 진정한 '경호무도인'이 되는 가장 바람직한 길이라고 사료된다.

✸경호무도 훈련 명령어(Imperatives)활용 표현

As you were! 바로!, 원위치(原位置)로!

At ease!(미국식)쉬어!

Stand easy!(영국식)

Attention! 주의!, 차려!(부동자세)

Be Careful! 조심하라!

Be Seated; 'Sit down' 앉아라!

Chin up! 힘을 내라!,기운을 내라!

Come here this instant! 즉시 이곳으로 오라!

Drop it! 그만 둬!,그만 잊어버려!

Get down! 엎드려!

Go along with you! 저리 가!

Go on! 계속 해라!, 앞으로!

Go this instant! 지금 곧 가라!

Hands up! 손들어!(항복을 요구하는 경계명령)

Hurry up! 서둘러라!

Look sharp! 빨리 해!,조심해라!

Pay attention! 주목(注目)!

Right turn! 우향 우!

Left turn! 좌향 좌!

About turn! 뒤로 돌아!

Stand at ease! 쉬어!

Stand at attention! 차렷!

Come to attention! 차렷!

Stand by! 준비(準備)!

Stand fast! 정지(停止)!

Steady! 침착(沈着)하라!, 서두르지 마라!, 조심하라!

Stop! 정지!

Stow it!(속어) 그만둬!

Tip(Give) us your fin! (속어) 우리 악수(握手) 하세!

Get(Stand)Up with you! 힘을 내! 정신(精神)차려! 일어나!

Urgent! 급(急)하다!

Wait for a Moment 잠시 기다려라!

Watch out!;Caution; Watch your step(예령) 주의(注意)하라!

You did a good job! 잘했소!,수고 많았소!

6. 경호원과 사격술(射擊術 Marksmanship)

"경호원이 사격술에 정통해야 한다."는 명제를 우리가 아무리 수없이 강조해도 지나치지 않는다. 그 점을 반증하는 중요한 과거의 사례가 많다. 바로 요인암살(ASSASSINATION) 혹은 요인 암살기도(ATTEMPTED ASSASSINATION)사건이다. 전자의 경우는 1865년 4월14일의 ABRAHAM LINCOLN 미국 대통령, 1881년 7월2일의 JAMES A. GARFIELD 미국 대통령, 1901년 9월6일의 WILLIAM McKINLEY 미국 대통령, 1963년 11월22일의 JOHN F. KENNEDY 미국 대통령, 1965년 2월 21일의 MALCOLM X 미국 흑인 민권운동가, 1968년 6월5일의 ROBERT F. KENNEDY 미국 민주당 대통령후보, 1981년 10월6일의 ANWAR SADAT 이집트 대통령, 1983년 5월25일의 ALBERT SCHAUFELBERGER 미국 해군 소령, 1988년 6월28일의 WILLIAM NORDEEN 그리스의 아테네 미국 대사관 외교관, 1989년 4월21일의 JAMES "NICK" ROWE 미국 육군 대령, 1989년 11월 30일의 ALFRED HERRHAUSEN 도이치은행 총재 등의 암살이다. 후자의 경우는 1835년 1월30일의 ANDREW JACKSON 미국 대통령,1912년 10월14일의 THEODORE ROOSEVELT 미국 대통령, 1933년 2월15일의 FRANKLIN D. ROOSEVELT 미국 대통령 당선인, 1950년 11월1일의 HARRY S. TRUMAN 미국 대통령, 1972년 5월15일의 GEORGE WALLACE 미국 알라바마 주지사, 1975년 9월5일과 9월22일의 GERALD FORD 미국 대통령, 1979년6월25일의 ALEXANDER HAIG 유럽연합군 최고사령관, 1981년 3월31일 RONALD REAGAN 미국 대통령, 1981년 9월15일의 FREDERICK KROESEN 미국 육군 유럽사령관, 1984년 10월12일의 MARGARET THATCHER 영국 총리 등의 암살기도 등이다.

암살범(assassin)들의 무기(weapons)는 직접탄도거리(point-blank range)에서 사

용된 거의 단발권총(shot pistol), 연발권총(revolver),소총(rifle)이거나 폭탄(bomb), 수류탄(grenade), 로켓추진식포(RPG),탄약(explosive charge)등이었다. 이렇듯 경호원은 피경호인이 무기에 의해서 어떠한 상황에서도 무고하게 희생되지 않도록 과거 사례를 면밀히 분석하여 적절한 사격술 훈련을 평소에 연마해야한다.

사격술(marksmanship)에 정통하려면 경호원은 어떠한 정신자세와 태도를 가져야 하는가? 무엇보다도 최우선적인 VIP의 안전(safety)을 끝까지 사수하는 데 있다. 명사수(marksman)가 되겠다는 결연한 목표설정을 시종일관 견지해야한다. 이 뜻을 이루기 위해서는 실전을 방불케 하는 종합적 훈련(drills and training)이 필수적이다.

경호원이 사격훈련 시 사격장비(the shooting equipment) 즉 무기(handgun, pistol, revolver, rifle, submachine gun)를 잡았을 때 호흡(breathing)과 자세(the shooting positions)즉, 엎드려 쏴(the prone position), 무릎 쏴(the kneeling position), 서서 쏴(the standing position)이 가장 중요한 역할을 한다. 그리고 소화기(小火器,firearms)의 종류와 표적지(target), 거리(distance)에 따라 사격술(the shooting technique)이 달라짐을 명심한다. 한편, 경호원이 결코 간과해서는 안 되는 사항이 "총기의 안전(weapons safety, gun safety)"이며 "유탄(a stray bullet)"에도 주의해야 한다. 동시에 표적이 없는 사격 "21발의 예포(celebratory gunfire, 21 gun salute)"와 권총격발연습(firing starting pistols)도 충분히 하여 체화시킨다.

사격훈련은 전체적으로 균형 잡힌(rhythmic) 형태가 되어야한다. 근접경호원은 집중사망지역(kill zone)에서 고정된 표적에 , 움직이는 표적에 고도의 집중력을 기르는 동시에 명중시키는 숙련을 거듭해야한다. 특히, 도보경호대형(foot escort formation)에서 VIP 공격(AOP: Attack On Principal)시 근접경호원은 고속연발자동권총(high-magazine-capacity automatic pistol)사용법을 숙련한다. VIP근접경호(close protection)경호원은 VIP위해 시 VIP를 자신의 신체를 사용하여 VIP를 감싸(body cover)야 한다. 동시에 다른 경호원은 직립자세(standing upright)를 취한다. 뿐만 아니라 무기를 한손으로 사격(one-handed shooting)할 수 있는 효율적 사격술을 훈련해야 한다. 왜냐하면 공격자(the attacker)와 맞대고 있는 VIP를 다른 한손(the weak hand)으로 VIP를 안전한 상황으로 이끌어야(evacuation) 하기 때문이다.

사격술훈련의 목적은 무엇인가? 경호원이 익숙한(friendly) 또는 생소한(unfriendly) 경호상황에서 적절한 무기(hand gun, submachine gun, shotgun)와 사격자세를 선택할 수 있는 출중한 능력을 기르며 신속하고 완전한 판단(rapid and sound judgement)과 신속한 대응(rapid reaction)능력을 계발하고 경험적 기본 적 원칙(a rule of thumb)에 정확한 훈련을 접목하여 더욱 심화한 시나리오상황에서 훈련을 거듭하여 실제상황에 투입되어 완벽한 경호업무를 수행할 수 있는 탁월한 능력을 발휘하는 데 있다.

결론적으로 물론 무기는 경호원에게 결코 없어서는 안 될 필수적인 것(necessity)이며 중요한 자산(asset) 이기는 하지만 경호원은 절대 절명한 위급한 상황에서도 고도의 경호무도(Security Martial Arts)실력과 실제적이며 창의성(Pragmatic and Creative) 있는 능력을 발휘하여 무기를 사용하지 않고도 완벽하고 안전한 경호상황을 연출할 수 있는 유능한 국제신사로 더 한층 진화해야 한다.

(참고) Choice of Weapons

The Glock, Para-Ordnance, Kimber, Alternative Handguns, Pistol-Calibre Submachine-Guns, Heckler& Koch, The UZI, Assault Carbines, Bullpup Assault Rifles, Full-size Assault Rifles, Counter-Sniping Rifle, Shotguns

7. 긴급 상황 대처방법(Countermeasures during An Emergency)

오늘날 물론 일반인(everyone)도 예기치 못한(unexpected and unpredictable)상황에 맞닥뜨릴 때 그에 맞는 응급처치기법(first aid techniques)을 실행할 수 있어야 한다. 더욱이 VIP를 수행 경호하는 경호원에게는 불문가지(不問可知)이며 두말할 필요가 없다. 왜냐하면 응급처치기법이 우발사태 발생 시 생명구명(life-saving)하는 최초의 기법(initial techniques)이 될 수 있기 때문이다. 응급처치의 목적을 살펴보면 그 이유는 자명하다. 다름 아닌 생명을 구하고(saving life), 손상진행을 예방하고 (preventing further injury), 회복 속도를 더욱 촉진(promoting recovery moreover)하는데 있다. 그래서 응급처치의 중요성과 필요성(importance and necessity)이 더욱 더 강조되고 있다.

VIP를 수행하는 경호원이 그 다양한 응급처치기법 중에서 가장 최우선으로 익혀할 내용에 대하여 기술하면 다음과 같다. 기본심폐소생술(Basic CPR/Cardiopulmonary resuscitation), 출혈(Bleeding),타박상 및 찔린 상처(Bruises and Bite Wounds), 화상(Burns), 숨 막힘(Choking),벤 상처 및 찰과상(Cuts and Scrapes), 감전(Electric

Shock), 골절(Fractures), 두부손상(Head Injuries), 심근경색(Heart Attack), 코피(Nosebleeds), 중독(Poisoning), 찌른 상처(Puncture Wounds), 인공호흡(Resuscitation), 졸중풍(卒中風, Seizures), 마비(Shock), 삠과 접질림(Sprains and Strains) 등이다. 한편, 응급처치와 심폐소생술의 차이는 전자는 우발 시에 행하는 간단한 의료(medical)기법이며 후자는 응급처치의 일부분으로 심장(heart)과 호흡기(respiratory)에 이상(trouble)이 발생할 때 행하는 기법이다.

결론적으로 응급처치(應急處置, First aid)는 생명구명(生命救命, life-saving)의 중요한 연동(連動,gearing)역할자이다.

✹응급처치(應急處置) 및 의료(醫療, Medical Care) 활용 표현

adhesive bandage 가제(gauze)가 붙은 반창고

anoxia 산소결핍증(酸素缺乏症)

antifebrile 해열제(解熱劑)
비정상적으로 오른 몸의 열을 내리게 하는 약제

antitoxin 해독제(解毒劑)

artery 동맥(動脈)

artificial respiration 인공호흡(人工呼吸)
가사(假死)상태 환자의 흉곽을 수축, 확장시켜 호흡작용을 재생시켜 심장 기능을 회복시키는 기법

atropin injection 경련완화제(痙攣緩和劑)
신경작용제에 오염된 경우 사용하는 응급처치용 주사

available 이용 가능한

bacteria(bacillus) 세균(細菌)

(clean)bill of health(BH) 건강증명서(健康證明書)

blood bank 은행의 저장혈액(貯藏血液)

blood pressure 혈압(血壓)

(blood)stroke 졸도(卒倒), 뇌졸 중(腦卒 中)등의 발작

blood test 혈액검사(血液檢査)

blood type(blood group) 혈액형(血液型)

breathing capacity 폐활량(肺活量)

폐가 마신 공기를 내 뿜을 수 있는 양으로 남자는 약 평균 3,200cc, 여자는 평균 2,800cc임

clinical diary 병상일지(病床日誌)

convalescent facility 요양시설(療養施設)

병원의 행정조직 내 분리된 건물

dispensary 의무실(醫務室); 외래 진료실(外來 診療室)

electric treatment 전기요법(電氣療法)

신체에 전기를 통한 물리적, 화학적, 살균적, 생리적 치료 방법

emergency medical treatment(EMT) 응급치료(應急治療)

의사의 치료 전 치료자격이 있는 의무요원이 시행하는 임시치료

emergency medical technician(EMT)응급구조대원(應急救助隊員)

endemic (vernacular)disease 풍토병(風土病)

first-aid kit(case) 구급상자(救急箱子)

first-aid room 응급실(應急室)

health (medical)certificate 건강진단서(健康診斷書)

heart failure 심장마비(心臟麻痺)

health screening 건강검진(健康檢診)

heatstroke 일사병(日射病)

high blood pressure 고혈압(高血壓)

hunger cure 단식요법(斷食療法)

immunization 면역(疫)

indigestion(dyspepsia) 소화불량(消化不良)

insomnia 불면증(不眠症)

Kymograph 자동기록 동요계(自動記錄 動搖計)
맥박, 혈압, 호흡, 발음 따위의 파동곡선을 기록하는 동태(動態)기록기

lethal dose 치사량(致死量)

lethargy 혼수상태(昏睡狀態)

intensive care unit(ICU) 집중강화치료부(集中强化治療部)

litter 병자, 부상자용 들것; 담가(擔架)

malaria fever 말라리아 열(熱)

matron 간호부장(看護部長),수간호사(首看護士)

medical adviser (doctor 보다 품위 있는 표현) 의사(醫師)

medical history 병력(病歷)

medical inspection 검역(檢疫)

medical jurisprudence 법의학(法醫學)

medical satchel 붕대낭(繃帶囊)

medical service 의료근무(醫療勤務)

medical treat facility 의료시설(醫療施設)

medical treatment 치료(治療)

neuralgia 신경통(神經痛)

neurosis 노이로제, 신경증(神經症)

peptic 소화제(消化劑)

personal background 인적배경사항(人的背景事項)

precaution against infection 전염병예방(傳染病豫防)

prescription (의사가 약사에게 써주는)처방(處方); 처방전(處方箋)

professional treatment 병원치료(病院治療)

rescue breathing apparatus 구급호흡기(救急呼吸器)

rescue crew 구조원(救助員)

rescue equipment 구명장비(救命裝備)

serious case room 중환자실(重患者室)

serum injection혈청주사(血淸注射)

standby ambulance at night at the residence 구급차 야간 숙소대기(救急車 夜間宿所待機)

stop the bleeding 지혈(止血)하다

stretcher 들것; 평행사낭(平行砂囊)

surgical service 외과근무(外科勤務)

the nearest hospital from each site 각 행사장별 최기병원(各 行事場別 最嗜病院)

vaccine 접종용(接種用)백신

vein 정맥(靜脈)

whether or not A^+, B^+ available 혈액(血液)A^+, B^+ 보유여부(保有與否)

yellow fever(jack) 황열병(黃熱病) 급성 바이러스성 열대 전염병

8. 사전경호 검문, 검색 활동(Inspection and Check Activities)

작금 우리는 경호의 필요성을 더욱 더 강조하는가? 경호대상자가 경호위해자(intruder)로부터 계획적으로, 우발적으로, 혹은 안전사고 등으로 무고하게 위해(threat)를 당하기 때문이다. 위해의 동기(動機motivating factors)를 살펴보면 다음과

같다. 혁명적인(revolutionary), 경제적인(economic), 관념론적인(ideological), 개인적인(personal), 금전적인(mercenary), 심리적인(psychological), 범죄적인(criminal) 목적 등에서 찾을 수 있다. 그리고 위해의 대상은 특정인(specific), 비중 있는 일반인(general), 불특정인(tangential), 주변적인(peripheral)인물 등이다. 따라서 개인 각자가 평소 자신의 신변보호(physical protection)에 각별한 관심을 가져야 함은 물론이다.

그렇다면 경호업무의 성패의 관건은 무엇에서 비롯되는가? 바로 완벽한 사전경호 활동에 있다. VIP가 참석하는 각종 행사장(event sites)을 경호인이 경호(security), 경찰(police activities), 경비((defence), 정보(information & intelligence)장비를 최대한 사용하여 한치의 오차 없는 검문(檢問inspection), 검색(檢索check), 검측(檢側technical detection), 검식(檢食food inspection) 활동을 불시(surprise)에 수행해야 한다. 상기활동의 목적과 유의점은 무엇인가? 전자는 오로지 행사장에 참석하는 VIP와 모든 사람의 절대 안전을 확보하고 각종 범죄를 예방하는 데 있다. 후자는 경호인이 친절성(親切性kindheartedness)을 한껏 발휘하여 경호대상자 등 모두가 거부감과 불쾌감을 갖지 않도록 해야 한다. 특히 해당 검색 대상으로 빠뜨려서는 안 될 것은 사업체(businesses), 정부와 정치 관계자(government & politics), 차량(vehicles), 의약(medicine), 무기(weapons),가택(houses), 컴퓨터 소프트웨어(software) 등이다. 한편, 'inspection'와 'check' 의 의미상 차이는 전자는 "공식적으로 결함, 결점의 유무를 조사하는 것"이며 후자는 "계속 진행하고 행위를 갑자기 제지하는 것" 에 있다.

✵검문, 검색 활용 표현

access control system(ACS) **출입제어(出入制御)장치**

arson(incendiary crime) **방화(放火罪)**

asset management system(AMS) **자산관리(資産管理)장치**

automated vehicle identification(AVI) biometric reader **생체인식기(生體認識機)**

사람의 지문, 얼굴, 정맥 등 신체특성을 인식하는 장치.

bomb disposal **폭발물 처리(爆發物 處理)**

bomb threat (bomb scare)폭파 위협(爆破 威脅)

central processing unit(CPU) 중앙처리장치(中央處理裝置).
컴퓨터의 연산과 처리 통제장치

check point for baggage 화물검색장소(貨物檢索場所)

closed circuit television(CCTV) 폐쇄회로(閉鎖回路)TV.
현장 카메라를 통해 일정한 지역 또는 시설 등을 감시할 수 있는 영상감시 장치

coaxial cable 고주파 전송용 동축케이블

crisis management 위기관리(危機管理)

damage 손해(損害)

electronic article surveillance(EAS) 전자상품감시(電子商品監視)장치

emergency evacuation plan 비상대피계획(非常待避計劃)

emergency exit(door) 비상구(非常口)

emergency lighting 비상조명(非常照明)

emergency medicine 비상의약품(非常醫藥品)

emergency phone number 비상전화번호(非常電話番號)

facility management system 시설물관리(施設物管理)장치

fire extinguisher 소화기(消火器)

fire fighting equipment 소화장비(消火裝備)

fireproof cabinet 방화(防火) 캐비닛

guard patrol supervisory system(GPSS) 순찰감독(巡察監督)장치

heating equipment 난방장치(煖房裝置)

intelligence gathering 정보수집(情報蒐集)

intrusion detection system(IDS) 침입감지(侵入感知)장치
센서가 무단침입자를 감지하고 경보하는 장치

investigation of incident 사고조사(事故調査)

layout of site 현장요도(現場要圖)

license plate reader(LPR) 차량번호판 인식기(車輛番號板 認識機)

local area network(LAN) 지역(地域) 네트워크

magnetic sensor 자석 감지기(磁石感知機)

man-made disaster 인재(人災)

microwave sensor 마이크로웨이브 감지기(感知機)

motion detector(MD) 움직임 감지기(感知機)

natural disaster 자연재해(自然災害)

office automation(OA) 사무자동화(事務自動化)

parking lot 주차장(駐車場)

patrol route 순찰로(巡察路)

police department 경찰서(警察署)

post 초소(哨所)

radio frequency(RF) 무선(無線)

report of incident 사고보고서(事故報告書)

rescue team 구조(救助)팀

risk analysis 위험요소 분석(危險要素分析)

security agent 보안요원(保安要員)

security checklist 보안 점검표(保安 點檢標)

security command center (SCC) 보안상황실(保安狀況室)

security integration 보안통합(保安統合)

security manual 보안규칙(保安規則)

security policy 보안정책(保安政策)

security survey 보안현장조사(保安現場調査)

seismograph 지진계(地震計)

shelter 대피소(待避所)

shift schedule 근무교대계획(勤務交代計劃)

tele-communication(TC) 전화통신(電話通信)

telescope 망원경(望遠鏡)

threat analysis 위해 분석(威害 分析)

uninterrupted power supply 24시간 무정전 전력 공급장치(無停電電力 供給裝置)

visual image recognition system(VIRS) 화상인식장치(畵像認識裝置)

wireless sensor 무선 감지기(無線感知機)

9. 사전경호 검측, 검식 활동(Technical Detection and Food Inspection Activities)

요인암살자들도 우리와 비슷한 모습을 한 평범한 사람들이다. 그러나 우리가 자세히 관찰해보면 분명히 차이점을 발견할 수 있다. 미국의 대통령 즉 Jackson, Lincoln, Garfield, McKinley, Roosevelt, Truman, Kennedy 등 요인암살을 기도한 암살자들의 특징(characteristics)을 연구한 보고서에 따르면 절대적(absolute)인 것은 결코 아니지만 다음과 같은 공통점이 기술되어 있다. 외국태생으로 나이는 25-30세이며 작은 키, 왜소한 몸집, 준수한 외모에, 가정결손과 정치적, 종교적 운동에 관련되고, 여자관계가 원만치 못한 미혼자이며, 암살기도 전 준법생활과 규칙생활을 하여 직장생활을 그만두었다. 그들은 자신들을 순교자(martyrs) 혹은 영웅(heroes)이라 믿고 암살기도에 대한 망상(delusions)에 빠져 있었다. 그러한 나머지 가혹한 형벌(severe punishment) 에도 대담한 면모를 보였다.

결국, 국가적으로 사회적으로 중요한 인물이 무고하게 희생당하지 않게 하기 위해서 사전경호활동이 그만큼 중차대한 엄연한 사실을 경호담당자들은 항상 염두에 두어야 한다.

✹검측 활용 표현

adapter booster
　한개 장치로 조립하여 폭탄에 사용하는 장치

adhesive compound **접착제(粘着劑)**

air-conditioning and heating system **냉 · 난방시설(冷 · 煖房施設)**

ammo(ammunition) **탄약(彈藥)**

ammo-dump **탄약고(彈藥庫)**

baggage convoy **화물(貨物) 에스코트**

baggage transportation **화물수송(貨物輸送)**

black powder **흑색화약(黑色火藥)**
　점화기, 점화폭관, 신관 및 공포탄용 장약 화약으로, 불안정하고 반응이 빠르며 발화가 용이함

bomb dag operation **탐지견(探知犬 運用)**
　폭발물 및 화약류 탐지능력을 갖춘 견 운용

checking place of baggage **화물검색장소(貨物檢索場所)**
　항공기 탑승 수행원의 화물을 검색하는 별도의 장소

customs procedure of baggage **화물통관 수속(貨物通關 手續)**

detection **탐지(探知)**
　위험물질을 레이더, 전파, 검측장비 등의 수단으로 찾아냄

VIP vehicle inspection **VIP전용(專用) 차량검측(車輛檢側)**

detonating agent **기폭제(起爆劑)**
　다른 폭약을 폭발시키는 폭약

detonating assembly 기폭장치(起爆裝置)

dry battery 건전지(乾電池)

dud bomb 불발탄(不發彈)

electric facilities 전기시설(電氣施設)

electronic detection 전자검측(電子檢測)

elevated ladders, pump, chemical car 고가차(高架車), 펌프차(車), 화학차(化學車)

emergency measures for the failure of electricity 비상시 정전 대비책(非常時停電對備策)

emergency power 비상전원(非常電源)

emergency safety room 비상대피소(非常待避所)

explosive force 폭발력(爆發力)

explosive ordnance(exposal procedures) 폭발물 처리절차(爆發物處理節次)

naked eye observation 육안관측(肉眼觀側)

fiber scope 화이버 스코프

육안관측이 불가능한 곳을 관찰할 수 있는 유리섬유로 만든 검측장비

fire extinguisher 소화기(消火器)

fire-proof jacket 방열복(放熱服)

baggage collection point 화물수집 장소(貨物蒐集 場所)

high-tension cable(wire) 고압선(高壓線)

igniting primer 점화뇌관(點火雷管)

illuminating projectile 조명탄(照明彈)

incendiary bomb(shell) 소이탄(燒夷彈)

인이나 테르밋 등을 함유한 높은 열이 물체를 태우는 폭탄

inflation boat 공기를 주입한 고무보트

Inside(outside) fire hydrant 실내(屋內)(室外)소화전(消火栓)

K-corps 군용견(軍用犬)

letter(mail) bomb 우편폭탄(郵便爆彈)

lewisite 미란성(糜爛性)독가스

manhole
물, 기름 탱크 및 통신 선로 등이 설치된 도로 등의 출입구멍

map of site and floor plan 각 행사장(各 行事場) 및 방, 건물 평면도

megaton(MT) 메가톤
TNT 100만 톤에 상당한 폭발력

melinite 프랑스에서 발명된 강력한 멜리나이트 폭약(爆藥)

metal detector(MD) 금속탐지기(金屬探知機)

operation of task force (mobile strike force)and reserve force 기동부대(機動部隊) 및 예비대 운용(豫備隊 運用)

organization of detective security agents 검측요원 편성(檢側要員編成)

paulin 방수포(防水布)
습기나 화학약품에 저항력을 가짐

percussion charge 점화약(點火藥)

power shifting plan 전기 전환계획(電氣轉換計劃)

prior transportation 화물 사전운송(貨物事前運送)

probing action 탐색활동(探索活動

rescue vehicles 구난차(救難車)

safety measures for firearms and explosives 총포, 폭발물 안전조치(銃砲, 爆發物 安全措置)

search activities by your side 귀측검측활동(貴側檢側活動)

search tap
육안확인이 불가능한 곳을 관측하는 기기

search party(technical security team) 검측조(檢側組)

site survey 행사장 답사(行事場 踏査)

stand-by fire engine 대기소방차(待期消防車)

technical detection search light 검측 탐조등(檢測 探照燈)

transmission line 송전선로(送電線路)

unexploded (undischarged)shell 불발탄(不發彈)

ventilator 통풍시설(通風施設)

ventilating system 공조체제(共助體制)

walk- through type magnetometer 문형 금속 탐지기(門型 金屬 探知機)

water distributor 살수차(撒水車)

✷검식 활용 표현

available menu 준비가능(準備可能) 한 메뉴

chilled storage 냉동저장소(冷凍貯藏所)

chow (속어)음식물(飮食物)

chow hall 식당(食堂)

cook house 조리실(調理室)

cooking 조리(調理)

cooking utensil 취사용구(炊事用具)

dessert 후식

drinking Water, potable water 식수(食水)

food materials 식재료(食材料)

food poisoning 식중독(食中毒)

food prohibited(forbidden) 금기식품(禁忌食品)

table manners 식탁예절(食卓禮節)

kitchen utensils 주방용구(廚房用具)

method and equipment for food inspection 검식요령 및 장비(檢食要領 및 裝備)

non-favorite foods 기피음식(忌避飮食)

VIP가 문화적 관습으로 먹지 않는 음식물

operation of food inspectors 검식관 운용(檢食官 運用)

poisons 독극물(毒劇物)

성인 50kg을 기준하여 치사량이 1g이하일 때는 독물, 15g이하일 때는 극물이라 함

preservatives 방부제(防腐劑)

refrigerator (fridge)냉장고(冷藏庫)

sanitary condition 위생상태(衛生狀態)

sanitary inspection 위생검사(衛生檢查)

sanitary inspector 위생 검사관(衛生 檢查官)

sanitary survey 위생조사(衛生調查)

sense inspection 관능검사(官能檢查)

음식물의 이상 유무를 인간의 오관으로 감지하여 판단하는 방법

stand-up collation 입식간식(立食間食)

tea party 오후에 하는 다과회(茶菓會)

vacuum package 진공포장(眞空包裝)

vegetables 채소(菜蔬)

vegetable(vegetal) diet 채식(菜食)

vegetable plate 채소요리(菜蔬料理)

water quality 수질상태(水質狀態)

10. 경호 정(첩)보 보안 활동(Protective Intelligence Security Activities)

선발경호인(advance man)이 경호 상 특정행사장(particular site), 차량행렬(motorcade) 혹은 도시(city)에 대한 경호일정을 통합하고 완벽하게 달성하는데 그 책임을 진다. 선발경호인이 이 책임을 완수 하려면 무엇보다도 선발경호팀(advance team)의 철저한 조력에 의한 경호정보 처리능력에 좌우 된다 해도 과언은 아니다.

선반경호팀이 정보담당 경호인(intelligence advance)은 현시 경찰정보원(local police intelligence)과 긴밀히 연락하여 수집한 정보를 수행경호원(the protective detail)에게 통합하여 전파해야 한다.

한편 정보 보안지역(the area of information security)내의 정보누설자료 및 기기 등은 다음과 같이 철두철미하게 예방조치(precaution) 되어야 한다.

직원들의 책상주변은 공백상태(desk-clean policy)를 유지한다. 기밀자료는 반드시 금고(safe)에 보관하고 금고 다이얼번호(combination)는 금고 주변에서 삭제한다. 중요문서(sensitive materials)는 종이분쇄기(paper shredder)로 분쇄한다. 컴퓨터의 방화벽(防火壁 firewall), 암호(password), 보안예방 조치법 등을 기억장치에 반드시 저장 한다(incorporate). 전자도청(electronic eavesdropping)전문가가 컴퓨터를 대대적으로 정기점검 한다. 쓰레기(waste)와 복사지(carbon paper)는 소각로(incinerator)에 반드시 소각한다. 경호대상자(principal)의 비서관(secretary)과 이사보좌관(administrative assistant)에게 여행계획, 상황, 주소 등 유사자료가 엄격히 통제유지 되어야 하는 중요성이 특별히 요약보고 되어야한다. 그리고 엄밀히 정보(情報Information)와 첩보(諜報Intelligence)의 의미상 그 차이는 전자는 개인 및 단체가 자신만의 목적을 위하여 수집하여 통지한 출처가 분명한 자료, 소식 등을 말하고 후자는 국가정책 및 안전보장을 위해 적정(敵情)을 비밀리에 염탐하여 우군에 통지한 소식, 보도 등을 의미하며 때때로 불분명할 수 있다.

✸경호정(첩)보 보안 활동 활용 표현

active intelligence 유효정보(有效情報)

anti-government organizations activities 반정부단체활동(反政府團體活動)

additive table (random group)난수표(亂數表)
　음어, 암호 문 해독표

agent정보원(情報員), 첩보원(諜報員secret agent)

alien enemy 국내의 적국인(敵國人)

analyst 정보 분석관(情報 分析官)

anti-government activities 반정부활동(反政府活動)

anti-government organizations in your countries 방문국 반정부단체(訪問國 反政府團體)

anti-terror operation 대 테러작전(對 테러作戰)

apostate 변절자(變節者)

attempt an attack on the VIP Vip 위해기도(危害企圖)

attitude 우호적 (友好的)혹은 도전적(挑戰的) 태도(態度)

background investigation(screening)(BI)(BS) 신원조사(身元調査)

biographical intelligence 인물정보(人物情報)

black list 요주의 인물 일람표

carrying in and out of weapons, ammunition 무기, 탄약의 반출입(武器, 彈藥의 搬出入)

case officer(operator)비밀 공작관(工作官)

civil defense 민방위조직활동(民防衛組織活動)

civil disturbance 민간소요(民間騷擾)

classified documents 기밀문서(機密文書)

closed-door meeting 비밀회담(秘密會談)

collecting, reporting and handling of security intelligence 경호정보 수집, 보고 및 처리(警護情報 蒐集, 報告, 處理)

connection with international terrorist organizations 국제테러집단과 연계(連繫)

counter information 역정보(逆情報)

counter intelligence(CI) 대적정보(첩보)활동(對敵情報(諜報)活動)

countermeasures against terrorism 테러대비책(對備策)

counter subversion 국가전복음모에 대처하는 수단인 대전복(對顚覆)

data 관찰, 실험으로 얻은 자료(資料)

Delphi technique 집단의견을 조정, 통합, 개선하는 델포이 기법(技法)

diplomacy 외교(外交)

embassy 대사관(大使館)

entry and departure of North Korean officials 북한요원 출입국사항(北韓要員 出入國事項)

event security 행사보안(行事保安)

facility security 시설보안(施設保安)

false attack 양공(陽攻)
소수병력이 적이 오판하도록 주공 방향이 아닌 곳을 공격하는 것

formation and maintenance of intelligence network 정보연락망 구성 유지(情報聯絡網 構成 維持)

gray propaganda 출처불명의 회색선전(灰色宣傳)

groundless rumour 근거 없는 유언비어(流言蜚語)

host government 주최국 정부(駐催國 政府)

hostile area 적성지역(敵性地域)

infiltration of international terrorists 국제테러분자 잠입(潛入)

intelligence agent 정보원(情報員), 첩보원(諜報員), 간첩(secret agent 間諜)

intelligence officer (IO) 정보관(情報官), 정보장교, 첩보수집관(collector)

intelligence process 정보순환과정(情報循環過程)

interpretation 해석(解釋); 판독(判讀)

interpretation of intelligence 첩보해석(諜報解釋)

leakage of information 정보누설(情報漏泄)

leakage of secrets 기밀누설(機密漏泄)

lese-majesty 불경죄(不敬罪)

location and status of North Korean embassy 북한공관 위치 및 현황(北韓公館 位置 및 現況)

manning table 직위표(職位表)

mass psychology 군중심리학(群衆心理學)

movement of hostile countries 적성국 현황(敵性國 現況)

observation 관찰(觀察)
현장 직접 관찰과 매체에 의한 간접관찰이 있음

organization table 편제표(編制表)

patriotic organization 애국단체(愛國團體)

personal profiles of North Korean officials 북한공관원 인적사항(北韓公館員 人的事項)

potentially rebellious behaviour 잠재적 불순행위(潛在的 不純行爲)

preservation of public peace 공안유지(公安維持)

public opinion 여론(輿論)

reinforcement of passengers inspection 출입사열강화(出入査閱强化)

right of self-defense 자위권(自衛權)

sabotage 사보타주, 파괴행위(破壞行爲)

safe house 스파이 등의 연락용 은신처(隱身處)

secret maneuvering 암약(暗躍)

Security Service 미합중국(美合衆國) 국토안보부(國土安保部) 소속의 경호기관(警護機關)

sensitive item 요주의 수입품목(要注意收入品目)

service gas mask 업무용(業務用)가스마스크

structural chart 기구도(機構圖)

prognostic chart 기상예상도(氣象豫想圖)

suspects(trouble makers) 불순용의자(不純容疑者)

suspects under close watch 요시찰인(要視察人)

11. 경호 통신 보안장치(警護通信保安裝置 Protective Communications Security Systems)

경호통신보안장치의 설치범위(Installation Area)는 경호의 중요성(importance), 경호지역의 취약성(vulnerability), 경호규모(size), 경호지역의 위치(location), 무선수신능력(radio receptivity), 특정 경호지역에 미치는 요인(factors), 지역경호책임자의 결정(determination)과 필수동의에 따라 확대 혹은 축소될 수 있다.

따라서 종합적 경호경비장치(comprehensive security and protection system)의 효율적 긴밀성을 확보하기 위하여 다음사항을 필수적으로 이행해야 한다. 경호대상자 및 그 가족도 이동통신전화기(mobile phone)를 소지하고 도청(盜聽 intercept)당하는 것에 유의

한다. 경호대상자 주위의 경호원은 특히 보안부대(保安部隊 security force)에 매우 중요한 역할을 하는 휴대용무전기(handheld/portable radio)를 긴 바지(trousers), 허리띠(belt)에 착용해야 한다. 역시 수화기(earpiece)와 송화기(microphone)를 착용해야 한다. 수행경호원(PSO)과 수행경호(protective detail)팀과 경호본부(command post)사이에 통신이 항상 열려 있어야 한다. 경호본부에 기지국(base station)이 반드시 설치되어야 한다. 차량에 송수신용 무전기(normal two-two way radio)가 역시 설치되어야 한다. 라이터 플러그 잭(lighter plug jack)도 마찬가지다. 보안부대는 독자적인 직통 통신시설을 구축해야 한다. 공중엄호대(air cover/umbrella)는 더 효율적인 장비를 구축해야 한다. 자동경보시설(automatic alarm system)을 갖추어야 한다.

한편 기본적인 무선교신용어(radio communication terms)는 다음과 같다. 송화자가 수화자에게 통화종료 후 응답을 기다릴 때 "응답하라!"는 "Over!"로 응답 불필요 시 "발신 끝!"은 "Out!"로 통신 중 말끝에 "잠간 기다려라!"는 "Wait"로 "더 기다려라!"는 "Wait out!"로 상대방의 말에 대하여 "알았다."는 "Roger(received and understood)!"로 교신 중 "네, 허가 한다."는 "Affirmative."로 "아니오, 불허한다."는 "Negative."로 "승낙한다."는 "Wilco(Will comply의 준말)."로 "잠간 끊겠다."는 "Break."로 한다.

그런데 교신 중 수화자 측에서 "Break!"를 외치면 "다시 말하라!" "Break"를 3회 외치면 "먼저 통신을 해야 한다."의 의미임을 명심한다. 그리고 "Time"이 "시간이 종료되다" "Nothing heard."이 "대답을 들은 바 없다."의 뜻이다.

✹통신(通信) 활용 표현

AC(alternating current) distribution

교류배전(交流配電)발전소의 345,000V~66,000V의 고전압을 변전소에서 22,900V로 변압기 등을 통하여 220V로 낮추어 가정에서 사용할 수 있도록 하는 일련의 과정

AC generator 교류발전기(交流發電機)

acknowledge 수신여하(受信如何)

acoustic jamming 음향방해(音響妨害)

테러리스트가 도청하려는 신호를 제거하고 불명료하게 하는 기계적 또는 전자적 음향신호

(address) call sign(signal) 호출부호(呼出符號)

arrester 피뢰기(避雷器)
과전압으로부터 주요한 설비를 보호하는 장치

assignment of radio frequencies 무선주파수 할당여부(無線周波數割當與否)

audio equipment 음향장비(音響裝備)

automatic alarm 자동경보(自動警報)

automatic load transfer switch 자동부하절체기(自動負荷絶體機)
일정한 전압의 전원을 항상 공급받을 수 있도록 하는 기기

block diagram of internal(international)lines 국내(국제)회선 계통도(國內(國際)回線 系統圖)

blind broadcasting 맹목방송(盲目放送)
경호본부에서 행사장내 및 주변 작전제대에 일방적으로 송신하는 통신방법으로 보안성과 안전성이 확보된 통신기술

chief of communication operations 통신책임자(通信責任者)

code word 음어(陰語)

communication authorities 통신당국(通信當局)

communications network 통신망(通信網)

communication security equipment 통신보안장비(通信保安裝備), 비화기(秘話機)
위해 기도자의 도청방해와 보안성이 요구되는 내용을 송신 시, 신호파를 전자암호화(jamming)하고 수신시, 복원시키는 장비

conference call 동시전화회의(호출)(同時電話會議(呼出))

coordination of radio frequencies use 주파수 사용협조(周波數 使用協助)

direction finder(D.F.) 방향탐지기(方向探知機), 방위측정기(方位測程器)
무전기의 전건(電鍵 keying)이상 발생 시, 그 원인을 신속히 찾아 제거하는 탐지장비

distribution panel **배전반(配電盤)**

안전검측 시, 중요하며 각종 계전기 등으로 구성된 철제함

electrical power supply drawings **전력공급계통도(電力供給系統圖)**

emergency generator vehicle **비상발전차량(非常發電車輛)**

emergency light **비상등(非常燈)**

ground-to-air communication **지대공 통신(地對空 通信)**

지상국에서 발신하는 무선전신 및 무선전화에 의한 일방적인 통신

international subscriber dial **국제통화방식(國際通貨方式)**

linking station **무선중계소(無線中繼所)**

installation of emergency lines(hot lines) **긴급직통전화가설(緊急直通電話架設)**

local call **기본요금 구역 내 시내통화(市內通話)**

mixing console **믹싱콘솔**

마이크(microphone)와 스피커(speaker)의 음향크기 및 음색을 조절, 조정하는 음향장비

officer in charge of international communication **국제회선 책임자(國際回線 責任者)**

on-line system **온라인 시스템**

현장에서 발생된 데이터가 중앙정보처리장치에 직결된 방식

permission for entry of communication agents **통신시설요원 출입허락(通信施設要員 出入許諾)**

plug type **플러그 형태(形態)**

국가별 사용 전압 및 주파수(110v~120v,60Hz 또는 220~230,50Hz)차이에 따라 전원 플러그형태가 다름

podium **마이크가 부착된 연설대(演說臺)**

power unit **전원장치(電源裝置)**

radio auditor equipment 무선감시장비(無線監視裝備)

radio remote control unit 무선원격조정기(無線遠隔調整機)

radio silence 무선사용금지(無線使用禁止)

relay point 중계소(中繼所)

repeater base무선중계기(無線中繼器)
도심 및 산악지역에서 무선소통 능력을 확대하는 장비

signaling method 신호방식(信號方式)
전화기와 교환기가입자간 및 전화국간의 제반통신규약

support of communication agents 통신요원 지원(通信要員支援)

switchboard 전화교환대(電話交換臺)

transformer station 변전소(變電所)

trans receiver 송·수신기(送·受信機)

undesired sound 잡음(雜音)

uninterrupted power supply system 무정전 전원공급장치(無停電 電源供給裝置)

unmonitorable 수신불가능(受信不可能)한

van for communication equipment 통신장비 운반차량(通信裝備 運搬車輛)

voltage transformation 전압변압(電壓變壓)

wire communication 유선통신(有線通信)

wireless communication 무선통신(無線通信)

working hours of (telephone)operators 교환원 근무시간(交換員 勤務時間)

12. 경호경비 화재예방과 비상훈련(Fire Precautions and Emergency Drills)

특히, 숙소경호와 연관하여 경호팀은 비상화재 시 VIP를 완벽하게 경호하기 위해서 비상훈련계획과 그 훈련핵심 내용을 어떻게 구성해야 하는가? 종합적인 화재진압훈련 계획에 따른 그 훈련내용을 반드시 실행해야 한다. 즉 화재예방(fire prevention)과 긴급사태계획입안(contingency/emergency planning)작성 시 한 치의 오차가 없는 만전을 기해야 한다. 이 계획(plan)에 의거 아래와 같이 비상화재에 대비하여 경호팀 뿐만 아니라 경호대상자 및 모든 관계자가 철저한 훈련을 반드시 받아야한다.

경호팀뿐만 아니라 경호대상자 및 그 가족, 가사참모(家事參謀 household staff) 까지도 화재발생과정을 반드시 이해하고 익힌다. 경호팀은 소화기(fire extinguishers)와 소방용 호스(fire hose)의 위치(location)를 반드시 기억해야 하고 화재경보기(smoke detectors)와 소화기가 항상 잘 작동되도록 관리를 철저히 해야 한다. 발연덮개(smoke hood)는 비상시에 반드시 경호지휘본부(command post)에 위치하도록 한다.

한편, 경호팀은 비상화재 시에 대비하여 대피(evacuation)훈련을 평소에 철저히 해야 할 뿐만 아니라 모든 대피로(evacuation routes)를 숙지해야 하고 대피 로에서 도보로 이동하면서 동시에 출입문의 봉쇄여부를 점검한다. 대피 로에는 정전 시(power cut) 비상등(emergency lighting)을 반드시 설치하고 회중전등(compact torch)을 소지한다. 그리고 긴급사고 사태에 대비한 최기병원(the nearest hospital)을 사전에 결정하고 VIP를 그 최기병원으로 이동하는 훈련을 해야 한다.

결론적으로 실력이 있는(substantial) 경호팀만이 비상화재 시, VIP의 생명을 구해 왔다는 엄연한 사실을 깊이 명심해야한다. 바로 그 이유는 일일 24시간 빈틈없는 업무수행과 극도의 이상 유무를 감시하고 관찰하는 극한의 훈련을 받았기 때문이다.

✸소방(消防 Fire Services) 활용 표현

ABC extinguisher(multipurpose extinguisher) ABC급 다목적소화기(消火器)

A급인 일반 가연물,B급인 가연성 가스 및 유류.C급인 전기기기 등의 화재에 유효한 소화기

aboveground storage tank 지상저장(地上貯藏)탱크

accessory building 부속 건물(附屬 建物)

accident 뜻밖에 일어난 우연한 사고(事故)

adjacent box (vicinity box)인접 발신기(隣接 發信機)

화재경보가 송신된 발신기 근처의 다른 화재발신기

adjuster 손해사정인(損害査定人)

인명 또는 재산상의 손실에 대한 예상보험금을 사정할 수 있는 자격자

aerial ladder(truck),turntable ladder 고가(高架)사다리

aircraft crash rescue vehicle(aircraft crash truck, foam vehicle, crash fire rescue apparatus) 공항소방차(空港消防車)

air handling system 공조 설비(設備)

alcohol-resistant foam 알코올발포제

4류 위험물인 수용성 물질에 소화효과가 가장 좋은 소화제

aqueduct 수로(水路)aqueous film-forming foam(AFFF) 수성막포(水性膜包)

4류 위험물에 가장 적응성 있는 소화세

artificial respiration (cardiopulmonary resuscitation, mouth-to-mouth resuscitation) 인공호흡(人工呼吸)

automatic descending life line 완강기(緩降機)

일정한 속도를 유지하면서 하강할 수 있는 피난기구

automatic fire detection system 자동 화재탐지설비(自動 火災探知設備)

automatic fire extinguishing system 자동식 소화설비(自動式 消火設備)

감지장치가 화재를 감지하면 소화약제가 자동으로 방출되는 소화설비

backdraft 화재시 산소가 새로 공급되어 일어나는 폭발(爆發)/ 백드래프트

backfire 맞불, 역화(逆火)

bag-valve-mask 인공호흡기(人工呼吸器)

basement 지하층(地下層)

boiling point(bp) 끓는점, 비등점

burn back 재 발화(再 發火)

cardiopulmonary resuscitation(CPR) 심폐소생술(心肺蘇生術)

첫째, 기도내 튜브의 유지(Airway) 둘째, 호흡(Breathing) 셋째, 혈액순환(Circulation)임

cause of accident 사고원인(事故原因)

cause of fire 화재원인(火災原因)

certified safety professional 공인안전전문가(公認安全專門家)

공인안전전문가위원회(Board of Certified Safety Professionals)에서 인증하는 안전전문가로서의 자격

combustible 가연물(可燃物)

ccmbustion 연소(燃燒)

combustion products 연소생성물(燃燒生成物)

compartmentation 방화구획화(放火區劃化)

complement 소방대 정원(消防隊 定員)

conduction 열과 전기의 전도(傳導)

control line 연소 저지선(燃燒 沮止線)

control panel; control unit 화재발생수신기(火災發生受信機)

convection 열, 공기의 대류(對流)

dry chemical extinguisher 분말소화기(粉末消火器)

electrical fire 전기화재(電氣火災)

emergency exit sign(luminaries for emergency exit sign) 비상구 유도등(非常口 誘導登)

fire area 방화구역(防火區域)

fire ball 불기둥

fireboat 소방선(消防船)

firebug (incendiary) 방화범(放火犯), 방화광(放火狂)

fire casualties 화재 사상자(火災 死傷者)

fire danger 화재위험(火災危險)

fire detector 화재감지기(火災感知機)

fire drill 소방훈련(消防訓練), 방화훈련(放火訓練)

fire escape 비상계단, 사닥다리 등의 화재피난장치(火災避難裝置)

fire escaping floor 피난층(避難層)

fire extinguishing equipment 소방시설

fire floor 화재층(火災層)

fire hazard 화재의 원인(原因)

fire hydrant 소화전(消火栓)

fire investigation 화재조사(火災調査)

fire point 연소점(燃燒點)

Fire Service Recognition Day 소방(消防)의 날

fire warden 소방감독관(消防監督官)

flash point 인화점(引火點)

forest fire 산불

friendly fire 유익한 불

hazard 위험요소(危險要素)

holdover fire 잠복화재(潛伏火災)

ladder fire engine 사다리 소방차(消防車)

ignition point 인화점(引火點),발화점(發火點)

manual fire alarm box 발신기(發信機)

metal fire D급화재인 금속화재(金屬火災)

multiple-death fire 대량살상화재(大量殺傷火災)

private fire brigade 사설소방대(私設消防隊)

project fire 대형화재(大形火災)

radiation 복사(輻射), 방사선(放射線)

rehabilitation 복구(復舊)

rescue carry 구조수송(救助輸送)

response time 소방대 출동소요시간(出動所要時間)

risk 위험(危險); 계산법은 Risk = Frequency(빈도) × severity(심도)임

safe location 안전(安全)한 장소(場所)

safety officer 안전관리자(安全管理者)

salvage company 구조대(救助隊)

seat of fire 화원(火源)

spot-type pneumatic rate-of-rise detector 주위온도가 일정 상승률 이상이 될 때 차동식 스포트형 감지기(感知機)

sprinkler system 스프링클러 자동점화장치(自動點火裝置)

standby power supply 예비전원(豫備電源)

station house(barn, fire hall, firehouse, fire station, quarters, station) 소방서(消防署)

visual alarm system 청각장애인들을 위한 시각경보설비(視覺警報設備)

volunteer fire department 의용소방대(儀容消防隊)

water damage 수손(水損)

소화작업 시, 사용한 물로 발생한 손실

13. 경호원의 리더십과 인성(Leadership and Character)

지도자로서의 경호원이 리더십을 한껏 발휘(發揮)하려면 경호 및 경비상황에서 대별하여 두 가지 능력이 요구된다고 말 할 수 있다. 즉 원만한 대인관계 유지능력(對人關係 維持能力)과 조직(組織)에 대한 완벽(完璧)한 이해능력(理解能力)이다. 전자는 경호 및 경비대상과 그 주변 환경에 따른 완벽한 명찰추호(明察秋毫)정신력과 자신의 역할을 명확히 확인하고 순조로운 경호 및 경비 활동을 위한 협력 및 협조체제를 구축할 능동적인 자세를 견지해야 한다. 후자는 경호 및 경비업무 특성에 따른 법적인 신분상의 지위와 절대절명(絶對絶命)의 상명하복(上命下服)의 업무체제를 이해하고 업무상 비밀을 보안 유지할 수 있는 불퇴전의 비례물언, 비례물동 (非禮勿言 非禮勿動)태도를 시종일관 지켜야 한다. 상기한 두 능력을 체화(體 embodiment)한 경호원만이 지도자로서 경호 및 경비업무를 완벽하면서도 동시에 자연스럽게 수행할 수 있다는 엄연한 사실을 경호 및 경비업무를(에) 수행하거나 종사하려는 사람들은 명심해야 한다.

지도자로서의 경호원이 갖춰야 할 리더십은 무엇인가? '리더십'의 정의에 대하여 사전적 의미를 기술하면 '지도력, 영도력(領導力), 통솔력(統率力)', "지도력을 가진 인물" 이다. '指導力'을 영어로 각기 표현하면 '指'는 'fingers', '道'는 'leading', '力'은 'strength'이다. 따라서 지도자로서의 경호원은 숭고한 지성(intelligence)과 냉철한 재능(talents)과 친절한 감성(emotion), 그리고 역경(adversity)을 극복할 수 있는 능력을 천부적(innate)으로 사용하고 동시에 후천적(acquired)으로 절차탁마(切磋琢磨)해야 한다. 예를 들면, 대한민국 대통령 경호실은 "경호인재상"인 "충(忠), 신(信), 지(知), 통(通)"을 바탕으로 균형감 있는 능력을 요구한다. "인재상"인 "냉철한 판단력과 두뇌순발력을 갖춘 사람"과 "훈(訓)"인 "하나된 충성, 영원한 명예" "다짐"인 "우리는 국가원수의 절대안전을 보장하는 충성스러운 대통령경호원이다." 이에 타산지석(他山之石)이 충분히 되고도 남는다.

지도자로서의 경호원이 리더십을 발휘할 때 그 기준(基準 criterion)을 다음과 같이 두개로 크게 나눌 수 있다. 하나는 경호요원이 경호 및 경비상황에 일치한 적절한 행동(right action)을 할 수 있어야 하고 또 하나는 지도자로서의 경호원이 경호요원에게 권위(prestige)를 강화하고(reinforce) 증대시킬(increase) 수 있어야 한다. 전자의 경우에 지도자로서의 경호원이 다음사항을 엄정하게 수행할 수 있어야 한다. 경호요원을 엄격하게 지시하고(direct) 투명하게 지도한다(manage). 충고에 대한 결과물(results)을 경호요원이 반드시 제출하도록 해야 한다. 경호요원이 효과적인 훈련(effective training)에 대한 향상능력을 반드시 나타내도록(present) 한다. 경호요원의 실수(mistakes)를 반드시 교정해야(correct) 한다. 경호요원이 이전보다 더 분투노력하는 근무태도를 갖도록 반드시 유도해야(induce) 한다. 경호요원의 사고력이 배가되도록 반드시 조장해야(encourage)한다. 경호요원에게 지시(instructions)와 명령(orders)을 반드시 능동적으로 해야 한다. 경호요원에게 신념(confidence)과 근무분위기(morale)를 올곧게 진작시켜야 한다. 후자의 경우에 경호요원으로서 다음사항을 적정하게 신장할 수 있어야 한다. 책임감(responsibilities)을 철저하게 반드시 인식해야 한다. 외모(outlook)를 항상 바로 해야 한다. 경호요원으로서의 인물평가(estimates)를 반드시 개선해야 한다. 적극적인 협동심(active cooperation)을 반드시 발휘해야 한다. 상관(boss)과 항상 원만한 관계를 유지해야(get along with)한다. 동료 사이에 긍정적 평판(recognition)과 신용(credit)을 반드시 구축해야 한다. 바람직한 명예(favorable reputation)를 반드시 창출해야 한다.

결론적으로 지도자로서의 경호원이 확보해야(secure) 할 리더십의 내용은 다음과 같다.

경호요원이 경호/경비 조직의 상황에 따른 공동의 목적을 달성하기 위하여 조직 환경의 변화에 적응 할 수 있도록 경호요원 각자에게 동기 부여를 해야 한다. 그 목적을 성취하기 위해서 지도자로서의 경호원은 세계관(world view), 비전(vision), 사명감(mission), 경청자세(good listening), 분명한 목표의식(aim), 문제해결능력(problem solving), 도전의식(adventure), 인내심(persistence), 창의성(creativeness), 자신감(boldness), 시종일관 태도(coherence), 선견지명(foresight), 사후지혜능력(hindsight), 재수정조합능력(revision), 의사결정(decision making)등을 투명하게 수행해야(perform) 하고 동시에 담대하고 적극적인 추종자정신(fellowership)을 도출해야한다.

한편, 바람직한 경호원(警護員)의 인성(人性)은 무엇인가?

최근에 우리사회의 곳곳에서 인간으로서 도저히 상상할 수 없는 일이 바로 눈앞에서 벌어지고 있는 처절한 까닭에 특히 국가가 주도하여 "청소년에게 인성교육(人性教育)을 강화해야 한다." 란 말이 조석으로 인구에 회자되고 있다. 때로는 곤혹스럽기까지 하다.

그런데 '인성(人性)'이란 어휘의 정의에 대하여 각자의 주장만이 난무하고 있다는 느낌을 받는다. 우리는 '인성'의 정의에 대하여 우선 동양적 시각과 서양적 시각을 결합하여 분명히 이해해야 할 필요가 있다. '인'을 영어로 'Man', '성'을 'Personality'로 나타낸다. 한편 중용(中庸)에 따르면 '성'은 '천명'(천명지위성(天命之謂性))이며 자연으로부터 부여받은 명(성시부명자연(性是賦命自然))이다. 라고 설명하고 있다. 따라서 '인성'은 사람의 성품, 품성을 의미한다. '품성'은 개인이 가지고 있는 성질을 의미한다. '품'을 영어로 'Article'혹은 'Character'로 나타낸다. 그렇다고 인성이 개인차원으로만 적용될 문제가 아니다.

인성은 영어로 두 어휘로 대별되는데 'Character'와 'Personality'이다. 그 정의는 다음과 같다. 전자는 개인의 사상과 표현, 태도와 관심, 행위, 그리고 인생관의 습관에 여실히 나타나는 총체적 특성인 도덕적 품행(the total quality of a person's behaviour, as revealed in his habits of thought and expression, his attitudes and interests, his actions, and his personal philosophy of life)을 의미하고 후자는 타인의 관점에서 본, 사회적 의미로서의 개인을 형성하는 모든 심리적, 지적, 감성적이며 신체적인 특징(the total of the psychological, intellectual, emotional and physical characteristics that make up the individual, esp. as others see him)을 나타낸다. 어휘적용에 혼란을 피해야 한다.

인성타입(Personality Types)을 예시하면 다음과 같다. 내향주의자(Introvert), 외향주의자(Extrovert), 양향주의자(Ambivert), 이기주의자(Egoist), 자기중심주의자(Egotist), 이타주의자(Altruist), 인간증오주의자(Misanthrope/Misanthropist), 박애주의자(Philanthropist), 결혼혐오자(Misogamist), 일처주의(Monogamy), 중혼자(Bigamy), 일부다처주의(Polygamy/Polygyny), 금욕주의자(Ascetic: Mahatma Gandhi), 극단적자기중심주의자(Egomaniac: Adolf Hitler, Benito Mussolini) 등이다. 한편 성격의 바탕을 이루는 체질로 예시하면 점액질(Phlegmatic), 담즙질(Choleric), 우울질(Melancholic), 다혈질(Sanguine)등이다. 우리 모두는 언행을 표출할 때 극단적인 인성반응을 자제해야 한다.

'인성'에 대하여 맹자의 고자장귀(告子章句)상(上)편에서 고자(告子)가 감각론(感覺論)에 의해 "인성에 선함과 선하지 않은 것의 구분이 없는 것은 물이 동쪽과 서쪽의 구분이 없는 것과 같다."(人性之無分於善不善也, 猶水之無分於東西也.) 라고 하는 주장에 대하여 맹자(孟子)는 인성은 본래 착한 것(人性之善也)인 데 물욕에 가리어 악하게 된다는 성선설(性善說)을 주장했다. 이에 대하여 순자(荀子)는 인생의 이기적이고 정욕을 기초로 하여 사람의 본성은 본래 악한 것이기 때문에 선은 거짓이다. 라고 하는 성악설(性惡說)을 주장했다. 한편 서양에서는 성악설이 먼저 잉태 되고 나서 성선설이 나왔다. 전자의 주장을 기독교의 원죄(原罪/Original Sin), 아우구스티누스, 마키아벨리, 홉스, 쇼펜하우어 등이 했고. 특히 홉스는 "자연 상태를 "만인의 만인에 대한 투쟁 상태"로 정의했다. 후자의 주장을 시세로, 세네카, 루소, 피히테, 프뢰벨 등이 했으며. 특히 루소는 "자연이 만든 사물은 모두가 선한데 일단 인위(人爲)를 거치면 악으로 변한다." 고 주장했다. 자세히 규시하면 이들 동/서양의 두 주장은 유연한(Flexible) 관계를 내포하고 있다.

'대표적으로 동양의 맹자와 순자, 서양의 홉스와 루소가 서로 다르게 주장했지만 그 해결책에서 공통점을 찾을 수 있다. 바로 그것은 "교육의 힘"을 암시 혹은 직시했다. 는 중차대한 점이다. 맹자는 선이 악으로 변하는 것을 막기 위해 선의 단서를 찾아 그것을 전력을 다하여 배양하고 확충하면 군자(君子)가 될 수 있다. 이른바 창의적 자기주도학습태도 정신이다. 순자는 사회구성원의 분열과 사회질서의 혼란을 예방하기 위해서 반드시 스승이 예치(禮治)와 법치(法治)에 의해 사회를 인도해야 한다고 주장했다. 또한 인성이 형성되는 사회적 조건에 따른 인성교육을 강조했다. 루소와 홉스의 입장도 곧 일맥상통 한다. 이성적 공익정신이다.

따라서 바람직한 경호원은 6심정신과 4익태도를 가져야 한다. 6심정신은 배려심(配慮心, Care), 예의심(禮儀心, Courtesy), 충성심(忠誠心, Loyalty), 명예심(名譽心, Honour), 의리심(義理心, Faith), 지성심(知性心, Intellect) 이며 4익태도는 자익(自益), 사익(社益), 국익(國益), 세계익(世界益) 이다. 6심정신과 4익태도가 결합되어 시종일관된 하나의 언행으로 표현되어야 한다.

14. 다양한 경호환경과 대처방법(Security Environments and Countermeasures)

경호원이 경호 및 경비(警備)업무수행 시, 부지불식간(不知不識間)에 발생하고 필히 해결해야 문제점을 갖고 있는 경호상황은 무엇인가? 여기서 경호원은 공경호(公警護 Public Security)업무와 와 민간(사)경호(私警護 Private Security)업무를 수행하는 모든 종사자를 지칭하는 말이다. 그 경호상황은 다음과 같다. 즉, 선발경호(Advance Security), 수행(근접)경호(Detail Security), 행사장경호(Site Security), 연도경호(Roadside/Route Security), 차량경호(Motorcade Security), 숙소경호(Residence Security/Watch), 공항경호(Airport Security), 공중경호(Aerial Security), 국가원수특별기경호경비(Presidential Aircraft Security), 공항환영 및 환송경호경비(Welcome & Airport Security), 극장경호경비(Theatre Security), 연단경호(Speaking Engagements Security), 대회의장경호경비(Conference Security), 집무실경호경비(Office Security), 음식점경호경비(Restaurant Security), 골프장경호경비(Golf Course Security), 승강기경호경비(Elevator/Lift Security) 등이다. 이들 경호업무수행 시 경호대상자 및 경비시설에 가해질 가능성을 갖고 있는 각종 계획적이고 우발적인 위해요소(危害要素)로부터 대상자와 경비시설을 절대적으로 안전을 유지하며 보호하기위해 필요한 불요불급(不要不急)한 비상상황(非常狀況 Emergencies))을 말한다. 그리고 문제해결능력이란 경호 및 경비분야 종사기 이 비상상황에 대한 초미(焦眉)의 문제점을 신속히고 동시에 바르게 인식하고 그 적확한 대안(代案 Alternate Paths)을 선택하여 그 대안을 바로 판단(判斷Making Judgments)하고 의사 결정(意思決定 Decision Making)하여 적용할 수 있는 부동(不動)의 책임감(責任感 Responsibilities)을 근간으로 엄정하게 수행하는 비판적 사고능력(批判的 思考能力 Critical Thinking Skills)을 의미한다.

그 대안을 직접위해, 간접위해 그리고 계획적 위해, 우발적 위해 및 안전사고 위해에 따라서 위해요인분석(危害要因分析 Threat Analysis)을 철저히 수행하여 찾는다. 위해정보 및 첩보수집, 현장답사, 인적 및 물적 위해요인분석 등을 정확히 수행하여 종합적이고도 체계적으로 평가 정리한다. 종합평가 시, 조직운용, 장비, 의전 등에 관한 사항을 반드시 포함한다.

참고로 공경호는 대한민국(The Republic Of Korea)에서는 경호주체가 국가기관으로서 대통령경호실법에 근거한 경호실경호가 중심이고 다음으로 경찰관직무직행법에 근거한 경찰청경호를 의미하며 민간(사)경호는 경비업법에 근거한 경호주체가 법인 및 개인을 말한다.

한편, 상기(上記)한 비판적 사고능력은 끊임없는 후천적(後天的)인 자기계발(自己啓發)과 자기주도관리능력(自己主導管理能力)을 통해서 개량되고 신장될 수 있다. 즉 경호 및 경비분야의 모든 종사자는 전문직업인(專門職業人)이라는 자존심(自尊心), 자부심(自負心)과 자긍심(自矜心)을 스스로 갖고 경호 및 경비 업무와 산업을 건전하고 건실한 경호 및 경비문화로 더한층 승화(昇華)시키기 위해서 적정한 보수교육과 수시교육을 받아야 하고 반복되어야 함은 두말할 필요가 없다.

또한, 경호대상자 및 경비시설에 대한 위해요인분석과 경호 및 경비계획서를 완벽하게 작성하기위해서 다음과 같이 수리능력(數理能力)이 수반되어야 한다. 곧, 사칙연산(四則演算), 통계(統計), 해석(解析) 및 표현(表現), 계량적(計量的) 및 정성적(精性的) 평가분석 능력(評價分析能力) 등이다.

경호 및 경비업무 수행 중 돌발할 수 있는 각가지 문제점을 예방하기 위해서 경호 및 경비계획을 완벽하게 수립해야 하는데 다음사항을 필수적으로 경계하며 고려한다. 행사개요, 행사일정 및 진행절차에 관한 사항, 경호활동계획, 경호활동방법, 경호활동범위, 경호대상자 및 참석자에 대한 인적사항, 행사장의 위험점검 및 분석과 평가, 행사지원 사항 및 각종 편의시설이용 현황 등이다. 특히 경호계획을 수립할 때 결코 간과해서는 안 될 경호상황은 숙소경호(宿所警護)에 따른 경비 활동, 경호대상자의 군중(群衆)사이 이동 시 와 경호대형(警護隊形 Security Formation)의 장해요인이 발생할 수 있는 출입문, 승강기, 계단, 에스컬레이터 이용 시 등이다.

결론적으로 다양한 경호 및 경비상황에서의 바람직한 문제해결을 신속정확하게 수행하기위해서는 경호 및 경비분야 종사자들은 다음 3가지 점을 평소에 연마해야 한다고 제안한다.

첫째, 경호 및 경비분야의 훌륭한 지도력을 소유한 지도자(leadership)를 찾아 그들과 대화와 토론활동을 꾸준히 계속한다. 둘째, 경호 및 경비분야의 영원불멸한 가치(價値)와 진리(眞理)를 설정해야 한다. 셋째, 그 설정한 가치와 진리에 항상 생명(生命)을 바칠 각오가 되어 있어야 한다. 무엇보다도 이 점을 시종일관(始終一貫)확고히 하기 위해서 경호 및 경호 종사자들은 창의력(創意力)을 발휘하여 고전 Classics)을 반드시 정독(精讀 Intensive Reading)해야 한다. 그 안에 분명코 명확한 정답(正答)이 있기 때문이다.

15. 경호원의 직무내용과 필수요건(Job Duty and Requirements)

우리는 바로 눈앞에서 작금(昨今)에 크고 작은 테러(Terrorism)와 각종 폭력(暴力 Violence)이 날로 증가하며 난무하고 있는 현장을 직시하고 있다. 심지어 초등학교학생들조차도 이러한 극악무도(極惡無道)한 언행으로부터 완전히 자유로울 수 없다. 그렇다 하더라도 우리는 절대로 방치(放置)하고 수수방관(袖手傍觀)할 수만은 없다. 우리는 그러한 작태(作態)로부터 자신의 생명을 스스로 끝까지 지켜야 함은 물론이다. 우리는 자신의 고귀한 생명을 지키기 위해 어떠한 준비를 다시 해야 하는가? 이 질문에 갖가지 방책이 제시될 수 있으나 저자는 각자가 "자기경호태도(自己警護態度)와 정신(精神)"을 갖기를 강력하게 요청한다. "자기경호태도와 정신"의 본질적 의미는 "자신의 생명을 어떠한 상황에서도 나 자신이 적극적으로 지키겠다."라는 엄정하고 굳은 신념(信念)을 나타낸다. 뿐만 아니라 "타인의 생명도 역시 지극히 중요하다."고 하는 "생명존중사상(生命尊重思想)"이 깃들어 있다. 우리의 생명을 우리 스스로가 지키는 것도 중요하지만 때로는 타인에게 맡겨할 사정도 생기는 법이다. 즉 서로가 서로에게 완벽한 '생명지킴이'가 되어 줄 수 있어야 한다. 곧 '자기경호시대'로 진화(進化)해야 한다.

서로에게 숭고한 '생명지킴이'역할을 충실히 하기위해서 우리가 물리적인 도구를 간편하게 사용할 수 있도록 하는 권리(權利)를 법(法)으로 제정하는 방법도 있겠으나 저자는 필요에 따라 각자가 '경호무도(警護武道)'를 수련(修練)하기를 적극 권장한다. "경호무도"는 "스포츠" 혹은 '격투기(激鬪技)'가 더 더욱 아니다. '경호무도'는 경호원이 경호대상자를 완벽하게 경호하기위해 절대적으로 필요로 하는 순수하고 고난도의 기술과 기법이다. 즉 경호원이 무기를 되도록 사용하지 않고 경호대상자를 안전하고 완전하게 보호 하는 경호업무를 수행하기 위해서 '경호무도'를 활용하고 반드시 체화시켜야한다. 따라서 일반인도 '경호'라는 어휘를 논할 때 이점을 타산자석(他山之石)으로 삼았으면 하는 마음이다.

그래서 경호원과 예비경호원은 무엇보다도 먼저 자신의 태도를 확고히 정립하고 이어서 경호업무에 관한 직무내용을 명확히 학습해야 한다.

먼저 경호원과 예비경호원이 평소에 가져할 정신자세는 다음과 같다. "경호는 최상의 문화(文化)다." 라는 개념(槪念)에서 출발한다. 훌륭한 경호원은 일반대학교육(一般大學敎育university education)을 잘 받았으며 박식한 사람이다. 그러므로 겉으로 드러나는 모습이 올곧은 행동(excellent appearance)이며 사회적 관계(社會的關係 social situations)에서의 행동처신이 올바르다. 반드시 경호에 대한 정규훈련(正規訓練 formal training)받아야 한다는 생각을 가지며 실행한다. 경찰관직무수행이나 군대생활의 배경이 특히 대통령경호(VIP protection)업무에 분명코 도움이 되는 사실을 간과하지 않는다. 경호 기술(技術 skills)과 기법(技法techniques)을 부단히 발전시킨다. 경호원을 일상적인 직업(職業job), 전문적인 직업(career), 소명감을 가진 천직(天職 calling)개념으로 체계적으로 파악한다. 전문가로서의 경호원은 애보개(baby-minder)가 아님을 분명히 한다. 경호업무에 대한 다양한 책임감(責任感 various responsibilities)을 반드시 파악하고 이행한다. 가장 보편적인 경호를 담당하는 경호기관이나 단체를 파악하고 있어야 한다. 훌륭한 경호원은 비정치적(非政治的 apolitical)태도를 견지한다. 경호원과 경호대상자(警護對相者 principal/protectee)와의 관계는 신뢰(信賴trust)와 위해(危害threat) 및 총탄(bullet)과의 사이의 관계에서 비롯된다는 냉철한 사실을 명심한다. 자신뿐만 아니라 다른 경호원도 가장 유능하고(有能competent) 믿을 수 있는(reliable) 전문가라고 믿어야 한다. 경호대상자에게 시종일관 헌신(獻身 dedication)과 충성(忠誠 loyalty)을 바칠 각오가 돼 있어야 한다. 경호대상자가 위해상황에 직면했을 때 본능적 행위(本能的 行爲 instinctive action)를 즉각 발휘할 수 있어야 한다. 훌륭한 경호원은 최대한 전투를 피하며 경호대상자가 안전하게 피할 수 있도록 도와야 한다. 등이다.

다음으로 경호원 예비종사자가 전문가가 되기 위해 단계적으로 학습해야 할 직무내용과목은 살펴보면 다음과 같다. 법학개론, 경호경비학개론, 경호경비학, 경호학, 경비학, 경호경비관계법규, 경찰관계법, 경호경비기초, 경호경비환경론, 경비환경론, 경호이론 및 실무, 경비이론 및 실무, 정보관리 방법론, 경호경비장비, 경호무도(술), 응급처치 및 구급법, 경호기법, 경비기법, 사격, 예절과 의전, 경호학연습, 기계경비연습, 경호조직행정론, 경비조직행정론, 리더십론 등이다.

결국 경호전문가(警護專門家)를 목표로 삼는 현재의 경호원과 예비경호원은 경호태도 및 직무학습과 수련과정에서의 그 준비 자세는 필히 객관적인 '친절성(親切性 kindheartedness)' 으로 무장해야 한다. 왜냐하면 '친절성'은 타인에 대한 '배려(配慮 care)'인 동시에 경호원이 반드시 절차탁마(切磋琢磨)해야 할 '인성(人性 character/personality)'중의 하나이기 때문이다.

참고

대한민국 대통령경호실의 경호공무원(특정직7급) 2011년도 공개채용내용을 인용하면 다음과 같다. 먼저 서류전형 응시자격 기준적격 여부로 영어공인점수(TOEFL PBT 530/CBT 197/IBT 71, TEPS 625, TOEIC 700)를 제출해야 한다. 경호분야의 1차 시험은 필기시험(공통)으로 상식(100문항)이고 그 과목은 국어(한문포함)/한국사/세계사/정치/경제/사회/과학/정보산업/환경/법률/경호학 등이다. 한편, 정보통신분야는 정보통신학개론(30문항)이며 그 과목은 전자/정보통신/전파/컴퓨터공학 등이다.

Chapter 2. Critical Issues of Protection and Security (경호경비 주요논점)

1. The Classification of Security Personnel

Security personnel are classified as either of the following: in-house or proprietary, who are employed by the same company or organization they protect, such as a mall, theme park, or casino which were formerly often called works police or security police in the United Kingdom contract, working for a private security company which protects many locations. They are 'Public Security,' 'Private Police Officers,' or 'Security Police', 'Private Patrol Officers', 'Vehicle Patrol Officers' that also protect multiple client premises.

(Notes) personnel: 전 대원(집합적 의미)
in-house: 사내청원경찰
proprietary: 사내비밀경찰
works police: 청원 (사내)경찰
security police: 비밀경찰
contract: 청원경찰청부계약
public security: 공공경찰
private police officer: 청원경찰
private patrol officer: 청원순찰경찰
multiple: 다양한
client: 경호의뢰인
premises: 구내
employ: 정식으로, 계속적으로 고용하다.

(참고) 대한민국에서는 경호주체가 국가기관인 대통령경호실과 경찰청의 공경호와 개인 및 법인이 주체가 되어 영리추구를 하는 민간경호(사경호)로 분류한다.

---

2. The Definition of Security Guard or Security Officer

A security guard or security officer is an informally and a formally employed person who is customarily paid to protect property, assets, and people. Security officers are often uniformed and act to protect property by maintaining a high visibility presence to deter illegal and inappropriate actions, observing either directly, through patrols, or by watching alarm systems or video cameras for signs of crime, fire of disorder, and then taking action and reporting any incidents to their client, employer and emergency services as appropriate. The term watchman was more commonly applied to this function since at least the Middle Ages in Europe

(Notes) security guard: 경호원, 경비원
security officer(man): 경호관, 경호원, 경비원

property: 재산	assets: 개인, 회사의 재산
high visibility: 고시도	presence: 주둔
maintain: 유지하다	deter: 못하게 막다
illegal: 불법의(unlawful)	inappropriate: 부적당한
sign: 징후	report A to B: A를 B에 알리다
incident: 우발적이거나 부수적	emergency services: 긴급구호활동
watchman: 경비원, 야간 순찰자	A be applied to B: A이 B에 적용되다

3. The Difference between Security Officers and the Police

Unless they are security police security personnel are not police officers, but are often identified as such due to their similar and behaviors, especially on private property. Security personnel in the U.S. derive their powers not from the state, as public police officers do, but from a contractual arrangement that give them Agent of the Owner powers. This includes a nearly unlimited power to question with the absence of probable cause requirements that frequently dog public law enforcement officers, provided that the security officer does not tread on the rights and liberties of others as guaranteed by the United States Constitution. This does not come without checks, however, as private security personnel do not enjoy the benefit of civil protection, as public law enforcement officers do, and can be sued directly for false arrests and illegal actions if they commit such acts.

Some jurisdictions do commission or deputize security officers and give them limited additional powers, particularly when employed in protecting public property such as mass transit stations. This is a special case that is often unique to a particular jurisdiction of locale. Additionally, security officers may also be called upon to act as an agent of law enforcement if a police officer, sheriff's deputy, etc. is in immediate need of help and has no available backup.
Some security officers do reserve police powers and are typically employed directly by government alagencies. These are typically sworn law enforcement personnel whose duties primarily involve the security of a government installation, and are also a special case. Other local and state governments occasionally enter into special contracts with security agencies to provide patrol services in public areas. These personnel are sometimes referred to as private police officers.

Sometimes police officers work as security personnel while not on duty. This is usually done for extra income, and work is particularly done in hazardous jobs such as bodyguard work and bouncers outside nightclubs. It is illegal for police officers to take private security work in some countries, including the United Kingdom. Security personnel who misrepresent themselves as police officers are committing a crime except in these special cases. However security personnel by their very nature often work in cooperation with police officials. Police are called in when a situation warrants a higher degree of authority to act upon reported observations that could not be directly acted upon safely by the security personnel.
In British Columbia, Canada contract Security Guards are NOT permitted to carry firearms (guns), batons, pepper spray, or handcuffs. Violation of the act can carry a fine the possibility of losing their Security License. Provincial Inspectors, designated as Special Provincial Constables conduct inspections to ensure compliance with Provincial Regulations. In-House Security organizations, and their employees are currently exempt from

Provincial Regulations, which means In-House Security Officers could, if permitted by their employer, carry and use handcuffs, and a baton. The Province of British Columbia is currently re-drafting the provincial legislation to cover all security, and certain restrictions, as the current legislation was file on January 9, 1981.

(Notes) A be identified as B: A이 B로 말해지다

derive A from B: A는 B에서 비롯되다	contractual: 계약상의
arrangement: 합의(agreement)	agent: 대리인
with the absence of~: ~가 없는	probable: cause: 상당한 근거(이유)
requirement: 필요	frequently: 자주
dog: 비방하다, 미행하다	guarantee: 보증하다
Constitution: 헌법	tread on : 망치다
civil: 일반 시민의	protection: 보호
sue for: 고소하다	false arrest: 불법체포
jurisdiction: 사법권	commission: ~에게 권한을 주다 (authorize)
deputize: 대리를 명하다	be employed in~: ~에 종사하다
mass transit: 대도시의 대량수송수단	unique: 독특한, 유일한
locale: 현장	additionally: 부가적으로

call upon A to do ~: A에게~하라고 요구하다

sheriff: 군보안관	deputy: 대리인
be in need of~: ~을 필요로 하다	immediate: 즉시의
backup: 지원, 대리	available: 이용할 수 있는
reserve: 확보하다	typically: 일반적으로
swear: 맹세하다	installation: 시설
involve: 관계시키다	enter into~: ~관계, 협약을 맺다

A be referred to as B: A는 B로 일컬어지다

on duty: 근무 중	hazardous : 위험의, 모험의
bouncer(구어): 경비원	misrepresent: 거짓 전하다
by nature: 본래	in cooperation with~: ~와 협력하여
call in : 불러들이다	warrant: 정당화하다(justify)

baton: 경찰봉
violation: 위반
fine: 벌금
inspector: 검사관, 경찰의 경위
constable: 경찰관
inspection: 정밀검사
regulation: 법규
redraft: 다시 기초하다
restriction: 제약, 제한규정
handcuff: 수갑
carry: 수반하다
provincial: 지방특유의
be designated as~: ~로 지명되다
conduct: 수행하다
compliance with~와의 순응
exempt from~: ~면제된(free)
legislation: 법률제정

4. The Categories of Security Police

Security Police employed by or for a governmental agency are those persons, who provide police and security services to their properties. Security police may have limited arrest authority and they may or may not be able to enforce local laws depending on local law and agency policy. They generally protect their agency's facilities, properties, personnel, users, visitors and operations from harm and may enforce certain laws and administrative regulations. Security police may be endowed with full police powers of crime prevention, arrest, law enforcement and investigation within their jurisdictions and often nationwide.

Security police may be also referred to as a security agency. Security Police is the former and unofficial title of the occupation currently known as Security Forces in the U.S. Air Force. Security police have two broad categories: One, non-Sworn security guards authorized to exercise peace officer powers while in the official performance of their duties. Peace or police officers whose jurisdictions are limited to the State-certified state agency or organization which employs them. They may also be police officers employed by private companies to prove the same kind of service on company or private property. These include the various park police forces, (different from the U.S. park police, which have nationwide arrest authority-for federal laws only-24/7) university or campus police, who are normally hired and sworn as state law enforcement officers, hospital police, who are usually police hired by a private organization (except the US Department of Veteran Affairs Police), (housing police) who are usually sworn by the local law enforcement agency in their area of operation, and the various U.S. states Capitol Police, who are state employed. That should not be confused with U.S. Capitol Police, who are sworn as federal law enforcement officers. A Type of campus police is the Los Angeles School Police Department or George Mason University Police, who have the same authority and jurisdiction as a state or local police office in their respective jurisdictions. In the United Kingdom in-house security guard forces with no police powers were often referred to as security police until the 1970s.

The other, park Police and the National Zoological Park Police, who are sworn federal officers.

State and Local Officers assigned to joint task forces with federal law enforcement agencies are deputized as FBI Special Federal Officers and Special Deputy US Marshals to have federal arrest authority.

(Notes) provide A to B: B에게 A를 공급하다
protect A from B: B로부터 A를 보호하다
be endowed with~: ~이 부여 되다
police power: 국가의 경찰권
authorize to do~: ~하라고 위임하다
have~: ~이 되다(fall into)
peace officer: 보안관, 경찰관
exercise: 권력 등을 행사하다
police force: 경찰력(대)
campus police(guard): 대학경비원
Capitol: 미국회의사당
veteran : 퇴역(재향)군인
security forces: 치안(보안)부대, 테러 등에 대비하는 경찰군대
be assigned to~: ~에 할당하다
joint task forces: 통합특별 수사대

5. The Duties of Private Security Officer

An individual other than an employee of a federal, state, or local government, whose primary duty is to perform security services, full-or part-time, for consideration, whether armed or unarmed and in uniform or plain clothes; but does not include employees whose primary duties are internal audit or credit functions, technicians or monitors of electronic security systems, or employees whose duties primarily involve the secure movement of prisoners.

(Notes) plain clothes: 경찰의 사복 | internal audit: 내부감사
credit functions: 신용거래기능 | secure: 도망칠 염려 없는

---

6. The Definition of Bodyguard

A bodyguard or close protection officer is a type of security guard or government agent who protects a person who is usually a famous, wealthy, or politically important figure from assault, kidnapping, assassination, loss of confidential information, or other threats.

Most important public figures such as heads of state or governors are protected by several bodyguards or by a team of bodyguards from an agency, security forces, or police forces , that is, the United States Secret Service or the Bureau of Diplomatic Security in the U.S. In countries where the head of state is a military leader or dictator, the leader's bodyguards may also be part of an elite military unit. Less-Important public figures, or those with lower risk profiles, may be accompanied by a single bodyguard who may double as a driver. A number of high-profile celebrities and CEOs also employ bodyguards.

* The Roles of Bodyguards

Bodyguards often have training in firearms tactics, unarmed combat,

tactical driving, and first aid. In multi-agent units like those protecting a head of state, one or more bodyguards may specialize in specific tasks, such as providing a protective escort, crowd screening and control, or searching for explosives or electronic surveillance devices (bugs).
Bodyguards may also work with other security personnel to conduct threat or risk assessment and analyze potential security weaknesses.
Bodyguards often examine a premises or venue before their clients arrive, to determine where the exits and entrances are, find potential security weaknesses, and meet the staff so that a would-be attacker cannot pose as a staff member. Some bodyguards do research to be aware of potential threats to their client, such as a protest by a radical group or the release from custody of person who is a known threat. While escorting a client, bodyguards have to remain alert so that they are able to react quickly to threatening situations. In some cases, bodyguards also drive their clients, which means that they nave to be aware of suspicious vehicles and prepared to practice evasive driving techniques.
Depending on the laws in a bodyguard's jurisdiction and on which type of agency or security service they are in, bodyguards may be armed with a non-lethal weapon such as a baton, stun gun, pepper spray, or a Taser, or with a lethal weapon such as a pistol. Bodyguards from government security agencies protecting heads of state may even carry a fully automatic machine pistol or a mini-submachine gun concealed under their clothing or in a briefcase.
Bodyguards from security agencies such as the Secret Service typically wear body armor, as they are supposed to catch the bullet for their client.

(Notes) assault: 폭행, 성폭행, 강간　　kidnap(p)ng: 유괴, 납치
assassination: 정치적 암살　　confidential information: 비밀정보
threat: 위해
the Secret Service: 미재무성 비밀 검찰국(1865년 창설: 위조적발, 대통령경호)
militant unit: 군사부대　　double as: 1인2역을 하다
high profile: 고자세 명확한 태도　　celebrity: 명사

tactics: 전술
tactical: 전술적인
first aid: 응급처치
multi: 다채로운
specialize in~: ~ 를 전문적으로 다루다
protective escort: 방어경호
screen: 지키다, 비호하다
search for~: ~를 찾다
explosive: 폭발물
electronic surveillance: 전자기기를 이용한 감시(정보수집, 전화도청 등)
bug(속어): 도청기
assessment: 평가
analyze: 분석하다
potential: 잠재하는
venue: 회합장소
exit: 출구
entrance: 입구
would-be: 자칭의
pose as~: ~인체하다
protest: 항의
radical: 과격한
release from~: ~로 부터의 구출
custody: 감금(imprisonment)
vehicle: 차량
evasive: 교활한
technique: 기술
be armed with~: ~로 무장하다
lethal: 치명적인
stun gun: 폭동 진압용으로 작은 모래주머니를 발사 하는 총
Taser: 사람을 일시 마비시키는 전기화살을 발사하는 테이저 총(Tele-Active Shock Electronic Repulsion)
machine pistol: 자동권총, 경기관총
bullet: 소총의 총탄
submachine gun: 소형경기관총, 기관단총
conceal: 숨기다
body armor: 방한복
be supposed to do~: ~하기로 되어 있다

7. The Definition of Terrorism

Terrorism is a perfect action, usually involving the placement of a bomb or fire explosion of great destructive power, which is capable of effecting irreparable loss against the enemy.

Although terrorism in general involves an explosion, there are some cases in which it may also be carried out by execution and the systematic burning of installations, properties, and North American depots, plantations, etc. It is essential to point out the importance of fires and

the construction of incendiary bombs such as gasoline bombs in the technique of revolutionary terrorism. Another cause is the importance of the material the urban guerrilla can persuade the People to expropriate in moments of hunger and scarcity resulting from the greed of the big commercial interests.
Terrorism is a unique arm the revolutionary can never relinquish.

(Notes) perfect: 지독한, 순전한
be capable of+ing: 능히~할 수 있다
irreparable: 회복할 수 있는
carry out: 집행하다
installation: 설비
plantation: 농원
point out: 지적하다
revolutionary: 혁명적인, 혁명론자
persuade A to do~: ~A에게 ~하도록 설득하다
expropriate: 수용하다(dispossess)
result from~: ~에서 기인하다
commercial: 상업적인
relinquish: 포기하다
destructive: 파괴적인
effect: 변화 등을 초래하다
loss: 손상
execution: 시형집행
depot: 기차역(railroad station)
essential: 필수적인(indispensable)
an incendiary bomb(shill): 소이탄
urban guerilla: 도시 게릴라
scarcity: 부족, 결핍
greed: 탐욕
interest: 이익
unique: 유일무이한, 독특한

8. The Good Example of International Terrorism

Although the UK has faced a variety of terrorist threats in the past. AI Qaida and related terrorist groups have shown an exceptional level of ambition and willingness to carry out indiscriminate terrorist attacks. They are targeting Western countries and Western Interests abroad in conjunction with violent campaigns to overthrow governments in their own countries.

AI Qaida and the terrorist networks linked to it are loose-knit groups. They operate without a conventional structure and maintain connections across the world, bound by shared extremist views or experiences. Some are centrally guided by AI Qaida, but others are autonomous and take their lead from radical propaganda shared via the Internet and other channels.

The terrorists draw their inspiration from a global message articulated by figures such as Usama bin Laden. The message is uncompromising and asserts that the West represents a threat to Islam; that loyalty to religion and loyalty to democratic institutions and values are incompatible; and that violence is the only proper response. Mainstream Muslim scholars reject this position.

The worldwide campaign against terrorism has resulted in hundreds of terrorists, including many senior AI Qaida figures, being captured or killed. Major terrorist attacks have been thwarted in a number of countries including the UK. International military action in Afghanistan in late 2001 deprived AI Qalda of Its principal base, where it systematically recruited and trained terrorists, and planned and prepared for operations worldwide.

However. AI Qaida and other international terrorist networks remain a very serious threat. Usama bin Laden himself and other senior AI Qalda leaders remain at large, as do many trained terrorists. They are still capable of staging major terrorist attacks, as the Madrid and London bombings in 2004 and 2005 showed. Recent trials and investigations have shown that numerous terrorist networks are continuing to plan and attempt to carry out indiscriminate attacks.

Therefore the threat from international terrorism is likely to persist for a some time in the future.

(Notes) the UK=the United Kingdom(of Great Briton and Northern Ireland): 영국
exceptional: 예외적인 indiscriminate: 무차별의

in conjunction with~: ~에 관련하여	overthrow: 전복하다(subvert)
be linked to~: ~에 연결하다	loose-kit: 산개한 장비
conventional: 재래식	bind: 속박하다
extremist: 과격파	autonomous: 자율의
take the lead: 선도하다	propaganda: 선전
draw (get, derive) inspiration from~: ~로부터 영감을 받다	
articulate: 똑똑히 발음하다	uncompromising: 양보하지 않는
loyalty: 충성	incompatible: 서로 용납하지 않는
thwart: 방해하다	recruit: 모집하다
remain at large: 체포되지 않고 있다	stage : 계획하다
persist: 지속하다(last)	some: 꽤 많은(considerable)

9. America's Strategy for Combating Terrorism

America is at war with a transnational terrorist movement fueled by a radical ideology of hatred oppression, and murder. Our National Strategy for Combating Terrorism, first published in February 2003, recognizes that they are at war and that protecting and defending the Homeland, the American people, and their livelihoods remains our first and most solemn obligation.

Their strategy also recognizes that the War on Terror is a different kind of war. From the beginning, it has been both a battle of arms and a battle of ideas. Not only do they fight their terrorist enemies on the battlefield, they promote freedom and human dignity as alternatives to the terrorists' perverse vision of oppression and totalitarian rule. The paradigm for combating terrorism now involves the application of all elements of our national power and influence. Not only do they employ military power, they use diplomatic, financial, intelligence, and law enforcement activities to protect the Homeland and extend their defenses, disrupt terrorist operations, and deprive their enemies of what they need to operate and survive. They have broken old orthodoxies that once confined their counterterrorism efforts primarily to the criminal justice domain.

The updated strategy sets the course for winning the War on Terror. It builds directly from the National Security Strategy issued in March 2006 as well as the February 2003 National Strategy for Combating Terrorism, and incorporates their increased understanding of the enemy. From the beginning, they understood that the War on Terror involved more than simply finding and bringing to justice those who had planned and executed the terrorist attacks on September 11, 2001. Their strategy involved destroying the larger al-Qaida network and also confronting the radical ideology that inspired others to join or support the terrorist movement. Since 9/11, they have made substantial progress in degrading the al-Qaida network, killing or capturing key lieutenants, eliminating safe havens, and disrupting existing lines of support. Through the freedom agenda, they also have promoted the best long-term answer to al-Qaida's agenda: the freedom and dignity that comes when human liberty is protected by effective democratic institutions.

In response to their efforts, the terrorists have adjusted, and so they must continue to refine their strategy to meet the evolving threat. Today, they face a global terrorist movement and must confront the radical ideology that justifies the use of violence against innocents in the name of religion. As laid out in this strategy, to win the War on Terror, they will advance effective democracies as the long-term antidote to the ideology of terrorism, prevent attacks by terrorist networks, deny terrorists the support and sanctuary of rogue states, deny terrorists control of any nation they would use as a base and launching pad for terror, and lay the foundations and build the institutions and structures they need to carry the fight forward against terror and help ensure their ultimate success.

(Notes) be at war with~: ~와 사이가 나쁘다
fuel: 자극하다
ideology: 관념, 형태
transnational: 다 국적의
radical: 급진적인
solemn: 중대한

obligation: 의무
dignity: 존엄
perverse: 잘못된
paradigm: 이론적 틀
survive: 고뇌, 역경 등을 이기다
counterterrorism: 대항테러
justice: 사법재판
incorporate: 구체화하다
bring A to justice: A를 법에 비추어 처벌하다
inspire A to do: A를 격려하여 ~하라고 하다
substantial: 실질적인
safe haven: 안전한 피난장소
in the name of~: ~의 이름으로
lay out: 설계하다
sanctuary: 신성한 곳
launching pad: 발사대
from the beginning: 애초부터
alternative to~: ~에 대한 대안
totalitarian: 전체주의의
deprive A of B: A에게서 B를 빼앗다
orthodoxy: 정통성
confine: 국한하다
domain: 영역
lieutenant: 부관
refine: 세밀하게 하다
religion: 종교
antidote to~: ~에 대한 대책
rogue: 붉은 빛의
ultimate: 궁극적인

10. Some Different Types Of Terrorists

＊ Political Terrorists

We may safely apply this term to those individuals whose motivation, at least publicly, is avowed to be ideological in nature. The methods used to achieve their ends are usually ruthless, and the victims of their violence need have no connection with the target. If you are not with them, you are against them, and therefore the enemy. Part of their philosophy seems to be that the more heinous the act, the more effective it is in achieving the goal. This group will machinegun passengers waiting to get on an airliner, or blow up airplanes with innocent people on board. This group seeks to establish what they feel to be their legitimate right to lead the existing government. You do not have to be a direct enemy to be a target.

If you fly on the enemy's airline, work in the enemy's country, do business with them, then you are the enemy too. This type of terrorist is deadly, but inconsistent. Many times they will not interfere with certain businesses, depending on those businesses' areas of operation—perhaps realizing that if they do eventually take over the government that expelling the companies that bring their natural resources to the world marketplace would be counterproductive in the long run. This philosophy holds true in some parts of the world but not others. In many areas of the Middle East the mere accident of being an American makes you a target. However, not being in the Middle East does not exempt anyone from being caught up in indiscriminate and random violence.

The religious fanatic is an offshoot of the political terrorist. They have few goals other than to inflict as much damage and pain as possible. Their targets are selected to cause the most damage. They are extremely dangerous to everyone, not just business people. Sometimes their tactics are so deranged they become dangerous to their own people. We should bear in mind that the group that recently opened fire on passengers waiting to get on an El Al Airline in Rome had the goal of killing as many children as possible.

(Notes) be applied to~: ~에 적용되다
publicly: 공공연하게
ideological: 관념형태의
be used to do~: ~하는데 사용되다
have no connection with~: ~와 관계가 있다
be with~: ~에 찬성하다
philosophy: 철학
machinegun: 기총소사하다
innocent: 알지 못하는
establish: 확립하다
existing: 현재의
motivation: 자극, 유도
be avowed to be ~: ~이라고 공언하다
in nature: 사실상, 현존하여
ruthless: 냉혹한(cruel)
be against~: ~에 반대하다
heinous: 가증스러운
blow up: 폭파하다
seek to do~~하려고 노력하다
legitimate: 정당한
do not have to do~: ~할 필요가 없다

do business with~: ~와 거래하다
inconsistent: 모순된
operation: 경영
take over~: ~를 떠맡다
bring A to B: A를 B에 가져오다
counterproductive: 역효과의
hold true: 사실이다
be caught up in~: ~에 말려들다
random: 무분별한
religious: 종교적인
offshoot of~: ~파생적 결과
bear in mind that~: ~that를 명심하다
open fire: 사격을 개시하다
deadly: 치명적인
interfere with~: ~와 충돌하다, ~를 방해하다
eventually: 결국(at last, finally)
expel: 내쫓다
natural resources: 천연자원
In the long run: 결국(in the end)
exempt A from B: A에게 B를 면제하다
indiscriminate: 무차별의
violence: 폭력
fanatic: 광신자
derange: 어지럽히다

---

* Criminal Terrorists or Bandits

They are defined as those who perpetrate the same act as terrorists but whose motivations are solely monetary. In certain areas of the world, specifically South and Central America, it is becoming difficult to tell the difference between the political terrorists and the financially motivated criminals. It is sometimes easier for corporations to meet the demands of criminals than to satisfy the political purposes behind terrorists' demands. Common criminals have emulated the terrorist tactics with great success in Italy. Engaging in illegal activities for profit, employing terror whenever necessary, this group is motivated simply by money. They may camouflage their goals with political rhetoric but what they really want is loot. Despite a lack of political motivation, this group is no less dangerous to the businessman. Businesses and businessmen are the ones that have the money and over the years have shown a willingness to pay terrorists what they want. Most of the kidnappings have nothing to do with terrorism in Italy, where criminals are using terrorist tactics as a moneymaking venture.

(Notes) criminal: 범죄의
bandit: 강도
be defined as~: ~로 정의되다
perpetrate: 나쁜 짓, 과오 등을 범하다
monetary: 금전상의
motivated: 동기가 부여된
corporation: 법인, 자치단체
meet: 만족시키다(satisfy)
emulate: 모방하다
engage in~: ~에 종사하다
camouflage A with B: B로 A를 감추다
no less: 마찬가지로
have nothing to do with~: ~와 관계가 없다

---

* Insane Terrorists

They say that individuals who are usually set into motion by extensive publicity for someone else's terrorist act, a desire to get that kind of notoriety themselves, or by a grudge against their targets. Due in part to the publicity afforded the exploits of both terrorists and criminals, deranged terrorists represent a continuing threat. With notable exceptions, they rarely combine the careful planning and execution found in other groups, engaging instead in acts of terrorism as the result of serious personal, psychological disorders. Because of this underlying irrationality, their actions may be even more dangerous because they are so very unpredictable. In the business community, they are often disgruntled employees who consider the executive as an extension of the company that caused their problems. Get even with the company! They will then vent their hostilities on the executives. It is easy to confuse a person who commits an act of random violence or someone who is insane with a band of politically-committed terrorists who will give up their lives for a cause. Although the act may appear to be that of an insane man, it may be that of a political terrorist.

(Notes) insane: 제정신이 아닌
notoriety: 악명, 악평
exploit: 공적
careful: 철저한
disorders: (가벼운)병(disease)
irrationality: 불합리
disgruntled: 불만인
vent on~: 발산하다
committed: 전념하는
set(put)A in motion: A를 추진하다
a grudge against~: ~에 대한 원한
a notable exception: 주목할 만한 예외
psychological: 심리적인
underlying: 근원적인(fundamental)
unpredictable: 예측할 수 없는
get even with~: ~에게 보복하다
confuse A with B: A와 B를 혼돈하다
give up: 포기하다

---

* Average Citizens To Be Terrorists

They reject peaceful methods of settling differences, instead using violence to express their rage and dramatize their demands. Sometimes they preach peace but do it violently. A good example of them are some anti-nuclear, antiabortion, and animal rights groups. Anti-abortion groups have blown up clinics, and threatened the life of doctors. Animal rights advocates have broken into medical labs, often destroying experiments and freeing dangerous test animals. Members of some anti-nuclear groups have broken into air bases and other military facilities in order to disrupt activities and destroy military equipment.

Any given terrorist group is a melange of people who are political, criminal, insane, etc. Experience has shown that a terrorist group will use criminals to meet certain goals and criminals will use a terrorist group to meet certain financial goals.

(Notes) average: 일반의
reject: 거절하다
rage: 격노
dramatize: 극적으로 표현하다
preach: 역설하다
anti: 반대, 적대, 대항, 배척
antiabortion: 임신중절에 반대하는
antinuclear: 핵무기 반대의
animal rights: 학대로 부터 보호받을 동물의 권리
clinic: 진료소, 개인의 전문병원
advocate: 지지자

lab=laboratory: 실험실
air base: 항공기지
facilities: 시설
disrupt: 혼란시키다
melange: 뒤범벅

---

11. The Aspects of Kidnapping

* Why do they kidnap executives?

Kidnapping is capturing and holding a police agent, a North American spy, a political personality, or a notorious and dangerous enemy of the revolutionary movement in a secret spot.
Kidnapping is used to exchange or liberate imprisoned revolutionary comrades, or to force suspension of torture in the jail cells of the military dictatorship.

The kidnapping of personalities who are known artists, sports figures, or are outstanding in some other field, but who have evidenced no political interest, can be a useful form of propaganda for the revolutionary and patriotic principles of the urban guerrilla provided it occurs under special circumstances, and the kidnapping is handled so that the public sympathizes with it and accepts it.
The kidnapping of North American residents constitutes a form of protest against the penetration and domination of United States imperialism in our country.

(Notes)
notorious: 악명 높은
revolutionary: 혁명적인
liberate: 해방하다
imprisoned: 구속된
comrade: 동료, 동지
suspension: 중지
force: 강행하다
torture: 고문
cell: 개인감방
dictatorship: 독재정부
be used to do~: ~하는데 사용되다
outstanding: 걸출한, 저명한
evidence: 명시하다(show clearly)
interest: 이익

patriotic: 애국적인
sympathize with~: ~에 동감하다
constitute: 구성요소가 되다
domination: 지배
provided: 만일~이라면 (if)
resident: 거주자
penetration: 침투
imperialism: 영토확장주의, 제국주의

* The Process of Kidnapping

Kidnapping is the biggest threat to you while overseas. You must develop an anti-kidnapping program. The first step is to examine your weaknesses. Kidnappings can occur anywhere you are not adequately protected.

Terrorists will kidnap you when and where the risk is the lowest. The risk of kidnapping is directly related to the security of the space you are in at any given moment. When terrorists plan a kidnapping they pick the point in your routine where the security is minimal. This also applies to members of your family. History indicates that the likelihood of a family member being kidnapped is small, so don't create any undue fears, but don't get too relaxed about family security. In most countries, your family is safe from direct terrorist attacks. The major threat to them is the off chance of them being hurt by being in the wrong place at the wrong time. The more unstable the local government, the more likely this can happen.

Kidnap victims may be taken from: ① Where they live. ② Where they work. ③ Where they visit. ④ While going to and from these places.

In a terrorist environment all places and activities can be unsafe-but some are much less safe than others.

Kidnappers need, and often get, the cooperation of their victims strange as it may seem. You must be easy to get, worth getting, and not very security conscious. If you are careless, with either no security or, worse yet, sloppy security, you're an inviting easy target.

(Notes) process: 과정
examine: 검토하다
adequately: 충분히
be related to~: ~와 관련되다

routine: 일과　　minimal: 최소의
A apply to B: A는 B에 적용되다
A indicate that~: A는 that~를 보여주고 있다
likelihood: 가능성　　create: 일으키다(cause)
undue: 과도한　　relax: 게을리 하다
off chance: 희박한 가능성(remote chance)　　unstable: 불안정한
victim: 희생자
strange as it may seem: 이상하게 생각될지 모르지만
cooperation: 협동작업　　be worth+ing~: ~할 가치가 있다
conscious: ~을 강하게 의식하는　　sloppy: 적당히 얼버무린
inviting: 마음이 통하는(tempting)　　target: 주목, 비난의 대상

---

12. The Facet of Some Insider Attacks

Some attacks, whether from criminals, terrorists or competitors seeking a business advantage, may rely upon the co-operation of an insider. This could be an employee or any contract or agency staff(e.g. cleaner, caterer, security guard) who has authorized access to your premises. If an employee, he or she may already be working for you, or may be someone newly joined who has infiltrated your organization specifically in order to seek information, or exploit the access that the job might provide.

Almost all physical and electronic attacks can be assisted or conducted by an insider, There are some attacks that can only be committed by insiders, such as the unauthorised release of proprietary information, or the sabotage of assets that only employees can access. In addition, there are some tactics that insiders are likely to use in the course of preparing or conducting their attacks; these include manipulation, that is to say, deliberate attempts to acquire information or access by manipulating staff.

(Notes) insider: 내부사람, 소식통　　competitor: 경쟁자

contract: 청부
cleaner: 세탁소 직공
caterer: 요리 조달자
access to~: ~에 출입
premise: 토지, 구내
exploit: 이용하다
electronic: 전자의
commit: 범하다
sabotage: 파괴행위
access: 이용하다
in the course of~: ~하는 동안에(during)
manipulation: 교묘한 처리
deliberate: 고의의

---

13. The Hour of Assaults

Assault is the armed and violent attack which is made to expropriate funds, liberate prisoners, capture explosives, machine guns, and other types of arms and ammunition.

Assaults can be taken by surprise in broad daylight or at night.
Daytime assaults are made when the objective cannot be achieved at any other hour, as, for instance, the transport of money by the banks, which is not done at night.

Night assault is usually the most advantageous to the urban guerrilla. The idal is for all assaults to take place at night when conditions for a surprise attack are most favorable and the darkness facilitates flight and hides the identity of the participants. The urban guerrilla must prepare himself, nevertheless, to act under all conditions, daytime as well as night time.

(Notes) assault: 폭행, 성폭행, 강간
expropriate: 몰수하다
capture: 포착하다
explosive: 폭발물
ammunition: 탄약
in broad daylight: 대낮에
transport: 수송
advantageous: 편리한, 유리한, 역이용하는

be taken by surprise : 사건이 불시에 발생하다
surprise attack: 기습 favorable: 편리한
facilitate: 용이하게 하다(주어는 사물) identity: 신원
participant: 참가자
prepare oneself to do(for)~: ~할 각오를 하다
nevertheless: 그럼에도 불구하고

14. The Analysis of Threat Assessment

The analysis of threat assessment can be summarized as follows. As Benjamin Franklin once told his fellow patriots, "Gentlemen, if we don't all hang together, we will most certainly all hang separately."
Once you have amassed all this information, your next task is analysis. Again, if you have a security
department, it can take a tremendous burden off your shoulders. But not everyone traveling abroad or living in a foreign land has the luxury of a security department to take care of their security needs. If you have to develop your own threat assessment or would just like to be more informed on the subject, you'll need some questions answered. You should know the type of terrorist groups that exist in the country that you are working in. Knowing this will help you know what attracts their attention. You should ask questions such as:

Are they terrorists or criminals? If they are criminals using terrorist tactics you have a serious security problem that needs immediate attention.

Is there a pattern to terrorist activities in this country's past? The Tupamaro guerrillas of Uruguay were especially fond of robbing banks. Is there a preferred type of activity among your local terrorists?

Are they supported by a sympathetic third-party government, such as

Libya or Syria? If they are a state-supported terrorist group they will have the finances to support themselves and more than likely not need to kidnap business personnel. These are groups to respect and take precautions against but not to the degree that you would for a group that needs money to support its activities. The latter type is far more likely to kidnap you for money. A state-supported group will kidnap you for political considerations, such as the release of their captured comrades. Both methods of operation need to be studied intensely. If the group in your area has kidnapped businessmen in the past, try to determine a pattern to their acts. Did they go into action after a lot of publicity about the company appeared in the media? Do they have a history of selecting one particular type of industry? If they always target oil companies and you work for an oil company, the threat level is obvious. Knowing your enemy requires a great deal of research. You should assign someone in the company to examine everything the group has ever done, whether against business or government officials. If the terrorists have been successful, why have they been successful? How were they successful? Did their victim always keep a set pattern? Why were the victims an easy mark? Was their company always in the limelight? When examining these facts be brutally honest. What you are doing here is building your own "terrorist profile," just as the big boys do. You're finding out what type of person is going to come after you by looking at the details of those who were struck at before. If you, your company, or your company's personnel exhibit similar patterns, it is definitely time to change the way things are done. Never look at the terrorists' successes. You should examine their failures. If there have been attacks against corporations or businessmen that have failed, study them carefully and find out why they failed. Look for companies that have never had a man kidnapped. If they will let you, look at their security and see what they are doing. See if you can coordinate your security operation with theirs. In any battle, there is very definitely strength in numbers.

(Notes) once+주어+동사~: 일단~하면 amass: 모으다(gather)
analysis: 분석 burden: 부담
tremendous: 거대한 luxury: 만족, 유쾌
take care of~: ~에 유의하다 , ~에 대비하다 , 소중히 하다
exist: 존재하다
attract one's attention(notice): 주의를 끌다
immediate: 즉각의
be fond of~(구어): ~하는 나쁜 버릇이 있다
preferred: 우선의 sympathetic : 호의적인
third-party: 제3자 finance: 재원, 재정
support oneself: 자활하다
more than likely not: 어느 쪽이냐 하면, 아마
business personnel: 사업가
take precautions against~: ~을 경계하다
consideration: 고려할 사항 release: 석방, 해방
operation: 작전, 군사행동 intensely: 일사불란하게, 집중하여
go into action: 활동(전투)을 개시하다 publicity: 공표
appear: 신문에 나다 industry: 사업, 기업
assign A to do~: A에게 ~하라고 명하다 set: 판에 박힌
easy mark(구어): 잘 속는 사람, 봉 in the limelight: 각광을 받고
brutally: 엄연히 big boy: 실업계의 거물
come after~: ~의 뒤를 잇다(succeed) strike at~: ~에 덤비다
have+사람(사물)+과거분사: 사람(사물)을 ~하게 하다
coordinate: 대등하게하다 in numbers: 여러 번으로 나누어
patriot: 애국자 hang together: 단결하다
separately: 갈라져

15. The Determining and Breaking Down of Threat Categories

When determining threats, not all the security agents treat physical against the principal specifically. Some close-protection specialists divide threats into the main categories:

Ⓐ against the principal's safety,
Ⓑ against the principal's family's safety,
Ⓒ against the principal's psychological well-being, and
Ⓓ against the principal's privacy.

Some threats will overlap and fall into more than one category. For example, phone calls threatening the kidnapping of the principal's only child would come into categories Ⓑ, Ⓒ and Ⓓ.
A simple way to break down the process of threat assessment is to divide the potential areas of threat or risk. First are the threats against the principal because of his own characteristics: wealth or social status, celebrity or public exposure, political views, symbolic status, and travel to certain areas.

Second are the threats based on the principal's position:
a symbol of a government, company or philosophy, an authority figure, political views, religious views, a public figure with high-profile media exposure, foreign travel, and a representative of a political party or religious group undergoing internal power struggles.

We should take heed of a degree of overlap between the two lists.

(Notes)

category: 종류	specifically: 명확하게
physical: 육체의	principal: 경호대상자, 중심인물
divide: 나누다(break)	psychological: 심리적
well-being: 안녕	overlap: 중복되다
fall into~: ~이 되다	break down~: ~ 로 분류하다
potential: 가능성이 있는	characteristic: 특징
status: 현상	celebrity: 저명인사
exposure: 노출	representative: 대표자
power struggle: 권력투쟁	internal: 내부의, 국내의
political party: 정당	

16. Different Types Of Threats

Threats are often broken down by how close-protection specialists manifest themselves in attacks on the principal and some types of threats might include:
verbal assault, thrown objects, impact weapons, edged weapons, concealed firearms, attack on vehicle or motorcade, explosives, sniper fire, biological or chemical agents, and kidnapping.

(Notes) manifest: 명백하게 하다 · verbal: 말로 나타낸
impact: 충격 · edged: 날이 있는
sniper: 저격병 · chemical agents: 화학 시약(약품)

---

17. Various Bomb Threats On Delivery

Bomb threats are delivered in a variety of ways. The majority of threats are called into the target. Occasionally these calls are made through a third party. Sometimes a threat is communicated in writing or by a recording.

There are two logical reasons for reporting a bomb threat. Sometimes, the caller has definite knowledge or believes that an explosive or incendiary bomb has been or will be placed and he or she wants to minimize personal injury or property damage. The caller may be the person who has placed the device or someone who has become aware of such information. The other type of caller wants to create an atmosphere of anxiety and panic that will, in turn, result in a disruption of the normal activities at the facility where the device is purportedly placed.

Whatever the reason for the call, there will certainly be a reaction to it. Through proper planning, the wide variety of potentially uncontrollable reactions can be greatly reduced.

(Notes) bomb threat: 폭파경고(bomb scare)
the majority of~: ~대다수
occasionally: 때때로
logical: 논리적
minimize: 최소로 하다
disruption: 붕괴된 상태
purportedly: ~이라고 소문이 날 정도로
reaction: 작용
deliver: 타격, 공격 등을 주다(aim)
call into~: ~불러내다
communicate: 전달하다(impart)
incendiary bomb(shell): 소이탄
atmosphere: 분위기

18. The Example of Espionage Activities

Canada's national and economic security continue to be threatened by espionage and foreign influenced activity. CSIS's counter-intelligence activities are aimed at investigating such threats and reporting on them to the Canadian government and law enforcement agencies.

In their quest for political and military intelligence, foreign intelligence services constantly attempt to infiltrate key Canadian government departments. Increasing global economic competition is leading many governments-both those representing traditionally hostile countries as well as those from countries considered friendly to Canada-to shift the focus of their intelligence collection from traditional political and military matters to the illicit acquisition of economic and technological information. Such information can include trade and pricing information, investment strategies, contract details, supplier lists, planning documents, research and development data, technical specifications and drawings, as well as computer databases.

Economic espionage, which is defined as illegal, clandestine, or coercive activity by foreign governments in order to gain unauthorized access to economic intelligence, such as proprietary information or technology, for economic advantage, costs the economy billions of dollars each year. Because Canada is a world leader in many technology-intensive fields of aerospace, biotechnology, chemicals, communications, information technology, mining and metallurgy, besides nuclear, oil and gas, and environmental technologies, Canadian companies have been targeted by foreign governments to obtain economic or commercial advantages. The damage to Canadian interests results in lost contracts, jobs and markets, and a diminished competitive advantage.

While espionage can occur on Canadian territory, Canadian business people travelling abroad may also be vulnerable. A foreign government can operate more easily and with greater impunity within its own borders, making hotel rooms, restaurants, offices, and telecommunications systems vulnerable to espionage activities.

(Notes) espionage: 다른 나라, 기업에 대한 스파이 활동
counter-intelligence: 대적 정보(첩보)활동
be aimed at~: ~을 목표로 삼다
guest for~: ~탐구의 대상
intelligence service (agency): 정보국
constantly: 부단히
competition: 경쟁
infiltrate: 잠입시키다
illicit: 불법의
acquisition: 획득
clandestine: 은밀한
coercive: 강제적인
unauthorized: 인정받지 않은
-intensive: -집약적
mining: 광업
metallurgy: 야금술
commercial: 영리적인
territory: 영토
be vulnerable to~: ~에 공격받기 쉽다
access to~: ~의 이용
with impunity: 벌을 받지 않고, 무사히

---

19. Proliferation of Weapons of Mass Destruction

The proliferation of chemical, biological, radiological, and nuclear (CBRN) weapons, commonly grouped as weapons of mass destruction (WMD), as well as their delivery systems (missiles), have the potential to undermine international peace and security. For example, Canada is a potential source of expertise, materials, and technology for countries pursuing WMD or ballistic missile programs, and is a potential target for clandestine and illicit procurement activities.

Many countries already possess WMD, or have the capacity to produce them, and an increasing number are in the process of acquiring and developing capabilities to inflict mass casualties and destruction through WMD. While many terrorist groups lack the resources or expertise to employ WMD, there has been a growing interest among certain terrorist groups in acquiring such weapons. The serious issue of proliferation of these weapons has become an urgent matter that many governments are attempting to address.

(Notes) WMD: 대량파괴무기(Weapons of Mass Destruction)
proliferation: 확산　　destruction: 파괴
radiological: 방사성 물질에 의한　　delivery: 배달
undermine: 해치다　　expertise: 전문적 기술
CBR: 화생방(Chemical, Biological and Radiological)
ballistic missile: 탄도탄, 탄도탄 미사일
procurement: 필수품의 조달　　inflict: 과하다
casualty: 사상자　　urgent: 긴급한
address: 제기하다

20. Industry of Chemical and Biological Weapons

Because chemical and biological weapons are easier and less expensive to produce than nuclear ones, and the technology and know-how are widely available, many more states are actively engaged in chemical and biological weapons programs than in nuclear weapons programs.

Chemical agents include blood agents, choking agents, blistering agents and nerve agents. Biological agents include bacterial, viral and rickettsial agents. Bacteria cause typhus or other fever-related diseases. An individual with some technical training could apply the necessary expertise given supplies and a basic laboratory to make a crude biological weapon. Certainly, any state with a modestly sophisticated pharmaceutical industry is capable of producing biological agents.

Fortunately, the frightening potential of biological and chemical weapons is mitigated by several factors, the most important being that it is very difficult to build effective, reliable delivery means for large-scale lethal doses of such agents.

(Notes) be engaged in~: ~에 종사하다
blistering: 물집이 생기게 하는
viral: 바이러스의
typhus: 발진티푸스
modestly: 적당히
pharmaceutical: 제약의
mitigate: 완화하다
choking: 숨이 막히는
nerve agent: 신경가스
rickettsial: 발진티푸스 등의 병원체의
crude: 조잡한
sophisticated: 정교한
frightening: 깜짝 놀라게 하는

21. Danger of Radiological and Nuclear Weapons

Most analysts believe that the spread of nuclear weapons capabilities, particularly to less stable or conflict-ridden regions of the world, presents a serious danger to international security. Technical complexities and expense reduce the likelihood that most terrorist groups could construct a nuclear explosive device. A more likely threat from a terrorist organization would be a radio logical one involving the dispersal of radioactive substances to contaminate the air or water, or to render a particular area or facility unusable.

(Notes) analyst: 분석가
-ridden: -에 고통 받는

complexity: 복잡성
construct: 구성하다
reduce: 줄이다

22. Types of Delivery Systems

Three types of delivery systems are usually considered for WMD–ballistic missiles, cruise missiles, and combat aircraft. Among these, the ballistic missile is the greatest proliferation concern because it is extremely difficult to defend against and the time between detection and impact is very limited. Thus, it is no coincidence that virtually all states known to possess or suspected of developing WMD also maintain ballistic missile programs.

(Notes) cruise missile: 순항 미사일
concern: 관심사
dispersal: 분산(dispersion)
unusuable: 쓸모없는
combat: 전투
coincidence: 우연의 일치
render: ~을 ~하게 하다(make)

23. Record of Neglect

In the 43 years since the United States built the first atom bomb, the production of nuclear weapons has been plagued by lax safety, mismanagement and neglect. Among the most serious problems:

Dangerous Emissions: Disclosures by the Department of Energy reveal that arms plants at Fernald, Ohio, and Hanford, Wash., routinely released vast amounts of radioactive particles into the air through their emissions stacks.

Careless Disposal: Government nuclear–production facilities often disposed of radioactive waste almost as if it were household garbage. Leaking storage drums at Hanford and huge underground waste pits at Fernald have contaminated some local water supplies.

Faulty Standards: Managerial negligence and haphazard operating rules resulted in the shutdown of the Savannah River, S.C., nuclear-materials plant, where some reactor problems were so commonplace that operators began to ignore them.

Deceiving the Public: While repeatedly assuring nearby residents the facilities were safe, government officials at Fernald and Hanford let radiation leaks and other problems go unchecked for decades, avoiding costly measures to clean up contaminants and modernize equipment.

(Notes) neglect: 태만
atom(atomic)bomb: 원자폭탄(A-bomb)
plague: 괴롭히다(vex)
lax: 느슨한(loose), 애매한
mismanagement: 실수, 그릇된 처리
emission: 굴뚝, 엔진으로부터의 배기, 배출
disclosure: 폭로
A reveal that~: A의 결과 that~이 드러나다
arms: 무기
routinely: 정기적으로
A release B into C: A가 B를 C로 방출하다
radioactive: 방사성(능)의
particle: 미립자
stack: 굴뚝
disposal: 오물, 음식물 쓰레기
dispose of~: ~를 처분하다
household: 가정용의
garbage: 찌꺼기, 쓰레기
leak: 누출하다
storage: 저장
drum: 원통형 용기
waste: 폐기물
pit: 구덩이(cavity)
contaminate: 오염시키다
faulty: 잘못된
standard: 표준
managerial: 관리, 감독의
negligence: 나태
haphazard: 우연한
shutdown: 조업정지
commonplace: 평범한
ignore: 무시하다
deceive: 속이다
contaminant: 오염균(물질)
reactor: 원자로

PART Ⅱ
Protection and Security Reading Details (경호경비 세부사항 독해)

1.

The attacks came as Colombia was beginning what the government had dubbed a "week for peace," with mediators hoping to draw the rebels to the negotiating table.

(주요어구) attack: 공격, 습격
come: 일이 일어나다
as: ~하고 있을 때
the government: 정부
dub: 명칭을 붙이다
mediator: 중재자
rebel: negotiate: 협상하다
table: 위원회

(핵심구문) draw A to B: A를 B로 끌어내다
with A~ing: A가~하면서:
with mediators hoping to draw~: 중재자들이~를 끌어내기를 희망하면서

2.

It is also far from clear that the referendum will take place – in part because no one is sure that it would pass with the sort of overwhelming majority needed to put Lenin and his ideas to rest. Polls show that the President is only slightly less unpopular than Lenin.

(주요어구) referendum: 국민투표
pass: 의안이 통과하다
in part: 얼마간
poll: 투표
overwhelming: 우세한, 압도적인

majority: 득표차
(비교) plurality: 차점자와의 득표수가 과반수를 넘지 않는 최고득표수
slightly : 좀, 약간
sort of: 다소, 얼마간(rather, to some extent)

(핵심구문) be far from (형용사)~: ~와 관계가 없다
take place: 행사 등이 개최되다, 사건이 일어나다
be sure that~: ~를 확신하다
put A to rest: A를 잊어버리게 하다
A show that~: A를 통해서 (우리는) that~를 알 수 있다:
Polls show that~: 우리는 투표를 통해 that~를 알 수 있다.
A be less~than B~: A는 B만 못하다
with +A+과거분사~: A가 ~한 상황에서 :
with the sort of overwhelming majority needed~: 다소 압도적인 표차가 ~하기에 필요한 상황에서
need to do~: ~ 할 필요가 있다

3.

The incident proved to be a public relations coup for the pro-Chechen rebels, which was perhaps their intention all along. Tokcan, a Turk who once fought with the Chechen separatists, displayed remarkable media savvy throughout the ordeal. He granted phone interviews and allowed journalists to come onboard. "We have achieved what we set out to do," one of the hijackers said just before surrendering, "to call the attention of the world to the plight of the Chechens."

(주요어구) incident: 사건
coup: 타격, 대성공
intention: 의도
all along: 처음부터
separatist: 분리주의자
public relations(PR): 홍보, 섭외
pro-: 찬성의, 친(親)
Turk: 터키사람
fight with~: ~와 싸우다
display: 나타내다, 발휘하다

remarkable: 주목할 만한	savvy: 상식, 재치
ordeal: 시련, 고난	grant: 인정하다
come on board: 귀선(귀함)하다,	achieve: 달성하다
set out: 일을 착수하다	highjacker: 비행기 공중납치범
surrender: 자수하다	plight: 곤경

(핵심구문) A allow B to do~: A는 B가~하도록 허용하다
call one's attention to~: ~의 주의를 환기시키다
A prove to be~A는 B로 판명되다
~A, which be~B: 그런데 A는 ~B이다:
The incident, which was perhaps their intention all along.: 그런데 그 사건은 처음부터 그들의 의도이었던 같다.

4.

They were denied, however, a final face-to-face encounter with Fuhrman. With the jury out of earshot, the former detective three times impassively invoked his Fifth Amendment privilege against self-incrimination, refusing to say whether his original testimony was "completely truthful."

(주요어구)

deny: 거절하다	however: 그러나
face-to-face: 직접의	encounter: 교전, 충돌
jury: 배심원	out of earshot: 불러서 들리지 않는 곳에
detective: 형사	impassively: 냉정하게, 태연하게

invoke: 법에 호소하다
the Fifth Amendment: 묵비권을 규정한 미국헌법 제5수정안
privilege against self-incrimination: 미국헌법에서 불리한 진술을 강요받지 않을 권리

refuse to do~: ~하는 것을 거부하다	original: 최초의
testimony: 증언	truthful: 진술 등이 진실한

(핵심구문) with +A+부사: A가~인 상태에서
With the jury out of earshot, 배심원들이 불러도 들리지 않는 상태에서

5.

The summit will be more symbolic than substantive, but it is not simply posturing. The demonstration that Egypt, Jordan, the Palestinian Authority and other Arab powers are joining Israel and the U.S. in the commitment to peace will isolate Hamas and other extremists. "In the Middle East," Christopher said, "if things aren't moving forward, they tend to be moving backward. That's why I want to minimize the period of being off track."

(주요어구) summit: 정상회담(summit meeting)
symbolic: 직접 파악하는 것이 불가능한, 상징적인
substantive: 직접 파악하는 것이 가능한, 실질적인
posturing: 일부러 태도를 취하는
demonstration: 군사력의 과시, 양동작전
Authority: 당국 Arab Powers: 아랍동맹국
powers: 강국, 대국 commitment to~: ~에의 공약
isolate: 고립시키다
Hamas: 이슬람교 원리주의를 신봉하는 팔레스타인을 적대시하는 이스라엘 과격단체
extremist: 극단론자 minimize: 최소한으로 줄이다
tend to be~: ~하는 경향이 있다 off track: 정도를 벗어난

(핵심구문) 'simply'이 부정문에 사용되면 그 의미는 "절대로, 전혀" 이다.
명사 that~: That~인 명사
The demonstration (정주어) that Egypt, Jordan ~ will isolate(정동사)~.: 이집트, 요르단, 팔레스타인 정부 그리고 아랍동맹국이 이스라엘과 미국에게 평화공약에 합세하겠다는 양동작전이 이슬람교 원리주의자와 이스라엘과격단체를 결국 고립시킬 것이다.

6.

Police stood and watched while the churches burned. In some cases, firemen did not arrive until hours later, and in other instances not at all.

Only after the damage had been done did a contingent of soldiers arrive to arrest one group of marauders, 42 of whom have been held on charges of arson and, in an undisclosed number of cases, murder.

(주요어구) instance: 경우(case)
not at all: 결코~하지 않는
do damage: 해를 끼치다
contingent: 분견대
arrest: 체포하다
(hold) marauder: 약탈자
on charges of~: ~의 죄로
arson: 방화죄
undisclosed: 비밀에 붙여진
murder: 살인

(핵심구문) not A ~until B~: B해서야 비로소 A~하다:
fireman did not arrive~later,: 소방서원들이 수 시간이 지나서야 도착했다.
Only after ~A~ B~: A~해서야 비로소B~하다:
Only after~ arrive~marauders,: 약탈이 벌어지고 나서야 분견대가 약탈자무리를 체포하기위해 도착했다.
A, B of whom(=A)~: A 그리고 A중의 B이~
one group of marauders,42 of whom(=marauders) have been held ~arson : 그리고 약탈자들 중 42명이 방화죄로 체포되었다

7.

While earlier tests had concluded that these opioids are not effective pain killers, other than forlabor, some doctors suspect the results may have been skewed by a preponderance of male test subjects. Indeed, Levine now suggests that kappa opioids might be generally used to treat acute pain in women. Unlike morphine-like drugs, they have few unpleasant side effects, and they are not addictive.

(주요어구) while: ~하는 반면에
conclude: 결론을 내리다
opioid: 아편과 유사한 합성 진통제
effective: 효능있는
pain killer: 진통제
other than~: ~와 다른
skew: 왜곡하다
labor: 해산, 진통

	preponderance of~: ~의 우세, 우위	
	suspect~: ~이 아닌가하고 생각하다	
	subject: 환자, 피실험자	acute: 격렬한(intense)
	treat: 치료하다	unlike~: ~와 달리
	result: 결과	morphine: 마취, 진통제
	drug: 마약	unpleasant: 불쾌한
	side effect: 부작용	addictive: 습관성(중독성)의
(핵심구문)	be used to do~: ~하기 위하여 사용되다	
	may have +과거분사~: 과거의 불확실한 추측으로 ~했을지도 모른다	

8.

Much remains to be done. There are serious concerns over how much the drugs will cost and whether they will be in short supply. Moreover, It Is still not clear just how long they can prolong life. But for the first time doctors may have at their disposal an arsenal of weapons that can battle the virus at virtually every stage of its life cycle–not just in the final days but from the earliest months after infection.

(주요어구)	serious: 중대한	concer over~: ~에 대한 근심
	cost: 비용이 들다	in short supply: 부족하여
	moreover: 더군다나	prolong: 연장하다
	the first time: 처음에는	at one's disposal: 마음대로
	arsenal: 병기	battle: 싸우다
	at the stage of~: ~의 단계에서	virtually: 사실상
	life cycle: 생활사	infection: 전염
(핵심구문)	Much remains to be done.: 해야 할 많은 일이 남아 있다.	
	not just A~ but(also)~: A뿐만 아니라 B도 역시	
	–not just~infection: 전염 후 첫 달에서 뿐만 아니라 마지막 날까지	

9.

With so much submersible hardware on order, however, some strategists are worried that countries will blunder into confrontations more frequently or get caught up in a new, ruinously expensive arms race. Indeed, most Asian countries are already spending heavily to modernize their military forces, with 2,000 fighter aircraft alone on order across the region

(주요어구) submersible: 물속에 잠길 수 있는　on order: 주문되어
strategist: 전략가　be worried that~: that~를 걱정하다
blunder into~: 실수로 깜박하여 ~에 들어가다
confrontation: 직면, 대립　frequently: 빈번하게
get caught up~: ~에 말려들다　ruinously: 터무니없는
expensive: 값비싼　arms race: 군비 확장 경쟁
indeed: 실제로　to modernize: 현대화하기 위하여
military forces: 군대　fighter aircraft: 전투기
across the region: 온 지역에

(핵심구문) with (all)+명사+부사구: ~하고서
With so much ~on order, : 다량의 잠수용 하드웨어를 주문해 놓고서,
with 2,000~region: 2천대의 전투기만을 온 지역에 주문 배치하녀

10.

No matter how well children seem to deal with the massacre in the short term, some of them will probably need extra attention in the months and years ahead. Many five-year-old children do not understand death's permanence. Their lack of comprehension may help protect them from extreme levels of fear and anxiety, says Virginia Tech psychologist Russell T. Jones. But as they grow older, the brutality of what happened may come back to torment them. That is when they will most need the community's comfort and support.

(주요어구) no matter how~: ~아무리 ~일지라도
deal with~: ~를 처리하다(handle)
seem to do~: ~처럼 보이다
term: 기간
extra: 여분의
permanence: 영속성
anxiety: 번민
psychologist: 심리학자
brutality: 야만성
comfort: 위안
massacre: 대학살
probably: 십중팔구
attention: 관심
lack of comprehension: 이해의 부족
tech: 과학기술, 공학(technology)
as~: ~하면서
community: 공동체
support: 후원

(핵심구문) help protect A from B: A를 B로부터 보호하도록 도와주다

11.

That's what euthanasia means in Greek, good death. For the Netherlands, it's also good policy. Other countries will have to decide for themselves, but surely the Dutch style of open debate about a painful and difficult topic is the best way to do so.

(주요어구) euthanasia: 안락사(mercy killing)
for oneself: 스스로
painful: 고통스러운
decide: 결정하다
open debate: 공개토론
Dutch: 네덜란드의

12.

A veteran of the FBI who on April 5 was censured for his role in the bungled attempt to arrest Randy Weaver was on May 2 named the FBI's second-ranking official. In announcing the promotion of LarryPotts, who has been directing the Oklahoma City bombing investigation, Attorney General Reno calledhim "the very best the FBI has."

(주요어구) veteran: 노련가, 베테랑
FBI: 미연방수사국(Federal Bureau Investigation) (속어 : Uncle Sugar)
censure for~: ~를 비난하다 bungle: 실수하다
attempt to do~: ~하려는 시도, 기도 ranking: 순위, 서열
official: 관공리 announce: 발표하다
promotion: 승진 direct: 명령하다, 지시하다
bombing: 폭파
Attorney General: 미연방정부의 법무장관
the very best: 가히 최고의 능력자

(핵심구문) A vetran(정주어) of~named(정동사)~: A vetran of the FBI~ was ~named the FBI's second ranking official: 미연방수사국의 ~노련가가 5월 2일 미연방수사국의 서열 제2인자의 고위관리로 임명되었다.
A be named B: A이 B로 명명되다
in+ing~: ~할 때
In announcing the promotion of~: ~ 의 승진을 발표할 때,
A,who~A 이즉: Larry Potts, who has been directing~: Larry Potts 이 ~을 명령해왔다.

13.

Anxious though Washington is, the Clinton Administration can offer only bromides. Says an official: "This is very much an internal problem. We see neither violence nor terror as likely to restore stability. There must be political dialogue." Before that unlikely event occurs, Algeria will continue to be a living-and murderous-hell.

(주요어구) anxious: 불안한(uneasy) Adminstration: 행정부
offer: 제공하다 bromide: 진부한 생각(말)
internal: 내부의, 국내의 violence: 폭력
terror: 테러 as~: ~와 같이
(be)likely to do~: ~ 할 것 같은 restore: 회복하다

stability: 회복
political: 정치적
dialogue: 대화
unlikely event: 만일의 경우
occur: 사건이 일어나다
continue to do~: 계속하여 ~하다
living: 실상의
murderous: 잔인한
hell: 지옥

(핵심구문) (형용사)though +주어 +be~=Though 주어+be+(형용사): 주어가 (형용사)이지만:
Anxious though Washington is, 미국정부가 불안해하고 있지만,
neither A nor B: A도 B도 둘 다 아닌

14.

Though the supreme military council rarely reverses a decision appealed by a convicted terrorist, Berenson may have one chance. She was convicted of treason, the most serious terrorism offense, and her Peruvian lawyers are appealing on the technical ground that she cannot be tried for this crime. "It is against international law to prosecute a foreigner for treason," says Achahui. "you can't take away her nationality."

(주요어구) Supreme military council: 군사최고회의
rarely: 좀처럼~하지 않는(seldom)
reverse: 취소하다, 번복하다
decision: 결정, 판결
appeal: 항소하다, 간청하다
convicted: 유죄판결을 받은
treason: 국가, 정부에 대한 반역죄
offence: 범죄
Peruvian: 페루사람의
lawyer: 변호사
crime: 죄
technical: 엄밀한 법해석에 의한
on the ground that~: ~라는 근거로
be against~: ~에 어긋나다
international: 국제적인
prosecute: 기소하다
take away: 빼앗다
nationality: 국적

(핵심구문) 명사+과거분사+by~: ~에 의해~된 명사:
a decision appealed~terrorist: 유죄판결을 받은 테러리스트가 항소한 판결

15.

Crime-of the random, brutish, frightening kind-is on the rise. Areas once relatively immune are besieged; since March 5 there have been 11 robberies, nine at gunpoint, of Georgetown stores like the Gap and Eddie Bauer. At a meeting of angry residents on Capitol Hill, a police lieutenant advised them to get guns to defend themselves in the "war zone."

(주요어구) random: 닥치는 대로의 / brutish: 잔인한
frightening: 겁을 주는 / of th kind: 그러한 것
on the rise: 등귀하는 경향으로 / relatively: 상대적으로
immune: 범죄에 영향을 받지 않는 / besiege: 공격하다, 괴롭히다
robbery: 강도질 / at gunpoint: 총으로 위협받고
Capitol Hill: 미국회 의사당이 있는 것 / resident: 거주지
lieutenant: 미경찰의 부서장(副署長) / defend oneself: 자기를 방어하다
war zone: 교전지역

(핵심구문) 명사~형용사: ~상태에 있는 명사: Area once relatively immune: 과거에 상대적으로 범죄에 영향을 받지 않던 지역들
S+ 현재완료~+ since +과거시점 : S 이 과거시점 이래~해왔다.
A advise B to do: A이 B에게 ~하라고 충고하다

16.

The criminal organization's motivating forces of greed and fear remain far stronger than those of law and order. The Mafia continues to be a vast multinational dealing in extortion, drugs, arms, real estate and money laundering. Until recently, the biggest risk run by mafiosi was internecine warfare sparked by territorial jealousies.

(주요어구) criminal: 범죄의 / organization: 조직
motivating: 동기를 주는 / force: 강압
greed: 탐욕 / far+비교급: 비교급을 강조하여 훨씬

Mafia: 이탈리아, 미국을 중심으로 한 국제적 범죄조직
mafioso(단수형): 마피아의 한사람 mafiosi(복수형)
vast: 막대한 multinational: 다 국적간의
dealing: 거래 extortion: 부당 가격 착취
real estate: 부동산
money laundering: 돈세탁(money washing)
run a risk: 위험을 무릅쓰다 internecine: 대량살육적인(deadly)
warfare: 전쟁 spark: 야기하다, 유발하다
territorial: 담당구역의 jealousy: 경계심
territorial jealousy: 텃세(territorial imperative)

(핵심구문) 비교급 문장에서 앞에 제시된 복수명사를 than 뒤에서 반복할 때는 반드시 'those'로 나타내야 한다.: The criminal~forces of~than those(=forces)of ~order

---

17.

"After fingerprints, this DNA profiling is probably the most significant step forward ever in forensic science," says Detective Chief Superintendent Graham Hill of the West Sussex police force in southern England. "We will undoubtedly arrest people for very serious crimes solely as a result of the DNAdata base. Policemen are enthusiastic about it."

(주요어구) fingerprint: 지문
DNA: 디옥시리보핵산(deoxyribonucleic acid)
profiling: 감식법 forward: 앞으로
forensic: 과학수사의
forensic science: 경찰의 과학수사법, 과학수사 과학수사기법 상 지금까지 일찍이 없었던 앞으로 가장 중요한 단계
superintendent: 영국의 총경 undoubtedly: 틀림없이
solely: 단지 as a result of~: ~의 결과로
be enthusiastic about~: ~에 열중하다

(핵심구문) 최상급+명사+ever~: 지금까지~한 것 중에서 가장~한: the most significant ~ever forensic science:

18.

Moreover, the guardians of the dwindling stock of Doomsday weapons remain the most reliable of Russia's soldiers. All of our evidence through the years has been that the Russians put their best and most highly qualified troops to that assignment, says U.S. Defense Secretary William Perry. "I have every reason to believe that is still the case and that they are still under good control."

(주요어구) moreover: 더군다나 guardian: 감시인, 관리인
dwindle: 축소되다(diminish) dwindling: 줄어드는
Doomsday: 전 세계를 파멸시키는
cf. Doomsday Machine: 핵에 의한 파괴 가상 장치인 인류파멸의 흉기
reliable: 신뢰할 수 있는 stock: 재고품
evidence: 증거 qualified: 적격의
troops: 군대, 군인들(soldiers)
assignment: 할당, 지정: 이 단어의 의미를 이 문장에서 정확히 알아야 한다.= the guardians of the dwindling stock of Doomsday weapons
have every reason to do~: ~할 이유가 있음은 당연하다(강조형)
That is the case: 사실은 그렇다. be under control: 억제 하에 있다

(핵심구문) put A to B: A를 B에 집중하다
~the most reliable(guardians) of Russia's soldiers
A be that~: A는 that ~: A는 that~이라는 것이다.:
All of our evidence~ assignment: 수년에 걸친 우리의 모든 증거를 통해서 러시아가 자신들의 최상 및 고도의 적격의 군대를 감소되고 있는 인류파멸의 재고무기를 지키는 일에 집중시켰음이 밝혀졌다.

19.

Teachers seeking to explain the oneness of the world sometimes use the example of "Caesar's breath." As the assassinated Roman leader lay dying in the senate house, his final exhalation contained about as many molecules of oxygen and nitrogen as there are lungfuls of air in the earth's atmosphere. Thus every breath we inhale today could contain a molecule of the very air of Julius Caesar's final breath.

(주요어구) seek to do~: ~하려고 노력하다(try)　oneness: 일치, 조화
assassinate: 정치가등을 암살하다　lie+ing~: ~상태로 누워있다.
Julias Caesar(100-44 B.C.): 시저(로마의 장군, 정치가)
Senate house: 상원 의사당
exhalation: 숨을 내쉼(반의어: inhalation)
inhale: 들이 마시다　contain: 함유하다
about +수사: 대략　molecule: 분자
oxygen: 산소　nitrogen: 질소
lungful: 폐에 가득함　atmosphere: 대기
the(this, that, 인칭대명사 소유격)+very +명사: 바로 그(강조형)
could~: ~하는 것이나 마찬가지다

(핵심구문) 명사+ing~: 하는 명사: Teachers seeking to explain ~: ~를 설명하려고 노력하는 교사들
as many+명사 as~: ~만큼 많은 명사
명사(that)주어+동사1+동사2~: 주어가 동사1한 명사가 동사2 한다.
every breath we inhale today could contain~: 우리가 현재 들이마시는 숨 속에 ~이 포함되고 있는 것이나 마찬가지다.

20.

Nobody can say what the turmoil means-whether the intellectual edifice of modern cosmology is tottering on the edge of collapse or merely feeling growing pains as it works out a few kinks. "If youask me," says astrophysicist Michael Turner of the Fermi National Accelerator Laboratory, near Chicago, "either we're close to a breakthrough, or we're at our wits' end."

(주요어구) turmoil: 혼란(tumult)
intellectual: 지적인(인간에게만 관련해서 사용)
edifice: 지적인 체계　　cosmology: 우주론
totter: 제도 등이 넘어질 것처럼 흔들거리다
on the edge of~ : ~하려는 찰나에
collapse: 붕괴, 와해　　growing pains: 성장통, 초기의 고통
work out: 문제를 풀다　　kink: 계획 등의 결함
astrophysicist: 천체물리학자　　close to~: ~거의
breakthrough: 약진, 타개책　　at one's wit's(wits')end: 난처하여
(핵심구문) it= the intellectual edifice of modern cosmology

21.

Critics Immediately challenged the sale, charging both unfair competition and a giveaway of American technological secrets. Not only is Thomson-CSF 60% owned by the French government; so is Crēdit Lyonnais, the French bank that is the leading creditor for the Carlyle Group in the deal. As Martin Marietta chairman and CEO Norman Augustine puts it, "I can't compete with the deep pockets of the French government."

(주요어구) critic: 비평가　　immediately: 즉시
challenge: 촉구하다　　charge: 비난하다
unfair competition: 불공정 경쟁　　giveaway: 누설
leading: 유력한　　creditor: 채권자
CEO: 최고경영자(chief executive officer)
put it: 말하다　　compete with~: ~와 경쟁하다
deep pockets(미 속어): 자금원, 부자

(핵심구문) "A 뿐만 아니라 B도 역시"를 영어로 표현하면 대표적 표현방법은 "not only A but also B"이다.
본문에서는 이 표현을 변형하여 'but'를 ';'로 'also'를 'so'로 한 것에 주의해야 한다. 한편 not only 이 문두로 위치하면 Not only+동사+주어~ 의 어순도치가 되는 것에도 역시 유의 한다.: Not only is Thomson~;so is~

22.

It is true the Zyuganov program makes obeisance to such democratic principles as unfettered political activity and freedom of opinion, religion and information. But the former Soviet constitution contained similar guarantees, all of which were ignored or defined out of existence, Zyuganov is not the communists' strongman, and if elected, he will be expected to carry out the will of the organization, which may be harsher than it admits to being.

(주요어구) make (do, pay)obeisance to~: ~에게 경의를 표하다

unfettered: : 자유로운	religion: 종교
constitution: 헌법	guarantee: 보증
ignore: 무시하다	define: 단정하다
out of existence: 소멸한	communist: 공산주의자
strongman: 정치적 리더	former: 전의
elect: 선출하다	carry out: 수행하다
will: 의지	organization: 조직
harsh: 가혹한	admit to~: ~를 시인하다
being: 존재	

(핵심구문) It is true (that)~: ~가 사실이다, 사실~이다
such A as B: A 즉 B: such democratic principles as~: 정치적 원리 즉~
,all of which(=similar guarantees) were ignored~
,and if(Zyuganov is) elected~
,which(=the will of the organization)may be harsher than it(=to carry out the will of the organization)~

23.

Richardson has kept an overnight bag in his Capitol Hill office, and a State Department officer is detailed to him to help arrange his quick flights into unfriendly territory. The State Department has found him a useful unofficial envoy to states with which it has strained relations. "It's a way to send in someone with credibility through the back door," explains a White House aide.

(주요어구) overnight bag(case): 일박용 작은 여행가방

State Department: 미국무부　　detail: 파견하다

help+동사~: ~하기를 돕다　　useful: 유능한

unofficial: 비공식적인　　envoy: 외교관

states: 국가　　strain: 긴장시키다

relations with~: ~와의 관계　　send in ~: ~에 들여보내다

credibility: 진실성　　aide: 보좌관

through (by) the back door: 뒷구멍으로

(핵심구문) ~states with which it(=The State Department) has strained~

24.

Was there a connection between Heidegger's philosophy and his embrace of Nazism? It is hard to say;Farias clearly thinks there was. Certainly Heidegger's fascination with fear and angst as creative forces invites a suggestive comparison with some of the irrational elements in Nazism. The furor has at least achieved one thing for Heidegger: after a period of decline, the Denker is being talked about again.

(주요어구) connection between A and B: A와 b 사이의 인과관계

philosophy: 철학　　embrace: 용인

Nazism: 독일국가사회주의(나치주의)

Martin Heidegger(1889-1976): 독일의 철학자

fascination with~: ~에의 매혹
creative forces: 창조력
suggestive: 선정적인
irrational: 비합법적인
furor: 일시적 영광
decline: 쇠퇴
angst: 불안
invite: 초래하다
comparison with~: ~와의 비교
element: 요소
at least: 적어도

(핵심구문) It is hard to say: (=that)Farias~there was(a connection between ~Nazism).

25.

French intelligence agencies may also have wanted to take a public slap at the CIA because it has become a stronger competitor. Although it refuses to spy for American companies directly, the CIA has been more aggressively collecting intelligence on the economic and trading policies of foreign governments. The CIA also alerts American companies when they are the targets of foreign spying or unfair trade practices.

(주요어구) intelligence agency: 정보국
take a public slap at~: ~와 공공연하게 싸우다
CIA: 미 중앙정보부(Central Intelligence Agency)
competitor: 경쟁자
spy for~: ~의 스파이 노릇을 하다
aggressively: 적극적으로
trading policy: 무역정책
target: 공격목표
refuse to do~: ~하는 것을 거부하다
economic: 경제적인
alert;경고하다
practices: 관행, 상투수단

(핵심구문) ~because it(=CIA)has become~
Although it(=CIA)refuses to spy for~

26.

By last October, the CIA and other U.S. intelligence agencies had agreed on a "Statement of Fact," a top-secret document that concluded China was helping Pakistan build the Rawalpindi plant and that warned the facility could be producing key parts of the rocket within two Years, The White House and State Department, however, have treated the report like a barrel of radioactive waste, refusing to schedule interagency meetings during the past seven months, even to discuss whether China should be penalized.

(주요어구) by~: ~까지　agree on~: ~에 대해 동의하다
top-secret document: 국가기밀문서　conclude : 결론짓다
Rawalpindi: 라왈핀디: 파키스탄 북동부도시
plant: 제조공장　facility: 시설, 설비
parts: 부품　barrel: 한통 1배럴의 양
radioactive waste: 방사성폐기물　interagency: 관계부처간의
penalize: 벌칙을 적용하다

(핵심구문) help A (to)do~: A가 ~하도록 돕다
~was helping Pakistan build~
~that concluded (that) China was helping~plant and (a top-secret document)that warned~
treat A like B~: A를 B~처럼 취급하다
~,refusing to~=~have refused to~
,(refusing) even to discuss~= ,have even refused to discuss~

27.

In a terrorist raid unprecedented since the Russian civil war of the 1920s, more than 80 Chechens crossed into the neighboring Stavropol territory, concealed in trucks supposedly transporting coffins from the war zone, to launch a daring assault at high noon on the city of Budyonnovsk (pop.

100,000),some 70 miles from the Chechen border. Splitting into squads of five and six, the gunmen-armed with automatic rifles, machine guns and grenade launchers-fanned out across the city, joining up, according to Russian security officials, with rebels already in place.

(주요어구) rapid: 습격
unprecedented: 전례 없는
cross: 횡단하다
conceal: 숨기다
coffin: 관
launch: 개시하다
pop.=population: 주민 수
split into~: ~로 분리하다
gunman: 총기 휴대자
since~: ~이래로
civil war;내전
neighboring: 인접한 (adjacent)
supposedly: 아마도(presumably)
assault: 급습
daring: 무모한
border: 경계
squad: 분대
be armed with~: ~로 무장하다
automaticrifle: 자동소총(machine rifle)
machine gun: 기관총
grenade launcher: 유탄 발사기, 척탄통
fan out: 산개하다, 사방으로 흩어지다
join up: 동맹하다
according to~: ~에 의하여
security official: 경호원

(핵심구문) ~raid(which has been) unprecedented ~: 전례 없는 급습
,(being) concealed~: 몸을 숨긴 채
~in trucks(which were) supposedly transporting~: 아마도 수송하는 트럭에~
transport A from B: B에서 A를 수송하다
to launch~: ~개시하기 위하여
Splitting~: ~로 나뉘어
-(being)armed ~: ~로 무장한 채
joining up: 동맹하고
, with rebels~in peace: 반란군이 이미 제 위치를 잡은 상태에서

28.

If the Di Matteo killing demonstrated Brusca's capacity for intimate cruelty, the Falcone assassination showed his flair for the spectacular gesture. Prosecutors claim the hit was ordered by Riina to retaliate for Falcone's investigations, which put nearly 350 prominent mafiosi behind bars during the "maxi-trial" of 1986-87. Allegedly carried out by Brusca, the operation was remarkable for ts audacity and efficiency.

(주요어구) killing: 치사의
demonstrate: 설명하다, 증거 하다
capacity for~~에 대한 능력
intimate; 마음속의
cruelty: 잔임함
flair: 예리한 안식
spectacular: 극적인, 화려한
gesture: 태도
claim: 주장하다
prosecutor: 검시
retaliate for~: ~에 보복하다
investigation: 취조, 수사
prominent: 저명한
bar: 변호사
allegedly: 주장하는 바
maxi-trail: 장기재판
carry out: 수행하다
operation: 작전
remarkable: 놀랄만한(striking)
audacity: 담대함
efficiency: 능률

(핵심구문) ~claim (that)the hit~
to retailiate~: 보복하려고
put A behind B: A보다 B를 중시하다
Allegedly carried out~= As it(=operation)was allegedly carried out~

29.

The agents imagined a smart, twisted man, carving and fiddling into the night. To kill three strangers and injure 22 others, he had to be powerfully angry. Yet he must have enormous patience to experiment with explosives and triggers and not blow his fingers off. "When you see this stuff, some of these components bear markings of having been put together and taken apart repeatedly," said Chris Ronay, the FBI's top bomb expert in the 1980s.

(주요어구) agent : 정보원 imagine: 상상하다
smart: 솜씨 좋은 twisted: 술에 취한
carve: 조각하다 fiddle: 바이올린을 켜다
stranger: 낯선 사람 injure: 상처를 입히다
powerfully: 격하게 enormous: 엄청난
have patience to do~: ~하기에 참을성이 있다
experiment with~: ~를 실험하다 explosive: 폭발물
trigger: 방아쇠 blow off: 불어 흩날리다
stuff: 포탄 component: 요소
bear markings of~: ~를 나타내다
put together: 구성하다(assemble) repeatedly: 되풀이 하여
expert: 전문가

(핵심구문) , carving(=and carried) and fiddling(=and fiddled)~
have to be~: ~임에 틀림없다/have to have been~: ~임에 틀림없었다
To kill~22 others, he had to~angry.= He had to~angry to kill~22 others.: 세 명의 이방인을 죽이고 22명의 여타사람에게 상처를 입힌 걸로 보아 그는 격하게 화가 났음에 틀림없었다.
~and (must)not blow~

30.

Officials deny that Indian security forces are mixed up in the drug trade, but at least one army major was arrested in 1988 with two kilos of heroin. Charges against him were dropped by his superiors, and since then at least ten other servicemen have been arrested but not charged. Privately, some officials confide that the drug profiteering by police and soldiers is hampering India's attempts to end the region's seething ethnic conflicts. A western drugcontrol expert who visited the area once asked a senior police officer what he reckoned the corruption level to be on his force.

(주요어구) official: 관공의　　deny: 거부하다
security forces: 테러 등에 대비한 경찰 및 군대인 치안(보안)부대
be mixed up in~: ~에 연루되다　　drug trade: 마약 거래
major: 소령　　arrest: 체포하다(drop)
kilo=kilogram
heroin: 모르핀으로 만든 진정제 혹은 마약
charge against~: ~에 대한 고소　　drop: 중단시키다
superior: 상관　　serviceman: 현역군인
privately: 내밀한 이야기지만　　confide: 비밀을 털어놓다
profiteering: 부당이익을 취하기　　attempt to do~: ~하려는 시도
seething: 격렬한
ethnic: 언어 및 습관상으로 소수민족의
conflict: 분쟁　　western: 서방의
control: 단속　　senior: 상관
police officer: 경찰관　　reckon: 판단하다
corruption: 부패

(핵심구문) since then: 그때 이래
reckon A to be(as)B: A를 B로 판단하다

31.

For many citizens the "browning of America" means a disorienting plunge into an uncharted sea of identity. Zoeller is far from alone in being confused about the complex tangle of genotypes and phenotypes and cultures that now undercut centuries-old verities about race and race relations in the U.S. Like many others, he hasn't got a clue about what to call the growing ranks of people like Woods who inconveniently refuse to be pigeonholed into one of the neat oversimplified racial classifications used by government agencies–and, let's face it, most people. Are they people of color? Mixed race? Biracial? Whatever they like?

(주요어구) citizen: 시민
brown: 갈색으로 만들다
disorient: 어리둥절하게 만들다
plunge into~: ~로의 돌입
uncharted: 해도(지도)에 없는
identity: 정체
alone: ~에 고립하여
be confused about~: ~에 관하여 어리둥절하다
complex: 복잡한
tangle: 혼란, 분규
genotype: 유전자형
phenotype: 육안으로 볼 수 있는 생물의 형질인 표현형
culture: 문화
undercut: ~의 효력 등을 약화시키다
verity: 사실 진리
race: 인종
like+(대)명사: (대)명사와 마찬가지로
clue: 단서
growing: 증대하는
rank: 계층
inconveniently: 부자유스럽게
pigeonhole: ~의 고려를 뒤로 미루다
neat: 교묘한
oversimplified: 지나치게 단순한
classification: 분류
agency: 기관
face it: 현실을 직시하다
people of color: 유색인
mixed: 다른 종족간의
biracial: 두 인종의

(핵심구문) be far from~: ~와 무관하다
의문사+to+원형동사=의문사+주어+should+원형동사: ~what to call~ =~what he should call~
명사+과거분사+by~: ~가 ~한 명사: ~racial classifications used by government agencies–: 정부기관이 사용한 인종분류법
be like+(대)명사: (대)명사를 닮다

32.

Nowhere is the proliferation of firearms among youths more startling than in city high schools. In Baltimore last spring, newly appointed Circuit Judge Ellen Heller was so shocked at the number of minors charged with gun crimes that she ordered a survey of weapon use among students. The results were even worse than she expected. Of 390 city high schoolers polled, 64 percent said they knew someone who had carried a handgun within the preceding six months; 60 percent knew someone who had been shot, threatened or robbed at gunpoint in their school; almost half of the male respondents admitted to having carried a handgun at least once.

(주요어구) nowhere: 아무데도 없다 proliferation: 확산
firearm: 화기 startling: 깜짝 놀란
newly appointed: 신임의 circuit: 순회재판
judge: 재판관 minor: 미성년자
result: 결과 even+비교급: 더욱~한
schooler: ~학생 poll: 투표하다
charge A with a crime= charge a crime upon A: A에게 죄를 씌우다
handgun: 권총(pistol) survey: 조사, 검사
carry: 소지하다 at gunpoint: 총으로 위협받고
preceding: 앞선 respondent: 응답자

(핵심구문) 주어1+be+so+형용사~that 주어2+동사~: 주어1이 매우 ~형용사 ~하기 때문에 주어2가 동사 하다:
Circuit Judge Ellen Heller was so shocked at the number of minors charged with gun crimes that she ordered a survey of weapon use among students.: 엘런 헬러 순회재판관은 미성년 총기범죄자의 수에 매우 충격을 받았기 때문에 그녀는 학생들 간의 무기사용 실태 조사를 명령했다.
admit to having +과거분사~: ~과거에 ~했음을 인정하다

33.

The foreign hostages were released to their embassies late last week, and several were planning a swift return home. A checkup showed that Klein and her baby were both healthy, despite bouts of malaria in the jungle. The Dutch woman is plainly a survivor: last year she was on a passenger ferry that sank off Komodo Island, the native habitat of the man-eating Komodo dragon, and managed to swim to safety. Time for a real holiday, far from dragons and insurgents.

(주요어구) hostage: 인질　　releas: 석방하다
embassy: 대사관　　swift: 신속한
checkup: 건강진단　　bout: 발병기간
Dutch: 네덜란드의　　plainly: 분명히 말하자면
survivor: 생존자　　passenger: 승객
ferry: 나룻배　　off: ~에서 떨어져
Komodo dragon(lizard): 인도네시아의 세계최대의 코모도 왕 도마뱀
habitat: 서식지　　manage: 용케 해내다
insurgent: 폭도　　dragon: 무서운 사람

(핵심구문) A show that~: A로부터 that~를 알 수 있다
manage to do~: 용케도~해내다
(It is) Time for a holiday,~
far from~: ~와 멀리 떨어져 있는

34.

Workplace drug tests are a rapidly escalating front in the war on drugs. In 1986 the administration asked all federal agencies to test employees in "sensitive" jobs. Local governments and private employers followed suit. By 1988 half the Fortune 500 companies had testing programs. Some test applicants; many test workers in safety-related jobs. Some test "for cause" when they notice a worker is not performing well. Others test randomly, without announcement and even when they have no reason to suspect wrongdoing.

(주요어구) workplace: 작업장 rapidly: 급속히
escalate: 전쟁 등을 단계적으로 확대하다
front: 최전선 federal: 연방정부의
employee: 종업원 sensitive: 신중을 요하는
private: 민간의 follow suit: 전례를 따르다
Fortune 500: 경제지 Fortune이 미국 및 해외기업 중에서 선정한 500개 회사
applicant: 지원자 related: 관련된
cause: 이유 randomly: 무작위로
notice: 인시하다, 알아채다 announcement: 공고, 고지
have reason to do~: ~할 이유가 있다
wrongdoing: 범죄

(핵심구문) ~half(of)the Fortune 500~
~they notice (that)~

35.

Jones is an intelligent, wily lawyer, and he has a strategy: to convince the jury that the infamous John Doe No.2 is still at large and may really have been the one responsible for the bombing. The prosecution presented no witnesses who testified to seeing the bomb being constructed, nor did it call anyone who placed McVeigh at the crime scene. Several people, though, have made statements to the FBI that they saw a man resembling John Doe No.2 with Mcveigh in the days before the bombing.

(주요어구) intelligent: 총명한, 재치 있는 wily: 교활한(sly)
infamous: 악명 높은 at large: 범인이 아직 잡히지 않고 있는

be responsible for~: ~에 장본인이다
present: 표시하다(exhibit) prosecution: 기소
witness: 증거 testify to~: ~를 증명하다
construct: 제조하다 scene: 현장
make a statement to~: ~에게 진술하다
resemble~: ~를 닮다

(핵심구문) convince A that~: A에게 that~를 확신시키다
may have +과거분사: 과거에 ~을 했겠다(추측)
~the one(who was)responsible~
주어+see +A+being+과거분사~: 주어 A가 ~되고 있는 현장을 목격하다
A(부정문),nor+do(does, did)+주어+본동사~: A도 않고, 또한 주어도 ~않다
make statements to A that~: A에게 that~라는 진술을 하다

36.

It may still be near the brink, despite the end of the cold war and the dismantling of thousands of warheads, because the people and the machines that control Russia's nuclear arsenal are being neglected. Like the rest of the armed forces, the soldiers in the Strategic Nuclear Forces (SNF) are largely unpaid, unfed and unhappy. The delicate computer networks at the heart of the nuclear force are not being maintained properly, and the safeguards that prevent accidental or unauthorized launches are fraying.

(주요어구) the brink: 직전(verge) despite~: ~임에도 불구하고
cold war: 냉전 dismantle: 해체하다
warhead: 탄두 nuclear arsenal: 핵무기
neglect: 간과하다
the armed forces: 한나라의 군대(육군, 해군, 공군)
strategic: 전략적인 largely: 주로
unpaid: 급료를 받지 않은 unfed: 음식을 공급받지 못한
delicate: 정밀한 at the heart of~: ~의 심장부에

at the heart of~: ~의 심장부에　　maintain: 보수 관리하다
properly: 정확히　　safeguard: 안전장치
accidental: 우발적인　　unauthorized: 인정받지 않은
launch: 발사　　fraying: 닳아 헤진

(핵심구문) 관계대명사 주격구문에 숙달한다: ~that control~
~that prevent~

37.

It was a fair assessment because any step toward peace in the agonizing 41-month-long Bosnian war is significant and hard won. But the search for an actual settlement is still likely to be a long one. Even as the diplomats put the final touches on their agreement, NATO war planes were blasting Serb military targets in Bosnia for the second straight week. And the principles the parties were able to agree on in Switzerland could sink under the weight of the many issues on which they disagree.

(주요어구) fair: 공명정대한　　assessment: 평가
towards~: ~을 향한　　agonize: 몹시 괴롭히다
significant: 의미 있는　　hard won: 힘들게 얻은
search for~에 대한 추구　　actual: 실제적인
settlement: 해결　　even as~마침~할 때에(문어체)
diplomat: 외교관
put the final(finishing)touches on(to)~: ~마무리를 하다
(참고) put the touch on~: ~에게서 돈을 빌리려 하다(구어체)
agreement: 협정　　warplane: 군용기
blast: 폭파시키다　　Serb=Serbian: 세르비아의
target;공격목표　　straight: 연달아
principle: 원칙　　agree on~: ~에 동의하다
sink under the weight of~: ~압박을 감당하지 못하다
(참고) sink under a burden: 중책을 감당하지 못하다

issue: 논쟁점 disagree on~: ~에 불일치하다

(핵심구문) And the principles(정주어)(that)the parties were~could sink(정동사)~

38.

Whether the tape is authentic or not, the controversy surrounding Chubais goes deeper than his campaign tactics. In many ways he embodies Russia's ambivalence about its own political future: Can Western-style democracy work in this enormous, fractious country, or will it resort to its own hybrid of economic liberalism and tight political controls? Chubais may look like a Westernizing technocrat, but he has proved to be a formidable Kremlin infighter. His own political statements portray a mixture of authoritarian and democrat. "For a society to reach democracy," he said recently, "a dictatorship must be established within the government."

(주요어구)
authentic: 근거 있는(reliable) controversy: 논쟁
surround: 에워싸다 campaign tactics: 선거운동전략
embody: 구체화하다 ambivalence: 모순
work: 영향을 미치다 enormous: 거대한
fractious: 까다로운 resort to: ~에 호소하다
hybrid: 혼성물 liberalism: 진보주의
westernize: 서유럽화하다 technocrat: 기술자 출신 고급관료
formidable: 무서운 infighter: 접근전에 능한 선수
portray: 묘사하다 mixture: 혼합물
authoritarian: 권위(독재)주의자 democrat: 민주주의자
democracy: 평등사회 dictatorship: 독재
establish: 확립하다 government: 정치체제
recently: 최근에

(핵심구문) For a society to reach democracy: 한 사회가 평등사회에 도달하기 위해서

39.

Closer to home, China's "perpetual revolution" was being exported by way of arms and aid to communist insurrections around Southeast Asia. The nearest, most natural spillway for the tumult was Hong Kong, which in 1966-'67 ran up against violent union agitations and crops of "pineapples": cross-hatched bombs planted in streets, shops and schools. Hong Kong was then Beijing's only contact point with the West, but the running battles between British police and Maoist provocateurs in 1967, the "Year of the Hungry Tiger," threatened to bring hordes of mainland Red Guards streaming across the border.

(주요어구) close to home: 비평, 충고 등이 정곡을 찔러
perpetual: 영구의(everlasting) revolution: 혁명
export: 수출하다 by way of~: ~에 의하여
aid: 도움 communist: 공산주의자
insurrection: 폭동, 반란 spillway: 저수지, 댐 등의 방수로
tumult: 폭동, 반란 run up against~: ~와 충돌하다
violent: 폭력적인 union: 노동조합
agitation: 선동
cross-hatch: 사교(斜交), 직교(直交), 평행선의 음영(陰影)을 넣다
plant: 장물 등을 은닉하다(구어체) contact point: 접점
running battle: 장기전, 추격전(running fight)
Maoist: 모택동 사상의 provocateur: 선동가(agitator)
threaten to do~: ~징후를 보이다 a horde of~: ~큰 무리의
Red Guard: 중국의 홍위병, 급진좌파 stream: 잇달아 나오다

(핵심구문) Closer to home= (As it(=China's perpetual revolution) was closer to home
but the running battles(주어)~threatened(동사)~

40.

Bright, assertive and armed with a university degree in journalism, Zhu Hong thought a promising career path lay before her. Then she ran head-on into a wall of male chauvinism, Chinese style. When Zhu, 21, finished her studies in Beijing, the state assigned her and three male graduates to work at a government-run environmental magazine. But the editors rejected her, saying they would not hire any women. Zhu was turned down by 38 other news organizations before she finally landed an editorial job at a computer firm in the capital. True, competition was stiff and openings scarce, but as Zhu sees it, her sex was a major handicap. "Many employers," she says bitterly, "would rather hire a street thug than a woman."

(주요어구) bright: 영리한
assertive: 자신이 있는
be armed with~: ~를 갖추고 있다
promising: 전도유망한
path: 진로
lie before~: ~앞에 펼쳐져 있다
head-on: 정면으로(head to head)
run into~: ~와 충돌하다
male chauvinism: 남성우월주의
the state(=Beijing)
graduate: 대학원생
run: 경영의 (복합어로 사용)
environmental: 환경의
editor: 편집장
reject: 불합격시키다
would not do~: 기필코~않다
turn down: 거절하다
organization: 단체
land job: 일자리를 얻다
competition: 경쟁
stiff: 경쟁이 심한
opening: 공석
capital: 수도
scarce: 드문
handicap: 불리한 조건
thug: 폭력배

(핵심구문) Bright~=Be being bright~=As she was bright~
assign A to do~;A에게 ~하라고 명하다
(It is)true that~,but~: 정녕~이지만
would rather do~A than B~: B보다는 차라리 A를 선택하다

41.

And the party's leaders took pains last week to suppress any eruption of the radicalism that some critics have perceived in the party's program particularly in its criticism of bilingualism-and that might impede its expansion. "There are single-issue and extreme people," Manning told reporters. "We just want to warn them, if they think the Reform party is a home for that, they're mistaken." Some veteran Reformers, however, voiced concern that a breakthrough outside the West could erode that region's influence within the party. Manning moved to reduce those fears, winning approval for several internal changes that were designed to reinforce regional influence in party decision-making.

(주요어구) party: 정당 | take pains to do~: ~하는데 수고하다
suppress: 진압하다 | eruption: 폭발
radicalism: 과격주의 | critic: 비평가
perceive: 지각하다 | bilingualism: 2개국어 상용
criticism: 비평 | impede: 방해하다
expansion: 확장 | single-issue: 단일주장의
extreme: 극단적인 | reform: 개혁
home: 근거지 | be mistaken: 잘못 생각하다
veteran: 노련한 | voice: 표명하다
concern: 우려 | breakthrough: 큰 발전
erode: 좀먹다 | region: 지역
influence: 영향력 | move: 활동하다
approval: 찬성 | internal: 내부의
be designed to do~: ~하기로 계획하다
reinforce: 강화하다 | decision-making: 의사결정

(핵심구문) -and that (=any eruption of the radicalism) might impede its expansion.
~concern =that a breakthrough~(동격)

42.

Central bankers believe that "the one virtue of a financial crisis is that it forces politicians to do necessary things they would otherwise not dream of doing." The response of policy makers to the current crisis belies that axiom, at least as far as social security is concerned. The social-security system, since it was "reformed" in 1983, has again become sacrosanct. But a wide spectrum of economists, liberal and conservative, believe President Reagan and the congressional budget negotiators could take a chunk out of the deficit merely by making some relatively painless changes in the system.

(주요어구) central banker: 중앙은행가 virtue: 장점
financial crisis: 금융공황 policy maker: 정책입안자
belie~: ~와 모순되다 axiom: 자명한 이치, 원리
social security: 사회보장제도 sacrosanct: 신성불가침의
a wide spectrum of~: 광범위한 liberal: 진보적인
conservative: 보수적인 congressional: 연방의회의
budget: 예산 negotiator: 협상가
chunk: 상당한 양 deficit: 적자
relatively: 비교적으로

(핵심구문) A force B to do~ : A이 B가~하도록 강제하다
~things(that)they would~
~as far as A be concerned: A이 관계하는 한
take A out of B~: A를 B에서 제거하다
by+ing~: ~함으로써

43.

When retreating Iraqi troops set fire to the Kuwaiti oil wells, they created a spreading environmental disaster. By the end of last week plumes of toxic soot were blocking the sun over Kuwait, lowering temperatures there by 20 to 25 degrees, and falling as "black rain" as far away as southern Iran. The soot is highly toxic. In worst-case scenarios, some scientists have predicted that the fires could disrupt the monsoon season, contribute to global warming or cause a "mini-nuclear winter." Tragically, the Middle East is now a living test of those theories.

(주요어구) retreat: 물러나게 하다 Iraqi: 이라크사람의
set fire to~: ~에 불을 지르다 (set on fire~)
Kuwaiti: 쿠웨이트 사람의 oil well: 유정
create: 새로운 일을 일으키다(cause) plume: 연기, 기름따위의 기둥
toxic 유독한(poisonous) soot: 매연
lower: 떨어뜨리다
worst-case: 최악의 경우도 고려한(반의어: best-case)
disrupt: 혼란시키다 the monsoon: 계절풍
contribute to~: ~의 원인이 되다 global warming: 지구 온난화 현상
nuclear winter: 핵전쟁으로 인한 전지구의 한랭화 현상을 말하는 핵겨울
tragically: 비참하게
living: 정망, 전적인(강조적 의미)
(참고)a living angel: 정말 친절한 사람
(핵심구문) When+ing~: ~하자 그때

44.

Good days and bad days-the bland phrase often used to describe the terrible toll of Alzheimer's-connotes balance. In fact, for Reagan, as for all other victims of this degenerative brain disorder, the good days gradually diminish and the bad just get worse. And as with other victims, it's not easy to pinpoint the onset of Reagan's disease. Because he occasionally fumbled details in the 1980s, some speculated that the symptoms started to appear while he was still President. But he ad been prone to odd gaffes for decades.

(주요어구) bland: 온화한 be used to do~: ~하기위하여 사용되다
terrible: 소름끼치는 toll: 희생, 대가, 사상자 수
Alzheimer's (disease): 노인성 치매의 일종인 알츠하이머 병
connote: 딴 뜻을 암시하다 (참고) home→comfort
in fact: 사실 as for ~에 대하여
victim: 희생자 degenerative: 퇴행성의
disorder: 병(disease) diminish: 감소하다
get worse: 점점 악화되다 as with~: ~와 마찬가지로
pinpoint: 정확하게 지적하다 onset: 발병
fumble: 우물우물 말하다 detail: 사소한 일(trifle)
speculate: 억측하다, 추측하다 symptom: 증상
be prone to do~: ~하는 좋지 못한 경향이 있다
odd: 뜻밖의 gaffe: 외교(사교)상의 실수(blunder)
decade: 10년간

(핵심구문) ~phrase (which is)often used to~

45.

Reagan emerged reinvigorated from his West Point reception. Yet as the presence of biographer Edmund Morris suggested, the trip had a valedictory aura hauntingly similar to Douglas MacArthur's duty–honor–country farewell a quarter–century before. In describing himself to the cadets "as one who will depart the stage almost before you've made your first entrance," the president seemed on the verge of becoming another old soldier, slowly fading away.

(주요어구) emerge from~: ~에서 빠져나와 나타나다(come out from~)
reinvigorated: 활기를 되찾아 West Point: 미육군사관학교
reception: 환영회 the presence of~: ~의 참석
biographer: 전기작가 suggest: 연상시키다
valedictory: 고별의(문어) aura: 독특한 분위기

hauntingly: 잊혀 지지 않게　　similar to~: ~와 유사한
duty-honor-country:　　farewell: 작별(leave-taking)
describe A to B: A를 B에게 설명하다
cadet: 사관생도　　depart: 떠나다
stage: 활동무대의
make an entrance: 흔히 극적으로 나타나다
on the verge of~: ~하기 직전에
(참고) Old soldiers never die; they only fade away.

(핵심구문) emerge+형용사: 형용사로 모습을 드러내다
~aura(which was)hauntingly similar~
in+ing~: ~할 때
~another old soldier, slowly fading away.(=, slowly faded away).

46.

Manila-has now had cause to switch its thinking 180^0. In an unusually strong statement, the Philippine National Security Council condemned the Mischief Shoal incident as "a forceful demonstration of China's claim over the entire South China Sea." The dispute blew up after some Filipino fishermen recounted tales of capture and detention by the Chinese navy near the reef, about 220km west of the Philippines' Palawan Island. Reconnaissance vessels then took blurred snapshots that confirmed, to Manila's satisfaction, that Chinese warships were patrolling around the shoal, on which a People's Republic flag flew over four bunkers and a cluster of bamboo huts.

(주요어구) have caused to do~: ~하는 것이 당연하다
180 degree: 정반대로　　unusually: 유별나게
National Security Council: 국가안전보장위원회(NSC)
condemn A as B: A를 B로 비난하다
Mischief Shoal: the South China Sea: 남중국해
claim: 주장　　dispute: 분쟁

blow up: 토론 등이 뒤끓다
recount: 자세히 말하다
capture: 포획, 생포
detention: 억류
reconnaissance: 정찰
blurred: 사진의 핀트가 맞지 않는
snapshot: 속사
confirm: 확인하다
warship: 전함
patrol: 순시하다
shoal: 모래톱
bunker: 은신처
bamboo: 대나무
cluster: 집단

(핵심구문) to one's satisfaction(= to the satisfaction of one): ~가 만족하게도
(참고) to my surprise(annoyance, delight, sorrow, etc.)

47.

Indeed, the right to bear arms seems to be the one altar where moderate Constitutionalists and armed zealots can worship comfortably side by side. "There's a real fear that once the Second Amendment is abridged, the First [guaranteeing free speech] will be the next to go," says Scott Wheeler, a writer for the U.S. Patriot Network. Despite the reverence for guns, however, "the vast majority of people in the militias are not violent or dangerous," says James Aho, a sociologist at Idaho State University who has interviewed 368 members of the radical right.

(주요어구) bear arms: 무기를 휴대하다
altar: 제단
moderate: 온건한
Constitutionalist: 헌법론자
zealot: 열광자
worship: 숭배하다
side by side: 나란히
comfortably: 편안히
Second Amendment: 미국헌법 수정 제2조인 1791년 권리장전의 일부로 비준한 주(州)의 민병 유지권리를 보장했음
abridged: 요약된
guarantee: 보증하다, 약속하다
free speech: 언론의 자유(freedom of speech)
go: 일이 진척되다
patriot: 애국자
reverence for~: ~에 대한 존경
the militia: 민병대
violent: 난폭한
sociologist: 사회학자

the radical right: 극우, 급진 우익

(핵심구문) Once+ 주어+동사~: 일단~하면

48.

While it is safe to say none of the documents will become law, they will provide grist for a debate that is likely to intensify over the next few years. Should it wish, Parliament could call a constitutional convention or write a new charter itself. More likely, if change comes, it will be through a series of parliamentary acts, which could then be enshrined as a new constitution. For all the pressure that is building, though, Britain's political establishment, tradition-bound as it is, may yet prevent constitution backers from getting it in writing.

(주요어구) while 주어+동사~: ~하지만(although)

It is safe to say (that)~: ~라고 해도 괜찮다(무리가 아니다)

law: 법률

provido A for B: B를 위해 A를 준비하다

grist: 이익 | intensify: 강력하게 만들다

parliament: 의회 | convention: 집회

call: 회의 등을 소집하다 | constitution: 헌법

charter: 헌장 | more likely: 더욱 그럴싸하게

parliamentary: 의회의 | act: 법령

enshrine: 간직하다 | for all~: ~에도 불구하고

pressure: 압박 | be building: 형성 중이다

political: 정치적 | establishment: 제도, 법규

tradition: 전통 | ~bound: ~에 갇힌

as it is: 현상대로 | backer: 후원자

in writing: 서면으로

(핵심구문) ✸ Should it wish=If it(= Parliament) should wish: 의회가 혹시 원하면

A prevent B from +ing~: A 때문에 B는 ~할 수 없다

49.

That web is further fortified by the information revolution, which enables people to disseminate their ideas widely, cheaply and often under the safe cloak of anonymity. Bomb recipes have been transmitted across computer bulletin boards. CB and shortwave radios enable militia members not only to communicate between themselves but also to monitor the communications of law-enforcement officials. In the gray split-level house that serves as the nerve center of the Michigan Militia there are 15 phone lines, four computers, multiple fax machines, a professional printing press and a full television-production facility.

(주요어구) web: 정보 공간 망 fortify: 조직, 구조를 강화하다
information revolution: 정보혁명
disseminate: 의견, 생각을 퍼뜨리디(diffuse)
cheaply: 쉽게 cloak: 구실(pretext)
anonymity: 익명 safe: 확실한
under the cloak of~: ~구실로 bomb: 대성공
recipe: 비방, 방책 CB(=citizens' band): 시민밴드
CB radio: (=citizens band radio): 개인용 무선통신에 개방되어있는 주파수대를 이용한 워키토키 등의 라디오
shortwave radio: 단파수신기(송신기)
bulletin board: (전자우편)게시판 communications: 통신수단
law enforcement officer: 법의 집행관, 경관
split-level: 주택, 방이 난평면의 serve as~: ~의 역할을 하다
the nerve center: 수뇌부(headquarters)
printing press: 인쇄기 full: 완전한(perfect)
production: 생산 facility: 시설

(핵심구문) A enable B to do~: A 덕택에 B가 ~할 수 있다

50.

Some Saudi dissidents view the recent bombings as signals that violent jihadis–those who fight holy wars–are seizing the ascendancy from Islamic moderates who advocate political reform. "After the Dhahran bombing, there was jubilation," says Saad Fagih, a Sunni exile leader in London. "Each of these acts is a kind of recruitment for this violent trend. It says, 'See? We are doing something.'" And in a country where even politically moderate Saudis proudly call themselves fundamentalists, the fundamentalist dissidents among the majority Sunni could be the greatest threat to the throne.

(주요어구) dissident: 반 체제자 view A as B: A를 B로 간주하다
signal: 징조, 전조, 징후 ascendancy: 우세, 지배권
seize A from B: A를 B로부터 포착하다
moderate: 온건주의자 advocate: 주장하다
reform: 개혁 jubilation: 환희, 축제
Sunni: 이슬람교의 2대종파의 하나인 수니파
exile: 국외추방 act: 행동
recruitment: 원기회복, 보충 trend: 경향, 추세
(Do you)see?: 알겠나? something: 가치 있는 일
call~: ~라고 칭하다 fundamentalist: 원리주의자
the threat to ~: ~대한 경고 the throne: 왕권

(핵심구문) 관계대명사 주격구문에 숙달 한다: ~those who~
~who advocate~
명사 that+완전한 문장: 동격구문에 숙달 한다: ~signals that violent~
Each of 복수명사 +단수동사: Each of these acts is~

51.

Winters was among the first to die. Turning from the cafeteria bench he saw the man with the sinister black rifle. Jo Winters grabbed her child and dived beneath a table as the shooting continued. When the blond man left, 20 people were dead. Says Tasmanian police superntendent Jack Johnston: "Some of the deceased were just sitting there as though they were enjoying their meals when they were shot." Tasmania, with a population of only 470,000, has a murder rate less than half the Australian national average. In seconds the gunman had committed more murders than had occurred in the state in the previous four years.

(주요어구) be the first to do~: 제일 먼저~하다 sinister: 조짐 등이 불길한
grab: 부여잡다 dive: 들어가 숨다
blond: 금발의(보통 남성에게 사용, 여성에게는 blonde를 사용)
Tasmanian: 태즈메이니아의 superintendent: 경찰본부장, 총경
population: 인구 murder: 살인
rate: 비율 national: 전국적인
average: 평균 commit: 범죄를 저지르다
previous: 이전의(prior)

(핵심구문) Turning from~=As winters turned from~
~as though 주어+과거동사~: ~인 것처럼

52.

Triggered by a remote-control system, the blast generated temperatures of several hundred million degrees and pressures of several million atmospheres. The recording instruments transmitted their data for only a nanosecond (one billionth of a second) before being destroyed and encased in molten rock, along with the radioactive debris. Within minutes, seismographs around the world were picking up the shock waves, which measured about 5.0 on the Richter scale. At 11: 45 p.m. Paris time, the French Defense Ministry issued this terse declaration: "France has proceeded with the underground nuclear test at Mururoa atoll, whose equivalent level was less than 20 kilotons."

(주요어구) trigger: 발사하다, 시작케 하다　remote control: 원격조작
blast: 폭발　generate: 열, 전기 등을 발생시키다
temperature: 고열　atmosphere: 기압
recording: 기록하는　instrument: 도구
transmit: 지식, 정보 등을 전하다　nanosecond: 1억분의 1초
destroy: 파기하다　encase: 상자 등에 넣다
molten: 녹은　along with~: ~와 같이
radioactive: 방사성이 있는　debris: 파편
seismograph: 지진계　pick up: 포착하다
shock wave: 충격파　measure: 측정하다
Richter scale: 리히터 스케일 즉 지진의 진도척도로 1-10까지로 나타낸다
issue: 발표하다　terse: 간명한
declaration: 선언　proceed with: 시작하다
nuclear test: 핵실험　atoll: 환상 산호섬
equivalent: 동등한　kiloton: 1,000톤

(핵심구문) Triggered by~=As it triggered by~
~, which(=the shock waves) measured~
, whose(=equivalent level of the underground nuclear test) was~

53.

TSUNAO SAITOH HAD JUST PULLED INTO the driveway of his California home when the unseen killer attacked. Bullets smashed through the driver's side window of the BMW, riddling Saitoh's upper torso. His 13-year-old daughter Loullie bolted out of the car in a desperate effort to escape: she was shotagain and again in the back. When police arrived some hours later, they were confronted with a savage double homicide and no suspects. The Japanese-born Saitoh, 46, was a prominent scientist-an expert on Alzheimer's disease-with no known enemies. Detectives could find no motive for his murder.

(주요어구) pull into~: 사람이 차를 한쪽으로 다가 세우다
driveway: 도로에서 집, 차고로 연결되는 진입로
unseen: 눈에 보이지 않는(invisible)
riddle: 탄환 등으로 사람, 벽, 배 등을 벌집으로 만들다
torso: 인체의 몸통(trunk)　　smash: 때려 부수다
bolt out of~에서 뛰어나가다
in a desperate effort to do~: ~하려는 필사적 노력으로
escape: 스스로 피하다
be confronted with(by)~: ~어려움에 직면하다
savage: 잔인한(brutal)　　homicide: 살인
suspect: 용의자　　-born: -에서 태어난
prominent: 탁월한　　expert on~: ~권위자(authority)
detective: 형사　　motive: 동기

(핵심구문) 전치사 'with' 의 의미에 유의 한다: with no known enemies; 공공연한 적을 두고 있지 않은

54.

Much the same was going on all over town. Anyone who had ever collided with Brown's whirling-dervishness could barely imagine him motionless, much less dead. And they didn't bother hiding their sorrow. Clinton assumed the mantle of national minister for the rituals of consolation. On Wednesday, after sitting vigil with Brown's wife and family, he paid a visit to the Commerce Department. Speaking without notes, the President thrummed into his preacher stance, drawing on Scripture, invoking the Baptist lessons he knows in his bones and letting the richness of his drawl do its work while he eulogized Brown as a "magnificent life-force" who "walked and ran and flew through life."

(주요어구) much the same: 거의 동일 함　　collide with~: ~와 충돌하다

whirling: 현기증이 나는
dervishness: 미친 듯이 춤추는 사람의 춤
bother: 괴롭히다(worry) hide: 감정을 드러내지 않다
assume the mantle(and the ring): (과부가) 평생 수절할 것을 맹세하는 입장을 취하다
ritual: 사회 관습화 된 예의, 풍습, 의식
consolation: 위로, 의안
sit(keep) (a) vigil: 철야하다 pay a visit to~: ~를 방문하다
the Department of Commerce: 상무부; 상공회의소
thrum: 테이블 등을 똑똑 두드리다 preacher: 설교자
stance : 발판 draw on: 의지하다
Scripture: 성서 invoke: 연상시키다
the Baptist: 세례요한(John the Baptist)
lesson: 지혜, 훈계
know ~in one's bones: ~: ~를 분명히 알다
drawl: 느린 말투 do its work: 효력이 나다
eulogize: 찬양하다 magnificent: 장엄한
life force: 생명력

(핵심구문) Speaking without~=As he was speaking~
A let B+do~: A이 B가 ~하게 하도록 내버려두다

55.

That nationalist, anti-American and anticapitalist group first won notoriety in 1975 by assassinating Richard Welch, the CIA station chief in Athens. The gang has since taken the lives of three U.S. service members, three Greek police officers and two industrialists, among others, for a total of 14. Bakoyannis, who was elected to Parliament in June, was the first active politician on the band's death list.

(주요어구) nationalist: 민족주의자 anti-: 반(反), 항(抗), 비(非)

capitalist: 자본주의자 notoriety: 악명
station: 기지 take one's life: 죽이다
service: 문관 industrialist: 기업가
among others: 그 중에서도 특히(among other things)
active: 행동주의적인

(핵심구문) have(has)+since+과거분사: ~이래로 ~해왔다

56.

While they struggle to piece together a case, police are also trying to find an explanation for a bomb blast that killed two people in a car near the Paleo Faliron marina just hours before the incident on the City of Poros. In the wreckage investigators found the remains of a Beretta submachine gun, fragments of Soviet-made grenades and Belgian rifle cartridges-the same type of ammunition used in the shipboard attack.

(주요어구) struggle to do~: 하려고 애쓰다 piece together: 종합하다
blast: 폭발로 인한 폭풍 marina: 요트, 모터보트의 정박지
wreckage: 난파 the remains: 잔해
submachine gun: 소형 경기관총 fragment: 파편
-made: ~제품의 grenade: 수류탄
cartridge: 탄약통 ammunition: 탄약

(핵심구문) ~ammunition(which was)used~

57.

The war against drugs frequently crosses over national borders and requires tight alliances among far-flung partners. For the most part, the U.S. and Pakistan have made an effective team. The Americans have been assisting Pakistani counter-narcotics efforts since the 1970s, posting DEA agents inside the Asian nation and this year giving it $2.5 million in aid. But these days, rather than focusing on stopping the flow of drugs, the two sides are squabbling with each other. Washington wants Pakistan to clean up its act, while Islamabad wants the U.S. to temper its approach.

(주요어구) frequently: 빈번히 | a war against(on): ~와의 싸움
border: 국경 | require: 절대필요하다
tight: 단결한 | alliance: 동맹
far-flung: 간격이 넓은 | for the most part: 대부분
effective: 실제 동원 할 수 있는 | counter-narcotics: 마약사용금지
DEA(Drug Enforcement Administration): 미국 법무부의 마약 단속국
in aid: 원조하여 | focus on~: ~에 집중하다
squabble with~: ~와 승강이 하다 | temper: 조절하다
Washington: 미국징부

(핵심구문) 주어+동사, while 주어+동사: ~그런데~ (반면, 비교, 대조를 나타낸다)

58.

The first two floors of the 10-story Central Bank were destroyed, and 40 employees were killed, many instantly. Others visiting the bank or passing it and workers in nearby offices also died. The blast was so strong that several facing buildings burst into flames, elevators plummeted down their shafts and windows were shattered blocks away. Mahinda, a construction worker, was 20m above the scene atop a violently swaying building crane.

(주요어구) destroy: 파과하다 | instantly: 즉시
face: 향하다 | burst into flame(s): 확 타오르다
plummet down: 똑바로 떨어지다 | shaft: 승강기의 통로(수직공간)
shatter: 산산조각이 나다 | construction: 건설
scene: 현장 | atop: ~의 꼭대기에
sway: 조종하다 | violently: 난폭하게
crane: 기중기

(핵심구문) ,many(were) instantly(killed).
주어1+ be+형용사~that +주어2+동사~: 주어1이 매우~해서 주어2이 ~하다
several (which were)facing~

59.

So great was the nation's shame over the scandal that the excesses of the Ethiopian protesters were quickly forgiven. Even Danny Hamani, one of 41 injured cops, who was hit by a stone and may lose sight in his right eye, said later the Ethiopians "were right, after what was done to them." Prime Minister Shimon Peres apologized for the blood dumping, which Yair Tsaban, the Minister of Immigrant Absorption, likened to "using unconventional weapons on their souls."

(주요어구) shame: 수치, 불명예
scandal: 추문
great: 극심한
excess: 지나친 행위, 난폭
Ethiopian: 에티오피아 사람의
protester: 항의자
forgive: 용서하다
injured: 부상당한
cop: 경찰관(구어)
lose one's sight: 실명하다
apologize for~: ~에 사과하다
dumping: 투매
immigrant: 이주자의
absorption: 흡수, 병합
liken to~: ~에 비유하다
unconventional: 인습에 사로잡히지 않는
weapon: 공격의 수단

(핵심구문) So great was the nations ~=The nation's shame over the scandal was so great~

60.

Given the way the investigation has gone, however, it could turn out the

St. Louis bomb-dog test may have nothing to do with the mysterious residues in the plane. Nevertheless, this latest wrinkle makes and bomb investigation even harder. "This discovery would definitely hurt any attempt to build a circumstantial case of a bomb," a source close to the investigation told the Associated Press. "now we would definitely need pitting or blast damage to prove there was a bomb placed on board,"

(주요어구) investigation: 수사　go: 일이 진행되다
turn out~: 결국~임이 드러나다　bomb-dog : 폭발물 탐지견
have nothing to do with~: ~와 관계가 없다
mysterious: 확실하지 않은　residue;잔여
nevertheless 그럼에도 불구하고　wrinkle: 결점, 오점
even+비교급 : 한층(비교급을 강조한다)
discovery: 빌견　definitely: 명확히
hurt: 지장을 주다　circumstantial: 증거 등이 정황적인
source: 관계당국
the Associated Press: 미국의 AP통신사
blast damage: 돌연한 재해　on board: 싣고 있는
pitting: 함정에 빠짐

(핵심구문) Given~: ~라고 가정하면
~turn out(that)~
a source (which was)close to~
~ to prove(that) there was a bomb(which was)placed~

61.

The question remained: what to do with the CIA's would-be commandos? Their location is a closely guarded secret, though they are behind barbed wire and under the protection of Kenyan armed forces, Apparently they are in reasonably good spirits. They pass the time playing soccer and wondering which country will eventually grant them permanent asylum from Kaddafi's Libya-a country they never gotmuch chance to try to destabilize.

(주요어구) would -be: 자칭의 do with~: ~를 처리하다
commando: 의용군, 특공대 location: 위치
guarded: 신중한 barbed wire: 가시철사
under the protection of~: ~의 보호를 받고
Kenyan: 케냐의
armed forces(services): 한나라의 육군, 해군, 공군의 3군
reasonably: 상당히, 꽤, 그런대로 in spirits 의기양양하게
eventually: 결국 grant: 승인하다
permanent: 종신의 asylum: 피난처
destabilize: 불안정하게 하다

(핵심구문) what to do~: what they should do with~
pass+ing~: ~하며 보내다
-a country (that) they ~

62.

Necessity gave birth to invention when it came to armaments. We saw sardine cans transformed intocrude but deadly grenades, M-14 bullets converted into AK-47 ammo and the homemade, electrically detonated land mines that Commander Ekoy would soon use so effectively. The guerrillas refused to divulge the components of the mines, but it may well have been the ancient Tang-dynasty recipe forgunpowder: potassiumnitrate, sulfur and charcoal.

(주요어구) necessity: 필요 invention: 발명
give birth to~: ~을 낳다 armament: 군비
sardine: 정어리 can: 통조림
transform into~: ~로 바꾸다 crude: 천연 그대로의
deadly: 치명적인 grenade: 수류탄(hand grenade)
convert into~: ~로 바꾸다 ammo=ammunition: 탄약
electrically: 전기로 detonated: 폭발시키다

homemade: 국산의
land mine: 지뢰, 투하폭탄(aerial mine)
effectively: 효과적으로 guerrilla: 게릴라병, 비정규병
refuse to do~: ~하는 것을 거부하다
divulge: 폭로하다 (reveal) componrnt of~: ~의 성분
mine: 지뢰, 수뢰, 기뢰
may+have+과거분사: 과거에 ~했을지도 모른다(불확실을 나타냄)
ancient: 고대의 Tang-dynasty(618-907): 당조(唐朝)
recipe for~: ~의 비결, 방책 gunpowder: 화약
potassiumnitrate: 질산칼륨 sulfer: 유황 charcoal: 숯
(핵심구문) when it comes to+(명사, ing)~: ~의 문제라면

63.

After the perilous Cuban missile crisis, Moscow's special envoy, Anastas Mikoyan, insisted to Fidel Castro that the outcome was a victory because Cuba was safe and war had been avoided. According to transcripts released by the Cold War International History Project, Mikoyan told Castro, "We had tothink over how to achieve Cuba's salvation without unleashing a nuclear war."

(주요어구) perilous: 위험한 crisis: 위기
Moscow: 구 소련정부 envoy: 공사
insist: 우기다 outcome;결과
avoid 피하다 according to~: ~에 따르면
transcript: 의사록 release: 공개하다
the Cold War: 2차세계대전후 미국과 소련간의 냉전
think over;심사숙과하다 achieve 달성하다
salvation: 구제 without +ing~: ~하지 않고
unleash: 자유롭게 하다 nuclear war: 핵전쟁
(핵심구문) 주어1+insist that 주어2+동사~: 주어1이 주어2이 ~해야 한다고 우기다

(주의) 주어1+insist that 주어2+(should)+동사의 원형~: 주어1이 주어2이 ~해야만 한다고 주장하다

64.

No one knows What the bearded, longhaired guru will wear. Prosecutors would probably prefer that he be garbed in the simple white Jogging suit he wears in his cell, but he may ask for permission to don his sacred Aum color, the deep pink of the pajama outfit he had on at the time of his capture. After Asahara takes his seat, the senior judge, Fumihiro Abe will run quickly through formalities, and the lead prosecutor will then read the charges. Which of the six major allegations against Asahara will be read at the first hearing has not yet been determined, but they are likely to include the Tokyo sarin-gas attack.

(주요어구) bearded: 수염이 있는　　guru: 지도자
be garbed in~: ~복장을 하고 있다　　cell: 교도소의 독방
ask for (great, give) permission to do~: ~것을 청하다(주다)
don: 입다(문어체)　　sacred: 신성한
outfit: 의상　　have on: 옷 등을 걸치고 있다
capture: 체포　　take one's seat;지정석에 앉다
run through: 급히 빠져나가다　　formality: 정식절차
go through due formalities: 정식 절차를 밟다
charge: 죄명　　allegation: 증거불충분한 주장
hearing: 심문, 청문회　　determine: 결정하다
be likely to do~: ~하기 쉽다　　include: 포함하다
sarin: 독성이 강한 신경가스인 사린　　deep: 색이 짙은

(핵심구문) 주어1 prefer that 주어2+(should)+동사의 원형~: 주어1이 주어2이 ~해야만 한다고 지정하다(appoint)

65.

When the hour of execution finally arrives, the killers will be transported from their bunkers in airtight, fire-resistant containers. At the death house, they will be loaded onto conveyor belts, stripped by remote-controlled machines, then plunged down a chute into a 1480°C inferno. Anything that comesinto contact with these untouchables during their final transport -wraps, pallets, gloves-will be incinerated as well. Thus America will bid an unsentimental farewell to 30,600 tons of chemical weapons.

(주요어구) the(one's) hour: 결단의 시간, 최후 execution: 사형집행
arrive: 때가오다 bunker: 은신처
airtight: 밀폐된 fire-resistant: 내화성의
death house: 사형수 감방건물 conveyor: 운반장치
strip: 컨테이너를 풀다 plunge: 추락하다
chute: 활강사면로(滑降斜面路) inferno: 지옥(hell)
come in contact with~: ~와 접촉하다
untouchable: 접촉이 금지된 wrap: 외투
pallet: 짚요 incinerate: 소각하다
bid farewell to~: ~에게 작별을 고하다(take one's farewell of~)
unsentimental: 이성적인 chemical weapon: 화학병기

(핵심구문) ,they will be loaded~, (will be) striped~,then (will be)plunged~

66.

When Japanese' police arrived to take custody of the three, however, the U.S. military police denied the request, invoking Article 17, Paragraph 5C of the 1960 Status of Forces Agreement, which covers the rights and obligations of U.S. forces in Japan. The U.S. is obliged to hand over criminal suspects only after they have been indicted. In some countries, such as South Korea, the U.S. does not surrender accused service members until they are convicted and have exhausted all appeals. In the Okinawa case, the U.S. compromised by permitting the police to take the suspects each day for questioning, but insisted they stay overnight in the brig at Camp Hansen.

(주요어구) take custody of~: ~를 구인하다(arrest)

deny: 거부하다 invoke: 법을 실시하다

article: 조약, 계약 등의 조항 paragraph: 문장의 절

C=chapter:장 agreement: 협정

forces: 군대 status: 지위

cover: 어떤 범위에 미치다(extend over)

obligation: 책무

be obliged to do~: ~하지 않으면 안된다

hand over~넘겨주다 criminal: 형사상의

suspect: 용의자 indict: 기소하다

surrender: 넘겨주다 accused: 고소당한

service: 군의 convict: ~에게 유죄를 입증하다

exhaust: 소진시키다 appeal: 항소

compromise: 타협하다 stay overnight: 하룻밤 묵다

brig: 영창, 교도소

(핵심구문) ~not~A until~B~: B하고 나서야 비로소 A하다

A permit B to do~: A이 B가 ~하도록 허용하다

주어1+insist+(that)+주어2+(should)+do~: 주어1이 주어2가 ~해야만 한다고 주장하다

67.

OBVIOUSLY, IT MAKES SENSE TO GET rid of surplus warhead material as rapidly as possible. Plutonium occurs naturally only in extremely small amounts. It has few uses other than for building nuclear weapons. But disposal poses huge problems, since the material has a half-life of about 25,000 Years. One U.S. proposal, to pack it into space capsules and launch it into the sun, has been rejected because a missile mishap could send the dangerous payload plummeting back to earth. Another scheme suggests drilling holes several kilometers into the earth and burying the materials deep down, but scientists are not sure the stuff would remain there, untouched, for tens of thousands of years.

(주요어구) obviously: 분명히 make sense: 이치에 닿다
get rid of~: ~를 제거하다 surplus: 과잉의
material: 재료 plutonium: 플루토늄(Pu, 번호94)
naturally: 있는 그대로(동사 뒤에 온다)
disposal: 핵폐기물 처리 pose: 위험성을 내포하다
half-life: 방사성원소 등의 반감기
pack A into B: A를 B에 채워넣다 space capsule: 우주캡슐
launch A into B: A를 B로 내보내다 mishap: 불상사, 재난
send A +ing~: A를 ~한 상태로 만들다
payload: 유도탄 탄두(탑재폭탄)의 폭발력
plummet: 똑바로 떨어지다 scheme: 계획
suggest+ing~: ~하기를 제안하다 drill~: ~에 구멍을 뚫다
stuff: 방사물 untouched: 본디대로의
proposal: 제안

(핵심구문) ~not sure(that) the stuff~
remain+형용사: 형용사인 상태로 남아있다: remain there, untouched.

68.

However, no objective description of the effects of poison gas can rival the images left by those who faced it. In a 1985 series entitled In Flanders Fields, CBC Radio included interviews done in 1963 and 1964 with Canadian veterans of history's first battlefield gas attack. Said one of them, identified only as T. S. Morrissey of Montreal, who had served with the 13th Battalion of the Canadian Highlanders: "I coughed for the next year and my mouth was dry and my eyes watered. If you got down in a trench, it was filled with chlorine gas. The chlorine was heavy and it lay in the trenches and the boys just smothered to death." Across the years and the miles, the lessons of Ypres are being heeded in the bunkers of the Persian Gulf.

(주요어구) objective: 사실에 근거한 description: 기술
effect: 물리적, 화학적 효과 poison gas: 독가스
rival: 맞겨루다 image: 사실적 묘사, 표현
face: 위험, 재난 등에 정면으로 대항하다
series: 라디오, TV, 영화 등의 연속프로
entitle: ~라고 표제를 붙이다 veteran: 재향군인
battlefield: 전장 gas attack: 독가스 공격
identify A as B: A가 B임을 확인하다(밝히다)
serve with(in)~: ~에 근무하다 battalion: 대대
trench: 참호 be filled with~: ~로 가득 차다
chlorine: 염소(Cl.17) smother to death: 질식해 죽다
lesson: 교훈 heed: 주의하다
the Persion Gulf: 페르시아 만

(핵심구문) ~my mouth was dry and my eyes(were) watered.

69.

Hour after hour, night and day, by the accounting of U.S.-led coalition forces, high-explosive destruction rained down on Iraq's army in occupied Kuwait and along its northern border. Armadas of warplanes bombed and strafed entrenched soldiers and their dug-in tanks at attack rates that averaged 25 an hour. For the first time in the Gulf War, the U.S. battleships Missouri and Wisconsin, whose big guns last bellowed in anger off Korea 40 years ago, fired 2,700-lb. shells at Iraqi emplacements ashore. Artillery in Saudi Arabia opened up against Iraqi gun positions across the Kuwait frontier.

(주요어구) accounting: 설명 lead;지휘하다
coalition forces: 다국적군, 연합군 high explosive: 고성능 폭탄(폭약)
rain down on~: ~에 빗발치듯 퍼붓다
occupied: 군대 등에 점령된 armada: 함대, 대편제부대
warplane: 전투기 bombed: 폭격, 공습
strafed: 기총소사, 맹공격 entrench: 참호로 에워싸다
dig in: 참호를 파다 average: 평균하여~하다
bellow: 대포 등이 크게 울리다
bellow off: 야단쳐서 좇아버리다(침묵시키다)
in anger: 성내어 shell: 포탄
emplacement: 포상(砲床) artillery: 대포
open up: 포격을 개시하다

(핵심구문) ~across the Kuwait frontier: 쿠웨이트 전선 전역에

70.

On Saturday, a British C-130 Hercules transport plane, ferrying troops and supplies to the front, had to fly just 250 feet above the ground because raging oil fires in Kuwait darkened the skies over the northern Saudi desert with thick black soot. One of the passengers, 24-year-old Capt. Alan Richmond of the Queen's Dragoon Guard, said that his job in a ground assault is to penetrate Iraqi lines and call in targets for artillery and air strikes. "I think we all prefer to go through a couple of weeks of sheer hell than to sit around for another six months twiddling our thumbs," he said. The following day, as the brutal ground battle began, it appeared that Richmond would get his wish.

(주요어구) transport: 수송 ferry: 수송(공수)하다
supplies: 군수 rage: 맹위를 떨치다

soot: 매연
the Dragon Guards: 영국의 근위 용기병연대
penetrate: 침입하다 조직내에 잠입하다
line: 전투선, 전투부대 call in: 불러들이다
target: 공격목표 artillery: 대포
air strike; 공격측의 공습 go through: 경험하다, 고생하다
sheer: 완전한 hell: 생지옥
twiddle one's fingers(thumbs) : 지루해서 손가락을 빙빙 돌리다, 빈들빈들하고 있다
brutal: 야만적인

(핵심구문) 주어+ be+ to+do~: 주어는 ~하는 것이다
주어+prefer+ to do~A(rather)than+to do~B~: 주어는 B하기보다는 A하기를 택하다

71.

Tipped off to his whereabouts by an informant, police sent an ēlite antinarcotics squad to waylay Santacruz, 52, a capo in the Cali cocaine cartel. The drug trader's escape from a maximum-security prison two months before, allegedly with the help of bribed guards, had infuriated Washington officials, who are deeply suspicious of Colombian President Ernesto Samper's government. When the strike force caught up with the fugitive last week, according to police, Santacruz and 10 to 15 bodyguards made a run for it in two vehicles. In a subsequent shootout, only Santacruz was killed. His family called his death an "execution" by police who never intended to take him alive.

(주요어구) tip off: 경찰 등에 비밀정보를 누설하다 whereabouts: 소재, 행방
informant: 정보제공자 ēlite: 정선된
narcotics: 마약, 마약중독자 anti: 반대하는
squad: 경찰의 분대, 반, 계 waylay: 강도질, 살해하려고 급습하다

capo: 마피아지부의 두목, 부장 cocaine: 코카인
cartel: 기업연합
maximum-security: 경비(감시)가 가장 엄중한
allegedly: 이른바 with the help of~: ~의 도움으로
bribe: 매수하다 guard: 감시인
infuriate: 격분시키다 be suspicious of~: ~를 의심하다
strike force: 특별임무를 부여받는 팀
catch up with~: ~에 따라붙다 fugitive: 도망자
according to+(대)명사~: ~에 따르면
make a run for it: 위험을 서둘러 피하다
subsequent: 다음의 shoot-out: 총격전
call: ~라고 생각하다(consider) execution: 집행
intend to do~: ~할 의도이다

(핵심구문) (When they were) tipped off~

72.

When India exploded what it called a "peaceful nuclear device" in 1974, it shocked the world into aversion of retaliation. The original members of the nuclear club pushed through the nuclear nonproliferation treaty and cajoled, threatened or induced more than 130 nations to accept it. The U.S. Congress passed legislation requiring that aid be cut to nations that set off nuclear bombs and approved sanctions to punish those countries that continued working on nuclear-weapons technology. The price of exploding a test bomb just became too high for these countries politically, diplomatic ally and economically; since then, none of the developing nuclear powers has openly done so.

(주요어구) explode: 폭발시키다 peaceful: 평화적인
nuclear: 핵무기의 device: 폭발물, 폭탄(완곡어법)
shock A into B: A를 깜짝 놀라게 하여 B상태로 빠뜨리다

retaliation: 보복
nuclear club: 핵클럽(미국, 러시아, 프랑스, 영국, 중국, 인도, 파키스탄 등 핵무기보유국의 명칭)
push through: 완성하다
nonproliferation treaty: 핵확산 방지조약(NPT)
cajole: 부추기다 induce: 권유하다
legislation: 법률 set off: 폭발시키다
sanction to do~: ~하는 인가 continue+ing~: 쉬지 않고 계속하다
work on: 일을 계속하다 nuclear power;핵무기

(핵심구문) 주어1+ require+ that +주어2 +(should)+ 동사의 원형+~: 주어1이 주어2가 ~하라고 명령하다 : ~legislation (which was) requiring that aid be cut to ~

73.

While making their point, the bombers also touched off speculation about whether the attacks were a miscalculation or part of a shift in IRA strategy. With the IRA's decentralized cell structure, top leaders may well have had no advance knowledge of the bombings. "The unit probably described it to the next most senior person as an attempt to kill three or four soldiers," a senior IRA man told the Independent, the British newspaper. "Well, we try that several times a week. You don't need to have a meeting about it." In the wake of Enniskillen, the IRA may try to tighten its command structure, but observers doubt there will be any move to discipline the bombers.

(주요어구) make(carry, gain)one's point: 목적을 이루다, 주장을 관철하다
touch off: 야기하다 speculation: 추측, 견해
miscalculation: 계산착오 shift: 변화
IRA: 영국 북아일랜드 가톨릭계 정치조직(Irish Republican Army)
decentralize: 분산시키다
have no knowledge of~: ~을 전혀 모르다
describe A as B: A를 B로 묘사하다

advance: 사전의
do not need to do~: ~할 필요가 없다
in the wake of~: ~를 본떠서 command: 사령부
move: 조치
observer: 회의 등에서 발언권이 없는 업저버
discipline: 훈련하다

(핵심구문) While(they were) making their point, ~

74.

In Israel it is customary for confessed murderers to re-enact their crimes, and Amir performed so smoothly that there can be no doubt about what he did and how he did it. What kind of help he had, however, is still unresolved. Security forces keep proclaiming the assassination sprang from a conspiracy, but they have yet to offer hard evidence of the theory. Police and secret-service interrogators have spent days questioning the eight young religious zealots in custody, yet they do not seem to have found proof of an organized network acting on orders from any hierarchy.

(주요어구) It is customary for A to do~: A이 ~하는 것이 관례적이다.
confessed: 죄상이 명백한 murderer: 살인자
re-enact: 재연하다 smoothly: 순조롭게
unresolved: 미해결의 security forces: 치안(보안)부대
keep+ing~: ~계속해서~하다 security service: 국가안보기관
proclaim: 선언하다 spring from~: ~에서 발생하다
conspiracy: 음모,
have yet to do~: 아직도~하지 않고 있다
hard: 사실, 증거 등이 확실한 interrogator: 심문자
religious: 종교적인 zealot: 광신자
in custody: 구금상태에 있는 organized network: 조직망
act on(upon)~: 를 좇아 행동하다 hierarchy: 권력자 집단

(핵심구문) 주어1+동사+so+부사+that주어2+동사~: 주어1이 매우~해서 주어2이 ~하다: Amir performed so smoothly that~
~keep proclaiming(that)the assassination~
~network(which was)acting~
A+spend+시간+ing~: A이 ~하면서 시간을 보내다: ~have spent days questing~

75.

Although the FBI knew Salem had a history of deception, this problem was overlooked because his information fit the pattern the agency was looking for. He offered the FBI extensive intelligence about the New Jersey-based group, which had already begun to purchase explosives, detonators and other supplies necessary to make large bombs. Moreover, the leader of this coterie, according to Salem, was Abdel Rahman, a radical Egyptian cleric who is one of the most outspoken critics of Cairo's pro-Western, secular government, and is viewed by many Egyptians as the man responsible for issuing the fatwa (religious decree)ordering the assassination of Egyptian President Anwar Sadat in 1981.

(주요어구) Salem: 현재의 Jerusalem
have a history: 내력이 있다
deception : 사기
overlook: 못보고 지나치다
fit the pattern: 틀에 맞추다
extensive: 광범한
detonator: 뇌관
coterie: 한패, 동아리
radical: 급진적인
cleric: 성직자
outspoken: 노골적인
secular government: : 현정부
view A as B: A를 B로 생각하다
fatwa: 이슬람교 지도자에 의한 율법적 결정

(핵심구문) ~supplies(which was)necessary to make~
~the man(who was)responsible for~
~the fatwa(religious decree)(which was)ordering~

76.

The whodunit question of the hour: Was it a murder-suicide committed in a rage by Marcolino because Farias was threatening to leave her? That was the explanation offered by all the members of Farias' family and backed up by the local state police. "We are apparently dealing with a crime of passion,"said the Alagoas state attorney general even before an official police investigation began or the autopsy reports were finished. The passionate-crime theory, though, failed to convince most Brazilians, whobelieved that Farias was eliminated because he could testify against a host of powerful figures in Brazil-the beneficiaries of the vast net of corruption that flourished under President Collor, who wasimpeached by Congree in 1992 and now lives in self-imposed exile in Miami.

(주요어구) whodunit: 추리소설(영화, 극)
the question of the hour: 현재의 문제
commit suicide: 자살하다　　in a rage: 화를 벌컥 내어
back up: 후원하다　　deal with~: ~를 처리하다
a crime of passion: 치정 죄　　attorney general: 법무장관, 검찰총장
autopsy: 검시　　passionate-crime theory: 치정 살인론
eliminate: 제거하다, 사람을 죽이다(익살표현)
testify against~: ~에 불리한 증언을 하다
a host of~: ~다수의　　figure: 중요한 인물
beneficiary: 수혜자　　corruption: 부패
flourish: 휘두르다, 과시하다　　impeach: 탄핵하다
self-imposed: 자진해서 하는　　live in exile: 망명생활을 하다

(핵심구문) fail to do~: ~하지 못하다

77.

Blacks might be reminded that a flawed judicial system will not be corrected by lowering penalties for, say, drug crimes–even though there is clearly a double standard for sentencing. Whites might be reminded that every day mostly black juries send criminals, black and white, to jail. It might be said too by whites that they have been speaking in code (their own secret language and knowledge) for toolong, about everything from welfare to real estate. It might be said by blacks that rap lyrics that advocate cop killing are abhorrent to them or even that they have known a few honorable policemen in their lives. Both might tell each other that they are tired of posturing about victimization, pro and con, or that they are sick to death of talking about race, though they acknowledge its usefulness. Those who do not think about race at all might explain why.

(주요어구) flawed: 흠이 있는
judicial: 사법의
correct: 정정하다
lower: 내리다
penalty: 형벌
say(삽입구): 말하자면
double standard: 이중표준
sentence: 선고하다
send A to B: A를 B에 보내다
code: 암호
from A to B: A에서 B까지
welfare: 복지
real estate: 부동산
rap=rap music
advocate: 옹호하다(support)
cop: 경찰관(policeman)
be abhorrent to~: ~에게 질색이다
lyric: 서정시
be tired of~: ~에 물리다
posture: 태도를 취하다
be sick to death: 병들어 죽다
take about~: ~를 논하다
victimization: 희생시킴, 속임
pro and con: 찬반 두 갈래로

(핵심구문) A be reminded that~: A에게 that~가 생각나다
A tell B that~: A이 B에게 that~를 말해주다

78.

The artillery was, to be sure, directed by modern U.S.-made counterbattery radar, which artfully tracked the trajectory of Hizballah's Katyusha rockets raining onto the soil of northern Israel and spotted the exact place in Lebanon from which they had been fired. But in this case, by the time the Israelis had aimed their guns and let fly from about 10 km away, the Shi'ite guerrillas and the Katyusha launcher had gone. Instead the shells slammed down across the area and exploded inside the compound of a battalion of Fijian peace keepers, where more than 600 refugees had been sheltering for a week, hanging out their laundry on the fences and tethering their livestock nearby.

(수요어구) to be sure: 확실히 / counterbattery: 부진지
trajectory: 탄도 / rain upon~: ~에 비오듯 쏟아지다
spot: 적진을 탐지하다 / be fired from~: ~에서 발포되다
Israelies: 이스라엘 사람(현대의) / aim a gun (at): (~에게)총을 겨누다
Shiite, Shi.cite: 시아파(이슬람교) / launcher: 발사대
shell: 포탄 / slam down: 강타하다
compound: 저택, 공장의 울안, 구내 / battalion: 대대
Fijian: 피지제도의 / refuge: 피난자, 망명자
shelter: 피난살이하다 / laundry: 세탁물
hang out the laundry(군대속어): 낙하산 부대를 강하시키다
tether: 밧줄(사슬)로 잡아내다 / livestock: 가축

(핵심구문) let fly (at)~ : (~에게) 발사하다, 쏘다

79.

Rated the most-wanted man in China after the Tiananmen massacre, Wang was captured in July 1989 and first sentenced to four years in prison. The government. hoping to land the 2000 Olympics for Beijing and facing pressure from the U.S., eventually released the prisoner a few months early, in 1993. But the Olympic prize went to Sydney, and the Clinton Administration, determined to influence China by building trade ties, put no teeth into the American opposition to human-rights abuses. Wang was arrested and jailed again 18 months ago, after signing petition demanding human rights and social justice.

(주요어구) rate: ~라고 간주하다 wanted: 지명수배자인
Tiananmen: 천안문(天安門) massacre: 대학살
capture: 체포하다 sentence: 선고하다
land: 노력의 결과로 획득하다 face: 직면하다
eventually: 결국 release: 방면하다
prize: 경기, 시합(고어), 횡재 go to~: ~의 것이 되다
be determined to do~: ~할 것을 작정하다
ties: 유대, 의무
put teeth in(into)~: ~의 효력을 강화하다
opposition to~: ~에의 반대 abuse: 학대
arrest: 체포하다 petition: 청원서

(핵심구문) (As he was) Rated the-most wanted~

80.

Thus it is ironic that Paris now finds itself accused of relaunching the arms race and encouraging nuclear proliferation. In the minds of many critics, in fact, the real danger of the French tests lies not in their threat to the environment but in the dangerous message they send to would-be proliferators. "Now go explain to countries like India that they shouldn't imitate us," says French astrophysicist Hubert Reeves. "These tests sabotage the fragile confidence among nations and threaten the success of the 1996 international [test ban] treaty. The military is one war behind the times. They haven't understood that the Berlin Wall has fallen!"

(주요어구) ironic: 비꼬는
accuse A of B: A를 B라는 일로 책망하다
arms race: (competition): 군비(확장)경쟁
encourage: 조장하다 nuclear proliferation: 핵확산
A nuclear test: 핵실험 lie in~: ~에 있다
not A but B: A가 아니라 B인 would-be: ~할 작정인, ~할 의도였던
go+do~: 빨리 충동적으로 각오하고~하다(미 구어체)
go+to +do~: ~하려하다 explain to~: ~에게 설명하다
sabotage: 계획, 정책 등을 고의로 방해하다
test ban: 대기권내의 핵실험 금지 협정
military: 군대 behind the times: 구식의
the Berlin Wall: 1989년 붕괴된 구 동서/독 사이의 베를린 장벽
(핵심구문) A+ find+ oneself+과거분사 ~: A자신이 과거분사 상태임을 알다

81.

Police conducted raids in Cairo's slums after be killings, but the progress of the investigation was not known. A more immediate concern is whether last week's massacre will cause mass tourist cancellations and deal a crippling blow to the Egyptian economy. The 1993-94 terror wave caused the annual number of visitors to drop from 3.3 million to 2.5 million. But following the security crackdown, tourism revived in 1995, with 3.1 million visitors bringing in $2.3 billion. The luxury Mena House Hotel, opposite the pyramid of Cheops, reported 80 room cancellations within 24 hours of last week's tragedy.

(주요어구) a police raid: 경찰의 급습 slum: 빈민가
immediate: 당면한, 목하의 cancellation: 예약취소
deal a blow to~: ~에 일격을 가하다
crippling: 기능을 상실할 정도의 심한
wave: 고조 crackdown: 단속

bring in: 이익을 내다 luxury: 호화로운
pyramid: 금자탑 tragedy: 비극
(핵심구문) A cause B to do~: A 때문에 B가~하는 결과를 낳다

82.

It JUST ABOUT HAD TO HAPPEN. IT HAD been quiet in Israel, relatively speaking, for a long time: three months without a major terrorist atrocity. In the end, though, killers have only killing in mind. The Israeli and Palestinian security forces knew it, and they were braced for a new outrage. U.S. diplomats knew it, and they had warned visiting Americans to stay off Israeli buses. The calm exploded aboard a bus during the morning rush hour last Monday. The No. 20 was rattling through Ramat Gan, a city adjacent to Tel Aviv, at 8: 34, when an Arab passenger detonated the pipe bomb he was carrying, killing himself and six Israeli passengers and injuring 28.

(주요어구) relatively: 상대적으로 atrocity: 포악
just about: 거의(barely), 아주(quite)(미국어 구어)
in the end: 결국
have A in mind: A를 마음에 두고 있다
brace for~: ~에 대비하다 outrage: 불법행위, 폭행
diplomat: 외교관 stay off~: ~을 멀리하다
rattle through: 덜컥거리며 지나가다
adjacent to~: ~에 인접한 detonate: 폭발시키다(explode)
pipe bomb: 파이프 폭탄
(핵심구문) A warn B to do~: A이 B에게 ~하라고 경고하여 피하게 하다

83.

The U.S. has a special interest in bin Laden because of the bombing that occurred last November at an American-run National Guard training center in Riyadh, Saudi Arabia. Seven people were killed, including five Americans. Last week, Saudi television broadcast the confessions of four men arrested in the bombing, and they said they had been influenced by faxes sent from bin Laden's Advice and Reformation Committee. U.S. officials investigating the bombing believe bin Laden's involvement may have gone further, and one says he is "high on our suspect list."

(주요어구) have an interest in~: ~에 이해관계를 가지다
because of~: ~ 때문에 -run: 경영의
national Guard: 미국 각주의 방위군
including~: ~을 포함하여 broadcast: 방송하다
confession: 자백 influence: 감화를 주다
fax: 정보 reformation: 개혁
involvement: 연루
may +have+과거분사~: 과거에 아마~했을 게다
be high on~: ~에 열중하다

(핵심구문) ~,and they said(that)they had~
~believe(that) bin Laden's involvement~,and one says (that) he is~

84.

At a press briefing, Deputy Secretary of State Walter Stoessel said that the summary was based on examinations of physical evidence, including environmental sample, as well as the testimony of eyewitnesses to yellow-rain attacks, journalists and doctors treating refugees. Said Stoessel of the use of these chemicals in Indochina: "Thousands have been killed or severely injured. Thousands have also been driven from their homeland by the use of these agents." As for Afghanistan, he added, Soviet forces have used a variety of lethal and nonlethal chemical weapons against rebel forces since the invasion in December 1979.

(주요어구) press briefing: 기자단에게 하는 발표 deputy : 대리의, 부(副)의
summary: 요약 be based on~;~에 근거하다
examination: 조사 physical: 물리적
evidence: 증거 environmental: 환경적
A as well as B: B분만 아니라 A도 역시
treat: 치료하다 refuge: 피난민
testimony: 증언 eyewitness: 목격자
yellow-rain: 화학전시 비행기에서 살포되는 황색의 유독분말
chemical: 화학제품 severely: 심하게
be driven from~: ~에서 추방되다
a variety of: 다양한 lethal: 치명적인(fatal)
rebel forces: 반란군

(핵심구문) 주어~have +과거분사~ +since+과거시점~: 주어가 과거시점 이래로~해 왔다
Said Stoessel of ~: Stoessel said of~: 직접화법의 전달부(Reporting Clause)문장의 안정감 혹은 리듬을 고려하여 주어와 동사를 도치한다.

85.

If anything positive comes from the Lima ordeal, it may be a growing dissatisfaction with such squeamishness. "Japan was insisting on a peaceful solution without any agenda, apart from paying money to the hostages," says Nobuhiko Shuto, professor of international economics and crisis management at Tokai University. "Japan is facing the post-Cold War era with zero crisis-management capability. We cannot cope." Kazuo Sumi, an overseas development assistance expert at Niigata University, warns that an appeasment policy only invites trouble. Says he: "People are celebrating thisas a success, but I don't think so. Japanese businessmen will become tomorrow's terrorist targets."

(주요어구) positive: 명확한　　ordeal: 시련
growing;증대하는　　dissatisfaction(with, at): 불평
squeamish: 까다로운(fastidious), 도덕적으로 지나치게 결백한
insist on~: ~를 주장하다　　apart from~: ~은 별문제로 하고
hostage: 인질　　capability : 능력
cope: 대처하다, 처리하다　　appeasement: 유화정책
invite: 초래하다　　celebrate: 찬양하다(extol)

(핵심구문) "be+ing"의 의미를 예의 주시한다.

86.

ISRAELIS SHOULD HAVE BEEN BRACED for the blow. The palestinian Islamist group Hamas had vowed to take revenge for Israel's assassination two months ago of Yehia Ayyash-or "the Engineer," as he was known-the organization's master bombmaker. Yet when the fury burst forth, its savagery was stunning. First, in two explosions spaced 45 min. apart, Hamas suicide-bombers claimed 26 victims, first on a bus in Jerusalem, then at a hitchhiking post outside coastal Ashkelon. Then, exactly seven days later, the militants struck again, eviscerating another bus in central Jerusalem, this time killing at least 20.

(주요어구) brace~: ~에 대항하다
Hamas: 하마스(이슬람교 원리주의를 신봉하는 팔레스타인의 반이스라엘과 격단체)
vow to do~: ~를 맹세하다　　take revenge for~: ~에 복수하다
fury: 격노　　burest forth: 돌발하다
savagery: 야만, 포악성　　stunning: 아연하게 하는
space~: ~에 일정한 간격을 두다
hitchhiking: 지나가는 자동차에 편승하여 도보여행하다
militant: 투쟁적인 사람
eviscerate: 창자를 꺼내다, 골자를 빼버리다

(핵심구문) 주어+should+have+과거분사: 주어가 과거에 당연히 ~해야만 했다

87.

Both sides give lip service to wanting peace, but their antics contradict the rhetoric, Last week, a late-night battle erupted in Phnom Penh, near the residences of both Ranariddh and a Hun Sen security official. Each side accused the other of trying to assassinate its leaders, but the fire fight was more likely a shouting match that got out of control. "That's the trouble here," said a western diplomat. "One side makes a threatening move, and the next thing you know, they're off to the races." Two bodyguards were killed in the shooting and three civilians injured, including TIME contributor Matthew Lee, A rocket-launched grenade exploded in the courtyard of U,S, Ambassador Kenneth Quinn's home, not much of a welcome for U.S. Secretary of State Madeleine Albright, who is scheduled to visit this week.

(주요어구) 주어+give A to B: 주어가 A를 B에게 주다
lip service: 말뿐인 호의, 빈 인사, 말뿐인 신앙
wanting: 모자라는 antics: 익살스러운 짓
contradict: 모순되다, 부정하다 rhetoric: 설득력
erupt: 폭발하다 security official: 경호원
fire fight: 포격전 shouting match: 격렬한 말다툼
get(go) out of control: 제어할 수 없게 되다
diplomat: 외교관 make a move: 행동하다
be off to~: ~와 중단되어 있다, ~와 인연이 끊어져 있다
launch: 어뢰, 유도탄, 로켓 등을 발사하다
grenade: 수류탄 courtyard: 안마당
not much of a~: ~대단한 ~은 아닌
be scheduled to do~: ~할 예정이다.

(핵심구문) A+accuse+B+of+C: A가 B를 C이유로 고소하다

88.

Last week's high-seas confrontation began Saturday at about 6 a.m. local time, when the *Rainbow Warrior II* sailed into the 12-nautical-mile zone surrounding France's nuclear-testing complex. With the navy frigate *Prairial* in close pursuit, the *Rainbow warrior II* launched about half a dozen high-speed, inflatable craft bearing divers armed with waterproof radios and navigational equipment. Their mission: to board the test drilling rigs. French troops on the atoll immediately launched their own inflatable dinghies and intercepted the intruders, Two Green-peace divers managed to drop into the central lagoon and reach an unused barge before they too were arrested.

(주요어구) the high seas: 공해　　confrontation: 대립
local time: 현지시간　　sail into~: ~에 당당하게 들어가다
nautical mile: 해리(sea mile) (영국: 1853,2미터　미국: 1,852미터)
exclusion zone: 보안상의 출입금지구역
frigate: 중형전함, 소형구축함　　pursuit: 추격
inflatable: 공기 등으로 부풀게 할 수 있는
craft: 소형선박　　bear: 나르다(carry)
be armed with~: ~로 무장하다　　navigation: 항행의
equipment: 장비　　board: 싣다
drilling rig: 착암기　　atoll: 환초,　환상 산호섬
dinghy: 작은 배, 구명용 고무보트　　intercept: 도중에서 붙잡다
intruder: 침입자
Greenpeace: 핵실험, 포경반대, 환경보호를 주장하는 국제단체
manage to do~: ~ 어떻게든 해내다　　lagoon: 석호, 늪, 못

(핵심구문) ~craft(which was)bearing divers(who were)armed with~

89.

The assault on Peryomaiskoye was so brutal and indiscriminate, and the performance of the Russian military so abysmal, that the daily Izvestia proclaimed in a front-page headline that the whole hostage drama was TEN DAYS OF PAIN, IMPOTENCE AND SHAME, Not only did the horrendous finale last four days before the overwhelmingly superior Russian forces could dislodge the band of rebels from Pervomaiskoye, but in a wild gun battle Thursday morning that was joined by a column of Chechen reinforcements, some 25 rebels escaped, reportedly including their fanatic leader, Salman Raduyev.

(주요어구) indiscriminate: 무차별의 abysmal(구어): 지독히 나쁜
impotence: 무기력
proclaim +that~: that~를 주장하다
horrendous: (구어)끔직한(horrible)
overwhelmingly: 당황하여
dislodge A from B: A를 B에서 쫓아내다
band: 무리 column: 종대
reinforcements: 증원부대 reportedly: 보도에 따르면
fanatic: 광신자

(핵심구문) 주어1 +be+so+형용사+that 주어2+동사~: 주어1이 너무~해서 주어2이 ~하다
Not only +do+ 주어+동사의 원형+A~ but (also) B~: A뿐만 아니라 B도 역시

90.

The parents of another British flight lieutenant, Rupert Clark, were beside themselves: the last they had heard of Rupert was a report that his plane had been destroyed by a surface-to-air missile. It was as if Rupert had "come back from the dead," his parents said. At Fort Stewart, Georgia, a proud papa from the 24th Mechanized Infantry Division, Specialist Robert Teague, searched the crowd for his wife, Wendy, and his 4-month-old son, Sean "There he is!" Teague exclaimed as he found them at last. "He looks beautiful."

(주요어구) flight lieutenant: 영국 공군 대위
be beside oneself: 제 정신을 잃고 있다
the last: 마지막
surface-to- air missile: 지대공 미사일
come back from the dead: 소생하다(rise from the dead)
an infantry division: 보병사단
search A for B: B를 찾으려고 A를 수색하다

(핵심구문) as if 주어+had+과거분사~: 과거에 마치 ~한 것처럼

91.

Three separate expeditions-from the U.S., New Zealand and Spain-were near the summit of K2 on Aug. 13, when heavy winds started to pound against the mountainside. Peter Hillary, son of Sir Edmund Hillary and leader of the New Zealand group: began his descent as soon as the weather shifted, and he reached the base camp safely. Separated from Hillary, two New Zealand climbers met up with Hargreaves and Rob Slater, an American who had limited her to join the assault on K2. Shortly thereafter, the four, along with all three Spanish climbers, were swept to their death.

(주요어구) separate: 개별적인 expedition: 탐험대
summit: 정상 K2: K2봉: Karakoram 산맥에 있는 세계 제2의 고봉, 8,611m
pound against: 세차게 두드리다 descent: 하산
be separated from~: ~와 떨어지다
meet up with~(구어): ~와 우연히 마주치다
assault: 돌격 sweep: 무릎을 굽히다

(핵심구문) (As they were) Separated from~

92.

Seven more North Koreans were tracked down the next day. After receiving a tip from a civilian, troops found three of them in the woods and opened fire, The three shot back with handguns, but after 20 minutes they lay dead beside a vest they had used to carry wild berries they had picked. In another clash soon afterward, one North Korean was killed outright two died on the way to a hospital. Their pockets were filled with small chestnuts. Still another was killed in a fire fight in which he and a comrade tossed hand grenades that wounded a South Korean soldier. The second infiltrator escaped, and the army is on his trail. Three South Korean soldiers were killed during subsequent clashes.

(주요어구) track down: 흔적을 더듬어 찾아내다 civilian: 시민
open fire: 사격을 개시하다 tip(구어): 비밀정보
clash: 충돌(총격전) berry: 딸기
be killed outright: 즉사하다 comrade: 동료, 동지
infiltrator: 잠입자
be on one's trail: ~를 추적하고 있다
subsequent: ~이어서 일어나는

(핵심구문) ~a vest (that)they had used (in order)to carry~berries(that)they~

93.

The blast matched the pattern of previous bombings and served as a warning that the terror campaign would continue. "What worries me about this latest round of bombings is that they are clearly being run on a long-term strategy," says Roland Jacquard, director of the Paris-based World Observatory on Terrorism. "They are not trying to deal any huge knockout blows. Instead, they are sporadic and painful attacks on the body of France.

I fear this indicates that France is now being considered the Great Satan in much the way the U.S. was by Iran."

(주요어구) blast: 폭발 / bombing: 폭파, 폭격 / pattern: 포격산포도 / pattern bombing: 일정구역의 융단폭격 / serve as~: ~역할을 하다 / campaign: 일련의 군사행동 / round: 일제사격 / deal: 타격을 가하다 / knockout: 결정적 타격 / sporadic: 우발적인(occasional) / painful: 아픈, 괴로운 / body: 주요부, 주역, 본대 / indicate: 필요성이 있다 / Satan: 악마 / in much the way: 거의 같은 방법으로

(핵심구문) I fear(that) this indicates that~: 내가 두려워하는바 이것(they are sporadic~ France)이 that~필요성을 말해주고 있다.

94.

FOR NEARLY A QUARTER-CENTURY the U.S. has been waging a war on drugs, with little apparent success. As scientists learn more about how dopamine works (and how drugs work on it), the evidence suggests that we may be fighting the wrong battle. Americans tend to think of drug addiction as afailure of character. But this stereotype is beginning to give way to the recognition that drug dependence has a clear biological basis. "Addiction," declares Brookhaven's Volkow, "is a disorder of the brain no different from other forms of mental illness." That new insight may be the dopamine hypothesis' most important contribution in the fight against drugs. It completes the loop between the mechanism of addiction and programs for treatment. And it raise shope for more effective therapies. Abstinence, if maintained, not only halts the physical and psychological damage wrought by drugs but in large measure also reverses it.

(주요어구) wage a war: 전쟁(전투) 등을 수행하다

with~: ~에도 불구하고(with all)　　apparent: 명백한
dopamine: 뇌안의 신경전달 물질인 도파민
work: 작용하다　　suggest: 암시하다
fight a battle: 한바탕 싸우다　　tend to do~: ~하는 경향이 있다
think of A as B: A를B로 간주하다
drug addition: : 마약 중독　　character : 인격
stereotype: 고정관념　　give way to~: ~에 양보하다
dependence: 마약 의존증　　biological: 생물학적
declare: 언명하다　　disorder: 병, 장애
mental illness(disease, disorder): 정신병, 정신장애
insight: 식견　　hypothesis: 가설
contribution: 기여　　loop: 허점(loophole)
mechanism: 심리과정　　raise: 희망 등을 불러일으키다
therapy: 치료　　abstinence: 절제, 금욕
maintain: 유지하다　　halt: 중지시키다
work: 변화　등을 일으키게 하다 (과거, 과거분사 wrought)
in a great(large)measure: 상당히　　reverse: 뒤집다, 거꾸로　하다

(핵심구문) between A and B: A와 B사이의
~if (it is)maintained~
not only A but also B: A 또한 B도 역시

(참고) THE DOPAMINE CYCLE

*THE BRAIN

Addicts become accustomed to high levels of dopamine, which plays an important role in the regulation of pleasure. Dopamine is manufactured in nerve cells within the ventral tegmental area and is released in the nucleus accumbens and the frontal cortex.

Nerve signals from one neuron to another travel down the axon as electrical impulses, passing to the next cell by way of neurotransmitters stored in the nerve endings. Dopamine is the neurotransmitter most closely associated with feelings of euphoria and satisfaction.

＊ DOPAMINE'S NORMAL ACTION

1. After being released into the synapse (the gap between nerve endings and receiver cells), dopamine binds to receptors on the next neuron
2. The dopamine is either quickly reabsorbed or broken down by the enzyme monoamine oxidase (MAO)

＊ HOW DRUGS AFFECT DOPAMINE LEVELS

1. Cocaine

   Cocaine blocks the normal absorption of dopamine. As a result, dopamine accumulates in the synapse, where it stimulates the receiver cell.
2. Amphetamines

   Amphetamines stimulate excess release of dopamine, overwhelming the processes of reuptake and enzyme breakdown.
3. Cigarettes

   Nicotine stimulates the release of dopamine, while another substance in cigarette smoke blocks the action of MAO.

(주요어구) addict: 상습자
become accustomed to~: ~에 익숙 되다
play a role in~: ~에서~ 역할을 하다
frontal cortex: 전두골　　frontal lobe: 대뇌의 전두엽
cortex: 대뇌피질(cerebral cortex)　　thalamus: 시상(視床)
nucleus accumbens: 측중격핵(part of the pleasure center)
ventral: 복면(腹面)의　　tegmental: 외피의
cerebellum: 소뇌　　release: 방출하다
nerve cell: 신경세포(neuron)　　dendrite: 신경의 수지상 돌기
axon: 신경섬유의 축색돌기　　signal: 신호기
nerve ending: 신경말단

neuro: 신경조직, 신경계
transmitter: 전달자
neurotransmitter: 신경전달물질
be associated with~: ~와 관련되다
euphoria: 행복감
satisfaction: 만족
normal: 정상의
receptor: 수용체
absorption: 흡수
synapse: 신경세포의 연접부
MAO: 모노아민옥시디아제(항)
block: 마취로 신경을 차단하다
as a result: 결과로서
accumulate: 쌓이다
stimulate: 기관 등을 자극하다
amphetamine: 암페타민(중추신경을 자각하는 각성제)
excess: 과잉
overwhelm: 압도하다
reuptake: 재흡수
breakdown: 파괴
nicotine: 니코틴
blocker: 차단제
substance: 물질

95.

Tenants in the 16-story building, located in Kowloon's famous Golden Mile tourist district, had been told to ignore the burning smells emanating from welders working on the reconstruction of the building's elevators. They may thus have been less quick to flee when smoke from the fire began seeping under their office doors. Firemen arrived within minutes, but the intense heat and thick fumes hampered rescue operations. Several people died when they jumped or fell out of the blazing upper floors of the building, which were beyond the reach of fire truck ladders. A group of women, upper right, resorted to writing notes asking for help and throwing them out the 12th floor window; they were eventually rescued. Firemen in a helicopter plucked four people off the roof moments before the flames would have consumed them. But one man, lower right, burned to death in full view of helpless spectators on the ground as he stood at a 13th story window.

(주요어구) tenant: 거주자, 부동산보유자 be located in~: ~에 위치하다
be told to do~: ~하라고 지시를 받다
ignore: 무시하다 emanate from~: ~에서 퍼지다
welder: 용접공(weldor) reconstruction: 개조, 복구
flee: 피하다 sleep: 활동하지 않다
intense: 심한 fume: 유해한 연기
rescue operations: 구조작전 fall out of~: ~에서 이탈하다
blazing: 불길에 휩싸인 hamper: 방해하다
resort to~: ~에 도움을 청하다 pluck: 헬리콥터가 조난자를 구출하다
consume: 화염이 태워버리다(destroy)
be burned to death: 불에 타죽다
stand in full view of~: ~충분히 보이는 곳에 서있다
spectator: 목격자

(핵심구문) 주어+would +have+과거분사: 과거에~했을 것이다

96.

Among those who are likely to apply for amnesty-claiming their actions were politically, not criminally, motivated-are former police commanders such as Eugene de Kock, who is currently being tried on nine murder counts, and Dirk Coetzee, who has confessed to involvement in various "hit squad" murders of A.N.C. activists. Then there is former security policeman Craig Williamson, who has admitted complicity in the parcel bombings that killed Ruth First, wife of the late South African Communist Party leader Joe Slovo, and the wife and seven-year-old daughter of a white A.N.C activist, Manus Schoon. "My wife and daughter were murdered by a self-confessed killer of the apartheid regime," says Schoon, who is suing Williamson for $250,000 in damages. "There is no constitutional duty placed upon me to forgive."

(주요어구) be likely to do~: ~할 것 같다 apply for~: ~에 신청하다
amnesty: 사면, 특사 motivate: ~동기를 주다

commander: 경찰서장 try on~: ~로 재판하다
murder: 살인 count: 기소장의 소인, 문제점, 논점
involvement in~: ~에의 연루
confess to~: ~의 죄, 과실 등을 자백하다
hit sqad(team): 암살단, 테러리스트 집단
activist: 정치적 행동주의자 complicity in~: ~에의 연루
self-confessed: 자인한
apartheid: 남아프리카공화국의 흑인에 대한 인종차별 정책
주어+sue A for B in damages: 주어이 A에게 B라는 손해배상을 청구하다
constitutional: 헌법상의 place upon~: ~에게 의무를 지우다

(핵심구문) -claiming(that)their actions were~
be+being +과거분사의 의미를 예의 주시한다
~ such as A: A와 같은 부류의 사람들

97.

The explosive end of Flight 800 stirred immediate speculation of a bomb. The involvement of roughly 100 FBI agents on the case further confirmed notions that terrorists were involved. One theory that arose the day after the crash: a surface-to-air missile had brought down the 747, perhaps a shoulder-launched Stinger missile, of the type smuggled by the U.S. into Afghanistan in the late 1980s to help rebels battle the Soviet-backed government. But while federal officials had not ruled out an attack by a surface-to-air missile, they thought the possibility remote. Even if they could not say how the plane blew up, federal aviation authorities were reluctantly coming to the conclusion that the crash was the result of an act of terrorism. Although TWA had been criticized by distraught relatives for failing to confirm the names of victims quickly enough, the airline swiftly turned over the passenger manifest to federal intelligence officials so they could scrutinize it for possible leads.

(주요어구) end: 종말 stir: 일으키다
immediate: 즉각적인 speculation: 억측
roughly: 대충 confirm: 확인하다
crash: 비행기의 추락 bring down: 쏘아 떨어뜨리다
Stinger: 휴대용 지대공 미사일
smuggle A into B: A를 B로 몰래갖고 들어오다
rule out: 무시하다 remote: 가능성이 희박한(slight)
blow up: 폭발하다 aviation: 항공
authorities: 당국 reluctantly: 마지못해하는
come to the conclusion that~: ~라고 판단하다
be the result of~: ~의 결과다
TWA: 미국의 민영항공회사인 트랜스월드항공(Trans World Airlines)
criticize: 비난하다 distraught: 미친듯한
relatives: 친척 fail to do~: ~하지 못하다
swiftly: 신속히 turn over A to B: A를 B에 인계하다
manifest: 승객명단 scrutinize: 세밀히 조사하다
lead: 실마리(clue)

(핵심구문) A+ help+ B+ 동사의 원형: A이 B가~하도록 돕다
주어1+동사1+so(that) 주어2+can+동사의 원형~: 주어2이 ~할 수 있도록 주어1이 ~하다

98.

The convoy of three cars and two buses, fleeing besieged Kuwait City for Amman on Feb. 9, had travelled only an hour when, a Jordanian eyewitness said, an allied plane roared out of the northern sky. At the border last week, Mohammad Saeed Salim told how he had watched in horror as the plane dropped a bomb on the two cars leading the convoy. As the bus in which he was riding screeched to a halt, he said, passengers piled out and dove to the ground. Minutes later, the plane returned to strike a bus named the Star of Jerusalem in front of them, creating a fireball that sent a cloud of black smoke into the clear blue sky. Then, said Salim, a third bomb blew off the roof of his bus, shattering the windows, and shards of glass and metal tore into his legs. The 60-year-old surveyor said that 47 passengers, including children, burned before his eyes. "It is an inhumanity." declared Salim. "Why are hey bombing us? He is criminal who bombs civilians."

(주요어구) convoy: 호위
besiege: 포위하다
allied: 연합한
in horror: 공포에 질려
pile out 우르르 몰려 나오다
strike: 공격하다(attack)
fireball: 불덩어리
shatter: 산산이 부수다
tear: 상하게 하다
Inhumanity: 무자비
criminal: 범인
flee~: ~에서 달아나다
eyewitness: 목격자
roar: 굉음을 내다
screech to a halt: 끽끽거리며 멈추다
dive: 급강하하다
cereate: 일으키다
send A into B: A를 B에 보내다
shard: 파편(fragments)
surveyor: 감독자
declare: 단언하다

(핵심구문) 관계대명사, 삽입구 및 삽입절로 인하여 정주어와 정동사가 멀리 떨어지는 문장에 숙달한다.

99.

For once, truth exceeded the fantasies of pulp spy thrillers. Tales of "superguns" were followed by exposēs of secret arms transfers to Third World nations and missile warhead designs for Iraq. The stories led to numerous examinations of the career of a true Canadian prodigy. National hero and space researcher, weapons designer, convict and bankrupt, Gerald Bull was also a multi-million airearms dealer and a technical prophet. Scarcely a week after his assassination, stories appeared in the British press about a series of gigantic tubes being produced in the English steel-mill city of Sheffield. According to the stories, a British company had been involved in a deal that could have given the militarily ambitious Iraqi leader, Saddam Hussein, access to a so-called supergun, with which he could bombard his neighbors' cities.

(주요어구) (just)for once: 한번만은, 간혹
pulp: 저속하고 엽기적인
be followed by~: ~가 수반되다
transfer to~: ~로 이동
numerous: 무수히 많은
convict: 유죄를 선고받은
technical: 특수한
appear: 신문에 나다
steel mill: 제강공장
ambitious: 야심을 품은
bombard A with B: A에게 B를 퍼붓다
so-called: 소위, 이른바
exceed: 수, 양 정도를 넘다
thriller: 괴기영화
exposē: 폭로, 적발
lead to~: ~로 귀결되다
prodigy: 천재, 신동
bankrupt: 파산한
prophet: 예언자, 선각자
gigantic: 거대한
be involved in~: ~에 연루되다
give access to~: ~에 접근을 허락하나
bombard: 포격하다

(핵심구문) could+have+과거분사: 과거에 ~하려면 ~할 수도 있다

100.

Terror and intimidation are keeping Lt. Gen. Henri Namphy his military-dominated government in power in Haiti. After ridding itself of almost 30 years of Duvalier dictatorship, the country remains as repressive as ever. The Reagan administration helped nudge Jean-Claude (Baby Doc) Duvalier into exile 22 months ago and supported Namphy's provisional council largely because it promised free elections. Now Namphy and his Duvalierist allies seem to be consolidating their control and settling in for a long reign-and it is unclear what Washington can or is willing to do about that. The administration called on Namphy to take "dramatic and credible steps" to establish democracy in Haiti. Washington backed up the rhetoric by cutting off $62 million in aid to the impoverished country.

(주요어구) intimidation: 협박 -dominated: -가 지배하는
keep A in power: A를 지배하에 두다
rid A of B: A에서 B를 제거하다
dictatorship: 독재정권(정부, 국가) repressive: 억압적인
nudge A into exile: A를 서서히 국외추방하다
nudge: 접근하다(near, approach)
provisional council: 임시의회 consolidate: 강화하다
settle in: 자리잡다 reign: 통치, 지배
call on A to do~: A 에게~하라고 요청하다
take steps to do~: ~하기 위해 조치를 취하다
dramatic: 여실한 credible: 확실한
establish: 확립하다 back up: 후원하다
rhetoric: 설득력 cut off: 삭감하다
in aid to~: ~를 돕기 위해 impoverished: 가난하게 된

(핵심구문) After+ing~: ~한 후에
주어+help+동사의 원형~: 주어이 ~하도록 돕다
remain+as+형용사+as ever: 여전히 형용사인 상태다

101.

The artillery range may be moved to a Japanese Ground Self-Defense Forces site in a remote area of Hokkaido, but the activities at Naha, Okinawa's main city, and Yomitan are more difficult issues. Naha port is critical to the rapid movement of Marines and supplies off the island, and it played amajor role during the 1991 Gulf War. There is a plan to build a new port near Naha, but the local government is opposed. Yomitan's main use today is for parachute practice, and not many other localities are willing to see those drills in their backyard. Nonetheless, Tokyo is determined to head off Governor Ota's challenge. "What's at stake here is the security of Japan." says a Japanese government official. "The problem is that the benefits of the security treaty are invisible, while the costs of the bases in terms of money, noise and so on are very visible." No one knows that better than the Okinawans.

(주요어구) artillery: 대포　range: 사격장
be critical to~: ~에 매우 중요하다
play a role: 역할을 하다　oppose: 반대하다
parachute: 낙하산　practice: 훈련
locality: 지방　be willing to do~: 기꺼이~하다
nonetheless: 그럼에도 불구하고　Tokyo: 일본정부
head off: 가로막다
at stake: 위태로운(risked), 관련되어 있는(concerned)
security treaty(pact): 안전보장조약
benefit: 이익　in terms of~: ~에 의하여
and so on: 기타 ~등　invisible: 명시되지 않은

(핵심구문) ~,while~: ~하는 반면~

102.

The favorite targets of the kidnap gangs are rich businessmen, ranch owners and public officials, who can be literally worth a king's ransom. Local business leaders commonly bring in hundreds of thousands of dollars for their kidnappers, while foreigners can command ransoms of more than $1 million. The single biggest score in Latin America came a year ago when Alfredo Harp Helū, chairman and CEO of Mexico's largest bank, Banamex, was ransomed after 106 days in captivity for a reported $20 million to $30 million. That still unsolved crime has given other kidnappers inspiration. The eight well dressed men who snatched Brazilian construction magnate João Antônio de Queiroz Galvão in broad daylight in January reportedly demanded a ransom of $10 million before he miraculously escaped from his captors last month.

(주요어구) favorite: 가장 좋아하는 target;대상
kidnap: 납치하다 gang: 한패, 일당
ranch: 대목장
literally: 정말로(뜻을 강조하기 위한 구어체 표현)
king's ransom: 막대한 금액 bring in: 수입하다
can command: 마음대로 할 수 있다
ransom: 몸값, 몸값을 치르다 in captivity: 사로잡혀, 감금되어
big: 대단한 score: 총계
inspiration: 착상 magnate: 거물
in broad daylight: 대낮에 miraculously: 기적적으로
captor: 체포자

(핵심구문) be worth+명사~: ~한 가치가 있다

103.

The nation needs a strategy for the war against crime. It also needs to transcend the sterile debate between iberals and conservatives that has stalled effective national action for most of the past decade-and which, in 1991, is likely to stall of the Bush administration's crime or any other crime bill, for the third year in a row. "The conservative camp blames the evil that lurks in the hearts of men and wants to build more prisons," says Franklin Zimring, director of the Earl Warren Legal Institute of the University of California, Berkeley. "The liberal camp goes off in every other direction, essentially arguing that we can't cure social problems by locking people up." Now, as Zimring says, "our crimerate is sufficiently large that we can bow generously to both camps." Essentially, that means blending the traditional dogmas of the right and left in a new understanding of what many experts are coming, to regard as a uniquely American problem.

(주요어구) transcend: 초월하다 sterile: 흥미 없는
liberal: 진보적 개혁주의자 conservative: 보수주의자
stall: 지연시키다 blame: 비난하다

in a row: 연속적으로	lurk in~: ~에 잠복하다
go off: 말이나 행동이 나타나다	lock up: 가두어 넣다
bow to~: ~에 굴복하다	generously: 관대하게
dogma: 독단적 주장	essentially: 본질적으로
mean+ing~: ~를 의미하다	expert: 전문가
come to do~: ~하게 되다	uniquely: 독특하게

(핵심구문) 주어1+동사1+~(so) that+주어2+동사2~: 주어2이 동사2 할 만큼 주어1이 동사1하다

regard A as B: A를 B로 간주하다

104.

By some accounts, the warning came from an American mole in Eastern Europe or the Soviet Union: someone was stealing secrets from the U.S. Army in West Germany. Seriously alarmed, the CIA and FBI joined with West German security forces in a two-year campaign of stakeouts, surveillance and wiretapping. One break emerged when U.S. officials picked up a reference to the network while eavesdropping on an East-bloc official based in Washington. Another occurred when the CIA began tailing a suspected double agent and discovered that he was linked to the case. Finally, last week, officials in West Germany, Sweden and the United States announced that they had cracked a spy ring that had been passing some of NATO's most sensitive documents to the East for at least a decade.

(주요어구)

account: 이야기	stakeout: 감시
surveillance: 감시	wiretapping: 전화(전신)도청
pick up: 익히다	reference to~: ~에 대한 언급
eavesdrop on : ~을 도청하다	based in~: ~에 기지를 둔
mole: 잠복해 있는 스파이	tail: 미행하다
double agent: 이중간첩	ring: 일당, 도당
crack: 부수다	sensitive: 국가기밀에 관련된

pass A to B: A를 B에 넘겨주다

(핵심구문) (As they were)Seriously alarmed~

105.

With the presidential election behind it and a new administration taking shape, the United States has come to yet another turning point in the war against cocaine. Spending is going up, a drug-policy "czar" will be appointed, and the federal government is once again debating strategy, tactics and logistics for the long battle ahead. What is the best way to combat the rise of cocaine abuse-and how much effort should be expended on law enforcement, prevention and treatment? Is there any one strategy, or even some combination of strategies, that guarantees victory? The answer to the latter question is probably no: there is no "magic bullet" solution. Total victory-an America that is truly cocaine-free-is almost certainly beyond reach. But real progress is achievable so long as the public and its elected representatives are prepared to think clearly, spend wisely and recognize that cocaine is a long-term threat to the nation.

(주요어구) presidential election: 대통령선거 administration: 행정부
take shape: 형태를 갖추다 turning point: 전환기
czar: 독재자, 권력자, 황제 federal government: 연방정부
logistics: 병참술(학) combat~: ~와 싸우다
expend A on B: A를 B에 사용하다 law enforcement: 법의 집행
magic bullet: 문제의 해결책
beyond(out of, above)reach: 힘이 미치지 않는

(핵심구문) so long as 주어+동사~: 만일~이라면

106.

The main ceremonial business of the December summit will be to a treaty eliminating medium-range nuclear weapons. The meeting will be brisk and businesslike: Reagan will be denied his chance to show off the rest of the country to Gorbachev, and he will have only about two or three days to bask in the political glow of his third rendezvous with the Soviet leader. Gorbachev has given up more, dropping any explicit linkage between the summit and concessions on Reagan's space-based missile defense program, called Star Wars. The subject will be discussed in Washington, and the superpowers say they hope enough progress will be made on it to justify the signing of a treaty reducing long range nuclear weapons at a fourth summit in Moscow next year. But the negotiators are far apart on strategic arms and Star Wars. Even the nearly complete agreement on intermediate-range nuclear forces (INF) has gaps, and right-wing American critics already are hoping to block Senate ratification.

(주요어구) eliminate: 제거하다 summit : 정상회담
brisk: 기운찬 show off: 자랑하다
bask in~: 은혜 등을 입다 glow: 행복감
rendezvous: 회동 give up: 포기하다
explicit: 명백한, 솔직한 linkage: 조종, 결합
concession: 양보
Star Wars Program: 미국의 전략 방위구상(Strategic Defence Initiative)
make progress: 진전하다 negotiator: 협상자
superpower: 초강대국 intermediate range: 중거리
ratification: 비준

(핵심구문) the +~ing+of+한정사+ 명사~의 구조를 숙달 한다: the signing of a treaty

107.

But Olympic Park was also the place that security experts had privately worried was most vulnerable to terrorist attack. And in the early hours of Saturday morning, two events swiftly focused those concerns. About 18 minutes before the explosion, a call came in to 911. According to FBI agent David ("Woody") Johnson, "a white male with an indistinguishable" American accent warned that a bomb would go off at the park within 30 minutes. At about the same time, Tom Davis, of the Georgia Bureau of Investigation, who had been alerted to a suspicious bag by a stage security guard, viewed an unattended olive-green knapsack leaning up against the 12-m NBC sound tower 46 m from the stage. The officer called the bomb ordnance squad, which included FBI and ATF agents and military personnel. Joined by other officers, the police began to warn the crowd away from the site. But the jolly revelers, many waving cups of beer, didn't take directions very well. Two or three minutes later, the evacuation was still in progress when suddenly there was a flash of light and a boom. The smell of gunpowder filled the air.

(주요어구) be vulnerable to~: ~에 공격을 받기 쉽다

focus: 관심 등을 집중시키다
indistinguishable: 구별할 수 없는
accent: 말투
alert: 경고하다
unattended: 내버려둔
suspicious: 의심이 가는
at the same time: 동시에
ordnance: 포, 대포
jolly: 즐거운
revel: 주연을 베풀다
evacuation: 철수, 소개
in progress: 진행 중

(핵심구문) (As they were) Joined by~

108.

Over the years much has been made of the so-called lessons of Munich. It is said that Chamberlain was wrong to assume that Hitler shared his view of modern warfare; the use of chemical weapons in World War I, he felt, made great-power war too horrible to contemplate. But Hitler wasn't bluffing. The lesson for the nuclear age, therefore, was that political leaders must take into account the willingness of an adversary to think the unthinkable. Another Chamberlain mistake, history has decreed, was to pay too much attention to public opinion, particularly the British people's fear of war and their desire to spend scarce resources on social reforms. The lesson drawn there, as John F. Kennedy put it in an Inaugural Address haunted by Munich, was that a great nation must "pay any price" to defend its values on foreign shores. Finally, it is argued, Munich showed that the enemies of democracy tend to interpret conciliation as weakness. Chamberlain had a choice between war and shame, Churchill once wrote in a letter; having opted for shame, he would get war. The lesson that evolved: military force should always be a primary option.

(주요어구) make much of~: ~을 이해하다 lesson: 교훈
Munich: 뮌헨, 굴욕적인 유화정책 modern warfare: 현대전
contemplate: 곰곰 생각하다(consider)
bluff: 속이다 take A into account: A를 고려하다
adversary: 적, 반대자 unthinkable: 도저히 상상할 수 없는
decree: 포고하다 pay attention to~: ~에 유의하다
public opinion: 여론 spend A on B: A를 B에 소비하다
scarce: 부족한 resource: 자원
put it: 언급하다 an inaugural address: 취임사
haunt: 머리에서 떠나지 않다 (obsess)
pay price: 대가를 치르다 defend: 지지하다(support)
foreign shores: 외국 interpret A as B: A를 B로 판단하다
conciliation: 조정, 화해 opt for: 선택하다
evolve: 서서히 전개시키다

(핵심구문) take A into account→take into account A: ~political leaders take into account the willingness of an adversary to think the unthinkable

---

109.

At every moment in the president's itinerary, whether he is in a banquet room, exiting an airplane, or riding in a motorcade, the agency's primary protective goal is to maintain a safe zone. Also called "the out perimeter," a "zone of security," or the "sanitized zone," the safe zone is the actual area surrounding the protectee, the zone's size and shape varying with such factors as the number of agents on duty, situation, and what the protectee will allow. Ideally, from the Service's viewpoint, the zone ought to be the size of a football field; in reality, it is usually measured in feet rather than dozens of yards. It is supposed to surround the protectee completely (360 degrees), whether the protectee is stationary or moving. Whatever threats arise, the zone will give agents a better chance to prevent an attack or, failing that, to blunt an attack, or as a Secret Service manual describes it, "to absorb the shock to such an extent that the results will not be tragic."

(주요어구) itinerary: 여행일정　　banquet: 연회
sanitized: 위생적인

(핵심구문) ~ to such an extent that~: ~할 정도 까지

110.

The word "assassin" comes from the name of a Shi'ite Muslim sect encountered by Crusader knights fighting on the Holy Land in the eleventh and twelfth centuries. The sect's first Grand Master, Hasan asSabah, built the impregnable citadel of Alamut, the "Eagle's Nest," in Iran, and from there sent out his followers on mission to kill leaders of the rival Sunni Muslims or, more rarely, of the Christian intruders. History books used to assert that "assassin" was derived from hashishiyun, and that it referred to the killers' use of a hallucinogenic drug to achieve a vision of the paradise that awaited them after death as a reward for the religious murders. Now more prosaically, it is generally accepted to be simply an Arabic word for fundamentalist.

(주요어구) assassin: 암살자 impregnable: 난공불락의
citadel: 성채 hallucinogenic: 환각성의
prosaically: 평범하게 fundamentalist: 근본주의 기독교 신자
(핵심구문) 주어+ used to+ do~ 주어가 과거에 늘 ~했지만 지금은 ~하지 않는다

Rapid-fire pistol shooting technique

PART Ⅲ Evacuation Cases and Equipment (대피사례 및 장비)

1. WANTED

WANTED

Name: George Herbert Walker Bush

Age: 64

Occupation: Vice President

Last known residence: Connecticut, Maine, Texas, Massachusetts

MISSING FROM THE WAR ON CRIME

Wanted For:
- Interstate flight to avoid responsibility
- Failing as drug czar
- Slashing support for state and local police
- Giving criminals easy access to guns
- Dealing with drug-running Panamanian dictator

CAUTION:

SUBJECT MAY BE ARMED WITH DANGEROUS RHETORIC

FOR MORE INFORMATION ABOUT THIS SUSPECT,

CONTACT: YOUR LOCAL DISTRICT ATTORNEY

(Notes) wanted man: 경찰의 지명(현상)수배자 occupation: 직업
vice president: 부통령, 부사장 residence: 주거, 주소
missing: 행방불명인 interstate: 각 주(州)간의
flight: 도주 avoid: 피하다
responsibility: 책무 fail: 실패하다
drug czar: 정부가 임명한 마약단속 최고책임자
drug: 마약 run: 밀수하다
Panamanian: 파나마사람의 dictator: 지령자
caution: 경고 subject: 지명수배대상
suspect: 혐의인물 rhetoric: 웅변술
A be armed with~: A 가 ~를 갖추고 있다

2. ESCAPE AND SURVIVAL

Minutes before 3 p.m. on Friday, June 2, Captain Scott O'Grady's F-16 fighter was hit by a Bosnian Serb missile, forcing him to eject at 26,000 ft. (8,000 m). This shows the ejection process and typical survival gear.

① The pilot pulls the ejection lanyard located between his legs. The canopy is blown off.

② A rocket propels the seat out of the cockpit, and a small parachute slows down the pilot.

③ The seat kicks the pilot away, and the main parachute deploys when the pilot falls below 14,000 ft.(4,300 m). A survival kit and raft attached to the pilot's chute harness by about 40 ft. (12 m) of rope deploys from the seat.

④ Vest Survival Kit

10 Ibs, (45 kg)

Life preservers (discarded soon after landing)

Compass

Whistle

Chap Stick, bug repellent and sun block

PRC-112

radio pocket

Also in vest:

Global positioning system receiver

Signal mirror

First-aid kit

Face-camouflage paint

Map

Personal radio

communicator (PRC-112)

Inside left pocket:

Saline solution

Water-purification tablets

Matches

Malaria tablets

Bandages

9-mm Beretta, holster and two 15-round clips

Smoke signal and flares

⑤ F-16 Seat survival Kit 29 lbs. (13kg)

Hit-and-go package (A smaller pack within the survival kit containing the most important items)

Water

PRC radio

Batteries

First-aid kit

Also in kit:

Flares

Flare gun

Signal mirror

Compass

Whistle

Strobe light

Raft-repair plugs

5-1n. (ll-cm) knife

Matches

Space blanket

Sea-dye marker

Survival pamphlet

Drinking-water bag

Beacon

Camouflage paint

Camouflage net

Two sponges

Hat and goggles

Toolkit: pliers, screwdriver

Socks

Leather gloves

(Notes) escape: 탈출
captain: 선장
ejection: 사출탈출
canopy: 조종실 위쪽의 투명한 덮개
cockpit: 조종석
survival: 생존
eject: 사출좌석에서 긴급탈출하다
lanyard: 매는 밧줄(rope)
Falcon: 미군의 공대공 미사일의 종류
parachute: 낙하선

kick: 반동하다(recoil)
deploy: 전개하다
survival kit: 비상용 구명상자
life raft: 구명 뗏목
harness: 이용하다
life preserver: 구명기구
discard: 버리다
compass: 나침판
whistle: 호각
chap stick: 입술크림
sunblock: 자외선 방지크림
bug repellent: 방충제
GPS: 전 지구 위치 확인 시스템(Global Positioning System)
signal mirror: 통신거울
camouflage: 위장
first-aid kit(case): 구급상자
radio: 무선
communicator: 발신기
saline solution: 식염수
purification: 정화
tablet: 정제
bandage: 붕대
holster: 가죽권총집
flare: 조명탄
strobe light: 섬광전구(flash lamp)
space blanket: 알류미늄 코팅을 한 플라스틱 시트
dye: 염색, 염료
beacon: 무선표지
toolkit: 연장 장비

3. OPERATION CHAVĪN DE HUĀNTAR

OPERATION CHAVĪN DE HUĀNTAR was a military operation in which a team of one hundred and forty-two commandos of the Peruvian Armed Forces ended in 1997 Japanese embassy hostage crisis by raiding the Japanese ambassador's residence and freeing the hostages held there by the Tūpac Amaru Revolutionary Movement.

1. Just minutes before the assault, the hostages on the second floor are warned by a secret radio message that a raid is about to take place and are asked to open the door leading out to the balcony from the ambassador's bedroom.

2. Commandos rush into the compound through the front gates and from roofs of neighboring buildings; they storm the embassy residence and take positions outside.

3. Plastic explosives placed in a tunnel 10 ft. (3 m) beneath the main room of the residence are detonated. Rebel leader Nēstor Cerpa and seven other guerrillas are playing soccer there; five are killed.

4. Other tunnels are blown open outside the building, and the heavy doors in the front and back are blasted open. Soldiers enter the house and compound through the tunnels and doors.

5. One unit must blast through the outer door on the second-floor balcony to reach the hostages.

6. The surviving terrorists from the soccer game go up the stairs toward the hostages but are cut down by commandos' bullets. The remaining rebels are killed.

7. Hostages are led out to the second-floor balcony and down the stairs to safety.

(Notes) military operation: 군사작전
raid: 급습
commando: 특공대원
storm: 습격하다
detonate 폭발하다
blast: 폭발하다
hostage: 인질
ambassador: 대사
compound: 구내
embassy residence: 대사관저
rebel: 반역자

4. Innocents Caught in Harm's Way

IN SOME COMMUNITIES AROUND THE WORLD, THE NEWS OF THOMAS HAMILTON'S deadly attack in Dunblane must have sounded tragically familiar. Too often, schoolchildren have been the targets of violence:

① VLADIKAVKAZ, RUSSIA DECEMBER 1995 An unemployed drug addict, Yuri Kardanov, 30, seized a kindergarten class and demanded a ransom. When the police mounted an assault, he exploded two hand grenades, killing three children and wounding three others.

② MIDDLESBROUGH, MARCH 1994 Stephen Wilkinson, 29, stabbed a 12-year-old to death and lashed two other girls before being overpowered by teachers at Hall Garth comprehensive school. Wilkinson, a former Hall Garth student, was sentenced to indefinite detention at a psychiatric hospital.

③ NEUILLY-SUR-SEINE, FRANCE MAY 1993 Bankrupt businessman Eric Schmitt took a class of 21 preschoolers hostage and threatened to blow everyone up unless he received $18.5million. Thanks to a brave teacher who calmed the children with games and stories, the ordeal ended 46 hours later with only one casualty: Schmitt. When the hostage-taker dozed off, commandos tried to evacuate the children, and killed Schmitt when he suddenly woke up.

④ STOCKTON, CALIFORNIA JANUARY 1989 Patrick Purdy, a deranged 26-year-old drifter, sprayed a crowded schoolyard with an AK-47 assault rifle, killing five children, all Southeast Asian refugees ages six to nine, and injuring 30 others. Purdy then shot himself to death with a pistol.

⑤ CHOWCHILLA, CALIFORNIA JULY 1976 Three well-to-do kidnappers hijacked a school bus carrying 26 children, ranging in age from six to 14, and left them in a trailer buried in a quarry. The trio was nabbed after the children and the bus driver managed to dig themselves out of their makeshift prison.

⑥ COLOGNE, GERMANY Using a homemade flamethrower, Walter Seifert set a classroom on fire while screaming "I am Adolf Hitler the second!" The inferno killed eight children and seriously injured 20 others; while escaping, Seifert stabbed two teachers to death with a lance. Just before police shot him down, he ingested insecticide. He died in a hospital later that day.

(Notes) March 1996: Thomas Hamilton,43 kills 16 children and their teacher in a school in Dunblane, Scotland.

in harm's way: 위험한 곳에서
innocent: 결백한 사람
mount: 공격을 개시하다
hand grenade: 수류탄
wound: 부상하게 하다
stab A to death: A를 찔러 죽이다
slash: 째찍으로 갈기다
comprehensive school: 종합중등학교(composite school)
sentence: 선고하다
detention: 격리
psychiatric hospital: 정신병원
bankrupt: 파산한
preschooler: 취학전 아동
ordeal: 시련
doze off: 선잠을 자다
evacuate: 대피시키다
deranged: 미친
drifter: 유랑자
spray: 끼얹다
assault rifle: 돌격용 자동 소총
shoot oneself to death: 자살하다
well-to-do: 유복한
quarry: 채석장
nab: 체포하다(arrest)
manage to do~~: ~을 해내다
dig oneself: 몸을 숨기다
makeshift: 임시변통의
range from A to B: A에서 B까지 이르다
bury: 매장하다
flame thrower: 화염방사기
set A on fire : A에 불을 지르다
inferno: 지옥(hell)
lance: 작살
ingest: 섭취하다
insecticide: 살충제

5. Israel's Way

The Pattern of fire

Guns laid down two thick clusters of shells, one 110 m south of the U.N. compound and a second concentrated within the base. The first cluster hit near the vacant lot where Hizballa guerrillas had fired mortar rounds at Israeli commandos. The second, far from being the "couple" or the "few" overshotsdescribed at first by Israel, actually numbered 13 shells directly inside the base and four very close to it.

The mix of ordnance

Israeli commanders say their 155-mm howitzers fired two types of shells, proximity-and impact-fuzed, at a two-to-one ratio in random order. But according to the U.N., the proximity shells, which explode above ground and can inflict fearsome injuries, converged almost exclusively over the compound.

The presence of Israeli aircraft

Contrary to Israel's early assertions that no airborne spotters were above Qana immediately before, during or after the bombardment, an amateur videotape recorded five minutes of the shelling that clearly shows an Israeli drone, or pilotless surveillance craft, in the air over Qana as the barrage was going on. Beyond that, U.N. personnel and other witnesses reported seeing two Israeli helicopters in the vicinity. The videotape captures one of the choppers a couple of kilometers away deploying antimissile decoy balloons.

(Notes)
- lay down: 무기 등을 버리다
- cluster: 집속폭탄
- concentrated: 집중된
- vacant lot: 공터
- mortar: 박격포
- round: 일제사격
- fire at~: ~를 저격하다
- overshot: 상사(上射)
- describe: 설명하다
- number: 총수가~이르다
- ordnance: 대포
- howitzer: 곡사포
- proximity: 근접
- impact: 작렬
- proximity fuze(fuse): 근접 전파 신관
- converge: 집중하다
- fearsome: 무시무시한(terrible)

exclusively: 오로지(only)
presence: 주둔
contrary to~: ~그와 반디로
spotter: 민간 대공 감시원
drone: 무인 비행 물체
barrage: 연발사격
witness: 목격자
vicinity: 근처, 부근
capture: 기록하다
chopper: 헬리콥터
antimissile: 대미사일용
decoy: 레이더 탐지 방해용 물체

6. ANATOMY OF A DISASTER

① 6: 42 P.M. Through a tragic miscommunication, a Kazakhstan cargo plane and Saudi passenger liner collide outside New Delhi.

② Laden with 36 tons of fuel, the Saudi 747 explodes in flames and plummets to the ground, spilling luggage, seats and passengers as it falls.

③ The pilot of the Kazakh Ilyushin76, apparently attempts to land, bouncing several times before crashing in a muddy field

④ The Saudi wreck falls close to a cluster of farm houses, 80 km west of New Delhi. The other plane breaks up 7 km away.

(Notes) (1966년 11월 12일 화요일 오후6시 인도 뉴델리 서쪽 65km 지점 차르키 다드리 상공에서 두 비행기의 충돌사고)

anatomy: 분석
disaster: 대참사
tragic: 비극적인
miscommunication: 잘못된 전달
cargo plane: 화물 수송기
liner: 정기 항공기
collide: 충돌하다
lade: 화물을 싣다
(load) be laden with~: ~로 충분히 채우다
in flames: 불타올라
plummet: 똑바로 떨어지다
spill: 말, 차 등에서 떨어지다
crash: 비행기가 추락하다
a cluster of~: ~이 모여 있는

PART IV Assassination and Threat Cases (암살 및 위해 사례)

1. The Attempted Assassination of President Andrew Jackson

On January 30,1835, in the Main entrance to the United States Capitol, Washington, D.C., Richard Lawrence stepped from behind a column on the portico as the President and his family approached. From a distance of 13 feet, he drew two single shot pistols and fired one. The cap discharged but the bullet did not fire. The other pistol was fired at point blank range as the President raised his cane, but it too failed to discharge. He was apprehended by the Secretary of the Treasury and a naval officer.

2. The Assassination of President James A. Garfield

On July 2,1881, in Baltimore and Potomac Train Station, Washington, D.C. Charles J. Guiteau sat in the waiting room, having read in a newspaper that the President was leaving on that day. As the president walked through the waiting room, he approached and shot him in the back from a distance of a few feet. He stepped closer and fired again, piercing the President's coat sleeve. A.44 caliber British made revolver was used.

3. The Assassination of President McKinley

On September 6,1901,in Buffalo, New York, President McKinley was standing in a receiving line at the Pan American Exposition. A throng pressed close to the president as three Secret Service operatives flanked him, with eighteen Exposition policemen, eleven members of the Coast Guard, and four Buffalo city detectives close at hand. When the president of the Exposition requested a spot directly alongside Mckinley, one of the Secret Service operatives, stationed there in large part to help keep the reception line moving and prevent the crowds from overwhelming the chief executive, assented and took up a new position a few feet from McKinley.

Leon Czolgosz, a nondescript man of medium build, dressed in a black suit, jostled his way toward the president amid a knot of well-wishers. The man worked his way within two feet of McKinley and halted where the agent had stood just minutes earlier-it was a clear angle at the president. Then, Czologsz raised his right arm and thrust his hand, covered by what looked like a cast or a white bandage, toward McKinley. Suddenly two cracks echoed in the hall and a small sheet of flame flashed from the "bandage." Bullets slammed into McKinley's chest and stomach.

Shrieks burst from bystanders as two Secret Service men and a civilian tackled Czolgosz, ripping the pistol from his fingers.

At 2: 15 A.M. on September 14, 1901, McKinley died from an infection in one his wounds; many medical experts would later charge that his death was the result of negligence. McKinley's doctors should have realized that the wound was festering. Forty-two-year old Vice President Theodore Roosevelt was immediately sworn in as the youngest chief executive in the nation's history.

4. The Attempted Assassination of President Theodore Roosevelt

Outside the Hotel Gilpatrick, Milwaukee, Wisconsin on October 14,1912, John A. Schrank followed the President during his campaign, more than 2,000 miles through eight states in twenty four days. A .38 caliber Colt revolver was purchased in New York. Waiting outside in the hotel, he watched Roosevelt come out to get into his open car. The President stood to wave to the crowd. He fired his revolver between two people from a distance of about six feet. The President was struck in the right chest, suffering a broken rib and a minor wound. Apparently, the President was saved by a metal glasses case and a folded fifty page manuscript in his right coat pocket.

5. The Attempted Assassination of President-elect Roosevelt

In Miami on February 15, 1933, the Secret Service came face to face with another gunman seeking to slay a president-in this case President-elect Franklin D Roosevelt, who had been on a vacation cruise before his March inauguration, went to Bayside Park to meet a crowd of citizens and Democratic leaders and deliver a speech from a podium to which he was guided by agents. This was done in a way that masked his partial paralysis. After he gave his speech and was escorted by his agents to an open limousine, he spied AntonCermak, the mayor of Chicago, and beckoned him to come up to the car as it slowly cruised among the waving and cheering throng. A short, storky man slipped to the front of the crowd and toward an empty chair near the podium.

The man, Giuseppe Zangara, had arrived one-and-a-half hours before the speech but was unable to get a front row seat. Wracked by stomach pains, the deranged man believed that his agony would abate only if he killed Roosevelt

As Roosevelt's limo began to roll away from the reviewing stand, Zangara clambered onto a spectator's vacated chair. Then, as Roosevelt leaned forward to shake Cermak's hand, gunshots sprayed the open car. None of the shots struck the intended target-Roosevelt-but Cermak crumpled forward into the car, mortally wounded. Secret Service Agent Robert Clark was hit, as were four other people.

While police officers slammed Zangara to the pavement and disarmed him, Secret Service agents tried to whisk the limo away from the scene, but Roosevelt ordered them to place the doomed Cermak in the car speed to a hospital. The mayor died there a shot time later.

Zangara, professing a hatred of "the capitalists," was adjusted sane despite his belief that Roosevelt's death would end his stomach pains. The would-be assassin was convicted and electrocuted within a month of the tragedy.

6. The Foiled Assassination Attempt of President Truman

Truman's preference for the Secret Service over Hoover's G-men was cemented on November 1,1950, when the president was residing at Blair House because of extensive renovations underway at the Executive Mansion. At 2: 30 P.M. that day, Truman was napping in a second-floor bedroom at his tempory quarters, directly across Pennsylvania Avenue from the White House.

A pair of Puerto Ricans, Griselio Torresola and Oscar Collazo, strode toward Blair House from the west, both men attracting little attention from passersby. Earlier that day, the pair had strolled past the house, scrutinizing the mansion's security posts and possible points of entry. Concealing pistols, Torresola and Collazo intended to assassinate Truman in a blow for Puerto Rican nationalism.

Around 2: 00 P.M., they walked into 15th Street and chose to separate and approach the house from different directions. Torresola walked toward the mansion from the west, Collazo from the east; the pair planned to arrive simultaneously, storm the president's security detail, and shoot their way into the Blair House.

As the two men converged on Blair House, Private Leslie Coffelt, of the Secret Service White House Police, was manning the west security booth, and Private Joseph Davidson was in the east booth with Special Agent Floyd

Boring. Standing on the first step of Blair House's front door and under a canopy was Washington Police Officer Donald Birdzell.

Collazo walked within eight feet of Birdzell. The assassin pulled out his automatic pistol on the officer, who haf his bck turned to the attackers as he talked with Agent Boring, and fired. The gun clicked-nothing happened for an instant. Then the pistol cracked and a round tore into Birdzell's right knee. Immediately Boring and Davidson drew their pistols and opened up on Collazo , as did Special Agent Vince Mroz a moment later. Inside Blair House, Agent Stewart Stout heard the shots, rushed to a gun cabinet, retrieved a Thompson submachine gun, and stood in the hallway guarding the stairs and elevator to the second floor, where Truman was trying to nap. His wife, Bess, was not in Washington.

At the same time, Torresola halted in front of the west booth, whipped out his Luger, and pumped rounds into Coffelt's abdomen and left side. Coffelt slumped to the floor of the sentry box. Then Torresola leveled his Luger at White House Police Officer Joseph Downs, dropped him with three shots, and hurdled a hedge to get to Collazo and up the steps.

Seconds later Torresola also snaped off a shot at Birdzell, who had crawled onto Pennsylvania Avenue to try and pull Collazo away from Blair House. As Birdzell aqueezed off a round at Torresola and missed, the attacker's shot ripped into the officer's left knee. Suddenly the dying Coffelt lurched to his feet, propped himself against the booth, pointed his revolver at Torresola's head, and fired. The bullet slammed into Torresola's ear and he pitched forward, dead before he hit the ground.

The other officers and agents blasted away at Collazo, bullets whistling through his hat and nicking one of his ears and his nose. Finally he crumpled as a shot slammed into his chest. In all, the would-be assassins and the agents and officers had exchanged twenty-seven shots.

Coffelt died three hours and forty minutes later during surgery. President Truman later remarked, "The one officer who was killed was just cold bloodily murdered before he could do anything." The other White House police officers recovered from their injuries.

The assassins never had a chance of reaching the president. Inside the mansion, Stout and other agents would have cut down the assailants even if they had miraculously shot their way past the front door. The protection perimeters had been tested and were proven to be effective; the Secret Service and the White House Police proved their valor and their efficiency in protecting the president.

7. The Protective Mission of President-elect Eisenhower

Dwight D. Eisenhower won the presidency in 1952, and with his victory came a potential security nightmare for the Secret Service. Ike had vowed to the nation that if elected, he would fly to Korea to see firsthand how he might end the war there. Three weeks after his election, he left for the war-ravaged country on a secret six-day trip; the Secret Service's mission was to keep him safe-in a war zone. They did, but not without several "close shaves." President-elect Eisenhower traveled to the front lines to positions that (were overrun) by the Chinese and North Koreans scant hours after he left. Snipers posed a constant threat. But by working closely with military intelligence and scouting out sites as best they could before Ike arrived, the agents returned the President-elect safely home. I bet he didn't take helicopters

8. The Threat of Vice President Richard Nixon

On May 13,1958, Eisenhower's vice president, Richard Nixon, and his wife, Pat, arrived in Caracas, Venezuela, during a goodwill tour of South America, and barely escaped with their lives. That they did remains a testament to the quick wit and courage of the couple's Secret Service detail.

At the Caracas airport, a horde of demonstrators jeered, shouted, blew whistles that added to the din, and waved placards haranguing the United States as Venezuelan officials tried to welcome the Nixons in an official ceremony on the tarmac. Then stones and bottles rained down on the couple. Secret Service Agents formed a tight ring the pair and quickly escorted them to a bulletproof limousine; protestors closed in and spit at the Nixons as they climbed inside the car.

All ceremonies for the Nixons were canceled. Agents later discovered that in a building next to the site of a wreath-laying ceremony in ehich the Nixons would have participated, anti-American rioters had stored a cache of Molotov cocktails. The vice presidential couple left hurriedly the following day.

9. The Assassination of President Kennedy

On November 22, 1963, when the first bullet tore into "Lancer's" upper body and the final shot slammed into his head, everything changed-for the nation and the Secret Service. The agency had lost Lancer, President John F. Kennedy.

Within hours of the assassination , Agent Roy Kellerman, who had sat in the front seat of Kennedy's limousine, assured the FBI: "The precautions employed in Dallas were the most stringent and thorough ever employed for the visit of a president to an American city.

He did not relate how he had frozen for those six or seven seconds after the first shot-a time span that allowed the "kill shot" to the president's head.

Agent William Greer, the driver of Kennedy's car, neglected to admit how he failed to hit the gas after first shot or swerve the vehicle to throw off the unseen sniper's aim. the limo continued rolling at a snail's pace down Dealy Plaza. Worse, he actually slowed down almost to a complete stop.

As Greer followed the established procedures and waited for a command from Kellerman, the president was a proverbial sitting back. The agents had those six or seven seconds to do something, anything, before the president's head was nearly blown off. They did nothing and covered up their actions–or lack of them–to the Warren Commission and others.

The Secret Service's advance team in Dallas chose a flawed motorcade route and failed to check out such potential sniper perches as the Texas Book Depository and to secure an overpass. For years, the fiction that Kennedy had refused to allow agents to place a bulletproof bubbletop on the limousine persisted. The top was not actually bulletproof.

On November 21–22, the night before the assassination, nine of Kennedy's agents who were "on call" were out drinking. The next day, several of the agents failed to notice that the motor cycle formation surrounding Kennedy limo was all wrong.

Because of poor coordination among the Secret Service, the FBI, and the Dallas Police, agents had no idea that a band of Cuban dissidents called Alpha–66 had threatened Kennedy's life. Not until the day after the assassination did Dallas police tell the Secret Service that had been watching Oswald and that he had met with another group of Cubans; unlike Alpha–66, they were pro–Castro.

10. The Assassination of Malcolm X

In the Audubon Ballroom, New York City on February 21,1965 Malcolm X was at a podium on an elevated stage addressing approximately 400 persons. Two males in the audience to the speaker's right, four rows back, began a disturbance. Malcolm X stepped in front of the podium. A subject to the left fired with a shot gun. During the ensuing havoc, Malcolm X was hit with a 12 Gauge shotgun round, 9mm and .22 caliber rounds.

11. The Threat of Vice President Humphrey

One of the hottest moments for the Secret Service in Vietnam erupted o October 31, 1967. In Saigon, Vice President Humphrey had attended inauguration ceremonies for South Vietnamese President Thieu of South Vietnam; later that evening, Humphrey arrived for a reception at the Independence Palace grounds.

Within a minute of his entry into the Palace, four mortar rounds exploded in the rear of the grounds, wounding two people and demolishing two vehicles. Agents quickly surrounded the vice president.

The Viet Cong had fired the rounds through an opening in the roof of a small hut located six blocks from the Palace, first killing an elderly civilian in an adjacent hut when he went to investigate what they were doing. The agency suspected that Vice President Humphrey was their target.

12. The Murder of Dr. Martin Luther King Jr.

Dr. Martin Luther King Jr. was murdered on April 4,1968, on the second-floor balcony of the Lorraine Motel in Memphis, Tennessee. In this case, agents might have been a deterrent to assassination, but the problem was the balcony and the fact that it's not easy to protect someone from a sniper. No one with Dr. King was looking at windows, as agents would have. Bit then, agents would not have put him in a second-floor room where the only way in and out was along an open balcony. We would have kept him on the ground floor, where we could control physical and visual access to him. A lot of the decisions that were made by Dr. King and his staff would not have been made by Secret Service agents.

13. The Attempted Murder of Alabama Governor George Wallace

Another case is the attempted Murder of Alabama Governor George Wallace in May 1972. As a candidate for president, Wallace was attending a political rally at a shopping center in Laurel, Maryland. He spoke to the small crowd from behind a bulletproof shield, but then moved away from the podium to shake hands in the crowd. Suddenly, a twenty -two-year-old man named Arthur Bremer appeared with a.38 and got off five shots. All five hit Wallace, who was crippled for life. Three other people were also wounded, including agent Nick Zarvos, who took a bullet in the neck.

14. The Escaping of Presidential Candidate George McGovern

Presidential candidate George McGovern escaped serious injury when an intoxicated motorist lost control of his automobile while driving on the freeway and his car swerved into the Secret Service follow-up car before crashing into an embankment. The incident killed the drunken driver and injured two agents.

15. The First Attempted Assassination of President Ford

The attempt was occurred in Sacramento, California, on September 5, 1975, when a strange woman named Lynette "Squeaky" Fromme-a follower of mass murderer Charles Manson-broke through a crowd and pointed a handgun at the president. My friend Larry Buendorf was working the rope right where Fromme was standing. He spotted the .45 coming out of her coat pocket, and lunged for it. He got his thumb between the hammer and the firing pin so that when she pulled the trigger, the gun didn't fire. He wrestled her to the ground as other agents arrived. By that time, the president was in the car and out of there. Fromme got close because we didn't run people through metal detectors during those years.

16. The Second Attempted Assassination of President Ford

Only two-and-a half weeks after the Fromme incident, the nightmare scenario erupted for the Secret Service and the country again. On September 22, 1975, President Ford was exiting the St. Francis Hotel in San Francisco, where a crowd of three thousand had gathered to see him. The throng lined the sidewalks for two to three blocks outside the hotel, and was to three persons deep behind rope barriers. When Ford emerged from the hotel, the crowd cheered. with spectators jostling each other for a glimpse of the president.

Ford, smiling and waving, flanked by agents, walked toward his waiting limousine. As he started to reach out to shake a few hands, a single shot exploded from across the street approximately forty feet away. A .38-caliber exploding bullet screeched past the president, ricocheted off a concrete wall, and struck a taxi driver whose wound fortunately proved minor.

The president's assailant was Sara Jane Moore, who had waited for more than three hours outside the hotel. A nondescript forty-five-old woman, she wore baggy tan pants and a neatly pressed blue raincoat and stood with her hands in her pockets the entire time, except when she fired her .38 caliber revolver at the moment of the shooting. Moore drew her revolver and aimed at Ford from the second row of spectators. Thirty -two-year -old bystander Oliver Sepple, a disabled Vietnam veteran, is generally credited with having deflected the gun as it was fired, and causing the shot to miss the president. Still, one policeman at the scene believed that Moore had gotten off her shot in an unobstructed fashion before Sepple could deflect the weapon.

17. The Attempted Assassination of General Alexander Haig

On June,25,1979, In Obourg, Belgium ,General Haig his way to walk at the Supreme Headquarters Allied Powers Europe when a bomb exploded under a bridge. The bomb was detonated a split second too late and exploded between

General Haig's car and his chase car, slightly wounding two security personnel.

The assassin was never identified but was believed to be members of the Red Army Faction.

18. The Attempted Assassination of President Reagan

On March 30,1981, President Ronald Reagan was scheduled to give a speech at the Washington Hilton Hotel to four thousand members of the Building and Construction Trade. The itinerary called for a motorcade from the White House to the Hilton, arriving at 1: 50 P.M.; the president would then enter the hotel, deliver a brief speech, exit the hotel into a waiting limousine, and arrive back at the White House by 2: 30 P.M.

None of the Secret Service detail outside the Washington Hilton Hotel on March 30, 1981, spotted the fidgety Hinckley among the press corps. But from the instant that Agent Tim McCarthy hurled himself in front of Reagan and took a Devastator bullet in the chest, and Agents Parr and Shaddick pushed the president into the limousine, the press and the public alike marveled at the instinctive reactions of the president's protective detail. From the first cracks of Hinckley's handgun to he scant seconds later when agents jumped and disarmed him, they performed with near-textbook efficiency. The detail's heroics in those frenetic seconds, however, cloaked errors that nearly cost Reagan his life. The mistakes left McCarthy, Officer Delahanty, and Press Secretary Jim Brady sprawled and breeding on the sidewalk outside the hotel.

19. The Attack on Pope John Ⅱ

The attack on Pope John Ⅱ in St. Peter's Square on may 13, 1981, is a classic case of dealing with a assassin who is willing to give up his own life.

It's tough to defend against someone who is willing to die–as we've seen all too often since September 11–chances are he can get close enough to his target to be a very serious threat. Mehmet Ali Agca was just another face in a crowd of nearly a hundred thousand people that day, until he got within point–black range and fired several times. The Pope was in a wide–open car with Vatican security officers forming an inner perimeter around him. But there were no effective middle or outer perimeters, making it impossible to protect him in that crowd.

20. The Attempted Assassination of General Frederick Kroesen

On September 15,1981, General Kroesen was on his way to work at the Headquarters U.S. Army Europe. As his two car mortorcade slowed for a traffic light at an intersection, an RPG was fired from a hillside approximately 120 meters away. The rocket struck the right rear of the trunk. Another rocket missed the car and exploded on the sidewalk while General Kroesen's car being sprayed with automatic fire from an H&K MP5. General Kroesen and his wife, riding in an armored car, were slightly injured. The location of attempt was Heidelburg, West Germany. The assassin was never identified but was believed to be members Of the Red Army Faction.

21. The Assassination of President Anwar Sadat

On October 6,1981, President Sadat was watching a military parade when four soldiers jumped from a truck, ran to the reviewing stand, and sprayed the spectators with automatic weapons fire and grenades. 5 people were killed and 28 wounded, including four Americans. The location of assassination was Cairo, Egypt. The assassins were members of a radical faction of the Egyptian Army. One died in the gun battle and three were wounded.

22. The Assassination of U.S. Navy LCDR Albert Schaufelberger

On May 25,1983, LCDR Schaufelberger was sitting in an armored car with the window down. Apparently, it was very got and the air conditioner did not work. He was approached from behind and shot in the head three times at close range. The location of assassination was in front of the Central American University, San Salvador, 띠 Salvador. The assassins were that Credit was claimed by the Clara Elizabeth Ramirez Front, a splinter element of the Popular Liberation Forces.

23. The Attempted Assassination of Prime Minister Margaret Thatcher

On October 12,1984, at the Grand Hotel of Brighton in England, Prime Minister Thatcher was attending a political party convention in a hotel when a bomb exploded, killing four people and wounding 32 others. It was reported that the bomb had been planted months earlier using a sophisticated microchip timing device. The meeting had been planned and it was well known that it would take place in the Grand Hotel.

The assassins were that Credit was claimed by the Provisional Irish Republican Army.

24. The Assassination of U.S. Navy Captain William Nordeen

On June 28,1988, Captain Nordeen was on his way to work at U.S. Embassy in Athens when a bomb was remotely detonated in a parked car as he passed. The location of assassination was the Kifisia suburb of Athens in Greece. The assassins were that Credit was claimed by the Revolutionary Organization 17 November.

25. The Assassination of U.S. Army Colonel James "NICK" Rowe

On April 21, 1989, as Colonel Rowe was being driven to work, two men approached from the left rear and fired several rounds from an M-16 rifle. One round penetrated the armored car, striking Colonel Rowe in the head.

The location of assassination was Quezon City in Philippines. The assassins were that Credit was claimed by New People's Army.

26. The Assassination of Alfred Herrhausen

On November 30,1989, as Herrhausen was being driven to work, his armored car broke a light beam device attached to an explosive charge which was mounted on a bicycle on the side of the road. The shaped charge blew a hole in the side of the car , killing Herrhausen and wounding his driver. The location of assassination was the Bad Homburg In West Germany. The assassins were that Credit was claimed by the Red Army Faction.

27. The Assassination Attempt against President Clinton

The more dramatic attacks took place on October 29, 1994, at two fifty-five P.M., when Francisco Martin Duran stood on the south sidewalk of Pennsylvania Avenue and began firing at the White House Street, he paused to reload, and a tourist tackled him. Ununiformed officers drew their weapons but held fire as more tourists grappled with Duran.

Since a white-haired man was coming out of the White House when Duran began firing, Secret Service agents concluded that Duran likely thought he was firing at President Clinton. He was convicted of attempting to assassinate the president and sentenced to forty years in prison. He was also ordered to pay the government thirty -two hundred dollars to repair damage the White House, including replacing pressroom windows riddled with bullets.

28. The Massive Truck Bomb of Oklahoma City

The massive truck bomb that shattered the Alfred P. Murragh Federal Office Building, in Oklahoma City, in April 1995, killed 168 people and injured hundreds; among the dead were six Secret Service agents from the field office at the skyscraper. The blast also forced the agency to argue for a controversial counterterrorism measure. Stunned by the loss of the agents and by the ease with which bomber Timothy McVeigh had unleashed the largest domestic-terrorism attack in American history, the Secret Service urged President Clinton to order that part of Pennsylvania Avenue be closed. Unless he agreed, the agency asserted, no one could safeguard the White House from a similar strike. The Age of Terrorism had arrived at the doorstep of the agency and the "People's House."

29. The Near Assassination of President George W. Bush

It was such a decision to stop magnetometer screening that almost led to the assassination of President George W. Bush on May 10,2005, when a man threw a grenade at him as he spoke at a rally in a public square in Tbilisi, Georgia. Because magnetometer screening was stopped, the man was able to take a grenade into the event where Bush was to speak.

The grenade landed near the podium where Bush was speaking, but it did not explode. Witnesses later said a man wearing a head scarf who was standing off the side reached into his black leather jacket and pulled out a military grenade. he yanked the pin, wrapped the scarf around the grenade, and threw it toward Bush.

30. The Threats against Presidential Candidate Obama

By August 2008, the Secret Service had arrested Raymond H. Geisel in Miami after he made a threat against candidate Obama in a training class for bail bondsman. When arrested, Geisel had a loaded nine-millimeter handgun, knives, dozens of rounds a ammunition, body armor, a machete, and military-style fatigues in his hotel room. He was charged with threatening a presidential candidate.

Four days after before the convention(Obama's acceptance speech), someone was pulled over for drunk driving in the Denver suburb of Aurora after a patrol officer spotted the man's rented Dodge Ram truck swerving erratically. Inside, the officer found two high-powered rifles, a silencer, a bullet-proof vest, camouflage clothing, and three fake identification cards. The truck contained enough drug-making equipment to be considered a mobile meth lab. While the Secret Service kept tabs on the case, the men were prosecuted locally on gun and weapons charges.

As Obama was giving his acceptance's speech on November 4,2008, Ku Klux Klan leader David Duke was rallying white supremacists in a call to action.

Just before the election, two skinheads in Tennessee were charged with plotting to behead blacks across the country and assassinate Obama while wearing white top hats tuxedos.

The day after the election, one of the most popular white supremacist websites got more than two thousand new members.

Five days before Obama's inauguration, Secret Service agents arrested Steven J. Christopher in Brookhaven, Mississippi, for allegedly saying on the Internet that he intended to kill Omama.

31. The Attack on The U.S. Ambassador to Libya, J. Christopher Stevens

On September 11, 2012, the attack that killed four Americans at a U.S. Consulate in eastern Libya took place, which may have been planned by extremists and inspired by al-Qaeda. The killings of four Americans on Tuesday, including the ambassador, J. Christopher Stevens, also raised basic questions about security and intelligence in the eastern Libyan city of Benghazi, where the assault happened, as well as other American diplomatic facilities elsewhere in the region, where deep-seated anti-American sentiment remains a portent force despite United States support the Arab Spring uprising that have transfixed the region for nearly two years.

The attack followed a violent protest at the U.S. Embassy in Cairo over a low -budget anti-Muslim film made in the United States.

The most recent attack was Adolph Dubs, killed after being kidnapped in Afghanistan in 1979. The others were John Gordon Mein, In Guatemala in 1968;Celo A. Noel Jr., in Sudan in 1973; Rodger P. Davies, in Cyprus in 1974; and Francis E. Meloy Jr.,in Lebanon in 1976.

Korean President's visit security to the Great Wall of China according to diplomatic ties between korea china between korea and china

PART V

The Great Protection, Security, and Intelligence Organization (세계 주요 경호경비 및 정보기관)

1. 대한민국

* PRESIDENTIAL SECURITY SERVICE, REPUBLIC OF KOREA(대한민국 대통령 경호실)

① The Duties of PSS

We are to protect the President and family and secure the presidential residence.

We are to protect the President-elect and family.

We are to protect the former presidents, their spouses, and children under their consent for 7 years after retirement. However, if a former president resigns before the expiry of his office, dies in office, or after the termination of office, 2 years protection will be provided thereafter. In the case of death after termination of office, the initial date in reckoning of the security service period will be recognized as the retirement data.

We are to protect domestic and foreign key figures if protection is deemed necessary on approval by the chief of PSS.

② The Code of PSS

Unity: The will unity amongst all and conformity with the President reflecting the teamwork orientated characteristic of security duties

Loyalty: The very basic mental attitude of security agents towards the nation and its people

Eternity: Security duties pursue eternal honor to the end by being with the President with a precondition of self-sacrifice

Honor: Expertise and dignity of the security duty based on sacrifice and service

③ The Pledge of PSS

One, we will lay down our lives for the successful execution of our duties.

Another, we will act in a righteous and truthful manner.

Third, we will firmly unify on the basis of mutual trust.

A fourth, we will guard the preservation of public peace like our lives.

The fifth, we will guard the honor and maintain dignity

* The Nation Intelligence Service(국가정보원)

① The Duties of the NIS

NIS provides intelligence, maintains security, and conducts criminal investigations to guarantee national security.

② The Mission of the NIS

NIS is to guarantee the survival and prosperity of the Republic of Korea by preempting all threats to national security and interests with best-qualified personnel and high-level intelligence activities.

③ The Motto of the NIS

NIS presents freedom, truth, anonymous, and dedication.

* Korean National Police Agency (대한민국 경찰청)

The Policies of KNPA

KNPA is responsible for safe environment against crimes and accidents, social stability to support government administration, realization of police for human rights supporting people's rights and interests, expansion of a basis for security services that meets the needs of the people, creation of a healthy and active structure culture, and security of police competitiveness to respond to the changing security environment.

The Security Department of Public Security Bureau in KNPA carries out protection and security service in close relations to PSS.

The Intelligency Bureau deals with information concerned, and the Foreign Affairs Department of Foreign Affairs Bureau does with foreign information.

* Defense Security Command(국군기무사령부)

The Mission of DSC

DSC preserves military security, supports counter-intelligence, contributes to collection and processing of military-related intelligence, and conducts criminal investigation.

The Spirit of DSC

DSC upholds "Absolute Loyalty".

The Motto of DSC

DSC presents "Loyalty, Honour, and Unity".

2. 미국

* United States Secret Service(국토안전부비밀수사국)(미국비밀경호국)

① The origin of the U.S. Secret Service

The U.S. Secret service, which is one of the nation's oldest federal investigative law enforcement agencies, was founded in 1865 as a branch of the U.S. Treasury Department. Its original mission was to investigate counterfeiting of U.S. currency. It was estimated that one-third to one-half of the currency in circulation at that time was counterfeit. However,In 1901, following the assassination of the William McKinly in Buffalo, New York, the Secret Service was assigned the responsibility of protecting the President. Today, the Secret Service has two definite missions : protection of the President, Vice President ,and others; and protection of the nation's financial system.

② The role of the U.S. Secret Service

The Secret Service exercises many primary jurisdiction over the prevention and investigation of counterfeiting of U.S. currency and U.S. treasury bonds and notes, as well as the protection of the President, Vice President, President-elect, ex-presidents and their spouses , but except when the spouse marries again, definite candidates for the offices of President and Vice President within 120 days of a general presidential election, children and grandchildren of current and past presidents until age 16, visiting foreign presidents of state and government along with their spouses ,who are called "protectees", other individuals as designated per Executive Order of the President, National Security Events, when designated as such by the Secretary of the Department of Homeland Security. It also tracks suspicious people and investigates a wide variety of financial fraud crimes and identity theft and provides forensics assistance for some crimes. The United States Secret Service Uniformed Division assists in the protection of foreign embassies, the United States Naval Observatory and the White House within Washington, D.C. The reason many details are currently unknown about the Secret Service is that this organization is exceedingly discreet.

(참고)

With those words ("Your main objective is to restore public confidence in the money of the country"-that is, to go after counterfeiters.), the U.S. Secret Service was officially born. However, nowhere in the fledgling agency's original mandate was the notion of protecting the president from harm. Protection of the nation's money supply was the mandate of the day for Wood and his men.

From its creation in the summer of 1865 until the present, the Secret Service was to protect something that the U.S. system may value even more than the lives of its political leaders-money. The presidential protection mission emerged much later in the agency's history and was a congressional after thought. For Wood and his first band of agents, presidential protection was never a concern.

* Central Intelligence Agency(미국 중앙정보국)

The Central Intelligence Agency was created in 1947 with the signing of the National Security Act by President Harry S. Truman. The act also created a Director of Central Intelligence to serve as head of the United States intelligence community; act as the principal adviser to the President for intelligence matters related to the national security: and serve as head of the Central Intelligence Agency. The Intelligence Reform and Terrorism Prevention Act of 2004 amended the National Security Act to provide for a Director of National Intelligence who would assume some of the roles formerly by the DCI, with a separate Director of the Central Intelligence

Agency.

① The vision of CIA

One Agency. One Community. An Agency unmatched in its core capabilities, functioning as one team, fully integrated into the Intelligence Community

② The mission of CIA

We are the nation's first line of defence. We accomplish what others cannot accomplish and go where others cannot go. We carry out our mission by collecting information that reveals the plans, intentions and capabilities of our adversaries and provides the basis for decision and action, producing timely analysis that provides insight, warning and opportunity to the President and decision-makers charged with protecting and advancing America's interests, and conducting covert action at the direction of the President to preempt threats or achieve US policy objectives.

③ The core Values of CIA

- Service. We put Country first and Agency before self. Quiet patriotism is our hallmark. We are dedicated to the mission, and we pride ourselves on our extraordinary responsiveness to the needs of our customers.
- Integrity. We uphold the highest standards of conduct. We seek and speak the truth—to our colleagues and to our customers. We honor those Agency officers who have come before us and we honor the colleagues with whom we work today.
- Excellence. We hold ourselves—and each other—to the highest standards. We embrace personal accountability. We reflect on our performance and learn from that reflection.

* FEDERAL BUREAU OF INVESTIGATION(미국 연방 수사국)

① The mission of FBI

To protect and defend the United States against terrorist and foreign intelligence threats, to uphold and enforce the criminal laws of the United States and to provide leadership and criminal justice services to federal, state, municipal, and international agencies and partners.

② The priorities of FBI

In executing the following priorities, we will produce and use intelligence to protect the nation from threats and to bring to justice those who violate the law.

1. Protect the United States from terrorist attack
2. protect the United States against foreign intelligence operations and espionage
3. Protect the United States against cyber-based attacks and high-technology crimes
4. Combat public corruption at all levels
5. Project civil rights
6. Combat transnational and national criminal organizations and enterprises
7. Combat major white-collar crime
8. Combat significant violent crime
9. Support federal, state, local, and international partners
10. Upgrade technology to successfully perform the FBI's mission

③ The motto of FBI

"Fidelity, Bravery, and integrity."

④ The core Values of FBI

✪ Rigorous obedience to the Constitution of the United States

- Respect for the dignity of all those we protest
- Compassion
- Fairness
- Uncompromising personal integrity and institutional integrity
- Accountability by accepting responsibility for our actions and decisions and the consequences of our actions and decisions
- Leadership, both personal and professional

* The national Security Agency, Central Security Service(미국 국가안전보장국)

The National Security Agency, Central Security Service is America's cryptologic organization.

It coordinates, directs, and performs highly specialized activities to protect U.S. government information systems and produce foreign signals intelligence information. A high technology organization, NSA is on the frontiers of communications and data processing. It is also one of the most important centers of foreign language analysis and research within the government.

NSA conducts one of the U.S. government's leading research and development programs. Some of the Agency's R&D projects have significantly advanced the state of the art in the scientific and business worlds.

NSA's early interest in cryptanalytic research led to the first large-scale computer and the first solid-state computer, predecessors to the modern computer. NSA pioneered efforts in flexible storage capabilities, which led to the development of the tape cassette. NSA also made ground-breaking developments in semiconductor technology and remains a world leader in many technological fields.

The mission statement of NSA

"The ability to understand the secret communications of our foreignadversaries while protecting our own communications- a capability in which the United

States leads the world-gives our nation a unique advantage."

* The Department of Homeland Security(미국 국토안보부)

The prevention and protection of the Department of Homeland Security

The Department of Homeland Security merges under one roof of the capability to anticipate, preempt and deter threats to the homeland whenever possible, and the ability to respond quickly when such threats do materialize.

3. Security Service M15(영국 보안국)

The Security Service, more commonly known as M15, is the UK's security intelligence agency.

① The responsibilities of M15

We are responsible for protecting the country against covertly organised threats to national security. These include terrorism, espionage, and the proliferation of weapons of mass destruction. In addition we provide security advice to a range of other organisations, helping them reduce their vulnerability to the threats.

② The aims of 15

Our corporate aims are therefore to:

frustrate terrorism;

prevent damage to the UK from foreign espionage and other covert foreign state activity;

frustrate procurement by proliferating countries of material, technology or expertise relating to weapons of mass destruction;

watch out for new or re-emerging types of threat;

protect Government's sensitive information and assets, and the Critical

National Infrastructure(CNI);

reduce serious crime through assistance to law enforcement agencies;

assist the Secret Intelligence Service(SIS) and the Government Communications Headquarters(GCHQ) in the discharge of their statutory functions;

build Service capability and resilience.

③ The Statement of Purpose and values of 15

In order to protect national security and economic well-being, and to support the law enforcement agencies in preventing and detecting serious crime, we collect and disseminate intelligence, investigate and assess threats ,and work with others to counter them; adviseon protection; and provide effective support for those tasks.

In working to fuifil our purpose, we are guided by a commitment to;

legality;

integrity;

objectivity;

a sense of proportion about our work; and respect and consideration for each other those with whom we outside the Service.

4. Australian Security Intelligence Organization(호주국가정보원)

The Australian Security Intelligence Organisation(ASIO) is Australia's national securityservice.

The role of ASIO

ASIO's main role is to gather information and produce intelligence that will enable it to warn the government about activities or situations that might endanger Australia's national security. The ASIO Act defines "security" as the protection of Australia and its people from espionage, sabotage, politically motivated violence, the promotion of communal violence, attacks on Australia's defence system, and acts of foreign interference.

5. New Zealand Security Intelligence Service(뉴질랜드 보안정보국)

The New Zealand Security Intelligence Service is an intelligence agency of the New Zealand government.

The purpose of (NZ)SIS

(NZ)IS is a civilian organization. It takes no part in the enforcement of security, but it has limited powers to intercept communications and search residents.

The role of (NZ)SIS

(NZ)SIS's role is intended to be advisory, providing the government with information on threats to national security or national interests and also advises other government agencies about their own internal security measures.

The responsibilities of (NZ)SIS

(NZ)SIS is responsible for performing checks on government employees who require security clearance, as well as doing most of the government's counter-intelligence work.

6. Canadian Security Service(캐나다 국가정보원)

CSIS is one of the most open and accountable security organizations in the world.

CSIS is neither a police agency nor is it a part of the military.

The responsibilities of CSIS

CSIS is responsible for collecting, analyzing, reporting and disseminating intelligence on threats to Canada's national security, and conducting operations, covert and overt, within Canada and abroad.

The mission of CSIS

CSIS is Canada's lead agency for national security matters. It is a federal agency which conducts national security investigations and security intelligence collection at home and abroad. It collects and analyzes intelligence and advises the Government of Canada on issues and activities that may threaten the security of Canada. It also conducts security investigations and assessments for all applicants seeking a security clearance with federal departments and agencies, with the exception of the Royal Canadian Mounted Police who conduct their own security assessments.

7. Mossad(이스라엘 국가정보원)

The Mossad is the national intelligency of Israel.

The responsibilities of Mossad

The Mossad is responsible for intelligence collection, covert operations, and counterterrorism, as well, as bringing Jews to Israel from countries where official Aliyah agencies are forbidden, and protecting Jewish communities world wide. It is one of the main entities in the Israeli Intelligence Community, along with Aman, which is military intelligence and Shin Bet, which is internal security, butits director reports directly to the Prime Minister.

The motto of Mossad

The Mossad's present motto is a quote from the Bible(Hebrew, Proverbs 11:

14). This is translated by NRSV as: " Where there is no guidance, a nation falls, but in an abundance of counselors there is safety."

8. Federal Security Service(러시아 연방 보안국)

The Federal Security Service of the Russian Federation is the main domestic security agency of the Russian Federation and the main successor agency of the Soviet Committee of State Security(KGB).

The responsibilities of FSB

FSB is mainly responsible for counter-intelligence, internal and border security, counter-terrorism, and surveillance.

PART Ⅵ Communicative Competence for Protection and Security (경호경비 의사소통능력)

의사소통은 사람들이 다양한 방법으로 정보를 교환하는 하나의 과정이다(Communication is a process that allows organisms to exchange information by several methods.). 정보를 효과적으로 교환하려면 무엇보다도 먼저 자신이 전달하려는 정보를 완벽하게 이해해야 한다. 그래야만 대화자 사이에 불필요한 오해가 발생하지 않는다. 정보를 교환할 때 그 과정에도 역시 의전이 필요하다. 의전이란 일정한 지침 혹은 규정을 뜻한다(A protocol is a set of guidelines or rules). 완벽한 의전수행능력은 온전한 정신적 수행능력을 의미한다. 경호원으로서 의사소통능력이 완전하지 못하면 외국인 경호원과의 공무수행(official business)에 심각한 장애의 원인이 될 수 있음을 경계해야 한다.

학습자도 주지하고 있는바 언어의 의사소방법은 네 가지 방법(four skills)으로 바로 읽기(reading), 쓰기(writing), 듣기(hearing), 말하기(speaking)이다. 읽기와 듣기는 이해기능 영역에 속하며 말하기와 쓰기는 표현기능영역에 속한다. 불행히도 한국인 영어학습자는 영어로 의사소통하는 교육과 훈련을 충분히 수행하지 못하고 있음이 작금의 현실이다. 한국인 영어학습자가 영어로 정확하고 동시에 유창하게(correctly and fluently) 의사소통하기 위해서 다음과 같이 제시하고자 한다. 곧 한국인 영어학습자가 이들 네 가지방법을 동일한 수준에서 의사소통을 잘해내려면 가장 중요한 것은 영어로 의사소통을 할 수 있다는 자신감을 스스로 갖는 불굴의 정신자세와 태도를 견지하는 일이다. 그리고 의전에 따르는 지침과 규정을 준수하면서 교육과 훈련을 반복해야 한다. 마치 고해성사하듯, 끊임없이 기도하듯, 면벽수도 하듯이 진실과 정성을 다해야 한다. 경호경비 등 분야의 뼈대표현과 유용한 상황표현을 예시하면 다음과 같다.

Chapter 1. Frame expressions (뼈대 표현)

001. ~이 ~에 ~때 도착 예정입니다.
~will be arriving~ on ~.

002. ~하면 정말 좋겠습니다.
We would like to do~ .

003. ~여부를 진정으로 알고 싶습니다.
I would like to know whether~.

004. ~를 알려 주시기 바랍니다.
I'd like to know~.

005. ~할 수 있으면 더욱 좋겠습니다.
I would prefer to do~.

006. ~ 한 질문을 드리고자 합니다.
We would like to ask~.

007. ~한 부탁을 드리고자 합니다.
I would like to ask for~.
May I have~?
We may request~.

008. ~를 부탁합니다.:
We request that~.

009. ~ 있으시면 먼저 부탁드립니다.
Please go ahead if~.

010. ~을 설명해 주시겠습니까?
Could you please explain~?
Could you tell us about~?
Please explain to us~?

Would you please describe to us~?

011. ~하는데 문제점은 없습니까?

Is there any problem in ~?

012. ~에 대해 알 수 있겠습니까?

Would you please let us know about~?

May we know about~?

013. ~에 대해 알려 주시겠습니까?:

Could you please inform us of(that)~?

May I have~?

Please let us know about~?

Please give me~?

Please inform us of ~?

014. ~를 알 수 있는지요?

Can I have~?

Would you tell me~?

015. ~를 알려주시기를 바랍니다.

Could you tell me ~?

016. ~여부를 알려 주십시오?

Is there any~?

017. ~가 가능합니까?

Is it possible to have~?

Can you do~?

018. ~이 가능하겠습니까?(~해도 되겠습니까?)

Is it possible to do~?

019. ~가 ~을 언제부터 가능합니까?

When can~start~?

020. ~준비가 언제 가능합니까?

When will it be ready to do~?

021. ~준비가 가능한가요?

Can you prepare~?

022. ~하는데 방법은 어떻게 됩니까?

What is your plan in doing~?

023. ~할 예정입니까?:

Do you have a plan(plans)~?

Will you set~?

024. ~을 통보해 주십시오.

Please send us~.

025. 장소는 어디입니까?(위치를 알려주십시오)

Where is~?

026. 장소는 어디로 합니까?

Where would be~?

027. ~하는 장소가 있습니까?

Are there places where~?

028. ~지점이 있습니까?

Are there points where~?

029. ~를 볼 수 있는 곳에서 ~까지입니다.

From a place where ~ can be seen up to ~.

030. ~을 보장해 주십시오.

Can you guarantee~.

031. ~로 해 주십시오.

We prefer~.

032. ~를 바랍니다.

We hope that~.

033. ~을 확보해 주십시오.

Please arrange~.

034. ~에 대한 확보를 어떻게 합니까?

How will you secure~?

035. ~는 확보가 됩니까?

Can ~be secured?

036. ~를 확보할 수 있습니까?

Can you secure~?

Can we have~?

037. ~을 보유하고 계신지요?

Do you have~?

038. ~의 종류는 어떠한 것이 있습니까?

What type of ~ do you have?

039. ~을 배치하여 주십시오.

Please post~.

040. ~가 ~에 배치됩니까?

Will there be~posted where~?

041. ~하도록 합니다.

Please let~.

042. ~을 제공(마련)해 주실 수 있겠습니까?

Can you provide us with~?

May we have~?

043. ~지원이 가능한지요?
Can we be provided with~?
Can you support us with~?

044. ~가 지원이 됩니까?
Are we going to be provided ~?

045. ~을 확인 합니다
We check~.

046. ~을 확인하고자 합니다.
I would like to check ~.

047. ~에 대해 말씀해 주십시오.
Please tell us about~.
Could you tell me about~?
May we hear ~?
Please outline~.

048. ~을 하도록 협조하여 주십시오.
Will you cooperate to do~?

049. ~을 지원해 주십시오.
Please support~.

050. ~가 필요 합니다.
We need~.

051. ~가 필요합니까?
Do we need~?

052. ~할 필요가 없습니까?
Is it necessary to do~?

053. 필히~하여 주십시오.
I think it is necessary that~.

054. ~가 어떻게 됩니까?

How will ~?

055. ~을 포함시킬 수 있는지요?

Is it possible to put~?

056. ~에 출입이 가능하면 좋겠습니다.

We would like to have an access in~.

057. ~시 언제든지 출입할 수 있도록 해주시기 바랍니다.

We ask that we may enter at any time when~.

058. 몇 시에 통보해야 합니까?

When should we inform you~?

059. ~에 따른 ~하는 시간은 어떻게 됩니까?:

How long does it take to~ in case of~?

060. ~에 어떻게 생각하십니까?

What do you think of~?

061. ~가 있습니까?

Are there any~?

062. ~외 사항은 없습니까?

Is there anything else~?

063. ~한 장소가 있습니까?

Are there any venues ~?

064. ~할 수 있도록 해 주십시오

Please allow us to do~.

065. ~를 감사드립니다.

We would appreciate~.

I would like to thank~.

066. ~해주시면 감사 하겠습니다.
I'd be grateful if you~.

067. ~를 부여 할 수 있는지요?
Could you give~?

068. ~를 갖고 계십니까?
Do you have~?

069. ~에게 ~를 보고하다.
I told ~ about~.

070. ~를 중점사항으로 하고자 합니다.
I would like to focus mainly on~.

071. 누가~합니까?
Who will be~?

072. ~을 운용합니까?
Do you operate~?

073. ~을 운용할 계획입니까?
Will you operate~?

074. ~은 무엇이 됩니까?
What will be~?

075. ~는 어디에 배치할 계획입니까?
Will ~ be at?

076. ~를 보여 주실 수 있습니까?
Can you show us~?

077. 어떤 것이 ~에 운용됩니까?
Which ~be used for~?

078. ~에 대한 대비책은 무엇입니까?
What plans do you have for?

079. ~시 대비책은 무엇입니까?
What are the countermeasures in case~?

080. ~에 대한 ~는 어떻게 이루어집니까?
How will ~ work on~?

081. ~를 준비합니까?
Do you prepare~?

082. ~를 답사할 수 있습니까?
Can we survey~?

083. ~가 있습니까?
Do you have~?

084. ~할 계획입니까?
Will you have~?

085. ~할 계획은 있습니까?
Are you planning to do~?

086. ~하는 계획된 행사가 있습니까?
Are there scheduled events with~?

087. ~의 일정은 어떻게 됩니까?
What's the schedule of~?

088. ~을 확인해 주실 수 있습니까?
Could you verify us~?

089. ~을 편성해줄 수 있습니까?
Can you include~?

090. ~는 어떻습니까?
What is the~?

091. ~는 어떻게 됩니까?
What would be the~?

092. ~을 어떻게 표시할 것입니까?
How will you mark ~?

093. ~에게 어떻게 연락을 취합니까?
How can we contact~?

094. ~에 몇 명이 탑승할 수 있습니까?
How many can ride on~?

095. ~가 ~를 담당합니다.
We have at~.

096. ~는 ~입니까?
Will ~be~?

097. ~는 ~에 따라 개방해야 합니다.
~should be opened on~.

098. ~가 검측을 합니까?
Do you inspect~?

099. ~하는데 소요시간은 얼마나 됩니까?
How long does it take to~?

100. ~를 참고하기 바랍니다.
Please refer to~.

101. ~를 담당하는 부서가 있습니까?
Do you have a division in charge of~?

102. ~를 소개시켜주시기 바랍니다.

Please introduce us~?

103. ~를 어떻게 수집합니까?

How do you collect~?

104. ~경로는 어떻게 됩니까?

How do you~?

105. ~와 ~를 공유해 주시겠습니까?

Could you share ~with~?

106. ~와 ~를 어떻게 공유할 예정입니까?

How do you plan to share ~with~?

107. ~현황은 어떻게 됩니까?

What's~?

108. ~가 ~한 사례가 있습니까?

Has ~ever been~?

Have~ caused trouble in~?

109. ~안전조치는 합니까?

Do you secure~?

110. ~를 조치해 주십시오.

Please prepare~.

111. ~시 어떻게 조치합니까?

What measures do you take when~?

112. ~경비는 어떻게 합니까?

What steps do you take to secure~?

113. ~가 ~출입은 자유롭습니까?

Can~ freely enter~?

114. ~를 알고계십니까?
Are you aware of ~?

115. ~는 ~와 어떤 관계에 있습니까?
How are relations ~with~?

116. ~에 대한 신뢰도는 어떻습니까?
How much credibility do you have in~?

117. ~를 받았습니까?
Do you receive~?

118. ~는 ~를 고려해 놓아야 합니다.
~should be put considering~.

119. ~를 설치해 주시기 바랍니다.
Please install~.

120. ~설치는 ~에 완료되어야 합니다.
~ should be set~.

121. ~로 구성해 주십시오.
Please set~.

122. ~를 구성하시면 됩니다.
You can just construct ~.

123. ~를 구성해 주시면 되겠습니다.
You may just construct~.

124. ~는 다음과 같습니다.
~should be as follows.

125. ~를 ~로 연결해 주시면 됩니다.
You can connect~ to~.

126. ~는 ~시간에 연락이 가능해야 합니다.
~ should be reachable ~.

127. ~는 최소한 ~이상 되어야 합니다.
~should be at least~.

128. ~는 ~일자에 완료되어야 합니다.
~ should be finished on~.

Chapter 2 Useful Expressions(유용한 상황표현)

✦VIP 단독 내외분: only the VIP

✦경호선발대: the advance team

✦전담경호대: special security team

✦전담경호대장: the leader in charge of the special security team

✦경호인력: security forces

✦이번 행사 경호팀장: the advance leader for this event

✦관할구역 변경: a change of jurisdiction

✦이번 행사와 관련하여: regarding this event

✦경호활동이 제한되다: be denied permission to perform the security duties

✦합동답사를 하다: conduct a joint survey

✦경호정보를 공유하다: share relevant intelligence

✦이번 행사에 따른: during this event

✦행사장에서: from each site

✦책임자 인적사항: key person's profile

✦수행부장의 수신호: the signal of the detail leader

✦측면담당경호원: flank(agents)

✦유도 요원; a leading agent
✦신원확인: background check
✦신원조회: background screening(investigation)
✦비표견본: secret badge samples
✦감시 대상자: suspects under surveillance
✦위해기도: attempt an attack on
✦특이사항: important matters of concern
✦별도의 허가증 혹은 서류: a special permit or document
✦근무복장: the attire of agents assigned
✦각 행사장에서: at each event site
✦고층건물로부터의 노출: exposed to high structures(tall buildings)
✦연락망: contact numbers
✦통신망: communications network
✦경호경비체계: the protection and security system
✦협조체제: the coordination system
✦검색방안: screening methods
✦편성계획: organization plans for
✦경호세부논의: a detailed discussion
✦대안 경호행사계획: an alternative security event plan
✦경호세부실무회의: a detailed working-level meeting
✦양국 경호기관 간 상호협조: by both security agencies
✦우리 측의 관심사항에 대한 몇 가지 질문: a few questions regarding some of our concerns
✦귀측 경호기관의 경호등급규정: the regulations for the levels of protection in your agency

✦소속과 간략한 인적사항: the unit ID. and a brief profile

✦규정과 절차: the regulations and the process

✦VIP 특별전용기: the VIP aircraft, the presidential aircraft

✦VIP 전용실 종사자: the VIP room personnel

✦VIP숙소의 외곽: the outside perimeter of the VIP's residence

✦VIP전용 엘리베이터: an exclusive VIP elevator

✦엘리베이터 제원 및 최대 탑승인원: the specifications of the elevator and its maximum capacity

✦엘리베이터 최대하중: proof load of the elevator

✦화물용 엘리베이터: the freight elevator

✦취약지역 위험평가 조치계획: the risk assessment plan

✦환영 및 환송행사: welcoming and farewell events

✦환영군중: the welcoming crowd

✦출입증 혹은 비표: pass or pin

✦별도의 비표를 사용하다: use separate security pins

✦출입이 가능하다: have access to

✦경호지원차량: security support vehicles

✦방탄차량제공 가능: the possibility of providing armored vehicles

✦경호장비 반입 및 반출: bring in and out security equipment

✦무기반입: bring in weapons

✦무기를 휴대하다: carry a weapon

✦VIP화물차량: the VIP luggage vehicle

✦수행원 화물: the delegation's baggage

✦호텔종사자 명단: a list of hotel personnel

✦공중경호: the air escort

✦구급차 대기: standby ambulance

✦VIP 예비차량: the reserve vehicle for the VIP

✦폭발물 탐지기: explosive detectors

✦탐지견 운용: operation of K9 unit

✦CCTV를 설치하다: install CCTV

✦우리 측 검측활동: search activities by our side

✦합동 검측: joint technical search

✦검측책임자: the person in charge of the technical search

✦최근까지의 입수정보: an updated internal report

✦최근까지의 위해결과분석: an updated analysis regarding threats

✦대테러팀을 운용하다: operate a CAT

✦지정병원: a designated hospital

✦주전원: the main electric power supply

✦전압 및 주파수: electric voltage and frequency

✦예비전원: the reserve(alternative) power supply

✦정전 시: in case of a power interruption(electrical failure)

✦비상전력공급: covered by the emergency generators

✦전파차단장비: a signal-jamming vehicle

✦소방시설: the fire extinguishing equipment

✦별도 비상용 엘리베이터: a separate emergency elevator

✦방화용 엘리베이터: an elevator fireproof

✦이륙, 착륙 우선권: priority in landing and taking off

✦승차 및 하차지점: pick-up and drop-off area

✦예비공항: reserve airport

✦호텔 시설이용객에 대한 활동: work regarding hotel facility guests

✦부대시설특징: facility characteristics

✦온도를 유지하다: maintain temperature

✦기계실 위치: locations of the machine rooms

✦호텔 입실 및 출입 시: during arrival at and departure from the hotel

✦호텔 대기 본대차량: the standby motorcade vehicles

✦승차 및 하차에 대한 대책: the countermeasures regarding drop off and pick up

✦각 상황 비상계획: the case-by-case emergency plan

✦비상사태 시: in(during) an emergency

✦5분전: five minutes beforehand

✦통제행위: controlling actions

✦순간통제 혹은 완전통제: regulated momentarily or concurrently along the entire route

✦교통신호기(등): traffic lights(signal)

✦교통신호: traffic sign

✦총기관련사고: firearm-related accidents

✦집회주모자: a possible riot leader

✦폭력시위: violent demonstrations

✦잠재 불순행위: potentially rebellious behavior

✦화물통관 수속: customs procedures for baggage

✦화장실도구: toiletries set

✦화재예방시설: fire prevention equipment

Chapter 3 General Situation Expressions (일반 상황표현)

경호 경비 등 분야 즉 전문분야의 주제로 의사소통을 제대로 하기 위해서는 일반 상황에 따른 문어체(Written), 구어체(Spoken), 격식체(Formal), 비격식체(Informal), 정중한(Courteous)표현 등을 평소에 훈련을 거듭하여 능숙하도록 해야 함은 두말할 필요가 없다. 상황별로 다양한 표현을 다음과 같이 제시한다.

〈인사할 때〉

01. I haven't seen you for ages.
I haven't seen you for an age.
It is ages since I saw you last.

02. Where have you been, Peter ?

03. How 's it going(with you)?
How goes it (with you)?
How are things going (with you)?

04. How's everything ?

05. How are you doing ?

06. How have you(things) been ?

07. What's up ?

08. Long time, no see.

09. Take it easy.

10. Say hello to your mother for me.

11. Please give my regards to your parents.

12. Bye! Have a safe trip!

13. See you sometime soon, I hope.

14. Don't forget to give me a ring.

15. If you're ever in Boston, do come and see me.

〈소개 할 때〉

01. Let me introduce myself to you.

02. I'd like to introduce my friend to you.

03. I'm pleased to meet you, Mr. Peter.

04. I've been looking forward to meeting you.

05. Are you expecting company ?

06. If there is a good saying, teach it to me.

07. I spoke with one of my friends who visited.

08. He told me about Vancouver.

09. I have no other thoughts, but English.

10. It is diamond cut diamond.

11. Ditto.

12. He told me to make sure and take some wined of mine.

〈감사 할 때〉

01. I'm very grateful.

02. I appreciate your help.

03. It was very nice of you to help me.

04. Thank you for all you're done for me.

05. I can't tell you how much I appreciate this.

06. I can't say enough of you.

07. I really appreciate your getting it for me.

08. How can I ever repay you for your hospitality.

09. I am so much obliged to you for your kindness.

10. I can never thanks you enough.

11. Don't mention it.

12. I was delighted to be able to help.

〈제안할 때〉

01. Shall we spend the weekend in Pusan ?

02. How about going to the park ?

03. Why don't you see a doctor ?

04. I've got an idea. let's go fishing.

05. I thinks we'd better give you a few tests.

06. Perhaps we should call them back and make sure about it.

07. Where shall we meet tomorrow ?

08. What place convenient to you ?

09. The staff will have to be cleaning the room.

10. I'd rather you didn't, if you don't mind.

11. Well, actually, I'm expecting a call.

12. Could you use the phone later ?

〈거절할 때〉

01. sorry I can't

02. I've had enough.

03. Not this time, thanks.

04. May be next time.

05. I'd love to, but I've got another plan.

06. I'm sorry, but I have other plans.

07. No, I'm afraid you can't

08. Only the manager can help you and he's gone to lunch.

09. I'd give you a ride, but I have to go right home today.

10. Sorry. I'd lend you the money, but I'm a little short myself.

〈요구할 때〉

01. All the best !

02. I wish you well.

03. Keep your fingers crossed.

04. Break your leg.

05. Excuse me, looking for a book for personal computers.

06. Hello, I'd like to place a person to person call to Boston.

〈식사할 때〉

01. What would you like to eat ?

02. How would you like your steak ?

03. How would you like that done ?

04. The taste doesn't fit me.

05. It's not tasteful to me.

06. Complimentary (On the house).

07. Tonight's dinner was very good.

08. I'm so full.

09. I'm going to burst. (I'm gonna burst.)

10. Well, Let's go and have some dinner.

11. Welcome. How many of you ?

12. How many of you will be dining tonight ?

13. Take the table by the window ?

14. Could we have the seat by the window ?

15. The food is rarely cooked.

16. The kind of dish ?

17. Let's pay Dutch.

18. I'll treat tonight.

19. Oh, you're being very generous.

20. I hope you can be the same way when it's your turn to treat.

〈말을 시작하고 끝낼 때〉

01. Excuse me, Are you Mr, Peter ?

02. Excuse me, Haven't we met before ?

03. Sorry, but I have to go now.

04. Excuse me, sorry to bother you, but what does "Shangri – ra" mean ?

05. Excuse me, but what time this office open ?

〈계획을 말할 때〉

01. I hope to visit Boston next summer.

02. I'm going to show you all the plans.

03. I'll be sure to give you a call if there are any problems.

04. I think I'll buy my daughter a birthday present.

05. I'll do my best to have the article ready for you.

〈수정할 때〉

01. That's not quite right.

02. You're made a mistake.

03. I'm afraid you are wrong.

04. Sorry, you're mistaken.

05. Let me put it this way.

06. Of, not really. It shouldn't take more than 10 or 15 minutes.

07. Well, not exactly. It's not the heat I dislike, it's the humidity.

〈동의 할 때〉

01. Do you think so, too ?

02. That's a good point.

03. I couldn't agree more.

04. That's just what I was thinking.

05. I'd glad to ~.

06. Why, yes. of course.

07. By all means.

08. You're absolutely right, officer.

09. She's got no one to blame but herself.

10. The problem's not as simple as it seems.

11. Don't you think it's just as foolish as the others ?

12. Do you agree that we're talking too m time on this ?

13. Don't you fell that $ 500 is a lot for this ?

〈동의하지 않을 때〉

01. I can't agree with you.

02. I'm afraid we don't have any single room vacant.

03. This evening's a bit if a problem.

04. Tonight's not.
Perhaps tomorrow evening, though.

〈무관심을 나타낼 때〉

01. I'm not interested in sports.

02. I don't have much interest in pop music.

03. Sorry, I can't remember what her telephone number is.

〈정보를 제공할 때〉

01. What time do you usually got up in the morning ?

02. Could you tell me where Mr, Peter's office is ?

03. He takes a walk every morning.

04. I've never seen such a beautiful film.

05. He's is wearing a blue shirt.

06. I wonder if you could tell me how to make a long distance call.

07. I'd like to know something about the weather in Boston this time of year.

08. Excuse me, do you happen to know when the last train leaves ?

〈불평 할 때〉

01. That's not fair.

02. I want to complain about this dress.

03. This is most unsatisfactory.

04. I'm sorry to bother you, but your car is blocking mine.

05. I'm sorry to have to tell you this, but your idea just won't work.

〈가망성을 나타낼 때〉

01. Well, I don't think it's possible.

02. They've probably gotten caught in traffic.

03. Chances are, everybody else will be late due to the rain anyway.

04. Let's try to find again.
He might be out there now.
Nice going!

〈의견을 말할 때〉

01. What do you think of this picture ?

02. Did you find the novel interesting ?

03. I think ut's a very nice bike.

04. I really don't know what to say.

05. I have nothing to say right now.

06. How about this suit ?

07. How do you fell about the new tax they're proposing ?

08. She accepted the proposal, but I'd like to get your view on the matter.

09. I think I see what you mean.

10. It seems to me what we're too.

11. Well, in my opinion, you did exactly the right thing.

〈선택 할 때〉

01. What's your favorite song ?

02. What do you like doing on sundays ?

03. There's nothing I like more than baseball.

04. Do you like to travel on your vacation or just stay at home.

05. What sort of music do you like to listen to ?

06. He's one of Brazil's greatest authors.
Do you like him ?

〈싫어 할 때〉

01. I couldn't stand the noise.

02. I have it when they play the music so loud in a restaurant.

03. I really don't enjoy going to the movies.

〈사과할 때〉

01. It's all my fault.

02. I owe you an apology.

03. I can't tell you how sorry I am.

04. Don't mention it.

05. That's OK. Just forget worry.

06. I don't know what else I can say.

07. Can you ever forgive me ?

08. I'm terribly sorry.

〈신청 할 때〉

01. Would you do me a favor ?

02. Would you please help me move the table ?

03. I've got some pencils you can use, if you like.

04. Would you like to have some more ice cream ?

05. If you'd like, I could do the dishes.

06. Can I get it for you ?

〈충고할 때〉

01. Do you think I should buy it ?

02. What would you do if you were in my shoes ?

03. I think you should see a dentist.

04. If I were you, I'd check the schedule again.

05. You'd better not go there.

06. I suggest you go and see a doctor.

07. The best thing for you to do is stop smoking.

08. I'd advise you to develop a taste for them, especially green vegetables.

09. It would be advisable for you to come home early tonight.

10. I recommend that you not borrow anybody's car.

〈장보기 할 때〉

01. Can I have it wrapped ?

02. Would you like to look at something ?

03. What can I do for you ?

04. I don't really like this style.

05. I feel to look around.

06. I couldn't find the price for this.

07. That's a little more then I'd like to spend.

08. The price in already fixed.

09. That's more expensive than I thought it would be

〈예약 할 때〉

01. This is a travel agency.

02. I'd like to go to Korea.

03. I'd like some information flights available.

04. We have three airlines and United airlines.

05. I'd like to take the cheapest flight, please.

06. We don't have too many dates available, when are you planning to ?

07. I'd like to leave this Saturday.

08. We only have Korean and Asiana airlines available.

09. Do you have a specific (or preferable) time.
You'd like to leave Saturday.

10. Then, you'll have to travel with Asiana.

11. First class always available.

12. Most of the seats are full, so you'll have to arrive early.

13. When can U pick up (or get) my ticket ?

14. I'll have it ready for you in about two hours.

15. You'll have to check in at airport at least two hours prior to boarding time.

16. Please tell me the price. (of the ticket).

17. Would you like pay by cash, check or charge ?

18. I'll scratch it. (= credit card)

19. Have that ready when you come by to pick up the ticket.

20. They can't be over 70Kg.

21. You're allowed to bags.

22. When you go to get your boarding pass they your luggage.

23. And if happened to use at the airport.

24. Both my bags were too heavy so I had to unload some of it and repack everything at the airport.

25. Then I also had my carry-on luggage.

26. They give you a boarding pass.

27. On the boarding pass it has the seat NO.

28. Then they'll give me a tag to verify that they received my luggage.

29. My luggage just in case it (my luggage) gets lost.
I have claim tickets to protect me.

〈여행 할 때〉

01. They give you a boarding pass.

02. On the boarding pass it has the sent NO 9.

03. Then they'll give me a tag to verify that they received my luggage.

04. In case it (my luggage) gets lost,
I have claim tickets to protect me.

05. And then I go through the gate, board the plane, fly out to Korea.

06. I Land, get off, find my luggage, come through customs, then meet my relatives.

07. In case of an emergency they have oxygen masks that come down.

08. Enjoy your flight.

09. They'll show you a movie because it's a long flight.

10. We've ready to show our first movie.

11. It's title is "Romeo and Juliet".

12. I hope you enjoy.

13. In order to watch the movie.
You meed to put on your head sets and set your channel 7.

14. Is this the travel agency ?

15. I'd like to (reserve) two tickets to America, please.

16. Would you like round trip tickets ?

17. On the plane, it's all non-smoking now.

18. Non -smoking or smoking section ?

19. Round trip or one way ?

20. I'd like to reserve two tickets to America,
round trip, first class, please.

21. What time would you like to leave ?

22. What day would you like to come back ?

23. When are you planning to come back ?

24. If they have available seats, she'll or he'll ask.

25. Would you like a window seat ?

26. Do you have a preference ?

27. It doesn't matter. Window seat or aisle seat.

28. If this trip is your first time,
I recommend you sitting by the window.

29. When do I need to pick up the ticket ?

30. You could pick it up until two hours before boarding (time),
You could pick it up anytime.

31. What's the gate number ?

32. If you 're traveling across the continental US and it's not an international flight, there's a lot of gates.

33. The travel agency doesn't know what gate when you go to the airport.

34. On there (the screen) it'll say the name of the air line.
Flight number what (which) gate you board.

35. Please, have your seat-belts fastened for your safety.

36. At the rough area, Please keep your seat-belts.

37. Release your seat-belts.

38. Please do not get up from your seats until we are at a full stop.

39. I hope you have (or remain) seated until we have come to a complete stop.

40. I hope you have enjoyed your trip (or flight) with us.

41. Which gate should I go through ?

42. Visa is not required to enter in (to)(journey) Canada.

43. Can you point (or direct) me in the right direction ?

44. You have any merchandise that you would like to declare ?

45. Before you get off the plane the stewardess will come around and give a piece of paper.

46. It'll say "Declaration of merchandise" something like that

47. Pass through the gate.

48. If you can't find your own seat, you could ask the flight.

49. Can you help me (to) find my seat ?

50. All the seats are designated.

51. The first time I got on the plane, I couldn't find my seat by myself.

〈우체국에서〉

01. The mail is here.

02. The mail coming.

03. There is no reason for us go to the post office.

04. Most of the mail, first class mail, the letter parcel is 29 cents with in the US, 50 cents for international.

05. We have to go to the post office, weigh the parcel, then they tell you how much it is in America.

06. If you write to for foreign countries a lot, all you have to do is purchase 50 cents stamps in advance then stick it on the letter.

07. Put the letter in the mailbox.

08. then the mailman comes around to pick it up.

09. He comes to deliver your mail.

10. But if you wanted to send special packages.
I guess then you would go to the post office.

11. All they really do weigh, your item and you how much it is.

12. Then all she has to do is purchase 20 dollars stamp and just mail it from home.

13. It wouldn't matter.

14. The only reason we go to the post office is because we don't know how muchit (= the item) costs.

〈은행에서〉

01. How about the different type of bank accounts ?

02. Take your money.

03. You're allowed to open as many accounts as you want.

04. Open an account.

05. Not too many people want to do that because they just credit unions.

06. Credit unions usually give higher interest rate, but they offer the same services as the bank.

07. Benefits of a credit union is that they don't have a lot of service charges as the regular banks.

08. Interest rates are higher.

09. But not everyone could use credit union.

10. You have to be an employee of a certain company in order to become a member of the credit union.

11. We have two major accounts. : savings account and checking account.

12. A lot of people in America use checks.

13. We have a check book.

14. They have a special account for students.

15. How many different accounts do you have?

16. I want to open an account at the bank.

17. I put all my savings into the piggy bank,
when it gets full, I'm going to empty it and deposit it into the bank.

18. It hasn't been all that long since I moved here.

19. Could you tell me where the nearest bank is?

20. I'm not too familiar with the neighborhood because I recently moved here or it hasn't been that long since I moved here.

21. Where is the head office and location of the different branches?

22. That's the bank district.

23. All the major banks are gathered here.

24. What couldn't earn (the) most interest?

25. Where could you go in with your car?

26. They have drive through banks.

27. Talk to the teller while you're the car.

28. We have 24 hour tellers.

29. Automatic teller is very common.

30. Can I have my full balance in cash, please.

31. It's so available in check.

32. How many years would you like to commit to this saving 5 account.

33. That's good enough for me.

34. It's enough for me to know that I'm help to you.

35. It can't be touched for a year.

36. My account is empty (totally empty).

37. Wow! you have a lot of money in your account.

〈학교에서〉

01. How have you been?

02. It's been a long time.

03. Long time no see.

04. Fancy meeting you here.

05. Where have you been hiding yourself?

06. Even though (or Even if) we live in the same dormitory,
It' hard to run into you.

07. Is there something special going on in your life?

08. They're showing a movie in the student union tonight.

09. I have two tickets that I've reserved.

10. They're special seats.

11. Do you want to go with me ?
I'd like to but I have a final exam that I need to study for.

12. It's to take a break from all the studying and also to relieve some stress.

13. It looks (or seems) like somebody broke a promise.

14. Did you get stood up?

15. Did somebody stand you up?

16. Did you get dogged?

17. Looks like I'm second choice.

18. I hoped that you could tell me what you thought about the movie after we watched it together.

19. What, on an empty stomach?

20. It would have been good if you could have come with me.

21. How ling did the movie last?

22. How long was the movie?

23. How long did the movie run?

24. What's the occasion?

25. What do you have in mind?

26. What's on your mind?

27. What's up?

28. Why? What's up?

29. Something wrong. What's up?

30. What? I live here.

31. They will be showing a movie.

32. There's a movie presentation.

33. There's going to be a movie.

34. They're going to show a movie.

35. Movie did well.

36. That was great.

37. Movie was great.

38. This book went through ten printings.

39. The film was edited. (= revision)

40. You should have seen it.

41. You would've loved it.

42. You should have gone with me.

43. You missed a great movie.

44. I was bored to death.

45. My body became stiff after a while.

46. My foot was stuck to the chair.

47. My butt was glued to the chair.

48. Nothing ever works out for me.

49. Brand it into my brain.

한국인은 일반적으로 질문과 응답에 약하다는 말을 자주 듣는다. 질문을 받으면 부끄러워하고(shy) 말이 없으며(silent), 그리고 웃고 말아버리는(smile) 습성이 몸에 배어 있다. 한국인은 이러한 면을 천성이나 미덕으로 생각하는 경향이 짙으나 오히려 사회생활에 약점이 된다. 그래서 한국인은 이 약점을 극복하기 위해서 용어해설의 부정확성, 용어적용의 오류, 상식의 결여, 불충분한 전문지식, 표현의 수동적 자세를 부단한 실제연습을 통하여 과감하게 고쳐나가야 한다.

Practice 1. ※ 다음 평서문에 대한 응답을 말하시오.

01. I'm sorry I'm late.

____

02. Sorry to disturb you.

____

03. I'm very sorry.

____

04. So sorry to keep you waiting.

____

05. You have to be kidding. This is no joke.

____

06. I'm so glad you could come.

____

07. Bartender, give us another round.

____

____

08. I'm going out with my friends tonight.

____

09. A–Your desk is a mess.

B–How about yours?

A–__________________

B–__________________

10. Wake me up at 7 o'clock, please.

____

11. Thank you for coming.

____

12. Sorry to interrupt, but can I just have a word with you?

____

13. I know. we've been waiting out here for almost an hour.

____

14. Thank you for inviting me for the lovely dinner.

____

15. That's all right. The weather is just beautiful.

____

16. I'm sorry, but the person in charge of that is not in now.

____

17. This is my friend Y.J Goldsmith, out real chef.

____

18. You have on problem getting around by yourself?
I can show you around Seoul if you want to.

____

19. The meeting today was (or is) cancelled.

____

____

____

20. Well, I'm not much of a photographer.

____

〈Answers〉

1. No problem. 2. Not at all. 3. That's all right. 4. NUTS! 5. Trust me. 6. IT's lovely to see you. 7. Here you go, sir. It's on the house. 8. Don't bet on it. 9. A-Looks like it's been hit by a tornado! B-Somebody has to clean the office. 10. O.K. I'll wake you up at 7 o'clock. 11. Thank you so much for inviting. 12 .Certainly. Sure. 13. We picked a wrong day. 14. It was nothing. 15. Yeah. Splendid. 16. May I take a message? Or would you call him/her back later? 17. Hello, nice to meet you! 18. No problem.
19. Would it be OK to push it off until tomorrow? Could you rearrange it for tomorrow? How's tomorrow? 20. Don't worry. All you have to do is press the button.

Practice 2. ※ 의문사가 없는 의문문에 대한 응답을 말하시오.

01. Is it much farther?

____

02. Are you feeling sick?
(Are you not feeling well?)

____

03. Everything's alright?

____

04. Are you still holding it against me?

____

05. Were you set on a particular kind of gift?

____

06. Have you ate?

____

07. Have you taken many pictures?

____

____

08. Do you mind if I smoke?

____

____

09. Do you mind if I come in.

____

10. Do you mind if I interrupt?

____

11. Do you promise to be true to her in good times and in bad, in sickness and in health, to love and honor her all the days of life.

____

12. Do you go on a lot of business trips?

____

13. Did you eat?

____

14. Did you hear of the disaster in Seoul?

____

____

15. May I help you?

____

____

16. Can I ask you a favor?

____

____

____

____

____

____

____

17. Could I have some cookies, please?

– Could I have some munchies?

____

____

____

____

18. Sorry, could I just interrupt a moment?

____

19. Will you accept?

____

20. Would you like some water?
Do you want some water?

____

____

____

____

21. Would you like for me to have dinner ready?

____

22. Would you like to try one of these?

____

23. Would you connect (or give) me with the mailroom?
Long distance service, please.

____

〈 Answers 〉

01. No, it's just around the corner.

02. Yes, I am.

03. No, I'm alright.

04. I hate that silent treatment.

05. Then I have the perfect gift for your son.

06. Yes, I have.

07. Yes, I have taken a lot.
I've used three rolls of film.

08. I'd rather you didn't. Thank you.

No, not at all. Please go ahead.

09. No, I don't mind. = means "come in"

10. Sorry, could you just let me finish!

11. I do.

12. No, it's my first time.

– This is my first time going on a business trip.

13. Yes, I did.

14. Yes, I did hear about that.

I read about it in the newspaper.

15. Yes, please.

I need some information.

16. Sure, anything.

I'll take care of it for you.

I'd be happy to take care of it if I can.

If it's in my power, I'd be willing to help you.

If it's in my power, I'll help you.

I don't know. It might be a problem.

I'm not sure.

17. Help yourself.

Have as much as you, please.

Eat until you can eat no more.

stuff yourself.

18. Yes, of course. Go ahead.

19. Yes, I will accept.

20. No, thank you.

Sure, I'd like some.

Yes, it would be nice.

Yes, thank you.

21. It depends on what time of the day you're coming?

22. No, thank you. Not for me.

23. I'll transfer you, right away.

Practice 3. ※ 의문사가 있는 의문문에 대한 응답을 말하시오.

01. Who's here?

____

02. Who's there?

____

03. Where's my key?

____

04. Where have you been all day?

____

05. Where are you going?

____

____

06. Why are you being so negative?

____

07. What's the price?

____

____

____

____

08. What's the check-in time?

____

09. What's it like to be married?

____

10. What is that yellow thing?

____

11. What is the telephone number to your father's office?
– Where can I call to reach your father?

____

12. What are you having?

____

13. What kind of woman are you hoping for?

____

14. What kind of car were you looking for?

____

____

15. What brings you here?

____

16. What (do) you do for a living?

____

17. What do you have in mind?
= What do you think?

____

I'm thinking about going to the airport.

18. What are tonight's picks on TV?

____

19. What type of woman do you like?

____

20. What kind of house did you have in mind?

____

21. What did we get out of this play?

____

22. What number did you dial?

____

____

23. What do you want on your hamburger?

____

24. What time will you be back after work?
– What time do you think you'll be back?

____

25. What will you have?

____

26. What can I do to speak English better?

____

____

27. How about a cigarette break?

____

28. How are you feeling?
How do you fed?

____

____

29. How is it powered?

____

____

30. How come you were so late this morning?

____

31. How do you like the suit?

____

____

____

32. How do you feel about driving your car?

____

____

33. How does the car feel?

____

____

34. How long do you think it will take me to learn it?

____

35. How long does it take to get to the city by taxi?

____

____

36. How did you find New Yorkers?

____

____

37. So how did the talk go with the boss?

____

38. How much will the taxi fare be?

____

〈 Answers 〉

01. She's here.

02. It's me, John. It is I.

03. It's right under your nose.

04. Out of the day!

05. To the airport.
 – I'm going to the airport.

06. I'm just playing devil's advocate.

07. $18.70.
 – Well, here's a twenty.
 – That's a dollar and thirty cents change.
 – There we go ---- will make twenty.

08. The latest check-in time is 08 :20.

09. Just heavenly.

10. Those shrimp things.

11. The number is 561-9719.

12. Baked potato.

13. I guess I really want a woman who can just laugh at life.

14. We're looking around for a new car.
 We're really set on a family car.

15. I'm on urgent business.

16. What do I do? Well, this and that.

17. I plan to go to the airport.

18. Will, "Destiny" should be good.

19. I like a tender-hearted and well-built woman.

20. We're talking about buying a two-bed room house.

21. something; impressive, important

22. I'm sorry, but you got the wrong number.
– The number is right, but there's nobody by that name. Sorry.

23. I want everything on it.

24. I have to be back by 8 o'clock.

25. I'll have bacon and eggs.

26. They say listening is the best (way).
– Listening is most important.

27. No, we can't. We'd better hurry.

28. I'm perfectly fine.
There's nothing wrong with me.

29. light energy. = solar energy.

30. My car broke down on the freeway.

31. I like it.
It suits nice.
I don't like it, it looks small.
That's right, No problem.

32. I like to drive a car.
I don't care.

33. Perfect! I've never been so comfortable.
It has to be the car made for you.

34. Two months would be enough.

35. It takes about 45 minutes.
But taxes are much more expensive.

36. New Yorkers are full of hot air.
They are on their high horse.

37. In fact, she's the most agreeable person I know.

38. I would say about 25 pounds.

PART Ⅷ

어휘(Vocabulary)

8품사 (The Eight Parts of Speech)에 따른 영어단어(English Words) 이해

한국인 영어학습자가 언어의 표현기능인 영어로 말하기(Speaking)와 쓰기(Writing)를 효과적으로 수행하기 위해서 평소 어떤 작업을 필요로 하는가? 곧 사용횟수가 많은 어휘 등을 우선으로 선택해야함은 물론이다. 선택한 어휘자체를 근원적으로 동시에 포괄적으로 이해하는 습관을 기른다. 바로 원칙과 실제를 익히고 동시에 즐겨야 한다. 좋은 사전을 사용하여 선택한 어휘를 부분적으로 설명한 내용을 확인한다. 좋은 사전에는 금쪽같고 풍부한 예문이 실려 있기 때문이다. 다음에 문장을 통해서 반드시 이를 확인한다. 그러니까 학습자가 단지 단어집을 골라 기계적 학습(Rote Learning)으로 주입(Cramming)하는 것은 오히려 영어를 익히고 즐기는네 근본적으로 방해가 된다. 이점을 냉철하게 명심한다. 줄기차게 독서를 수행한다. 분명코 영어는 우리 한국인에게 외래어가 아닌 외국어이기 때문이다. 외국어의 개념을 외래어의 개념으로 더 나아가 모국어의 개념으로 전환하여 승화해야 한다. 독서 방법으로 속독(Rapid Reading), 다독(Extensive Reading) 그리고 정독(Intensive Reading)을 병행한다. 독서를 수행하는 자세는 자기주도 사색가(Self-directed Thinker)이다. 속독과 다독의 재료는 구어적(Colloquial)인 표현을 채택한 것이며 정독의 재료는 문어적(Literary)인 표현을 강조한 것이다. 학습자의 수준과 단계에 따라 이 자료를 융합한다. 융합한 재료인 즉 명작을 활용하여 엄격하고 지속적인 독서를 수행한다. 명작이란 인문과학, 사회과학, 그리고 자연과학 등을 다룬 인구에 회자하는 작품을 말한다. 여기에 반드시 문학작품이 포함되어야 한다. 성공적인 독서를 하기 위해서 사전에 개별 어휘 등에 따른 사항을 이해하고 익힌다.

한편, 영어문장의 겉과 속은 마치 집과 산의 겉과, 속과 흡사하다. 집안에 부모와 자식이 특별한 관계로 어울려 살고 집밖으로 나와 갖가지 행동을 하게 된다. 집안의 부모는 영어문장으로 다시 말하면 주어역할이고 부모의 집밖에서의 갖가지 행동은 동사에 해당한다. 자식의 언행은 보충역할이다. 집안의 주인은 부모이듯이 문장의 주인은 주어이다. 주어의 생각은 동사로 표현된다. 그래서 팔품사중 명사와 동사가 가장 중요하다. 산의 전체모양은 문장의 겉모양과 같다. 즉 문장의 형태, 길이 등을 말한다. 산속에 들어가면 각양각색의 나무를 만난다. 산속의 나무가 하는 역할을 영어문장에서는 8품사가 각기 일을 수행한다. 복잡한 산은 복잡한 문장을 닮았다. 영어문장에 적응하는 순서와 방법은 마치 산악인이 산의 난이도에 따라 산을 오르는 순서와 방법과 다를 바 없다.

한국인이 영어를 원어민(native speakers of English) 수준으로 사용하려면 영어 어휘를 기계적으로 암기하는 학습방법을 과감히 버려야한다. 먼저 각 어휘의 품사를 정확히 이해한 다음 그 어휘가 다른 어휘와 어울려 만드는 문형(구조)을 체화하는 것이 가장 효과적인 방법이다.

영어어휘는 일반적으로 8품사(eight parts of speech)로 대별된다. 따라서 8품사의 특징에 따른 어순(word order)의 상호 친소관계에 지대한 관심을 가져야한다. 어떤 어휘는 같이 쓰이기를 좋아하고 어떤 어휘는 거부한다. 예를 들면 fine weather, nice weather, heave whether, good weather, fair weather, wet weather 등은 좋으나 pretty weather는 불가능하다. 결국 기본적으로 8품사의 상호배열에 숙달되어야만 문장의 구조와 의미를 원어민 수준으로 자연스럽게 이해할 수 있다. 8품사에 대한 기초적인 이해 사항은 다음과 같다.

(a) 동사(verb): 자동사인가? 타동사인가? 수동태가 될 수 있는가? 수동태가 될 수 없는가?

(b) 명사(noun): 셀 수 있는가? 셀 수 없는가? 생명체인가? 무생명체인가? 사람인가? 동물인가? 식물인가? 사물인가? 볼 수 있는가? 볼 수 없는가? 만질 수 있는가? 만질 수 없는가?

(c) 관사(article): 알고 있는가? 모르고 있는가?

(d) 형용사(adjective): 의미가 무엇을 암시하고 있는가?

(e) 부사(adverb): 상태를 나타내는가? 동작을 나타내는가?

(f) 전치사(proposition): 어떤 의미를 나타내는가?
(g) 접속사(conjunction): 어떤 의미를 나타내는가?
(h) 감탄사(exclamation): 어떤 감정을 표현하는가?

다음으로 • 개별 어휘 자체에 대한 정보에 정통한가?
• 개별 숙어 자체에 대한 정보에 정통한가?
• 개별 관용 표현 자체에 대한 정보에 정통한가?
• 개별 시사용어 자체에 대한 정보에 정통한가?
• 기독교 문화에서 비롯된 용어 자체에 대한 정보에 정통한가?
• 그리스 문화에서 비롯된 용어 자체에 대한 정보에 정통한가?
• 로마 문화에서 비롯된 용어 자체에 대한 정보에 정통한가?

학습자가 수준과 단계에 따라 본격 독서를 하기 전 가장 먼저 철저히 준비해야 할 사항이 부분 독서를 통하여 개별 어휘 자체에 정통한 지식을 익히는 것이다. 즉, 어휘마다에 따라

ⓐ 강세(accent)
ⓑ 발음 (pronunciation)
ⓒ 8 품사의 특성(characteristics of the eight parts of speech)
ⓓ 품사변화에 따른 의미 차이(different meaning according to the variation of part of speech)
ⓔ 긍정적, 부정적 의미 (positive or negative meaning)
ⓕ 철자법 (spelling)
ⓖ 파생어 (derivative)
ⓗ 동의어 (synonym)
ⓘ 반의어 (antonym)
ⓙ 어원 (root)
ⓚ 알기 쉬운 말로 바꾸어 말하기(Paraphrase)
ⓛ 동의(류)어 끼리의 미묘한 의미 차이(nice shades of meaning among synonym)등 이며 이점들을 그 자체로, 동시에 문장에서 그 유기적인 역할을 상황에 따라 정확하게 파악하는 능력을 배양하기 위해 반복을 거듭 한다. 결국 어법(Usage)을 극복해야 한다.

1. 어휘에 포함된 강세, 발음, 품사의 특성, 품사변화에 따른 의미 차이 등의 의미는 무엇입니까?

어휘 'exercise'을 예로 들어 보자! 탁구, 배구 등 본 경기에 돌입하기 전 한국인 경기자가 공을 서브 하면서 실수하여 다시 상대에게 서브 할 경우 어휘,「exercise! 」를 외치는 경우가 있다. 연습이니 다시 서브하겠다는 뜻이다. 이 때 강세의 위치를 잘 들어보면 제일 강세에 강한 힘을 주어야 하는 데 한국인은 제이 강세에 더 강한 힘을 준다. 또 짧은 발음을 길게 하기도 한다. 분명코 큰 잘못이다. 이런 잘못된 강세와 발음을 할 경우 의미전달에서 오류가 발생할 수 있음은 불을 보듯 뻔하다. 반드시 고쳐야 한다. 세살 버릇이 여든까지 간다는 속담을 명심보감으로 삼아야 한다. 하물며 국가의 중대사를 협상하는 국제회의에서 이 상황이 벌어졌다면 그 결과는 어찌 되겠는가? 역시 불문가지(不問可知)다.

다음으로 어휘 'exercise'의 품사는 명사와 동사 (자동사 , 타동사)가 있다.「명사」일 때의 뜻은 (신체의 운동) (실습) (권리 따위의 행사) (학과) (의식) (군대의 훈련) 등이 있고「동사」일 때의 뜻은 (~을 훈련하다) (권리를 행사하다) (영향 , 감화 따위를 미치다) (~을 괴롭히다) 등이다.

한편, 동의(류)어 끼리의 미묘한 의미차이를 살펴보면「exercise」는 이미 가지고 있는 기능 , 기술을 강화시키기 위해 반복적으로 행하는 조직적 활동을,「practice」는 어떤 기능 혹은 기술의 습득을 목적으로 반복해서 행하는 규칙적인 연습을,「drill」은 어떤 일을 습관적으로 할 수 있도록 하기 위해 지도자 밑에서 규칙적으로 행하는 집단 활동을 말한다.

Practice 1. ※ ***Fill the bank with the most suitable letter given.***

(profound/perfect/publish/particular)

1. Have you any (p) preference ?
2. He made a (p) fool of himself.
3. It's (p) obvious that they cheated.
4. The book made a (p) impression on me.
5. The book was first (p) in Seoul in 2012.

(Answers) 1. particular (다른 것과 구별된 특정한)
2. perfect (완전한)
3. perfectly (매우)
4. profound (깊은)
5. published (출판하다)

(해석) 1. 특히 좋아하는 것 있습니까?
2. 그는 백치 짓을 해서 놀림감이 되었다.
3. 뻔히 그들이 속였다.
4. 나는 그 책에서 깊은 인상을 받았다.
5. 2012년도에 최초로 그 책을 출판했다.

(Clues) 1. have a preference for (to) ~ (~쪽을 선택한다.)
2. make a fool of oneself (바보짓을 하여 웃음거리가 되다.)
3. It is obvious that ~ (~함이 분명하다.)
4. make (leave) an impression upon a person
(타인에게 인상을 주다 (남기다.)
5. be published (책 따위가 출판되다.)

Practice 2. ※ 어휘 : *「attribute」의 어법을 설명 하세요.*

(Answer) 품사는 명사와 동사가 있다. 동사일 때의 발음은 [atrbjut / – bju:t] (~의 탓으로 돌리다)이며 명사일 때의 발음은[ǽtrəbj ù :t]: (속성 , 특성) 이다. 미묘한 의미차이 에서는 attribute는 좋은 일, 나쁜 일에 관계없이 남의 탓으로 돌리다. ascribe도 attribute 와 마찬가지다. impute는 나쁜 일을 남의 탓으로 돌리다. owe는 좋은 일을 남의 덕택으로 돌리다. 의 의미를 갖는다. (속성, 특성)일 때의 동의어는 "nature. characteristic, genius" 등이 있다. 특히 'nature, genius' 의 의미에 주의한다.

2. 어휘에 포함된 긍정적, 부정적 의미의 식별 방법은 무엇입니까?

영어의 어휘는 그 자체로 보통 "긍정적" 의미만을 혹은 "부정적" 의미만을 갖고 있다. 그러나 '긍정적' 의미와 '부정적'의미를 동시에 갖는 경우가 있으므로 각별히 주의 한다. 그래서 학습자는 글을 읽을 때 어휘가 문장 안에서 긍정적으로 혹은 부정적으로 사용되고 있는지를 확인한다. 어휘 「beautiful」 을 예를 들면 아름다운, 훌륭한」으로 긍정적 의미만을 어휘 「common」은 「공통의, 사회 일반의」 「통속적인, 야비한」으로 긍정적 의미와 부정적 의미를 동시에 갖고 있다. 한편, 「follow the crowd」에서 「the crowd」는 「긍정적」 의미에서 「부정적 의미」로 변화되었다. 결국 「부화뇌동하다, 대세에 따르다」의 의미를 갖는다. 작가는 어휘 등을 활용할 때 긍정적 의미를 부정적 의미로 또는 부정적 의미를 긍정적 의미로 변화시킨다. 따라서 학습자는 문장 안에서 주요 어휘가 각별히 사용된 주변상황에 대한 속견(速見) 판단력을 길러야 한다.

Practice 3. ※ *Translate the underlined parts into Korean.*

1. a: an outstanding figure
   b: outstanding debts

2. a: a nice little girl
   b: be nice in one's food

3. a: spectacle
   b: make a spectacle of oneself

4. a: means of grace
   b: a mean opinion

5. a; a radical difference
   b: a radical party

(Answers) 1. a: 뛰어난 (걸출한 , 탁월한) 인물
b: 미불 채무
2. a: 귀여운 소녀
b: 음식에 까다롭다 (편식하다, 음식을 가리다, 입이 까다롭다.)

3. a: 관경, 장관
   b: 남의 웃음거리가 될 행동 (옷차림)을 하다.

4. a: 하느님의 은총을 받는 방법 (기도 , 예배 등)
   b: 마음이 좁은 의견 (업신여기는 의견)

5. a: 근본적 차이
   b: 급진 (과격) 파

3. 어원의 파악이 왜 중요합니까?

개별어휘는 문맥 속에서 의미의 변화를 가져올 수 있으므로 이점에 항상 주의한다. 이 때 어원을 정확히 파악하고 있으면 어떤 이점이 있을까? 즉 문장의 의미를 제대로 이해할 수 있다. 문장의 상황을 적절히 판단할 수 있다. 필자의 의도를 제대로 간파할 수 있다. 다음 지하철에서 실제로 있었던 두 소녀끼리의 대화를 잘 관찰해보자. 즉 한 소녀가 "우리 아빠는 로맨틱하다." 말하면 이 말을 듣는 다른 한 소녀는 어휘 '로맨틱'을 어떻게 받아들였을까? 즉 "바람직한 뜻일까?, 바람직하지 않은 뜻일까?" 이점이 지금도 무척 궁금하다. 그러니까 이것을 즉시 결정해야만 의사소통이 매끄럽게 이어질 수 있다. 「romantic」이란 이휘를. 한국인은 거의 「긍정적인 의미」로만 이해하는 경향이 짙다. 아니 오히려 그 반대다. 이 어휘는 라틴어에서 파생되어 로맨스어 즉 , 프랑스어, 이탈리어, 스페인어, 포르투칼어, 루마니아어, 사르디니아어) 로 쓰인 통속적인 중세이야기에 적용되는 말이다. 그래서 한층 더 진지한 글을 상징하는 라틴어와 구별되어 쓰인다. 즉 연애사건 (love affair) 에 쓰이는 경우에 남녀 간에 벌어지는 황당무계한 (경이로운 ,강렬하면서도 정열적인) 사랑의 뜻을 암시한다. 그래서 Shakespeare의 명작 "Romeo and Juliet" 에는 'romantic' 요소가 있다고 말한다. 우리나라의 고전 '춘향전'도 마찬가지다.

(예) a romantic conceit (엉뚱한 생각)
a romantic mind (공상을 좋아하는 마음)
a romantic love (열렬한 사랑)

Practice 4. ※ *어원에 따른 의미의 변화를 한국어로 설명하시오.*

1. humor
2. poll
3. nude
4. diplomacy
5. black propaganda

(Answer) 1. 라틴어에서 파생되어 어원은 습기 (moisture), 액체 (fluid) 이며 중세 생리학에서는 체액 [體液]을 뜻했다. 즉, 마음 (mind), 기분 (mood), 기질 (disposition) (oddity), 변덕(caprice), 변덕 (whim), 별난 생각 (vagary) 등으로 쓰였다. 오늘날은 우습고 재미나는 뜻으로 쓰이지만 옛 뜻이 남아 있다.

→ 기질 , 해학

2. 중세 영어로 어원은 「polle」로 그 뜻은 사람의 머리를 뜻한다.
(top of the head) → 투표

3. 어원은 라틴어에서 왔으며 그 뜻은 단순한 알몸을 뜻한다.
(naked) → nude 는 예술의 소재가 된다.

4. 그리스어인 diploma에서 유래되었으며 그 의미는 「접혀진 서류 , 둘로 접은종이 (letter folded double)」 이며 즉 「속주머니에 접어 넣은 은밀한 서류」 임 →외교

5. 어원은 라틴어이며 군사용어로써 중상 , 모략 , 비방을 뜻함. 즉 그럴싸하게 지어낸 풍문의 출처를 위장하거나 밝히지 않은 채 퍼뜨려 적국의 국민과 정부, 군대를 이간시키고 사기를 떨어뜨리며 전의를 꺾으려는 심리전의 한 방법을 말함 → 흑색선전

Practice 5. ※ *다음 어휘들을 「사회적인 출세」의 범주 안에서 한국어로 설명하세요.*

① stage ② phase ③ ladder ④ rung ⑤ ranks ⑥ eminence
⑦ a walk of life ⑧ coast ⑨ glass ceiling

(Answers)

① 발달 따위의 단계
② 발달 변화의 단계, 국면
③ 출세의 발판, 사회계층 (period)
④ 사회적인 단계 (stage)
⑤ 계급, 사회 층, 신분
⑥ 지위, 신분 따위의 고위직
⑦ 사회적 계급
⑧ 남의 덕에 출세 (성공) 하다
⑨ 여성의 사회적 출세의 한계

(참고)
the embryonic stage : 미발달기 ,초기단계
enter on a new phase : 새로운 국면에 접어들다
kick down the ladder : 출세에 도움을 준 친구를 저버리다
rise from the ranks : 낮은 신분에서 출세하다, 사병이 장교가 되다
rise to social eminence : 사회적으로 유명해지다
important persons under all walks of life : 천하의 명사들

4. 난해한 표현 혹은 전문어를 사용했을 때 이를 보충 설명하는 방법은 무엇입니까?

우리 한국인도 대화, 토론할 때 그 흐름상 난해한 표현 혹은 전문어를 반드시 사용해야 할 경우가 있다. 그 난해한 표현과 전문어를 사용하면 상대를 배려하여 다시 설명해야 한다. 그래야만 대화나 토론이 상호존중으로 무리 없이 마무리될 수 있다. 하나의 예의범절이다. 영국인, 미국인도 마찬가지다. 「Paraphrase」 어휘의 뜻은 「알기

쉽게 하기 위해 자세한 설명으로 바꾸어 말하기」이다. 이렇게 하기 위해서는 동의어, 반의어, 및 유의어에 대한 포괄적인 어휘선택능력을 갖추어야 한다. 그리고 실제 사용법(usage) 에 정통해야 함은 두말할 필요가 없다.

어휘 Mad를 예를 들면 동의어는 다음과 같다.
insane, crazy, deranged, distracted, wild, raging, furious, rabid, frantic, frenzied, violent, lunatic, cracked(colloq), maniacal, frenetic, buggy(slang), bughouse(slang), raven-mented, raving, fierce, convulsed, unhinged, daft, demented, moonstruck, crack - brained, scatter - brained, addlepated, (colloq), screwy(slang).

그리고, 어휘 Mad 의 반의어는 다음과 같다.
normal, steady, settle, calm, cool, collected, self-possessed, sober, rational, lucid, sane, clear - headed, perspicacious, acute, sharp, smart, brainy, intelligent, discerning, wide awake, bright, nimble - witted, clever, cunning, wise, sage, sapient, reasonable, sound, sensible, sagacious, strong-minded.

(참고) ※ 다음 문장에서 밑줄 친 부분에 대한 우리말의 '~에 의존하다' '~을 믿다'에 상응하는 표현을 말해보자.

You must look to the younger generation.

예: turn to, resort to, run to, go to, be up to, rely on, depend on, be dependent on, count on, rest on, fall back on, figure on, lean on, build on, stand on, bank on, have recourse to etc.

Practice 6. ※ 다음 밑줄 친 부분을 영어로 설명하시오.

(A) 1. I have a new reference book.
2. I had my son run an errand for me.
3. We have been had by that scoundrel.

4. Rumor <u>has it</u> that he quit his job.
5. He wouldn't <u>have</u> noise in his class.

(B) 1. The farmers <u>took</u> the rice from the field.
2. When she offered drinks, he <u>took</u> coffee.
3. That teacher is noted for <u>taking</u> no nonsense.
4. I think this bus will <u>take</u> us to New York.
5. Did you <u>take</u> the train to Inchon ?
6. Please <u>take</u> this suitcase upstairs.
7. I hate to <u>take</u> medicine.
8. I usually <u>take</u> a walk in the evening.
9. In college I <u>took</u> a lot of German courses.

(Answers) (A) 1. possess (소유하다) 2. cause (결과를 가져오다)
3. deceive (속이다) 4. assert (확인하다)
5. tolerate (관용을 베풀다)

(B) 1. obtain (수확하다) 2. choose (고르다)
3. accept (수용하다) 4. convey (수송하다)
5.use (이용하다) 6. carry (옮기다)
7. eat (복용하다) 8. go for (~ 하러 밖에 나가다)
9. study (연구 수업을 받다)

(비교)1 • flammable : 어떤 물질이 가연성을 갖는 (보통의 뜻)
• inflammable : 어떤 물질이 불타기 쉬운 (강조의 뜻)
• nonflammable : 어떤 물질이 불에 타지 않는 (반의어)

(비교)2 • delay : 속히 해결해야 할 일을 실패, 과실 등에 의해 어느 시기까지 무기한으로 늦추다
• review : 어떤 사안을 다시 협의하다
• apply : 어떤 일을 어떤 경우에 적용하다

5. 글의 전 · 후 관계에서 숙어 의미를 판단 할 때 합리적 기준은 무엇입니까?

숙어(Phrase)란 두 단어 이상이 모여 이루어진 표현으로 의미 기능상의 한 단위를 담당하는 것을 말한다. 주어나 동사를 포함하지 않는다. 문장에서의 기능에 따라 명사구, 형용사구, 부사구등으로 부른다. 학습자는 그 기능 에 따라 문맥에서 합리적으로 판단하는 속견훈련을 거듭 한다.

「a matter of ~」를 예를 들어보자. 'of' 다음에 오는 말에 의해 여러 가지 의미를 갖게 되므로 유의한다.

(비교) ① a matter of life and death : 생과사의 문제
② a matter of fact : 사실상, 당연히
③ as a matter of course : 당연히
④ a matter of tree miles : 약 3마일
⑤ in the matter of discipline : 훈련에 있어서
⑥ a matter for (of) regret : 유감 된 일

Practice 7. ※ 다음 숙어를 한국어로 설명하시오.

01. a year of abundance
02. without accident
03. act of grace
04. much ado nothing without affectation
05. to be plain with you
06. to and again
07. with a sad air
08. as sure as I am alive
09. in the final analysis
10. for anything I care

(Answers) 01. 풍년
02. 무사히

03. 특사 (特赦), 사면령
(법적 필요성이나 사무계약상것이 아닌 호의적 행위)
04. 헛소동
05. 솔직하게
06. 여기저기, 왔다갔다
07. 쓸쓸하게, 풀이 죽어
08. 확실히
09. 결국
10. 나는 상관없지만

6. 관용표현의 절대적 특징은 무엇입니까?

「Idiom」을 말하는 것으로 다음과 같은 의미를 갖는다.

① 한 언어의 특유한 총체적인 표현 양식,「어법」을 뜻 한다 (예) a white house

② 한 언어에서 일반적 구문을 벗어난 인정된 관용구로서 총체적인 고유의 뜻을 갖는다.

(예) somebody else's

결국 관용 표현의 특징은 숙어표현과는 달리 학습자가 문맥 내에서 판단을 정확히 할 수 없다. 평소에 철저한 이해가 필수적이다. 즉 정확히 기억해야 한다.

Practice 8. ※ 다음을 한국어로 설명하시오.

01. add fuel to the fire
02. serve as
03. chain smoker
04. credit with
05. day-care
06. dodge
07. drop-out
08. first-run
09. for that matter

10. free-lance
11. gooey
12. guzzler
13. high-rise
14. hippie
15. holler
16. hook up to
17. be hooked on
18. inner city
19. in the making
20. jump at the chance
21. cut the Gordian Knot
22. Greek meets Greek.

(Answers)

01. (make a condition or situation worse)
02. ~의 역할을 하다 (be used as)
03. 줄 담배 배우는 사람 (person who smokes cigarettes, one after another)
04. 공로 명예를 ~에게 돌리다
(give responsibility or honour for doing something)
05. 미취학 아동, 고령자, 신체장애자의 주간 탁아 (보육)
(science which takes care of pre-school children while parents are at work)
06. 재빨리 몸을 피하다 (avoid)
07. 낙후, 탈락자, 중퇴자 (one who leaves or guits school or some organization)
08. 영화 , 영화관의 개봉 (release)
09. 그 문제에 관해서는 (as for that)
10. 자유계약자 (one who is not working at a regular salary on a regular basis)
11. 끈적끈적한 (sticky, glue - like)

12. 폭음가 (something or someone that consumes excessive amounts of something)
13. 고층건물 (apartment building that has many floors or stories)
14. 기성 사회에 반발하여 몸치장 생활 등에 무관심하며 세상을 사랑이 지배 한다고 믿는 젊은 세대 (person who reject the values of a society and seeks a free and open life style)

(cf.) yippie (hippie 와 New Left 의 중간을 자처하는 미국 젊은이)

15. 고함지르다 (scream, yell)
16. 짝 맞추다 (connect to , join up with)
17. 마약에 중독되어 있다 (be addicted to or in the habit of using something)
18. 대도시 중심부의 저소득 층 거주 지역 (the older , central and more densely populated section of a city)
19. 형성중의 (in the process of happening)
20. 즉각 기회를 잡다 (take advantage of an opportunity immediately)
21. 비상수단으로 어려운 일을 한꺼번에 해결하다
22. 두 영웅이 만나다

7. 전문어의 사용 범주는 어느 정도 입니까?

일반적으로 사용하는 어휘를 특정분야에 국한하여 사용할 때는 전문어(Technical Terms)로 탈바꿈한다. 따라서 그 의미가 변한다. 학습자는 그 용어에 대한 정의, 적용 및 응용에 대한 적확한 사용능력을 준비 한다. 각기 과학 분야에 따라 전문어가 사용되는 그 의미를 철저히 식별 하는 것이 바람직하다. 예를 들면 「radical」이 “명사” 일 때 일반용어로는 「근본원리」의 의미로 사용되지만 「사회학」에서는 「과격파」, 「수학」에서는「근(根),「화학」에서는「기(基)」,「어학」에서는「어근(語根)」등으로 사용한다. 한편, 전문어는 전문용어의 준말이며 특히 한정된 분야에만 사용하는 전문어인 학술어와 비교 사용하는 습관을 기른다.

Practice 9. ※ 다음 어휘를 (　　　) 에 제시한 분야에 사용할 때 그 의미를 한국어로 설명하시오.

1. avant-garde(문예)
2. Bildungsroman(문예)
3. adagio(음악)
4. PG(영화)
5. understudy(연극)
6. elimination(체육)
7. Vanishing point(미술)
8. immersion(교육)
9. probe(우주)
10. skirt(기상)
11. high(증권)
12. indexation(경제)
13. autopsy(범죄)
14. parricide(범죄)
15. stump(선거)
16. food stamp(식량)
17. detergent(식생활)
18. astigmatism(건강)
19. carrier(건강)
20. extradition(국제)
21. lead(신문)
22. arbitration(노동)
23. lockout(노동)
24. conscription(군사)
25. bugging(정치)
26. atalysis(화학)
27. tolerance(환경)
28. bionics(첨단과학)
29. pileup(교통)
30. prostitution(사회)

(Answers)

01. 전위(첨단)예술 cf. postmodernism
02. (주인공의 정신적, 정서적 상장을 다룬)교양소설
03. 느리게
04. 부모동반지정영화 [Parental Guidance (Suggested)]
05. 임시대역을 하다
06. 예선 경기
07. 소실점
08. 외국어 집중 교육
09. 탐사용 로켓.(탐측선)
10. 태풍 등이 어느 지역을 스쳐가다
11. (주식의) 높은 값
12. 임금 등의 물가 연동제
13. 부검, 검시(檢屍)
14. 존속살인
15. 선거 연설, 유세

16. 정부 발행의 식량 배급표
17. 세제
18. 난시
19. 보균자
20. 범인 · 인도(본국 송환)
21. 신문기사의 머리기사
22. 노동쟁의 중재
23. 공장 폐쇄
24. 징병
25. 도청용 마이크에 의한 도청
26. 촉매
27. 식품중의 독물 허용량
28. 생세공학
29. 자동차의 연쇄충돌
30. 매춘

8. 시사영어의 시간배경과 그 한계는 어디까지 입니까?

「시사」라는 어휘를 언급하면 무릇 사람들은 「시사」는 그때그때 일어난 일을 의미하므로 「현재시사」에만 관심을 갖는 경우가 태반이다. 물론 감각적으로 지금 말하는 순간에 벌어지고 있는 일은 「순간시사」라고 말할 수 있다. 즉 「과거시사」는 아예 도외시하는 경향이 농후하다. 혹은 지나간 일이라고 내버리기도 한다. 주지하다시피 언어는 시간과 공간을 초월해서 역사성을 갖는다. 시사를 다루는 시사영어도 마찬가지다. 지금 벌어지고 있는 일을 기술한다 할지라도 과거를 무시한 채 사건을 흥미위주로만 관찰하면 본질을 파악하는데 오류를 범할 소지가 많다. 현재 사건이 벌어지는 상황이나 배경등과 관계를 갖는 과거의 유사한 사건과 비교대조하여 조명할 줄 알아야 한다. 그리하자면 과거의 사건을 평소에 주제별로 일목요연하게 배열해 놓아야 하며 당시의 작가가 그 사건을 형상화 할 때 어떤 어휘, 숙어, 관용표현 등을 인용했나 하는 점을 깊이 살펴본다.

Practice 10. ※ 다음을 한국어로 설명하시오.

01. foolproof
02. hot line
03. Democrat
04. noble poverty
05. republican
06. recycle
07. cybernation
08. available
09. scapegoat
10. slot machine

(Answers)

01. 바보라도 할 수 있는, 절대로 틀리는 일이 없는 (never-failing)
-proof:-이 통하지 않는, 내(耐) · 방(防)의 의미를 갖는 연결형
ex) fireproof, waterproof
02. 두 나라 정상 간의 직통회선
(미국과 구소련 사이에 핵전쟁이 촉발될 수 있었던 1962년 쿠바 위기 이후 개설되었다.)
03. 미국에서 대중의 복지를 위해 강한 정부를 지지하는 정당으로 1828년 Andrew Jackson이 창당했다. (민주당원)
04. 유능한 동시에 가난한 정치가의 재산 상태를 말한다.
05. 국민들이 직접 선출한 대표를 통해 권력을 행사하는 정부형태를 지지하며 군주에 반대한다.
Thomas Jefferson이 처음 사용했다.
06. ~을 재생이용하다 (to treat or process (used or waste materials) by making them suitable for reuse)
07. 컴퓨터에 의한 자동 제어화 (the use of computers to control automatic processes, esp· in manufacturing)
08. 선거에 출마한 후보자가 당선가능성이 있는
09. 남의 대신하고 희생된 사람
10. 자동 도박 기 (속칭 빠찡꼬를 말한다)

9. 기독교 문화의 절대보고인 성서표현이 영어 학습에 어떤 영향을 끼칩니까?

서구문화는 기독교와 그리스 문화에서 시작한다고 흔히 말한다. 기독교는 서구문화의 씨앗이며 중세의 암흑기를 거치면서 서양인들에게 뿌리 깊은 세계관을 형성하는데 그 근간을 제공했다. 그래서 영어에는 성서에서 비롯된 표현들이 많다. 자주 인용되는 그 표현들을 이해한다. 그리고 성서에서 유래된 시, 희곡, 소설의 제목도 알아두어야 한다. 일례로 John (Ernst) Steinbeck(1902-1968) 의 명작 "분노의 포도(the grapes of wrath)" 는 요한계시록의 14장 10절 말씀에서 비롯되었다. ("he himself shall also drink of the wine of the wrath of God, which is poured out full strength into the cup of His indignation.:그도 하느님의 진노의 포도주를 마시리니, 그 진노의 잔에 섞인 것이 없이 부은 포도주라)

Practicell. ※ 밑줄 친 부분을 한국어로 설명하시오.

01. You shall no more give the people straw to make brick, as therefore : let them go and gather straw for themselves. (Exodus 5:7)

(출애굽기 제 5장 7절: 너희는 백성에게 다시는 벽돌소용의 짚을 전과 같이 주지 말고 그들 로 가서 스스로 줍게 하라)

02. He who spares the rod hates his son, but he who loves him is diligent to discipline him. (Proverbs 13:24)

(잠언 제 13장 24절: 초달을 차마 못하는 자는 그 자식을 미워함이라 자식을 사랑하는 자는 근실히 징계하느니라)

03. Can the Ethiopian change his skin or the leopard his spots? (Jeremiah 13:23)

(예레미야서 제 13장 23절: 구스 인이 그 피부를, 표범이 그 반점을 변할 수 있느뇨)

04. Give not that which is holy unto the dogs, neither cast ye your pearls before swine, lest they trample them under their feet, and turn again and rend you. (Matthew 7:6)

(마태복음 제 7장 6절: 거룩한 것을 개에게 주지 말며 너희 진주를 돼지 앞에 던지지 말라 저희가 그것을 발로 밟고 돌이켜 너희를 찢어 상할까 염려하라)

05. Who against hope believed in hope, that he might become the father or many nations. (Romans 4:18)

(로마서 제 4장 18절: 아브라함이 바랄 수 없는 중에 바라고 믿었으니 이는 네 후손이 이 같으리라 하신 말씀 대로 많은 민족의 조상이 되게 하려 하심을 인함이라)

06. He found him in a desert land, and in the howling waste of the wilderness ; he encircled him, he cared for him, he kept him as the apple of his eye. (Deuteronomy 32:10)

(신명기 제 32장 10절: 여호와께서 그를 황무지에서, 짐승의 부르짖는 광야에서 만나 호위하시며 보호하시며 자기 눈동자 같이 지키셨도다)

07. If any harm follows, then you shall give life for life, eye for eye, tooth for tooth, hand for hand, foot for foot, burn for burn, wound for wound, stripe for stripe. (Exodus 21:23~25)

(출애굽기 제 21장 23절~25절: 그러나 다른 해가 있으면 갚되 생명은 생명으로, 눈은 눈으로, 이는 이로, 손은 손으로, 발은 발로, 데운 것은 데움으로, 상하게 한 것은 상함으로, 때린 것은 때림으로 갚을 찌니라)

08. What has been is what will be, and what has been done is what will be done ; and there is nothing new under the sun. (Ecclesiastes 1:9)

(전도서 제 1장 9절: 이미 있던 것이 후에 다시 있겠고 이미 한 일을 후에 다시 할 찌라; 해 아래는 새 것이 없나니)

09. And lest I should be exalted above measure through the abundance of the revelation, there was given to me <u>a thorn in the flesh</u>, the messenger of Satan to buffet me, lest I should be exhalted above measure. (2 Corinthians 12:7)

(고린도후서 제 12장 7절: 여러 계시를 받은 것이 지극히 크므로 너무 자고하지 않게 하게 하시려고 내 육체에 가시 곧 사단의 사자를 주셨으니 이는 나를 쳐서 너무 자고하지 않게 하려 하심이라)

10. Even though I walk through <u>the valley of the shadow of death</u>, I fear no evil ; for thou art with me. (Psalm 23:4)

(시편 제 23편 4절: 내가 사망의 음침한 골짜기로 다닐 찌라도 해를 두려워하지 않을 것은 주께서 나와 함께 하심이라)

11. Dead <u>flies</u> cause <u>the ointment</u> of the apothecary to send forth a stinking savour : so doth a little folly him that is in reputation for wisdom and honour. (Ecclesiastes 10:1)

(전도서 제 10장 1절: 죽은 파리가 향기름으로 악취가 나게 하는 것 같이 적은 우매가 지혜와 존귀로 패하게 하느니라)

12. They reeled and staggered like drunken men, and <u>were at their wit's end</u>. (Psalm 107:27)

(시편 제 107편 27절: 저희가 이리 저리 구르며 취한 자 같이 비틀거리니 지각이 혼돈 하도다)

13. And about the eleventh hour he went out, and found others standing idle, and saith unto them, why stand ye here all the day idle ? (Matthew 20:6~7)

(마태복음 제 20장 6절~7절: 제 십일 시에도 나가보니 섰는 사람들이 또 있는지라 가로되 너희는 어찌하여 종일토록 놀고 여기 섰느뇨)

14. God has numbered the days of your kingdom and brought it out to an end. (Daniel 5:26)

(다니엘서 제 5장 26절: 하나님이 이미 왕의 나라의 시대를 세어서 그것을 끝나게 하셨다 함이요)

15. I have come down to deliver them out of the hand of Egyptians, and to bring them up out of that land to a good and broad land, a land following with milk and honey. (Exodus 3:8)

(출애굽기 제 3장 8절: 내가 내려와서 그들을 애굽인의 손에서 건져내고 그들을 그 땅에서 인도하여 아름답고 광대한 땅 젖과 꿀이 흐르는 땅)

16. the massacre of the innocents

17. Babel

18. kill the fatted calf for

(Answers)

01. make bricks without straw (clay) : 헛수고 하다 (do a job without the necessary materials)

02. Spare the rod and spoil the child : (속담) 매를 아끼면 자식 농사 망친다. (reduce or stop punishment and make a child selfish) by giving too much attention or praise.

03. Can the leopard change his spots? : 사람의 성품은 평생 변치 않는다.

04. cast pearls before swine : 돼지 앞에 진주를 던지다

05. hope against hope : 요행을 바라다 (continue to hope when there is little chance of success)

06. the apple of me's eye : 애지중지 하는 것 (one's favorite person or thing)

07. (an) eye for (an) eye : 입은 피해와 똑같은 보복 (a punishment which hurts the criminal in the same way as they hurt someone else)
cf. an eye for an eye and a tooth for a tooth : 눈에는 눈, 이에는 이 (Matt, 5:38)

08. There is no new thing under the sun : 지상에 새 것이 없다

09. a thorn in the (one's) flesh (side) : 고통 (a continual cause of annoyance or problems)
cf. the crown of thorns : 고난 (John 19:5)

10. the valley of the shadow of death : 죽음이 시시각각 다가오는 공포의 시간

11. a fly in the ointment : 옥의 티 (something that spoils the perfection of something, makes something less valuable, pleasurable, etc.)

12. at me's wit's (wit's)end : 어찌할 바를 몰라 (made so worried by difficulties that one does not know what to do next)

13. at the eleventh hour : 아슬아슬한 고비에 (at the very last moment)

14. His(Her, Its) days are numbered : ~는 살날이 얼마 남지 않았다 (someone or something cannot live or continue much longer)

15. milk and honey : 풍요 (abundance)

16. 무고한 어린이의 학살(마태복음에 나오는 말로 Bethlehem에서 있었던 Herod왕의 유아 대학살)

17. Babel:Babylon에서 하늘까지 치닿게 쌓으려다 수포로 돌아간 탑(창세기XI:49)

18. Kill the fatted calf for: -를 맞아 최대로 환대하다(누가복음XV)

Korean President and first lady's visit security to the Forbidden City according to diplomatic ties between korea and china

PART Ⅷ 영어문장구조 (English Structures)

Chapter 1. 영어문법과 어법 (English Grammar and its Usage)

영어와 영문구조를 원천적으로 파악하는 데 영문법의 이해가 중요하다는 사실은 두 말 할 필요가 없다. 그러나, 외국인으로서 영어와 영문구조에 익숙하고 영문법을 이해하기 전에 영어어휘 마다의 사용법에 먼저 익숙해야 한다. 영어어휘의 사용법에 자연스럽게 적응하는 방법은 어렸을 때부터 명작을 끊임없이 읽고, 듣고 하여 영어어휘를 몸에 배게 해야 한다. 왜냐하면 명작에 기술된 표현은 어법적으로나 문법적으로 오류가 없기 때문이다. 그런데 우리가 지하철을 타거나 내릴 때 항상 듣는 표현이 "문이 열립니다, 문이 닫힙니다." 이다. 이 표현을 영어로 나타내면 "Doors opening. Doors closing." 이다. 한편, Looking forward to hearing from you soon. 이란 표현은 편지글의 끝부분에서 늘 대하는 표현이다. 이 같은 표현에서 영어표현에 적절한 지식이 미흡한 학습자는 틀린 표현이라고 단정하기 마련이다. 표현하는 방식이 상황에 따라 다를 뿐이다. 다름 아닌 실제 상황에서 생략법을 사용한 표현이다. 즉 크게 문어체, 구어체로 분류한다. 그런데 우리는 이 표현을 무조건 외우려 든다. 말만 통하면 된다는 식이다. 교육을 충분히 받지 못한 마치 houseboy나 GI(Government Issue)식 영어 학습방법이다. 물론 언어는 의사소통이 그 본령임을 아무리 강조해도 지나칠 수 없다. 그렇지만 의사소통의 방법으로 읽기, 쓰기, 듣기, 말하기가 있지 않은가? 더욱이 현재까지도 애석하게도 영어는 우리에게 아직까지 분명코 완전한 외국어다. 영어를 영어답게 우리말과 연계하여 이해를 해야 한다. 영문법을 제대로 이해하게 되면 문맥이나 상황에 적절한 어법을 선택하여 사용할 수 있게 된다. 즉 경우에 따라 어떤 용법이 다른 용법보다 더 나은 용법인지를 훌륭하게 설명하고 사용할 수 있게 된다. 그 목적을 이루기 위해서는 문법용어를 기계적 암기가 아닌 실제적 상황에서 생생하게 이해하여 활용해야만 한다. 동시에 혼동하기 쉬운 단어의 용법에 적극적으로 대처해야만 한다. 또한 문장과 그 구성요소, 품사 그리고 수사적 표현을 위해 상투적으로 사용되는 관용어법에 정통한 지식을 가져야 한다. 이러한 학습자세가 영어 학습을 문화개념으로 수용하는 첫걸음이다. 결국 영문법 공부의 현실은 영어문화 자체를 능통하도록 하는데 있다. 그래야만 실제 상황에 따라 예의바르게 읽고, 쓰고, 듣고, 말하기를 정확하고 동시에 유창하게 수행할 수 있게 된다.

첨언해 둘 점은 회화영어, 무역영어, 상업영어 등에 따라 문법이 별개로 존재하지 않는다는 것이다.

문법은 오로지 문법만의 고유세계가 존재하는 것이다.

→ Grammar is a description of the possible arrangements of words in a language, and sometimes also of the possible arrangements of sounds.
(문법이란 한 언어에서 가능할 수 있는 어순과, 간혹 가능할 수 있는 음성배열에 대한 설명이다.)

– Ronald Wardhaugh : Introduction to Linguistics –

→ The grammar, then, is what we know ; it represents our linguistic competence.
(그렇다면, 문법은 우리가 알고 있는 것이다; 문법이 우리의 언어능력을 나타낸다.)

–Fromkin / Rodman : An introduction to Language–

▩ 다음은 영어문법과 어법에 따른 필수항목이며 어떠한 시험에도 소용되는 반드시 이해하고 활용해야 할 사항입니다.▩

1. 1개의 문장에서 주어는 몇 개 이고 다음에 어느 것이 오나요?

☛ 영어문장은 1개의 정주어(定主語)와 정형동사(定形動詞)의 순서로 구성됩니다. 그래서 학습자가 정형동사가 자동사인가 혹은 타동사인가를 분명히 구분해야 합니다.

그러나 존재의 의미, 눈앞의 동작을 나타내는 'There'가 문두에 올 때는"주어와 동사의 순서가 "동사와 주어"의 순서로 바뀐다. 이러한 순서를 '도치(倒置 inversion)'라고 말한다. 'There'구문은 화자(話者 speakers)사이에 처음으로 소개(Introduction) 할 때 사용한다.

God said, Let **there be light** : and **there was light**.(창세기 1;3)

There's a good boy!

There goes the bell!

Here comes Peter Nelson!

There have been moments in history when remarkable progress was made in relatively short periods of time.

그런데, 'There'나 'Here'로 시작하는 구문에서 '주어'가 '대명사'일 때 주어와 동사의 어순이 바뀌지 않는다.

There **it** is!

There **we are**.

Here **you are**.

Here **we are at the station**.

Here **it is**.

다음과 같이 (1.) 동사+there+to be 의 구조에 유의한다.

I want there to be some water here.

(2.) There is something(nothing) +형용사 about +(동)명사~

There is nothing wrong about remaining single all one's life.

다음 문장의 구조를 살 살펴보자.

◆ There are many good things about + 명사.

◆ I don't see anything + 형용사 + about + 명사.

◆ What is + 형용사 + about + 명사 ?

What's so funny about her slipping down on the icy street ?

There is excitement in learning to drive a car.

There is something to what he says.

There is an explanation behind his keeping his promise.

결국 영어문장의 구조를 잘 관찰해 보면 영어문장은 적어도 특별한 경우를 제외하고는 주어(主語)와 동사(動詞)로 구성된다. 다음표현은 전통적인 5가지 형식의 문형에 속하지 않는 단편적인 문장의 예이다.

(1) 한단어로 된 문장

Congratulations! Nonsense. Really?

(2) 주어가 존재한다고 인정되는 문장

No bones broken!

(3) 주어가 존재한다고 인정되지 않는 문장

Well done!

Down with your money!

(4) 주어는 존재하지 않고 동사가 존재하는 문장

Serves you right.

Doesn't matter.

특히, 아래의 특별어순(Special Word Order)을 갖는 문장과 표현양식에 각별한 관심을 가져야 한다.

1. 도치(Inversion)

Only then **did** he realize it.

(He realized it only then.)

Not till then **did** I notice the mistake.

(I did not notice the mistake till then.)

Not a word **did** he speak.

(He did not speak a word.)

Young **as** he is, he is equal to the task.

(Though he is young, he is equal to the task.)

Woman **as** I am, I may be of help in time of need.

(Though I am a woman, I may be of help in time of need.)

Great **was** her surprise when she

(Her surprise was great when she knew the fact.)

Such **was** his diligence that everyone praised him.

(His diligence was such that everyone praised him.)

Out rushed the man and his wife.

(The man and his wife rushed out.)

Had he run all the way, he could have caught the last train.

(If he had run all the way, he could have caught the last train.)

Far **be** it from me to pass judgement on his work, but~

(be는 소원을 나타내는 가정법의 표현이다.)

"I like summer." "So **do** I""

("I like summer", and "I like summer, too.")

"He can not swim." "**Nor** can she."

("He can not swim." and "she cannot swim, either.")

What genius you have!

How he snores!

"His friend's name was Dyke.", said he.

The sooner, **the** better.

2. 강조(Emphasis)

I **do** love her.

The first question I can not answer.

Such was her joy that skipped round the room.

On a hill in front of them stood a castle.

(참고) be, lie, walk

We waited for **hours and hours**.

The happiest man **alive**.

He did not say a **single** word.

A **mere** child

One of the **fine** days

It is nice and warm today.

(참고) fine and dandy, good and hungry, rare and hungry, etc.

What is the use!

Why was it that he got angry with you?

Who is **the devil** is he?

(참고) the hell, the deuce, on earth, ever, in the world, at all, etc.

There is no doubt **whatsoever**.

(참고) at all, in the least, in the world, for all the world, by no means, in no way, in no sense, not~in the slightest, for the life of me, under(in) no circumstances, etc.

3. 삽입(Parenthesis)

He is rich, **to be sure**, but very stingy.

4. 생략(Ellipsis)

turn(go) **professional**

(**God**) bless you!

She looked out (**of**) the window.

She had a fine time (**of it**).

Though (**he was young**), Tom was very brave.

He is happier than I (**am happy**).

Woman as I am, I shall be of help in time of need.

He seldom, if(**he**) ever(**does**), goes the church.

He made as if he(**were**) to escape.

Would you like to come with me?---- Yes, I'd love to.

(참고) want to, wish to, like to, hope to, be able to, ought to, used to, etc.

Will he come? ---- I think (**that he will**) not (**come**).

5. 공통관계

All I can do is to apologize to you, and (to) ask you to take no notice of me.

He speaks both English and Korean.

No man can live by and for **himself**.

The birds were all busily searching for and pursuing the insects.

Our ability to imagine is **our ability to** remember what we have experienced and to apply it some different situation.

6. 부정(Negation)

(1) not, never, no, nothing, neither, nor

Little did I dream that she was here.

= I did not at all dream that she was here.

(참고) know, imagine, care, expect, think, etc.

(2) hardly, scarcely, rarely, seldom, little, few

He is **no** fool.= He is quite other than a fool.

It leaves **nothing** to be desired.

(3) not+all, every, both

not+ always, necessarily, altogether, completely, exactly, quite

(4) **Hardly(Scarcely)** had I arrived when(before) a quarrel broke out.

No sooner had I arrived than a quarrel broke out.

(5) We **seldom (rarely)**, if ever, speak in French.

There is **little**, if any, hope of his being alive.

(6) **Not** a day passed **but** she prayed for her daughter.

= Not a day passed but she did not pray for her daughter.

(7) He showed me **no small** kindness.

= He showed me a great kindness.

(8) It is **not uncommon** to find such a bird here.
(9) There is **no** rule **but** has exceptions.

(10) not~but
not because(that)~**but** because(that)~
(11) **not~until~**

7. 동격(Apposition)

We English don't admire a general.
That fool **of** a man
The custom **of** bowing
We have no **wish to acquire** new territory.
We have no **idea how** anxious we have been.
There is some **doubt whether** John will come on time.
We must not forget **the fact that** smoking is a danger to health.
(참고) on condition that~, in the hope that~, on the ground that~, to the effect that~, with the result that~, etc.
He forget to take off his hat-- a sure evidence of confusion.

8. 표현양식(Manner of Expression)

(1) 논리성(Logic)
Because he is good, **it does not follow** that he is wise.
(2) 일관성(Coherence)
His physician **told** him **to exercise** frequently.
(3) 간결성(Terseness)
Fourteen people attended the meeting.
(4) 병치법(Parallelism)
He **bought the assigned books, read them and took careful notes.**

Practice ※ What's the difference between the two sentences?

1. (a) There is nothing to see.
   (b) There is nothing to be seen.
2. (a) There are no birds to see.
   (b) There are no birds to be seen.

2. 문장에서 주어의 역할을 어느 품사가 하나요?

☛ **명사, 대명사가 주로 그 역할을 합니다.**

A **period** of political unrest followed.

The entire Appalachian Mountain range is laced with an intricate network of springs, streams, waterfalls, and rivers.

He who sows little reaps little.(속담)

To err is human, to forgive is divine. (A. Pope)

Rising early is good for health.

The rich are not always happy.

3. 주어의 격은 무슨 격 입니까?

☛ **주격입니다.**

They(Mushrooms) use dead matter as food.

(참고) **Him** and **his wife** talked over it for a long time.(구어체)

4. Be 동사의 보어 역할은 어느 품사가 하나요?

☛ **명사, 형용사, 대명사가 주로 그 역할을 합니다.**

They are the same **age**.

I wakened **thirsty**.

She blushed **red**.

The door banged **shut**.

He cut up **rough**.

The coat wore **thin**.

The button worked **loose**.

He is **himself** again.

He went an **enemy** but returned a **friend**.

The sun shines **bright**.

Bill is **on duty**.

Jane dresses well **on** very little **money**.

(참고) behave, look, live, work, pass, etc.

They strike me as **abnormal**.

He will surely come home **rich** from China.

5. "주어+동사+목적어+목적보어"의 어순이 "주어+동사+목적보어+목적어"의 어순으로 바뀔 때는 언제인가요?

☛ **목적어의 표현이 상당히 길어질 때입니다.**

X-rays are able to pass through objects and thus make **visible details** that are otherwise impossible to observe.

6. "주어+동사+목적어"의 어순에서 유의할 점은 무엇인가요?

☛ **목적어의 표현으로 특히 수사법(Figure of Speech)을 사용할 때입니다.**

They celebrated a **victory**.

A good idea struck **me**.

She treated **herself** to a new mink coat.

They shouted **their loudest**.

He shaved **his face**.

(환유법:Metonymy)

(참고) crown=king the cradle=childhood

(비교) 제유법(Synecdoche): bread=food, blade=sword, bottom=keel,
sail=ship, soldier=army, creature= a man, tube=TV

Social reformer Jane Addams **played a prominent role in** the formation of the National Progressive Party in 1912.

7. " 주어+동사+and+동사"의 어순에서 유의할 점은 무엇인가요?

☛ **주어와 동사의 수의 일치입니다.**

The tough skin formed by dried linseed oil **does not break** or chip and **resists** changes in the weather.

8. "~을 기준으로 말하면 "을 영어로 어떻게 표현할까요?

☛ **"as+주어+동사"의 어순으로 표현합니다.**

The prices weren't high, **as** prices **go**.

He is conservative, **as** times **go**. (=as the world goes)

9. "매우~하기 때문에 ~하다"는 영어로 어떻게 표현 할까요?"

☛ **원인과 결과를 나타내는 문형이며 "so-phrase + that-주어+동사" 와 "such-phrase + that- 주어+동사" 의 어순으로 표현합니다.**

so 다음에는 형용사 또는 부사가 오며, such 다음에는 부정관사+형용사+단수명사(such a nice girl) 또는 형용사+복수명사+(such charming manners) 또는 형용사 +셀 수 없는 명사(such nice weather)가 온다. such와는 달리 so 다음에는 형용사+부정관사 +명사의 어순이므로 각별히 유의한다.

It is **such** nice weather that I would like to go the beach.

I have **so many** books that I have trouble storing them.

이 문형에서 so 다음에 many, few가 오면 복수명사를 동반할 수 있으며, much, little이 오면 셀 수 없는 명사를 동반할 수 있다.

:so many books, so much money

Such was my joy that I could not sleep.

(**=My joy was such(=so great)** that I could not sleep.)

10. 관사 앞에 오는 품사는 무엇이며 유의해야 할 점은 무엇인가요?

☛ **8품사 중에서 형용사적 대명사와 부사이며 특히, 형용사 앞에 오는 어순에 유의해야 합니다.**

What a fine sight!: What +a(an)+형용사 !

I have **as good a** right to the money as you.:as+형용사+a(an)+명사

This is **too good an** opportunity to lose.: too+형용사+a(an)+명사

We must not lose **so good an** opportunity.:so+형용사+a(an)+명사

You do not know **how good an** opportunity I have.:how+형용사+a(an)+명사

However good an opportunity you may have.:However+형용사+a(an)+명사

You have **no better** a right to the money than I. :no better+a(an)+명사

11. 전치사를 격식적(formal)인 글에서는 문미에 사용하지 않지만 일반적인 (common) 경우는 전치사를 문미에 두는 것이 자연스러운 용법입니다. 그러나 격식적인 경우뿐만 아니라 일반적인 경우에도 전치사를 반드시 문미에 놓는 경우는 언제인가요?

☛ **도구를 나타내는 with, 목적이나 이유를 나타내는 for, 그리고 모양을 나타내는 like이 의문사 what와 결합할 경우입니다.**

What shall I mend it **with** ?

What is the weather **like** ?

What for ?

12. 보통 명령문에는 2인칭 주어(You)를 사용하지 않으나 2(3)인칭 주어를 사용하여 명령문을 사용할 수 없나요?

☛ **그렇지 않습니다.사용할 수 있습니다.**

(1) 2인칭의 주어를 사용하는 경우

㈀ 주로 짜증을 드러내며 하는 명령으로 주어에 강한 stress가 온다.

You mind your own business and leave this to me!

㈁ '대조'의 의미를 나타내는 경우

You take that piece and I'll take this one.

(ㄷ) you와 John이 주어가 아니라 호칭인 경우

John, I want **you**.

(2) 3인칭의 주어를 사용하는 경우

'짜증'을 나타내는 기분과는 전혀 무관하며 주어로 부정대명사(Someone, Somebody), He, She, They 이 사용될 수 없다.

Everyone behave himself.

13. 부가 의문(Tag Question)을 사용하기 위하여 반드시 지켜할 규칙은 무엇입니까?

☛ **다음의 규칙을 반드시 지켜야 합니다.**

(1) 본문이 긍성이면 부가의눈은 부정으로, 본문이 부정이면 부가의문은 긍정으로 되며, 시칭은 본문과 부가의문이 서로 일치해야 한다. 부가의문의 주어는 본문의 주어를 대명사로 반드시 바꾸어야 한다. 그리고 본문의 문장부호는「, 」임에 유의한다.

He was late for the party, **wasn't he**?

I'm older than you, **aren't I**?

The work has been done, **hasn't it**?

Mr. Brown and his wife won't come, **will they**?

Everyone turned up, **didn't he**?

한편, 의미상으로는 부정문인 경우(즉, 본문에 scarcely, seldom, rarely, hardly, little, few이 있을 때)는 부가의문은 긍정이 된다.

That job is **hardly** suitable for Peter, **is it**?

Nothing went wrong with the plan, **did it**?

(2) have가 본문에서 본동사로 쓰인 경우에는 부가의문의 동사는 영국 영어에서는 have 또는 do 이며, 미국 영어에서는 주로 do이다. 본문의 동사구가 have got 또는 have to+동사의 형태를 갖고 있을 경우도 마찬가지다.

You have a car, **haven't you**?

You have a car, **don't you**?

Your have got a car, **haven't you**?

You have got a car, **don't you**?

You have got to leave now, **haven't you**?

We had better leave now, **hadn't we**?

You used to teach french, **usedn't you**?

You used to teach french, **didn't you**?

You ought to obey your parents, **shouldn't you**?

(3) 본문이 명령문일 경우, Let's +동사로 시작되면 부가문은 Shall we? 가 되고, Let's not + 동사로 시작되면 OK? 또는 all right?가 된다. Let's로 시작되지 않는 명령문일 때는 주로 Will you?이나 간혹 won't you?도 의미차이 없이 사용된다.

Take me to his house, **won't you**?

Let's play the radio, **shall we**?

Let's not watch TV, **OK(all right)**?

(4) There are many people who believe so, aren't there?

There used to be a tree here. **didn't**(usedn't) there?

그러나, "I suppose, I think, I believe "다음에 절이 오는 경우에는 부가의문의 주어 및 동사는 목적절의 주어 및 동사를 따른다. 또"I don't suppose, I don't think, I don't believe" 다음의 절은 그 의미 에 있어서는 부정문인 점에 유의한다.

I suppose you are not serious, **are you**?

(=I don't suppose you are serious, **are you**?)

14. 부가 의문의 의미는 몇 개 입니까?

☛ 다음의 두개입니다. 하나는 사실 몰라서 묻는 경우이고, 또 하나는 이미 알고 있는 것을 확인하거나 듣는 사람의 동의를 구하는 경우입니다. 전자일 경우는 부가의문의 주어를 강하게 발음하며, 후자일 때는 주어는 약하게 발음하는 대신 동사를 강하게 발음합니다.

You want to read the paper, don't you?(=Do you want to read the paper?)

You want to read the paper, don't you?(=I think you want to read the paper?)

그렇지만 명령문의 경우는 부가의문의 주어를 강하게 발음한다. 만약 주어를 약하게 발음하면 말하는 사람이 짜증을 내고 있다는 기분을 표현한다.

Please help me, will you?

드물게 본문이 긍정인데 부가의문도 긍정, 본문이 부정인데 부가의문문도 부정으로 표현되는 부가 의문문을 들을 수 있다. 이 경우는 상대의 말을 듣고 상대가 직접으로 표현하지 않은 내용을 추론해서 알았을 때, 또는 상대가 이미 말한 것을 잠시 잊었다가 다시 생각해 낸 경우에 , 간혹 상대방의 말에 냉소적 반응 보일 때도 사용한다.

So he doesn't like his job, **doesn't he**?

So he likes his job, **does he**?

15. 동사+목적어+목적보어의 문형에서 목적보어의 형태는 무엇입니까?

☛ (to be)+형용사(명사), 동사 +it+형용사, 명사 +that 주어+동사, to+동사원형 입니다. 목적보어가 수동형일 때는 물론(to be) 과거분사의 형태가 됩니다.

She held it **to be impossible**.

The boss thought **fit**(good, proper, right) to fight him.

I regard Mike **as intelligent**.

Don't treat me **like a child**.

(참고) put, show, take, pay, word, etc.

Jill made Jack an excellent **husband**.

I want there **to be** some **water** here.

They all felt the plan **to be unwise**.

He declared himself **(to be) the leader** of the organization.

We believe it **to have been a mistake**.

I think it a **scandal that there** is so much racial **prejudice** still about.

He doesn't want it **(to be) known** that he is going away.

Everyone thought it very **foolish** of you to climb the mountain without a guide.

You should make your views **known**.

They found themselves **stranded** at the airport.

We want the work **finished** by Saturday.

16. 집합명사는 어느 경우에 단수와 복수 취급을 하나요?

☛ 그 집단이 '하나'의 의미로는 미국영어, 영국영어 똑같이 단수 취급을 하지만, 그 집단이 '하나인 사람들'의 의미로 쓰일 때는 영국영어에서는 항상 복수 취급하나, 미국영어에서는 복수 혹은 단수취급 하는 경향이 있습니다.

Our planning Committee **have** considered your request.

The public **are** tired of demonstrations.

My company **is** opening a new factory.

His family **is** large, but his income is small.

The committee who **were** responsible for the decision…….

The committee which **was**…….

The small number of people who **visit** the place are all Jewish.

The number of people who **understand** the language is very small today.

a people which is civilized

(참고) class, audience, team, crowd, crew, jury, clergy, peasantry, folk, cattle

17. 부사절에서 주어를 생략하는 경우는 언제인가요?

☛ 부사절의 주어와 주절의 주어가 동일할 때 생략 또는 전환이 가능하며 이 경우 부사절은 의미가 명백한 접속사가 있는 경우 분사 구문이 됩니다.

Although **he was** told to stop, **he** kept on working.

→ Although told to stop, he kept on working.

그러나 부사절과 주절의 주어가 동일할 경우 조동사를 생략할 수 없고 주어를 생략하든지 주어와 조동사를 모두 생략한다.

Peter will be taking the course and he passing the examination. (×)

→ Peter will be taking the course and will be passing the examination.(○)

→ Peter will be taking the course and passing the examination.(○)

18. 부정부사나 부정부사구가 문장 앞에 오면 그 문장의 주어와 동사의 어순은 어떻게 되나요?

☛ **도치 즉, 조동사+주어의+본동사의 어순이 됩니다.**

Never shall I forget your kindness.

(=I shall never forget your kindness.)

In no other way can the matter be explained.

(=The matter can be explained in no other way.)

Only when we landed did we see how badly the plane had been damaged.

(=It was only when we landed that we saw how badly the plane had been damaged))

19. 접속사 While의 특징은 무엇입니까?

☛ **while을 대조(비교, 반대=whereas)의 뜻으로 사용힐 경우 while절은 주로 주절 뒤에 위치하고 while 앞에 「,」가 옵니다. 그러나 while은 양보의 뜻, 즉 although의 뜻으로 사용될 경우 반드시 주절 앞에 위치합니다.**

While it was undeniably a beautiful city, it was not yet community. (×)

While it was beautiful city, it was not yet a community. (○)

It was not yet a community, **while** it was a beautiful city. (×)

Although it was a beautiful city, it was not yet a community. (○)

It was not yet a community, **although** it was a beautiful city. (○)

20. 짧은 문장과 긴 문장 중 어느 것이 더 바람직합니까?

☛ **내용이 동일하다면 짧은 문장 즉, 간결한 문체(terseness)가 더 바람직합니다.**

The company was close to the point of being at bankruptcy.

→ The company **was almost bankrupt**.

The new innovations at the world's fair were fascinating.

→ The **innovations** at the World's fair were fascinating.

He is a diplomat and forceful.

→ He is a **forceful diplomat**.

21. 병치법(並置法-parallelism)의 원칙은 무엇입니까?

☛ **한 문장 안에서 등가인 개념들은 문법적(grammatical)으로 동일한 형태의 품사, 구, 절을 가지며 이들을 접속사를 사용하여 연결합니다.**

The fur coat was **soft as well as warm**.

They did not engage in planting crops but to hunt. (×)

→ They did not engage **in planting** crops but **in hunting**.

He was the **editor of** a newspaper, a **diplomat, and** the **inventor of** many useful devices.

All men prefer **to have** food rather than **to starve**, **to hav**e shelter than **to be** homeless, **to be healthy** rather than **diseased, to live long** rather than **short, to be happy** rather than sorrowful.

22. 문장 구성 시 comma를 잘못 찍으면 어떤 결과가 나옵니까?

☛ **엉뚱한 결과를 초래할 수 있으므로 comma 사용에 매우 신중해야 합니다.**

The boy, said the policeman, was lying.

(=The boy was lying.)

The boy said the policeman was lying.

(=The policeman was lying.)

23. 영어 구문의 핵심내용을 정확히 이해하는 가장 빠른 길이 어디에 있습니까?

☛ **동사의 활용(conjugation)및 진행형(progressive form)을 만들 때 철자법(Spelling)에 유의함은 물론 개별동사의 의미(Meaning)와 사용법(Usage)을 철저히 이해해야 합니다. 특히, 다음에 제시하는 동사들 입니다.**

lie, lay, rise, raise, see, saw, sew, sow, sit, seat, wind, wound, fall, fell, find, found, pay, say, offer, suffer, visit, mimic, picnic, traffic, panic, frolic, fly, flee, focus, hang, dream, bear, etc.

(1) agree with + 사람 :사람과 의견을 같이하다 → (수동형 불가능)

- agree with(to) +사물: 사물(어떤 명제, 사실)에 동의하다
- agree (with +사람) on(about) +사물 :사물(어떤 문제)에 대해 사람과 의견을 같이하다
- agree to 사물: 사물(무엇)에 승낙을 하다 → (수동형 가능)
- disagree with +사람: 사람과 의견을 달리하다

I don't agree with the program.

I agree with you about its being a mistake.

They agreed on the terms of the surrender.

They agreed to the proposal only under protest.

The proposal was agreed to.

We were agreed on that point.

I disagree with you on that point.

(2) attribute X to Y: X의 원인을 Y의 탓으로 돌리다

X be attributable partly to Y and partly to Z : X의 원인을 일부 Y 와 Z에 돌릴 수 있다

He attributed his success to hard work.

His failure is attributed to his carelessness.

=His failure is attributable to his carelessness.

(3) benefit from (or by) ~ :~ 에서 이득을 보다

He has benefited from the labors of others.

(4) 복수주어 + combine + to 원형동사: 주어가 함께 작용하여 ~한 결과를 가져오다

Napoleon's excessive ambition and the misfortunes of war combined to produce his downfall.

(5) 「Do you like to 원형동사~?」,와「Would you like to 원형동사~?」는 전혀 다르다.「Do you like~?」는 'enjoy'의 의미로 습관적인 태도를 질문하므로 습관을 나타내는 every day 등의 부사구가 흔히 같이 쓰인다. 그러나 「Would you like~?」는 'want'의 의미로 초청(invitation), 요청(request)을 나타내며 구체적 시간부사(today, tomorrow, next Monday, etc.)를 보통 동반한다.

Do you like to go shopping with you your wife?

Would you like to have dinner with us tonight?

(6) • feed on ~ : 동물이 ~을 먹이로 상식하다

• live on ~ : 사람이 ~로 생계를 유지하다

• live off ~ : ~에 의존하여(바탕을 두고)살아가다

• feed off ~ : ~를 정보원, 식료, 원료로 이용하다

Cows feed on the grass.

He live on his wife's earnings.

The farmer lives off land.

The animal feed off the bottom off land.

(7) • X be followed by Y : X의 결과는 Y 에 비롯되다(=result from)

• X be preceded by Y : X의 결과는 Y 보다 먼저 일어나다

The success of his was followed by every concentrated effort.

(8) • forbid 사람 to +원형동사: 사람에게 ~하는 것을 금지하다(한 개인이 명령, 규칙으로 금지)

• prohibit 사람 from +동명사 : 사람에게 ~하는 것을 금지하다(법률, 규칙으로 금지)

The storm forbids us to proceed.

The law prohibits commercial planes from flying over the city.

(9) 문맥에 따라 동사 help의 다양한 의미에 유의한다.

(ㄱ) "돕다"일 경우

He helped me with (or in) my work.

Would you help (to) me solve this problem?

(참고) He assisted me (or in) my work.

(ㄴ) "금하다, 안하다"일 경우

I couldn't help crying when I heard the news.

I couldn't but cry when heard the news.

I couldn't help but cry when I heard the news.

(ㄷ) "피하다, 막다(prevent), 개선하다(improve), 고치다(remedy)"일 경우

I can't help it.

It couldn't be helped.

This book will help your English. (=improve)

(10) deprive 사람 of ~ : 사람에게서 ~을 박탈해 가다

They deprived the criminal of citizenship.

(11) • do 사람 good : 사람에게 도움이 되다, 이롭다

• do 사람 harm : 사람에게 해를 끼치다

This weather will do her a lot of good.

I don't wish to do you any harm.

(12) • lie at one's door :책임이 ~에게 있다

• be responsible for :~에게 책임이 있다

• lay the blame at one's door:책임을 ~에게 돌리다

The fault lies at my door.

They laid the blame at his door.

The President is responsible for the Administration.

The Minister is responsible for the present impasse.

(참고) have only oneself to blame = have nobody to blame but oneself

(13) make certain (sure)~과 make certain of+명사~ 용법을 이해한다.

㈀ 확인하다

We must make certain that she can come to our party.

You had better make certain which is your carriage.

㈁ 목적어로 명사나 명사구가 올 때는 "원하는 것을 꼭 얻도록 하다",

목적어로 that절이 올 때는 "어떤 일이 꼭 이루어지도록 하다" 의 의미를 나타낸다.

If you want to make certain of a seat, you better make a reservation in advance.

㈂ 확신하다(=feel certain) (주로 구어체에서 사용)

I made certain she would consent, but she didn't.

그리고 be certain (or sure) +to 원형동사~(반드시 ~하다)에서는 be 동사만 사용하지만 '잊지 말고 ~하라'의 명령문에서는 be나 make를 모두 사용할 수 있다. 또한 sure나 certain 다음에 to 원형동사 또는 that 절이 온다. 그러나, 명령문으로 make certain to 원형동사~는 흔히 사용하지 않는다.

Be(or make) sure to lock the door when you go to bed.

(14) 「out + 원형동사」의 형태에서의 "out"는 "능가하다"의 뜻으로 "비교"의 의미를 갖는다.

outact 사람: 행동, 연기, 업무가 어떤 사람보다 앞서다

outgrow 사람: 어떤 사람보다 커지다

outlast ~ : ~보다 오래가다

outlive 사람 :어떤 사람보다도 오래 살다

outdo 사람 :행위 따위가 어떤 사람을 능가하다

outwalk 사람 :어떤 사람보다 멀리까지 (빨리, 오래) 걷다

(15) owe :돈, 감사, 의무, 은혜, 신세 등 빚을 지고 있는 경우에 주로 쓰이고 바람직하지 않은 것에 대해서도 쓰이는 경우가 있다.

I owe him thanks for my success.

He owes his being liar to his father.

(비교) Thanks to his father, he is a liar.

(16) rely on X to do Y :Y를 하는데 X에 의존하다

I rely on you to come.

He relies on his father for his help.

(17) stem from :~에서 연유하다(= come from)

Yankee stems from the Dutch the word Jan Kaas.

(18) succeed in ~(~에 성공하다)

succeed to ~(~를 상속하다, ~에 계승하다)

He succeeded in solving the urgent problem.

He succeeded to his father's estate.

(19) say는 간접목적어(~에게) 없이 쓰일 수 있으나 tell은 간접목적어가 있어야 한다. 그러나 tell의 주어가 사람이 아닌 경우에 간접목적어 대신 「about」를 동반한다.

This book tells all about Korean customs. (tell all about=explain completely)

(20) take turns + ~ing , take turns at (or about) + ~ing, ~ +by turns :교대로 ~하다

We took turns doing the work.

한편 "in turn"이 :① (둘이서) 서로 번갈아, ② (여러 사람) 차례차례, ③ 다음 차례로,(~의) 차례가 되어, (~의) 차례에) 의미를 갖는다.

The expense, in turn, had to be reduced.

I'll talk to each of you in your turn.

(21) take ~ by storm :강습하여 ~을 빼앗다

take a heavy toll of ~ :~로부터 많은 희생자(사상자)를 빼앗아 가다

The enemy took out land by storm.

The disease took a toll of lives.

(22) vary from ~ (to ~) (~에 따라 다르다)

The weather varies from hour.

24. 주어+동사+주격 보어(형용사)의 문형에서 형용사를 어떤 품사로 바꾸면 한국어에서 자연스러운가요?

☛ 이 문형에서 형용사를 한국어로 옮길 때는 부사로 합니다.

이문형을 만드는 동사는 의미상 두 종류로 나뉘며 하나는 주어의 상태를 설명하는 동사(appear, feel, lie, look, remain, seem, smell, sound, taste, etc.)와 또 하나는 주어의 상태 전환을 설명하는 동사(become, come, get, go, grow, fall, run, turn, etc.)이다. 이러한 동사들은 모두가 주어의 상태자체를 표현하는 것이기 때문에 주어의 보어로서 8품사 중에 형용사나 형용사 역할을 하는 과거분사가 오며 부사가 와서는 안 된다.

(1) become+ 형용사 및 형용사의 비교급, 형용사화한 분사, 또는 명사

Mr. Jeon became a Director of the Company in 2012.

Our work is becoming more interesting.

(2) come + 형용사 및 형용사의 비교급, 특히 un+과거분사, 전치사구, to+원형동사

His first week's wages will come(or fall) due.

The door came unhinged.

How did you come to hear the news?

Our plan has come to pieces.

(3) fall+제한된 몇 개의 형용사(비교급은 불가능)

When do the rent fall(or become) due?

He soon fell asleep.

(4) get+형용사 및 형용사의 비교급, 형용사화한 분사 , to+원형동사 (구어체에서 흔히 사용한다.)

He often gets(or becomes) quarrelsome when he has been drinking.

He soon got to know the wisdom of being patient.

(get to know=learn to know)

You will get(or become) accustomed to the climate.

(5) go+ 형용사

주로 '결정적인 변화'를 표현할 때 사용한다.

The engine went dead.

Go gas!

He went to sleep. (=fell asleep.)

She went to pieces in the second set.

(6) grow+형용사 및 형용사의 비교급, 형용사화한 분사, to+ 원형동사

She is growing(or getting) to like him better.

(7) run+ 형용사(dry, low , short)

Supplies are running short(or low).

(8) turn+ 형용사 및 형용사의 비교급, 관사 없는 명사, to+명사

When it freezes water turns to ice.

When my wife went to visit her parents, I had to turn cook.

(9) wear+ 형용사 및 형용사 및 형용사의 비교급 '사용(use)하는 변화'를 의미한다.)

The material is wearing thin.

(10) 주격보어로 명사가 오는 동사

He died (as) a millionaire.

She will make a good wife.

He lived (as) a bachelor.

Let us part good friends.

He proved a true friend.

She doesn't look her age.

From these debates he emerged victor.

(11) 동사 seem, appear, prove 등은 보어로서 형용사나 명사가 올 경우「to be를 동반해도 되고 안 해도 된다. 그러나 a-로 시작되는 형용사

asleep, afraid, awake, alone, aware, alive, ashamed 등이 올 경우 「to be」를 생략 할 수 없다. 또한 형용사 대신 과거분사가 올 수 있지만 이 경우 과거분사는 완전히 형용사적인 의미를 갖는 것이어야 한다. (surprised, disappointed, worried, excited, tried, frightened, satisfied, prepared, displeased, interested, etc.)

This appears (to be) an important matter.
He seemed (to be) surprised at the news.

He seems to be in the office now.
You seem to be enjoy the party.
The baby seems to be asleep.

25. say, tell, speak, talk의 정확한 의미와 용법의 차이는 무엇입니까?

☛ **다음의 설명과 같이 그 차이를 파악합니다.**

(1) say: '소리를 내다', '말(words)로 표현하다'
He said that he was going abroad for a vacation.
He said something to me.

(2) tell:(어떤 내용을) '말해 주다', '알려주다.' '설명하다'
He told me that he had never been abroad.
Please tell me your name. (=I do not know your name.)
Don't tell me a lie. Tell me the truth.
Thank you. I'll tell him. (=I'll say that to him.)
He says to listen to the tape. (=He tells me to the tape.)

(3) speak:단순히 언어행위(the mere action of speech)를 하다
He spoke for twenty minutes at the celebration.
Speak the truth.

(4) talk:그 의미의 초점이 대화(conversation)에 있다.
He always talks nonsense.

He always talks business.

May I talk with(or to) Mr. Kim?

26.주어+동사+간접목적어+직접목적어 문형(~에게(간접목적어) ~을(직접목적어)해주다)을 사용할 때 주의해야 할 점은 무엇입니까?

☛ 간접목적어로 무생명체(무생물)(inanimate)가 올 경우는 이 문형을 사용하지 않는 것이 바람직합니다.

She has made Harry an excellent wife.
=She has made an excellent wife for Harry.
=She has made herself an excellent wife for Harry.
Can you spare me a few minutes?
=Have you a few minutes to spare for me?
=Can you do without me for a few minutes?

또한 간접목적어가 직접목적어 뒤로 올 경우, 우리말의 '~에게'가 영어에서는 동사 에 따라 「to, for, of, on」등의 전치사가 필요하다.

(1) to이 올 경우

He offered drinks to everyone in the bar.

(예): sell, owe, lend, pass, tell, introduce, show, send, award, award, explain, sing, take, read, suggest, play, pay, hard, give communicate, write, bring, deny, promise, teach, announce, etc.

(2) for이 올 경우

Can you cash this check for me?

(예) buy, build, call, choose, cook, bake, fry, boil, get, keep, knit, make, order, reserve, fine, provide, cash, etc.

(3) of이 올 경우

I asked the reason of him.

(4) on이 올 경우

Boys like to play tricks on their friends.

He played a practical joke on her.

(5) 전치사에 따라 의미의 차이가 나는 경우

Please leave the question to me.

I left my message with his secretary.

They kept it for Mary.(전치사 없는 문형은 불가능)

She made them for Bill.(전치사 없는 문형은 불가능)

I sent it to him.

He complained to me that his neighbor was making too much noise.

(예) acknowledge, announce, confess, declare, point out, propose, remark, report, say, state, suggest, etc.

27. 자동사+전치사+(대)명사+to원형동사~의 문형과 타동사+(대)명사+to원형동사의 문형에서 차이점은 무엇입니까?

☛ 그 차이는 전자는 "누가 직접~하기를 후자는 누가 간접적으로 하도록(하는 것을) ~하다"입니다.

(1) 자동사+전치사+(대)명사+원형동사

I will arrange for a taxi to meet you at the station.

They are hoping for the dispute to be settled.

I rely on you to be discreet.

I appealed to the children to make less noise.

She pleaded with(or for) me to give up the plan.

(예) apply, arrange, ask, call, hope, like, long, mean, plan, plead, pray, prepare, provide, ring, send, telephone, vote, wait, wish, etc.

(2) 타동사+(대)명사+to원형동사

His salary enabled him to have a holiday abroad.

(예) advise, allow, ask, beg, bribe, cause, challenge, command, compel, direct. drive, (=compel), enable, encourage, entice, expect, forbid, force, give, help,incite, induce, instruct, intend, invite, know, lead, mean(=intend), order, permit, persuade, recommend, request, require, teach, tell, tempt, urge, warn, etc.

그러나, 다음문형에서는 주의해야 합니다.

I asked Mary to come. (○) (Mary에게 직접요청)

I asked for Mary to come. (○) (Mary에게 간접요청)

I hope you to go at once. (×)

He refused me to borrow his book. (×)

한편, I was warned not to believe a word he says.와

She has never been known to tell lies. 문형은 수동형으로의 전환이 가능하다.

His wife liked to dress colorfully. (×)

I was wished to stay. (×)

Another war wouldn't be wanted to break out. (×) (능동문만 가능)

You wouldn't want another war to break out. (○)

28. 지각동사+(대)명사+원형동사~ 의 문형과 사역동사+(대)명사+원형동사~ 의 문형의 의미차이는 무엇입니까?

☛ **지각동사는 신체적 감각(physical perception)을, 사역동사는 정신적 감각(mental perception)을 나타냅니다.**

(1) 지각동사+(대)명사+원형동사

Watch that boy jump.

그러나, 수동형으로 될 경우에는 to이 온다.

Was John heard to leave the house?

I felt (that) I was not wanted there. (정신적 감각을 의미한다.)

(예) feel, hear, notice, observe, see, watch, listen to, look at

(2) 사역동사+(대)명사+원형동사

(ㄱ) make:강제로 시키다

Can the matter be made to look like an accident?

그러나, make는 수동형으로 쓰일 때 to이 오며, let와 have는 수동형이 되지 않는다.

They made her be careful.

한편, 사람이 목적어로 올 경우는 보어 역할을 하고 자기 스스로 어떻게 노력을 하다'의 뜻이다.

(ㄴ) have:요청하여 시키다

have(get) +명사(Noun) +P.P.의 문형에는 3가지 의미가 있다

① Noun이 어떻게 되게(P.P.) (어떤 사람에게) 시키다

I'll have your diner sent in immediately.

② Noun이 어떻게 됨을 당하다(수동의 의미)

I had my foot stepped on the crowded bus.

그리고 be+P.P.로 이루어지는 수동형과의 용법상의 차이를 살펴보면, 주어가 당하는 경우는 be + P.P. 의 문형이며, 주어의 일부 또는 주어의 소유물이 당하는 경우는 have(or get) +Noun + P.P.의 문형이다.

His wallet was stolen.

He got his wallet stolen.

③ Noun이 어떻게 되게(P.P.) 해치우다(완료적 의미)

He can't have things done.

They had a map spread on the table. (상태의 의미)

(4) have +명사 + ~ing의 문형은 2가지 의미를 갖는다.

(ㄱ) 누가 ~하는 결과를 일으키다

I'll have you speaking English well in two years.

(=I'll make it possible for you to speak English well in two years.)

(ㄴ) 누가 ~하는 현상을 겪다(당하다)

If you give all-night parties you'll have the neighbors complaining.

(5) let (~하게 내버려 두다)

(ㄱ) leave alone=let(내버려 두다,간섭 안 하다)

Let(Leave) those flowers alone.

그리고 let alone은 수동형으로는 거의 안 쓰이지만,leave alone은 수동

형이 흔히 쓰인다.

(ㄴ) leave 가 목적보어로 과거분사를 갖는 경우는 접두어 un-과 결합된 과거분사에 한한다. 이런 경우는 능동형보다는 수동형으로 쓰이는 것이 일반적이다.

It's better to leave some things unsaid.

(참고)

They left me waiting outside.

Let go the rope.

He let fall a hint of the answer.

Don't let slip opportunity of learning English.

Let him in.

한편 let go (잡고 있는 것을 놓다)이 of의 동반 없이도 목적어를 쓸 수 있으나 leave go는 of의 동반 없이는 목적어를 가질 수 없다. let가 수동형이 되는 경우는 오직 let go로 쓰일 때에 한한다. leave go는 수동형이 되지 않는다.

29. "~을(를) ~으로 하다" 에 해당되는 주요 동사의 예를 들어주십시오.

☛ **다음의 설명을 통하여 이해하시기 바랍니다.**

(1) 동사+목적어+전치사+명사(전치사는 주로 as가 온다.)

Will you take this woman as your wife? (take:받아들이다)

Do you take me for a fool? (take: 생각하다)

(예) acknowledge, class, characterize, consider, define, describe, interpret, know, recognize, regard, see, treat, use, etc.

(2) 동사+목적어+목적보어

The team have voted their new captain.

He declared himself to be the leader.

He considers himself to be the leader.

I believe (that) he is an honest man.

I believe him to be an honest man.

I believe him honest man.

I believe him honest.

(예) acknowledge, assume, believe, claim, consider, fine, hold, imagine, proclaim, report, suppose, think, etc.

Everybody observed John to be reliable.

I've never felt him to be reliable.

We all knew him to be a good man.

(참고) 동사+목적어+형용사 또는 형용사구의 문형에서는 목적어의 상태가 현상유지(Current verbs) 혹은 다른 상태로 변화하는 것을 표현하는 동사(resulting verbs)다.

(1) Current verbs

believe, call, consider, declare, fine, hold, imagine, keep, leave, like, prefer, prove, report, think, want, etc.

(2) Resulting verbs

beat, boil, cut, dye, get, have, let, lick, make, paint, push, render, see, set, shot (oneself), sleep (oneself), wipe, wish, etc.

I hold you (to be) responsible for it. (hold=consider)

They beat the boy black and blue.

30. 'do' 동사를 이용한 강조 용법에서 주의사항은 무엇입니까?

☛ 상대방이 믿지 않고 있거나 모르고 있는 것같이 보이는 내용을 강조하며 be동사의 경우에 명령문 이외의 문장에서는 do가 올 수 없습니다.

Do have some more.

Do be quiet!

"Why don't you enjoy music?" "But I do enjoy good music?"

Usage

1. He belongs to the Foreign Office.
   They belong to the dramatic profession.
   Discussion of these problems belongs to the next section.
   cf. They belongs in the same class with swallows.
   This belongs in the same category as that.

2. Youth especially tend to take good health for granted.
   I took it for granted that he would succeed in the entrance examination.
   The public library is taken for granted now as one of the citizen's indisputable rights.

3. Play must not interfere with study.
   He interfered with a policeman in the performance of his duty.
   cf. You have no right to interfere the matter.

31. 시제를 선택할 때 유의할 점은 무엇입니까?

☛ **시제에 따라 각기 다른 의미를 갖는다는 사실에 유의해야 합니다.**

(1) 시간과 장소를 표현하는 부사절에서는 현재형이 미래형의 역할을 한다.

We will send the money as soon as the goods are delivered.
I will be with you wherever you go.
I will find her wherever she may be.

(2) 상태 동사 (static verbs)는 진행형이 될 수 없는 것이 원칙이다.

I trust him.
I am trusting him. (×)
He was looking at me carefully. (○)

(ㄱ) 정신 상태, 감지, 지각을 의미하는 동사들

agree, believe, differ, disagree, disbelieve, distrust, doubt, find, foresee, forget, guess, imagine, know, mean, notice, recall, recognize, recollect, regard, remember, see, suppose, think, trust, understand, etc.

(ㄴ) 감정 상태를 의미하는 동사들

abhor, adore, astonish, desire, detest, dislike, displease, feel(=think), forgive, hate, hope, like, love, mind(=object to), please, prefer, want, wish, etc.

(ㄷ) 기타

appear(=seem), belong, consist, contain, depend, deserve, equal, have, matter, possess, resemble, result, seem, etc.

한편, ① 상태 동사도 진행형으로 쓰인 경우를 볼 수 있으나 상태의 의미는 없고 동작(dynamic)의 의미를 갖는다.

Mr. Brisk is seeing Mr. Richards about the new computer.
(is seeing=is meeting)

Don't interrupt. I'm hearing all about the new computer.
(am hearing=am being told)

He is thinking about the new computer.
(is thinking=performing an activity of thinking.)

Mr. Richards is certainly liking his new job.
(is liking=is enjoying)

He is expecting an increase in salary.
(is expecting=is waiting for)

We are finding out what really happened.
(are finding=are learning)

I am having some difficulty with this problem.
(am having=am experiencing)

He's forgetting his French.
(is forgetting-is gradually losing his knowledge of)

I am forgetting that I promised to visit Smith this evening.
(am forgetting=nearly forget)

Are you forgetting your manners?

He's always imagining dangers that don't exist.

We are thinking of going to the U.S.

(are thinking=are considering)

Jack is minding the children while his wife is out shopping.

(is minding=is looking after)

② 신체의 감각을 나타내는 동사(feel, ache, hurt, itch, etc.)는 단순현재형과 진행형으로 의미 차이 없이 사용한다.

How do you feel today?

How are you feeling today?

It depends upon circumstances.

It is depending upon circumstances. (×)

I depend upon you. (=I rely on you)

I am depending upon you. (=I rely on you)

(3) 진행형 문장에 always, continually, continuously, constantly, perpetually, for ever등의 부사가 동반될 경우 행위의 반복으로 인한 짜증의 의미를 내포한다.

My husband is always coming home late.

Grumbling again! you're for ever finding fault with me!

(4) be going+원형동사 문형의 의미의 용법을 알아보자.

㈀ 미래에 ~하겠다는 현재의 의도(future of present intention)를 표현한다. 이 경우에 주어로 보통 사람이 온다.

We're going to grow more vegetables this year.

This tree is not going to be cut down. (의미상으로 사람이 주어다.)

⇨ We don't intend to cut this tree down.

We don't intend to allow anyone to cut this tree down.

You're going to see a lot of me. (말하는 사람의 의도를 표현한다.)

그러나, 과거형 문형에 쓰이면 성취하지 못한 과거의 의도를 표현한다.

I was going to call on you yesterday evening, but it rained.

(ㄴ) 현재의 원인으로 일어날 미래(future of present cause)를 표현한다.

The newspaper says its going to be cold today.

Look out! You're going to be run over.

(ㄷ) 말하는 사람이 미래의 일에 대한 느낌(the speaker's feeling of what is likely)을 표현한다.

Tom's going to find himself in trouble one of these days.

한편 ① be going to원형동사는 조건 절을 갖는 문장의 주절에는 일반적으로 사용하지 않는다.

If you leave now, you'll regret it.

If you leave now, you're going to regret it. (×)

If Tom passes the examination, his father is going to buy him a bicycle. (○)

② 긴박성과 확실성의 순서는 ㉠ be about to원형동사, ㉡ be+ ~ing, ㉢ be going to원형동사 이다.

He was going to leave when I walked into the room.

He was leaving when · · · · ·

He was about to leave when · · · · ·

(=He was on the point of leaving when · · · · ·)

(5) 현재진행형이 확정된 미래계획(arrangement, plan, programme)을 나타낼 경우는 그 행위를 인간이 결정 한다 .

The council is meeting next week.

(6) 순수한 미래시칭에는 will을 사용한다.

I will be ninety tomorrow.

그러나 다음문장의 의미에 주의해야 한다.

I saw him this day week. (과거)(지난주 오늘)

I'm going to see him this day week. (미래)(다음 주 오늘)

(7) 과거진행형과 단순과거와의 두드러진 차이점은 후자는 행위의 완료를 전자는 완료(완성)되지 않은 행위를 의미한다는 점이다.

She was watching TV all evening.

She watched TV yesterday evening.

다음으로 행위의 완성과 미완성의 차이를 살펴보자.

Did you hear about Henry's new job?

Yes, my wife was telling me about it this morning.

(=I have heard a little about it but I would like to hear more.)

Yes, my wife told me about it this morning.

(=I know all about it ; I don't need any further information.)

(8) 한 동작이 발생하고 다른 동작이 동시에 진행되고 있을 경우 주절에 종속절 즉 when 절,while절, 또는 (드물게) as절을 연결해야 자연스런 의미를 표현할 수 있다. 이 때 한쪽은 진행형이 된다. 이 때 의미의 초점이 종속절에 있을 경우 해석을 '~하고 있었는데 그 때 ~했다'로 한다.

The boy was knocked down by a bus while he was crossing the street.

I was writing the report when the light went out.

(9) have +p.p.와 have been +~ing의 의미차이는 전자가'행위의 완료 혹은 결과'를 후자는 '행위 자체'를 의미한다는 점이다.

What have you done today?「오늘 해놓은 것(결과)이 무엇인가?」

What have you been doing today? 「오늘 무엇을 하며 지냈는가?」

(10) 단순현재완료 + 현재진행형의 문형은 과거로부터 현재순간까지 행위가 계속된다는 의미다.

He has been working for thirty years in this field of education, and ha made and is still making invaluable contributions to this branch of English.

(11) 현재완료는 행동자체는 과거에 일어났지만 그 영향이 현재까지 미치고 있음을 뜻한다.

Have you had an accident?

(accident의 흔적, 즉 상처 같은 것을 보면서 묻는 말이다.)

(12) 현재완료의 문형에 쓰이는 시간부사를 알아보자.

(ㄱ) since+주어+동사 또는 since+명사

I have been here since two o'clock.

I've had no news of him since he left for singapore.

(ㄴ) for+기간은 현재까지의 동작을 표현한다.

Have you been waiting for a long time?

그러나 for+기간이 현재를 포함하지 않는 기간을 표현할 경우 현재완료를 사용하지 않는다.

I lived in New York for ten years.

I'm going to stay in New York for a couple of weeks.

(ㄷ) already는 긍정문에 yet 는 부정문에 사용한다.

(ㄹ) ever는 현재까지의 어느 때를 never는 현재까지의 어느 때에도 아닌 경우를 표현한다.

(ㅁ) often, several times, a couple of tims, many times, etc.은 빈도(frequency)를 표현한다.

(ㅂ) today, this week, this year, etc.이 현재를 포함하고 있는 부사. all day이 오늘을 의미하는 부사다.

It rained all day. (all day=all that day)

I saw him this morning.

I saw him this year.

(ㅅ) just, lately, recently, for the last few days, during the past few months, up to the present(=up to now),etc.

He was here quite recently. (recently=some time ago)

그러나, 현재완료가 '방금 끝난 과거'의 동작을 의미하는 경우 :just를 동반한다.

You will just catch the bus if you hurry.

(13) 과거완료는 현재완료와 공통되는 점이 많다.

I was just about to start when I remembered that I had not filled the gas tank.

The bus started just before I reached the bus stop.

When the President entered the hall, the orchestra played the National Anthem. (entered와 played는 동시상황이다.)

Usage

1. The dining room communicates with the kitchen.

2. The house is building.

   They are building a house.

   I live in one of the large buildings in the town.

3. Where have you been? I have been to the station.

   We had great fun at the party.

   We had fun (at) watching sights.

4. On that day he was prevented by illness from attending school.

   illness prevented him from attending school.

5. The water supply failed.

   The crops failed because of unseasonable weather.

   He failed in his duty.

   He health has failed sadly of late.

   The wind failed.

   He failed in the entrance examination of A, B, C

   Words failed me at the last minute.

   He never fails to keep his word, however busy he may be.

32. 능동형과 수동형의 차이점은 무엇입니까?

☛ **수동형이 능동형의 강조형태입니다. 그래서 수동형을 남용해서는 안 됩니다.**

(1) John called on the man. (방문했다) (수동형 가능)

The man was called on. (○)

(2) John called from the office. (사무실에서 전화했다) (수동형 불가)
The affair was gone into. (○)
The expected result was arrived at. (○)
A fortune is not easily come by. (○)
Mary was cared for. (○)

(3) be +p.p.는 '동작'과 '상태'를 표현하지만 get +p.p.는 동작만을 표현한다.
He was killed by the bus.
He got killed by the bus. (행위자–무생명체/무생물))
The boy got given a violin by his father. (×) (행위자–사람)
Our technique is becoming increasingly specialized.
She is married to an American.
She got married to a diplomat.

33. 수의 일치와 화법의 사용 시 주의해야 할 점은 무엇입니까?

☛ **단수, 복수 확인 및 시제의 일치입니다.**

(1) neither A nor B 또는 either A or B의 문형이 주어가 될 때 동사는 B에 일치한다.
Neither you, nor I, nor anyone else knows the answer.
Either my wife or I am going.
Neither he nor his wife have arrived. (구어체)
Either he is in the wrong, or I am. (구어체 영어에서는 일반적으로 사용된다.)
Neither of them could make up their minds.
Both he and his wife have come.
Not only he but also his wife has come.
His wife, as well as he, has come.

(2) 직접화법(Direct speech)
유의점은 전달하는 말(reporting clause)과 전달되는 말(reported clause)

의 위치, 전달하는 말의 동사, 구두점(punctuation) 등이다. 전달하는 말이 문두에 나오지 않는 경우는 전달하는 말의 주어와 동사가 보통 도치 되지 않는다. 그리고 전달되는 내용에 따라 전달하는 말의 동사는 적절하게 달라진다.

"This is the house where Shakespeare was born," said George.

"I am your friend," he said.

"Sorry I'm late." he apologized.

"But it will take longer," Bill objected.

(3) 간접화법(Indirect speech)

(ㄱ) 전달되는 말(reported clause)의 시제변화

전달되는 말의 동사가 과거이면 전달되는 말(reported clause)의 시제는 그 원래의 시제가 현재이면 과거로, 현재완료이면 과거완료로, 과거완료이면 그대로 과서완료로 한다. 그리고 will과 shall은 would와 should로 바뀐다.

He said that he would stay home if it rained.

He said the road might be blocked. (○)

He said the children must (ought to, needn't) go to school. (○)

그러나, 가정법, 시간을 초월한 불변의 시실이나 진리, 전달하는 순간에노 변하지 않고 있는 상태를 나타낼 때는 간접화법에 시제의 변화가 없다.

He said that he would buy a new car if he had the money.

Socrates said that nothing can harm a good man.

I decided not to buy the house because it was on a main road.

(ㄴ) 전달되는 말(reported clause)의 의미 내용에 따른 변화

He said (told me) that the boy was his son.

He suggested that we go fishing.

He asked (me) whether (or if) I was ready yet.

He wondered (asked, wanted to know, etc.) when the plane would leave.

Margaret told him how brave he was.

I told (ordered, etc.) him not to be late the next day.

I told (ordered, commanded, asked, requested) him to be quiet.

She asked (begged, entreated, etc.) me to play the piano.

(ㄷ) 이미 발화된 말에 나타나 있는 시간과 장소를 표현하는 부사 및 지시대명사는 전달되는 말(reported clause)에서 다음과 같이 바뀐다.

this ⇨ that, these ⇨ those, here⇨ there, now⇨ then, ago ⇨ before, today⇨ that day, tomorrow ⇨the next day(또는 the following day), yesterday ⇨ the previous day(또는 the day before), the day before yesterday ⇨ two days before, the day after tomorrow ⇨ in two day time, last week ⇨ the previous week

(참고) '허락'을 표현할 경우 화법조동사를 사용하지 않고 동사 permit, allow, let 와 명사 permission을 쓰는 방법이 있다.

Will you allow (or permit) me to use your car?

My doctor won't let me get up yet.

The manager gave his typist permission to leave early.

Usage

1. You couldn't have chosen a finer college.
   You couldn't have come at a better time.
2. I haven't heard from him since.
   I have never heard of such a man.
3. I will take English lesson. Why not?
   Do you want to go to the United States? Why not?
4. Down came the rain drops. Never did I see him again.
5. He made a promise not to contract any more debts.
   That promise he broke within a week.
6. Happy are those who know the pleasure of doing good and making

all happy around them.

7. No day ever passed in which he did not wish that he had never been born.

Not a day passed but she prayed for her son.

8. Not a day passed that she did not pray for her son.

Not a day passed without her paying for her son.

I dare say he will be late.

How dare you say such a thing?

34. 조동사를 사용할 때 유의해야 할 점은 무엇입니까?

☛ **문장의 의미에 따라 조동사를 신중하게 선택해야 합니다.**

(1) can +부정부사 ㅣ "지나치게 ~하다"라는 뜻의 동사나 부사의 문형은 "아무리 ~해 도 지나치지 않다"의 뜻을 갖는다.

His honesty cannot be exaggerated.

I feel as if I cannot oversleep.

I can't thank you enough.

He can hardly drink too much beer.

(2) 어떤 일이 실제로 과거에 일어났다는 의미로 could는 쓰일 수 없고 be able to원형동사를 사용 한다. 이 규칙은 would에도 적용된다.

He was able to speak English very well.

특히 could가 사용될 수 있는 경우는 다음과 같다.

① 부정문에서

I ran fast but couldn't catch the bus.

② 습관적인 경우

Whenever I ran fast I could catch the bus.

③ could가 감각동사와 사용될 경우와, would가 '고집'을 표현할 경우

I looked out of the window and could see the moon.

I told him not to ,but he would do it.

I can see it.

I can hear some music. (sensation을 표현한다.)

I can small it.

(3) "~하는 편이 좋다"의 표현은

"2인칭 및 3인칭 주어+had(would, might)+better+원형동사,

1인칭 주어+had(might)better+원형동사,

1인칭, 2인칭, 3인칭 주어may(might) (just)as well+원형동사"의 문형이다.

"I'm leaving class now"

You'd better not.

You might as well throw your money into the sea as lend it to him.

「그에게 돈을 꾸어 줄 바에는 차라리 그 돈을 바다에 던져 버리는 편이 낫다.」

(4) "(차라리) ~ 했으면 좋겠다"의 표현은

"I would rather(had sooner)+원형동사+than+원형동사, I would as soon+원형동사 (+as +동사"문형이다.

I had(would) rather (sooner) walk than take a taxi.

I had(would) rather (sooner) you didn't marry her.

(5) need는 일반 동사와 서법조동사(modal auxiliary)로 쓰인다. 그러나 조동사로 쓰이는 경우는 의문문과 부정문에, 또는 외형은 긍정이나 의미는 부정인 문장에만 국한된다. dare도 일반 동사와 서법조동사로 쓰인다. 그 용법은 need와 동일하다.

Does he need to work so hard? (본동사)

Yes, he does. No, he doesn't

Need he work so hard? (조동사)

Yes, he must. No, he needn't

He need do it only under these circumstances. (조동사)

He need do it but once. (조동사)

(6) may와 can이 서로 같은 의미로 쓰이는 경우와 그렇지 않은 경우는 다음과 같다.

㈀ 같은 의미로 쓰이는 경우

허락(permission)과 가능성(what is possible)을 표현할 경우 may가 can 보다 더 격식적(formal)이다.

You may go home now.

You can go home now.

㈁ may만 쓰이는 경우

① 개인의 허락이 아니고 규정이나 법에 의한 허락인 경우

Borrowers may not take out more than there works of fiction.

(주의) 금지는(prohibition) must not로 표현

② 당돌한 또는 실례되는 질문에 미안함을 나타낼 때

And how much did you pay for your new car, if I may.

③ 의심이나 불확실성이 섞인 가능성(possibility)을 나타낼 때

If I ask him again, he may refuse.

④ 당연히 또는 인위적인 주선(arrangement)으로 할 수 있게 되어 있는 경우

이때는 불확실성이 전혀 없기 때문에 구어체에서는 can으로 대치되는 경우가 있다. 또한 이 의미의 부정은 may not이 되는 법이 없고, cannot이나 be impossible을 써야 한다.

They cannot be obtained from their authors.

㈂ can만 쓰이는 경우 : 능력(ability)을 나타낼 때

① 육체적인 힘이나 역량 또는 지식이나 재주로부터 나오는 능력

She can make all her own clothes.

② 환경에서 나오는 능력

can you come to the meeting tomorrow?

그리고, "~했을런지도 모른다"는 "may have + p.p "로 "했을 리가 없다"는 "cannot have + p.p "의 문형을 사용한다.

"He may have cheated us!"

"No, he cannot have cheated us."

(7) will(would)이 if절에 쓰이는 경우는 다음과 같다.

(ㄱ) 정중한 또는 겸손한 요청의 경우(if절의 주어는 언제나 you이다.)

I would be very grateful if you would make the arrangements for me.

(would는 will보다 더 겸손한 어감을 준다.)

If you'd fill up this from. (= Please fill up…)

If you'd just sign the register. (호텔에서 흔히 하는 말)

If you'd put your address on the back of the check. (수표에 이서해 달라는 말)

(ㄴ) will(would) 이 미래를 의미하지 않고 현재의 용의(willingness)를 나타내는 경우에 주어는 어느 인칭이든 무관하다.

If he won't listen to me I can't help him.

(ㄷ) will이 고집을 나타내는 경우

If you will eat so much cake, you'll get fat.

(will eat = are determined to eat)

(8) would가 like(또는 care) + to-infinitive의 구조를 동반할 경우에 그 의미는 want + to-infinitive이다.

If he likes he can leave his car here.(like의 목적어가 없을 때는 would 생략되는 것이 보통이다.)

If you'd like a ticket I'll get one for you.

(like이 to-infinitive가 없이 명사를 동반할 수 있고 목적어가 있으면 would 는 생략될 수 없다.)

He can leave his car here if he'd like to. (if절이 주절 뒤로 갈 경우 to 다음의 동사는 불필요하며 이때 to만으로 like의 목적어가 된다.)

다음 문장의 'will'의 의미에 주의해야 한다.

If you will sit and watch TV every evening, of course your eyes will ache.

(will sit=habitually sit.)

한편, If절이 미래의 내용이라 할지라도, 그 말의 조건이 현재의 행위에 영향을 줄 때 will을 사용한다.

If he won't arrive before nine, there is no point in ordering dinner for him.

(참고) There will be rain this evening.

(이 경우는 말하는 사람의 판단이 아니고 예언이다.)

(9) would like + 목적어와 want + 목적어는 서로 같은 의미로 쓰이는 경우와 서로 다르게 쓰이는 경우가 있다.

(ㄱ) 소원(wishes)을 나타낼 때는 어느 것을 써도 좋지만 want이 would like 보다 소원을 더 강하게 나타낸다. 그러나 실현 불가능한 소원에는 want를 사용하지 않는다.

I'd like to take a trip for the summer.

I want to take a trip for the summer.

I like to live on Mars.

(ㄴ) 요청 (requests)의 말, 또는 요청을 만족시키지 못하는 대신 다른 것을 제안하는 질문의 경우에는 둘 다 사용할 수 있으나 would like가 더 겸손하게 들리며 거질의 표현으로 wouldn't like는 쓰지 않는다.

I'd like some raspberries, please.

No, I don't want any strawberries, thanks.

한편, Would you like는 상대방의 욕구를 만족시키고자 하는 의도(willingness)가 함축되어 있으나, Do you want 이 단순한 질문으로 초청을 뜻하는 질문이 아니다.

Would you like a cup of coffee?

그리고, would you care for+명사(또는 care+to-infinitive)도 would you like+명사(또는 상대방이 원하는 것에 대한 믿음이 더 적을 때 would care를 사용한다.

Would you care to see my photos?

Would you care for a drinks?

Usage

1. No matter what your profession, or how happy you may be in it, ...

2. No matter which language you may study, you will experience the same difficulty.

3. He determined to do what is right, no matter whether he was laughed at or not.

35. 가정법을 사용할 때의 판단기준은 어디에 있습니까?

☛ **동작이 발생한 시점입니다.**

(1) 조건절(If 절)과 주절의 동사가 다 직설법 형태인 경우

(ㄱ) 과거의 조건

Unless the strike has been called off, there will be no trains tomorrow.

(ㄴ) 현재의 조건

If he speaks English well, we will give him the job.

(ㄷ) 미래의 조건

If he keeps his promise, I will keep mine, too.

(비교) 겸손한 혹은 정중한 요청을 나다낼 때

Would you help me with my English?

Could I ask you a question?

Did you want to see me now?

(=Do you want to see me now?)

I wondered if you could help me.

(2) 조건절과 주절의 동사가 가정법 형태로, 조건절의 동사는 의미의 조건의 따라 시제가 다르며, 주절의 조동사는 조건의 내용에 따라 다르므로 그 선택에 유의해야 한다.

(ㄱ) 과거의 조건(if절의 동사가 had + p.p.로 되어 있으며 과거 사실의 반대 가정 (~했었다면)을 나타낸다.)

If you hadn't told me about the exhibition, I might never have gone to see it.

(ㄴ) 현재의 조건(if절의 동사가 과거로 되어 있으며 현재 사실의 반대 가정(~

했다면)을 나타낸다.)

If you had a million dollars, how would you spend it?

한편, 다음의 표현에 주의해야한다.

If you had followed my advice, you wouldn't be in trouble now.(이 문장에서 조건은 과거의 일이며 주절은 현재의 일이다.)

(ㄷ) 미래의 조건(조건절의 동사는 과거형 또는 were + to-infinitive를 사용하며, 현재나 미래의 사실과 반대되는 또는 미래에 있을 것 같지 않은 일을 가정한다.)

If our train were to arrive punctually, we would have time to visit the museum.

If she did buy impulsively, she wouldn't save money.

(=If she bought impulsively)

(비교)

주절의 동사의 의미는 다음과 같다.

Would do : '할 텐데'

should do: would do와 같은 의미로, 주로 영국 영어에서 1인칭 주어 다음에 쓰인다.

could do : '할 수도 있을 텐데'

might do : '할런지도 모를 텐데'

would have done: '했었을 텐데'

Should have done 과 같은 의미로, 주로 영국 영어에서 1인칭 주어 다음에 쓰인다.

could have done: '할 수도 있었을 텐데'

might have done: '했을 런지도 모를 텐데'

그리고, if절에 will(would) 또는 should가 오는 경우는 다음과 같다.

① 그 가능성이 희박함을 나타낸다. 즉 '그럴 리야 없겠지만 혹시' 의 의미이다.

② If you will sign this agreement, I will let you have the money at once.

=If you would (or would be so kind as to) sign this agreement, I will let you have the money at once
(if절에 will(would)이 오면, 형식은 조건이지만 내용은 정중한 또는 겸손한 요청(request를 나타낸다.)

③ If you were to give me some money, I would go to the movies.
(if 절에 were to 동사의 원형이 오면 사실상의 의미는 겸손한 '요청을 나타낸다.)

④ If you stopped complaining and did your part of the work, we would finish it much sooner.(냉소적인 요구를 나타낸다.)

(3) 조건절에서 도치가 가능한 경우는 if절에 were, had 또는 should가 있는 때에만 가능하다.

If John were here now, he would explain the whole matter.
→ Were he here now, he would explain the whole matter.
If our train were to arrive punctually, we would have time to visit your sister.
→ Were our train to arrive punctually, we would have time to visit your sister.
If you had asked me, I would have told you the answer.
→ Had you asked me, I would have told you the answer.
I will go, if it should be necessary.
→ I will go, should it be necessary.

(4) but for ~ (또는 without ~)가 가정법 문장에 연결되어 쓰이면, ① if it were not for ~(~가 아니라면), ② if it had not been for ~(~가 아니었더라면)의 뜻을 나타낸다.

But for your help, my success would be impossible.
(= if it were not for your help, my success would be impossible.)
But for the rain, we would have had a nice trip.
(=f it had not been for the rain, we would have had a nice trip.)
Without your help, I would have had a hard time.

(=If it had not been for your help, I would have had a hard time.)

(5) but(that)절은 의미가 가정법 조건이라 할지라도 동사는 직설법을 사용한다.

She would habe fallen but (that) he caught her.

(= She would habe fallen if he had not caught her)

I wouldn't believe it but (that) I saw it myself.

(=I wouldn't believe it if I had not seen it myself.)

(6) I wish 다음에 오는 절은 가정법을 사용하며, "~라면 좋을 텐데" 즉 후회 혹은 아쉬움을 나타낸다.

㈀ I wish I were in your shoes. (비 현재 사실)

㈁ I wish I had been at the meeting. (비 과거 사실)

㈂ I wish 대신에 If only 또는 I'd rather(or sooner) 간혹 I would 로 쓸 수 있으며'오죽 좋을까'를 나타낸다.

If only the weather were warm. (비 현재 사실)

I'd rather(or sooner) you Wouldn't(or didn't) marry her.

(=Please don't marry her.)

(참고) I wish you would be quiet. (부드러운 요청)

I wish it would rain. (바람)

한편, "I hope + 절"의 구조는 사실의 반대가 아닌 불확실한 사실에 대한 희망을 나타낸다.

I hoped he might get the job he waned.

I hoped he would get the job he wanted.

(7) "recommend + that+절"의 구조에서는 that 절의 동사가 가정법 현재, 즉 인칭 변화가 없는 원형동사 이다. 그러나 영국 영어에서는 이 경우 should를 사용하기도 한다.

(예) 동의 · 제안 · 요구 · 암시 · 명령 · 권면 · 충고의 동사 : move(=propose), demand, require, request, desire, advocate, insist, ask, suggest, command, order, urge, advise, grant (애원 따위를 '들어 주다'),

authorize, decree, dictate, propose, etc.

I propose that his resignation (should) be accepted.

그런데, 다음문장의 의미를 살펴보자.

He insisted that she was ill.

She was surprised at her husband's suggestion that she (should) quit her job.

I was surprised by his suggestion that he was having trouble with his wife.

(8) "사람이 바야흐로 ~할 때가 되었다"는 "It is time for 사람 to do ~"의 구조 외에 "It is (about or high)time (that) 주어+과거동사 ~ "구조가 있다. that절의 동사는 should + 동사 혹은 오히려 일반적으로 과거형을 사용한다.

It is (about, high) time (that) he (should go, went) to bed. 그러나, "It's time (that) I was going home." 표현에서 'was' 대신'were'를 사용하는 것은 드물다.

36. 문장에서의 부정사의 역할은 무엇입니까?

☛ **정동사의 의미를 보충하는 중요한 역할을 합니다.**

(1) determine to do , resolve to do, decide to do는 '~하기로 결심(결정)하다' 로서 심적 동작을 나타내며, determine과 resolve는 be + p.p.의 형태로 결심한 마음의 상태를 나타낼 수 있으나 decide는 그렇게 나타낼 수 없다.

I am determined (resolved) to master English.

(2) be impossible + to+동사의 원형의 주어가 사람일 경우 그 주어는 의미상으로 to+동사의 원형의 목적어가 된다. 따라서 to+동사의 원형은 타동사나 타동사의 의미를 가져야 한다.

That man is impossible to work with.

(=It is impossible to work with that man.)

It is possible to work with that man.(○)

(3) know +목적어+원형부정사의 구조

Have you ever known her lose her temper? (주로 완료형에서 사용된다)

(참고) He gave me to understand that he could help me.

(4) 분리 부정사(Split Infinitive) ; to+원형동사 에서, 원칙적으로 to와 원형동사 사이에 어떠한 품사도 특히 부사가 들어갈 수 없다.

He was wrong to suddenly leave the country. (×)

→ He was wrong suddenly to leave the country.

He was wrong to leave the country suddenly.

그러나, Split infinitive의 형태를 피할 수 없는 경우가 있다.

I hope tried to consciously stop worrying about it.

(5) hope, expect, think, prefer, intend, would like, mean(의도하다), suppose, want, wish 등 희망, 기내, 의노, 욕망 능을 나타내는 이른바 'verbs of wishing'이라고 불리는 동사들은 실제로 이루지 못한 과거의 일에 대해서 쓸 때 (ㄱ) 이 동사들을 과거완료형으로 하고 목적어로 to + 원형동사를 쓰거나, (ㄴ) 이들 동사들을 단순 과거형으로 하고 목적어를 to + have + 과거분사로 쓰는 두 가지 방법이 있다.

They had wanted to help but couldn't get here in time.

I intended to have called on you, but ……

I had thought to write a line to you.

(비교)

I would like to have gone to paris this summer.

I should have wishes to act otherwise.

I should have preferred to act otherwise.

He would have wished to act otherwise.

(6) be + to+infinitive의 구조는 다음과 같은 의미를 갖는다.

(ㄱ) '금지(prohibition)', 또는 '불능(cannot)'의 의미(not과 같이 쓰일 때)를 갖는 경우

The waiter was not to be seen again.

(ㄴ) '명령' 내지 '요구'의 의미를 갖는 경우

You're 새 write your name at the top of each sheet of paper.

(ㄷ) '예정(arrangement)'의 의미를 갖는 경우

The new building is to be six stories high.

(ㄹ) 상대방의 의사를 묻는데 쓰일 경우(Am I to ~ ?=Shall I ~ ?)

At what time am I to come?

그러나, 다음 표현은 '짜증'을 나타낸다.

Am I to stand here for ever?

(ㅁ) '할 만하다(worthy of)'의 의미를 갖는 경우

The author is to be congratulated for his new book.

(7) 타동사의 목적어로 동사가 올 때 그 타동사에 따라 목적어의 형태는 (ㄱ) 반드시 동명사, (ㄴ) 반드시 to-infinitive, (ㄷ) 동명사 혹은 to-infinitive 이며 (ㄹ) 동명사, to-infinitive에 따라 의미 차이가 발생하는 경우다.

(ㄱ) 타동사의 목적어로 반드시 동명사일 때

Would you mind opening the door?

(예) enjoy, admit, avoid, consider, deny, dislike, discontinue, escape, finish, cannot help('~하는 것을 피할 수 없다'), can't stand('~하는 것을 참을 수 없다'), appreciate, mind(주로 의문문과 부정문에서), risk, miss, stop, will (or do) not bear, suggest, anticipate, discuss, include, postpone, practice, etc.

그러나, will (or do) not bear('~할 만한 것이 못 된다')는 동명사만을 목적어로 하지만 cannot bear('~하는 것을 참을 수 없다')는 동명사와 to-infinitive를 다 목적어로 할 수 있다. 한편 cannot stand는 반드시 동명사를 목적어로 하지만 could not stand는 to-infinitive를 목적어로 할 수 있다.

(ㄴ) 타동사의 목적어로 반드시 to-infinitive일 때

I never thought to see you here.

(=I didn't expect to see you here.)

(예) agree, aim, arrange, attempt, choose, claim, consent, dare, decide, decline, demand, deserve, determine, expect, hope, intend, learn, long manage, offer, pretend, promise, refuse, think, trouble, threaten, wish, etc.

그러나, attempt, intend, decline은 동명사를 목적어로 할 수 있지만 주로 to-infinitive를 목적어로 한다.

(ㄷ) 타동사의 목적어로 동명사 혹은 to-infinitive일 때

What do you intend { to do/doing } today?

(예) (can not) bear, dread, endure, neglect, cease, plan, undertake, commence, begin, start, continue, etc.

그러나, 다음표현은 불가 하다.

It's beginning raining. (×)

(ㄹ) 타동사의 목적어로 동명사 혹은 to-infinitive가 와서 의미 차이가 발생하는 경우

(예) remember, forget, regret, ; like, prefer, hate ; need, want ; mean, try ; cannot help doing ; help (to) do, propose, etc.

① cannot help doing의 help는 '안하다, 피하다'의 뜻이며 help (do)의 help 는'돕다'의 뜻이다.

② like, hate, prefer, love 목적어로 동명사가 오면 일반적인 의미이며, to-infinitive 가 오면 말하는 당시의 특정적 상황을 나타내며 반드시 would를 동반한다.

③ mean 목적어로 동명사가 오면 사람이 주어가 아닌 경우이며 사람이 주어가 되면 목적어로 항상 to-infinitive가 와야 한다.

④ propose는 'intend'의 의미일 때 목적어로 to-infinitive가, 'suggest'의 의미일 때 동명사가 온다.

⑤ remember, forget, regret 의 목적어로 동명사가 오면 그 동명사의 의미는 '이미 해버린 것', 즉 이들 동명사보다 먼저 일어난 것을 의미하며, to-infinitive가 오면 앞으로 일어날 일 ' 즉 이들 동명사보다 늦게 일어날 일을 의미한다.

⑥ try 의 목적어로 동명사가 오면 try는 '시험 삼아 해보다(=experiment with in order to learn)' 의 의미이며 to-infinitive가 오면 '~하려

고 노력하다'의 의미이다.

⑦ want, need, require 의 목적어로 동명사가 오면 그 동명사의 의미가 수동적으로 바뀌며 to-infinitive가 오면 to-infinitive 자체가 수동형이 되어 있지 않은 한 능동의 의미다.

⑧ have no intention 다음에 to-infinitive를 사용하지 않고 of + ~ing을 사용한다. 그러나 intention이 have no 다음에 오지 않을 때 to-infinitive를 사용한다.

I had no intention of doing him any harm.

⑨ ready for 다음에 동명사가 올 수 없으며 반드시 명사가 온다.

Usage

The new mayor seems to be an able man as far as rumours go.

I am just going as far as the post office.

(참고)

So far as I know, he is a man of good conduct.

The sun at least, so far as we are concerned, is standing still.

He went so far as to say it.

He went so far as to affirm it.

37. 문장에서의 동명사의 역할은 무엇입니까?

☛ **정동사의 의미를 보충하는 중요한 역할을 합니다.**

(1) 동명사의 의미상의 주어는 소유격으로 하는 것이 표준어법 이다.

I don't like to think of (his/her/their) doing that.

I don't like to think of John's doing that.

그러나, 동명사의 주어가 둘 이상이면 소유격이 되지 않는다.

Do you remember Tom and Mary telling us about it?

He ignored the fact of there being two sides to a coin.

(비교)

Can you imagine these fat men climbing Mt. Kenya? (현재분사)

Can you imagine their climbing Mt. Kenya? (동명사)

Can you imagine them climbing Mt. Kenya? (현재분사)

(2) to가 부정사의 to가 아닌 전치사로 쓰이는 예는 다음과 같다.

I'm looking forward to seeing you.

I'm accustomed to getting up early.

I'm used to working at night.

I'm used to noise.

I'm used to working in a noisy room.

그러나 다음표현은 심리적인 상태를 나타낸다.

I'm used to it,는 I don't mind it

(3) There is no use + 동명사는 "~해도 소용없다"의 의미를 갖는 구조이다.

There is no use (in) seeing him now.

It is (of) no use seeing him now.

It is (of) no use to see him now.

It s (of) no use for you to see him now.

There is no use your seeing him now.

There was no way but for me to resign.

(4) '위험에 빠져 있다'는 in danger, '~할 위험에 처해 있다'는 in danger of ~ ing, '~에 대한 위험은 a danger to + 명사 등의 표현을 사용한다.

Her life is in danger.

They were in danger of being drowned.

Smoking is a danger to health.

Usage

1. Friendship is above reason.

It is above comprehension.

He is above telling a lie.

I value honour above life.

I am not above asking questions.

2. To hear him speak Korean, you would take him for a Korean.

3. He declined the invitation on th ground of previous engagement.

38. 문장에서의 분사의 역할은 무엇입니까?

☛ 문장의 간결성(terseness)을 유지합니다.

(1) 분사구문에서 분사의 의미상의 주어는 주절의 주어가 대신한다. 분사구문을 일반적으로 구어체에서는 잘 사용하지 않고 주로 문어체에서 사용한다.

Standing on the church tower we could see the whole village below us.

(=When we stood (or were standing) on the church tower we could see the whole village below us.)

Standing on the church tower, th whole village could be seem. (×)

그리고 주의해야 할 부사구문은 다음과 같다.

(ㄱ) 거의 관용어적 (idiomatic) 성격을 가져 그 분사의 의미상의 주어가 어느 특정인이 아니고 '일반적인 사람들 (people, we, one)'을 나타내는 경우

It has cost, roughly speaking, about $500.

Allowing for extras, the tour will cost $1000.

(ㄴ) 독립 주격 분사구문 (nominative absolute construction)의 경우

All things considered, I think we ought to award the job to Smith.

He being absent, nothing could be done.

Granted this is true, you are still in the wrong.

(ㄷ) 단순 현재분사를 사용해서 분사구문을 만들 때 그 분사의 시제와 주절의 동사의 시제가 반드시 일치해야 한다. 분사의 시제가 주절의 동사의 시제보다 먼저 일어난 경우에 그 분사는 반드시 완료형(having + p.p)이 되어야 한다.

Having known him for a long time, I was very distressed to hear of his death. (Because I had known him for a long time, I was very distressed to hear of his death.)

그러나, 다음표현은 두 가지 동작 이 연속적으로 일어난 경우다.

Setting down comfortably in his armchair, he lighted his pipe.

(ㄹ) 신체적 감각을 나타내는 동사 (see, hear, feel, watch, notice, observe, perceive, listen to, look at, etc.)는 to이 없는 infinitive, 현재분사형을 사용할 수 있으나 의미 차이가 발생하는 경우가 있다.

① to 이 없는 infinitive 이 올 때 행동의 완료를 의미한다.

I saw a man fall in a heap in the doorway.

② 현재분사 형이 올 때 행동의 진행 자체를 의미한다.

We watched them being bundled into the police van.

③ 다음 표현은 의미차이가 나지 않는 경우

Did you notice anyone go out?

Did you noticc anyone going out?

(ㅁ) 타동사 + 목적어(명사 혹은 대명사)+~ing의 구조

① ~ing 가 올 때 진행(~하고 있는)의 의미를 나타내는 경우

He set the engine going. (엔진를 걸어서 다시 정지한 후 다시 걸어 움직이게 한 것이 아니고 한번 걸어서 계속 움직이게 했다는 뜻)

Please start (or get) the clock going.

The explosion sent things flying in all directions.

(=Things were flying in all directions.)

Don't let me catch you doing that again!

② ~ing 가 올 때 '~하는', '~인' 의 사실(fact)을 나타내는 경우

I can't understand him (or his) leaving so suddenly.

Can you imagine me (or my) being so stupid?

I don't like my children reading comics.

(참고)

I don't like my children to be reading comics when they should be studying their lessons. (진행)

Do you mind my brothers and sisters coming with us?

Do you favor boys and girls of sixteen being given the right to vote?

I can't have you doing that. (can't have=can't allow)

I won't have you banging away at your drum in my study. (won't have=won't allow)

Usage

1. Youth especially tend to take good health for granted and waste it thoughtlessly.

We took it for granted that he would consent most willingly to our proposal.

They have merely taken it for granted up till then.

Priests take it for granted that what is old is better than what is new.

2. The English summer is made up of three fine days and a thunder storm.

(참고) I saw a man making up to me.

We must make up to him for his loss.

3. He sat reading newspapers, with his wife knitting beside him.

With night coming on, we started for home.

4. Indulged in to excess, reading becomes a vice.

Borne up on the atmosphere, they learned how to rush at a hundred miles an hour for hundreds of miles.

39. 형용사를 사용할 때 중요한 점은 무엇입니까?

☛ 형용사의 종류 및 be동사, 명사, 부사와 관련하여 위치를 정확히 확인해야 합니다.

(1) 상태 (static) 형용사를 동사의 진행형과 사용하거나 be 동사와 결합하여 명령형으로 사용할 수 없다.

그러나, 동적인 (dynamic)의미를 갖는 형용사는 진행형, 명령형으로 사용된다.

I'm being careful.

(예) abusive, ambitious, calm, careless, cheerful, cruel, dull, enthusiastic, friendly, generous, gentle, good, helpful, kind, loyal, nice, playful, reasonable, serious, stubborn, talkative, witty, stupid, quiet, polite, etc.

(2) enough는 형용사, 부사로 쓰이며, 부사로 쓰일 때 형용사나 부사 뒤에 온다는 점이 다른 모든 부사와는 특히 다르다.

My salary isn't high enough.

He spoke cleverly enough.

그리고 enough는 many, much 와는 달리 셀 수 있는 명사 (Countable nouns), 셀 수 없는 명사 (Non-countable nouns)와도 쓰인다.

We haven't enough time.

We haven't time enough.

(3) 영어에서 worth'는 목적어를 갖는 유일한 형용사이다. 즉 'worth'는 명사의 수식어 (attributive)로 쓰이지 않고 동사 (주로 be)의 보어로만 쓰이며 반드시 목적어로 명사 또는 동명사를 필요로 한다.

He is not worth his salt.

He ran for all he was worth.

It's worth the trouble (or bother).

It is worth while reading the book. (=The book is worth reading.)

It is worth your while to read the book.

'(one's) while'표현에서 'while'이 '시간', '시간을 바치는 노력' 의 의미이며 따라서 'worth'의 목적어로 '시간이나 노력을 들일 가치가 있는' 의미를 가진 단어가 오는 것에 유의한다.

(참고)

This is a matter worthy to be considered.

That event is worthy of being remembered.

The place is worthy of a visit.

He has found a worthy adversary.

(4) 한국어로는 부사적으로 표현되지만 영어로는 형용사로 되는 경우가 있다.

He dreams have come true.

Please keep it safe.

(5) the + 형용사의 구조는 복수명사, 추상명사의 의미를 갖는다.

(ㄱ) the+사람을 가리키는 형용사(personal)

There is a lack of communication between the young and the old.

그러나, 다음표현에 주의해야한다.

'the Korean, the American, the Australian, The German, The Greek' 등은 어느 특정한 한 사람을 나 타내며 다음의 예외가 있다.

'the noble, the black, the criminal'이 어느 특정한 한 사람을 의미하며 단수동사로 받는다.

그리고 both~ and ~ 로 두 형용사가 연결되거나, 형용사 앞에 소유격이 나오면 the 없이 복수명사가 될 수 있다.

He is acceptable to both old and young.

(ㄴ) the + 사람을 가리키지 않는 (non-personal) 형용사

the evil, the unusual, the good , the useful, etc.

Try to see the miraculous in th common.

(ㄷ) 하나 이상의 수식어가 명사 앞에 올 때 그 순서에 유의해야 한다.

the first three planes (서수가 기수의 앞에 온다)

the five little girls (수사가 수량 형용사의 앞에 온다)

그러나, 한정사 앞에 오는 전치한정사(前置限定詞-all, both, half, double, twice, three/four times, one-third, two-thirds, etc.)와 후치한정사(後置限定詞 -one, two(기수), first, second(서수), many, few, little, several, much, etc.)가 있다. the, a, no, this, every, each, either 등 한정사는 명사 앞에 하나 이상 오지 못한다.

(ㄹ) 형용사 + of + 부정관사의 구조가 형용사구로서 명사를 수식한다.

He is much of a vagabond.

He is somewhat of a philosopher.

He is enough of a philosopher to judge of this.

(참고)

He is something of a vagabond. (구어체 표현)

He is nothing of a poet.

(ㅁ) 명사 + 형용사의 구조에서 명사는 형용사를 수식하는 부사 역할을 하며 '유사성(similarity)', '정도(extent)', '강조(high degree)' 등을 나타낸다.

① 유사성 (similarity)을 나타낼 때

ice-cole(cold like ice)

paper-thin (thin like paper)

sky-blue(blue like the sky)

mountain high (high like a mountain)

navy-blue(blue like a navy uniform)

② 정도 (extent)를 나타낼 때

knee-deep(rising to the knee)

world-wide(extended throughout the world)

ten miles long (extending up to ten miles)

③ 강조 (a high degree)를 나타낼 때

jam full(so full as to admit no more)

word perfect (correct to the word)

letter perfect (correct to the letter)

④ 기타를 나타낼 때

color-blind (blind in regard to colors)

furniture mad(mad about furniture)

oven-fresh(fresh from the oven)

homesick, airsick, carsick, seasick, airtight, watertight, bullet-proof(proof against bullets), dustproof, fireproof, foolproof, costfree(free of cost), duty-free, tax-free

(참고)

① 형용사+형용사의 구조

icy-cold(=ice-cold),wide-open, wide-awake, broad-awake, bitter cold , dead-alive,

② 형용사+p.p.의 구조

new-made(=newly made), British-made, American-born, modern-built, private-owned

③ 현재분사+형용사의 구조

burning hot, scalding hot, blazing hot, scorching hot, freezing cold, piercing cold, soaking wet, wringing wet, stifling hot, boiling hot

(ㅂ) It is+의지 형용사(volitional adjectives)+that절의 구조

It is important that every member (should) inform himself of these rules.

(예)necessary, good, well, proper, right, essential, advisable, desirable, important, imperative, vital, expedient, preferable, obligatory, fitting, appropriate, etc.

It is likely that all the countries of the world will soon have television stations.

(예)(im)possible, (un)likely, (im)probable, (un)true, (un)fortunate, certain, wrong, appropriate, (un)reasonable, amusing, good, right, interesting, doubtful, untrue, etc.

그러나, 다음표현에 주의해야한다.

it is good that a student puts his study before anything else.

「학생이 공부를 다른 어떤 것보다 더 중요시한다는 것은 좋은 일이다.」(비의지 형용사)

「학생이 공부를 다른 어떤 것보다 더 중요시한다는 것은 좋은 일이니 의당 그렇게 해야 한다.」(의지 형용사)

(ㅅ) so+형용사 or 부사+to-infinitive 의 구조

Come so early as to be in plenty of time. (so 이하가 원인, as to 이하가 결과를 나타낸다.)

I was fortunate enough to learn English as a child.

He was too angry to be able to speak.

(ㅇ) It is + 형용사 + of + 명사(대명사) + to -infinitive 의 구조에서 의

미상의 주어를 나타내는 방법은 다음과 같다.

It was difficult for me to find the house. (I tried to find the house. Finding the house was difficult.)

It was silly of you to make such a mistake. (You made such a mistake, You were silly.)

(예)사람에 대한 평가에 쓰일 수 있는 형용사: kind, good, decent, civil, naughty, cruel, wrong, illnatured, impudent, rude (im)polite, clever, crazy, (dis)honet, sweet, nice, (in)considerate, discreet, wise, thoughtful, sensible, selfish, generous, cautious, foolish, rude, etc.

다음표현을 유의해야한다

It was careful of you to .....(×)

It was grateful of you .....(×)

How dishonest of him not to return the book he had borrowed!

How kind(sweet, nice) of you to say so.

that was careless of you.

40. 비교를 사용할 때 중요한 점은 무엇입니까?

☛ **비교의 대상과 내용을 간파해야 합니다.**

(1) 동사 prefer이 'like better'의 의미로서 '~보다'의 의미를 갖는 구가 전치사 to로 시작될 때와 접속사 rather than으로 시작되는 경우가 있다. prefer이 목적어로 동명사를 포함한 명사를 가질 수도 있고 to-infinitive를 가질 수도 있다. 전자의 경우에는 '~보다'의 의미는 전치사 to로, 후자의 경우에는 접속사 rather than 으로 표현된다.

I prefer the town to the country.

I prefer working to doing nothing.

I prefer to stand rather than(to) sit.

I prefer to let it alone rather than otherwise.

(비교) Poverty is preferable to ill health.

(참고)

senior, junior, superior, inferior, anterior, posterior ,etc.

This is superior to that.

I'm junior to him.

(2) 비교급을 강조하는 어구

much better, very much better (much better보다 더 강조됨, all the better, (by) far better,

a lot better(=much better),a great deal better, better far and away(=better by far)

(3) 최상급의 강조에는 by far 또는 far and away가 주로 쓰인다.

Of the 4,000 to 5,000 living languages, English is far and away the most widely used.

(4) 비교급은 둘 사이의 비교에 쓰이며, 최상급은 셋 또는 그이사의 비교 대상이 있을 때 쓰인다. 일반적으로 비교급에는 the를 붙이지만 비교급에도 the를 반드시 붙여야 할 경우가 있다.

Of the two boys, Bob behaves the more politely.

(참고)

He is the youngest of the two brothers.

(5) 비교되는 것이 둘 또는 그 이상이 아니고 하나일 때도 비교가 가능한 경우가 있다. 즉 하나를 다른 환경 또는 다른 시간을 서로 비교할 때다.

He is more good than bad.

It is worse than useless. (관용적 표현)

I am at my best now. I've never felt so good before.

(6) 비교급의 than 다음에 any가 올 때는 주의해야 한다.

I'm taller than any other student in my class. (o)

(my class 속에 주어가 포함된다.)

I'm taller than any student in his class (o) (his class 속에 주어가 포함되지 않는다.

(7) 배수 표현은 배수(倍數, multiple)+as+형용사 또는 부사+as~의 구조이다. 표준어법에서는 배수+비교급+than을 써서는 안 된다. 또한 as~as~ 대신에 so~as~를 써서도 안 된다.

The rent at College Apartments is only half as much as you pay here (○)

그러나, 구어체 영어에서는 배수 다음의 비교급이 명사로서 목적격 역할을 한다.

He earns three times more than I do (○)

한편'~의 몇 배'의 경우, 즉 '더'라는 비교의 의미가 없는 경우에 사용한다.

He earns three times my salary.

One-third (of) the money is mine.

(8) the + 비교급의 구조에서 the는 '그 만큼'의 의미를 갖는 지시부사와 '할수록'의 의미를 갖는 상관접속사 역할을 한다.

I go Jogging every morning, and feel the better for it.

The more you work, the more you earn.

The sooner, the better.

(9) much more이 긍정문 다음에서, much less이 부정문 다음에서 다같이 '하물며'의 의미이다.

He has no daily necessities, much less luxuries.

He can afford a private plane, without mentioning a car.

그러나 to say nothing of, to mention(without mentioning), let alone, not to speak of이는 긍정문과 부정문의 다음에 모두 쓰인다.

(10) as + 형용사 or 부사+ as + 명사의 구조의 목적은 동등 비교 (comparison of equality)에 있다.

"as~ as~ "이 " ~만큼(뒤의 as)그만큼(앞의 as)~ 하다"의 의미이다.

Does John work as hard as Henry?

한편 부정문일 때 주의한다.

John does not work as(so) hard as Henry.

(11) 비교를 포함하는 방법(manner)의 부사절은 보통 as절로 나타낸다.

They hunted him as a tiger stalks his prey.

As a tiger stalks his prey, (so) they hunted him.

Just as the lion is the king of beasts, so the eagle is the king of birds.

cf. Parks are to the city as(or what) lungs are to the body.

(12) not so much A as B 또는 not A so much as B 구조는 'A라기보다는 오히려 B이다'의 의미를 갖는다.

I wasn't so much bothered by his behavior as by his language.

I was not bothered by his behavior so much as by his language.

다음표현에 주의한다.

He does not so much as remember his telephone number.

(=He does not even remember …)

Charles was more of a gentleman than (a) king.

He less of a statesman than (a) scholar.

Usage

1. My brother entirely differs from me in disposition.

   My brother's disposition differs from mine.

   Diamond differs from the sand on the seashore.

   (참고) I differ with you on that point.

2. Prices are subject to change without notice.

   He is subject to fever. (exposed liable to)

   subject to your consent, I propose to try again.

   We are all subject to the laws of nature.

   All men are subject to death.

3. He has gone far beyond me in learning.

   That is beyond all question.

41. 부사를 사용할 때 중요한 점은 무엇입니까?

☛ **부사의 종류 및 동사, 조동사, 형용사, 부사와 관련하여 위치를 정확히 확인해야 합니다.**

(1) 부사는 반복을 통해서 강조의 효과를 나타낸다.

very very … much sooner, much much … more carefully , far far … more carefully, so very very … much better

그리고 구어체에서 비격식적으로 쓰인다.

a hell of a lot better

a heck of lot better

(2) 정도를 낮추는 데 쓰이는 부사(downtoners)

rather better, scarcely better, somewhat better, hardly better, a little better, a little bit better

(3) enough는 형용사나 부사를 수식할 때, 수식하는 형용사나 부사 뒤에 와야 한다는 점에서 예외적인 부사이다.

He spoke clearly enough.

(4) good 이 표준영어에서는 부사로는 쓰이지 않는다.

She paints well enough.

I kind of like him.

He more or less resented their interference.

(예) kind of, sort of, quote, enough, more of less, 완전히(fully, exactly, thoroughly, perfectly, completely, etc.)

(5) well과 badly는 방법 혹은 정도의 부사로 쓰인다. 방법의 부사로 쓰일 때, 이들 부사는 동사 다음에(자동사를 수식하는 경우), 목적어 다음에(타동사를 수식하는 경우), 그리고 과거 분사 앞에(수동형에 쓰이는 경우) 온다.

The point was well put.

She was badly treated.

you know well that I can't drive. (목적어가 절일 때의 위치)

(참고)

'나는 그 사람을 잘 안다'는 I know him (very) well 혹은 I know very much bout him.으로 나타낸다.

(6) '1주일 전 오늘'은 a week ago today이다.

(예) a much ago today (한 달 전 오늘), a month from today (한 달 후 오늘), a year ago today (1년 전 오늘), a year ago today (1년 후 오늘),ten years ago today (10년 전 오늘), ten years from today (10년 후 오늘), a week from today (1주일 후 오늘), every hour on the half hour (매시마다 30분에),the day before yesterday (그저께), the weekend before last (전전 주말), the Sunday before last (전전 주의 일요일) tomorrow week (지난주의 어제 ; 지난주의 내일), yesterday week (지난주의 어제 ; 다음 주의 어제)the weekend after next (다음다음 주말), the day after tomorrow (모레), the Sunday after next (다음다음 주의 일요일), the year after next (내 후년)

(7) 부사로서 long 이'오랜 동안'의 의미로 쓰이는 것은 주로 의문문과 부정문에서이다. 긍정서술문에서는 몇몇 경우를 제외하고는 쓰이지 않는다. 즉 long 대신에 a long time를 써야 한다.

그리고 단독으로 long이 긍정서술문에 쓰이는 경우는 다음과 같다.

(ㄱ) 믿음(belief) 또는 억측(assumption)을 나타내는 동사(think, believe, expect, imagine,etc.)와 같이 쓰일 때

I have long thought of retiring at the age of 55.

(ㄴ) 언어행위를 나타내는 동사(verbs of speaking : discuss, debate, etc.)와 같이 쓰일 때

The merits of the scheme will be long discussed.

(ㄷ) be 동사와 형용사 사이에 들어갈 때

He was long ill.

He has been long dead.

(ㄹ) 비교급 -er 또는 최상급 -est가 붙거나, 다른 부사의 수식을 받을 때

He stayed linger.

He stayed too long.

그러나, long 또는 a long time 대신에 enough, a little, a lot 등이 쓰일 수도 있다.

We always have to wait a lot when we go to see the doctor.

(a lot=a long time)

(8) 형용사가 부사로 전환되어 사용되는 경우

㈀ quick는 회화체에서 장소의 이동(movement)을 나타내는 동사 뒤에서 quickly를 대신할 수 있다.

He came back quick(quickly). (quick)는 동사 뒤에만 온다.

㈁ loud는 talk, speak, laugh 뒤에서 부사 역할을 할 수 있다.

Who laughed loudest(most loudly)?

㈂ close는 'near'의 의미로 쓰일 때는 부사다,

We sat close together.

The prisoners sere closely guarded. (close(×))

(closely=strictly)

Watch closely what I do.(close(×))

(closely=carefully)

(9) slow는 장소의 이동을 의미하는 go 다음에서 slow 또는 slowly의 형태로 쓰이며, '행동하다', '일하다'의 의미의 go 다음에서는 slow의 형태만 쓰인다.

The workers decided to go slow. (slowly (×))

I told the driver 세 drive slowly. (slow(×))

(10) apparently, evidently, obviously는 우리말로는 모두 '분명히'로 번역할 수 있지만 이 부사를 (및 그들의 형용사형)의 의미차이에 유의해야 한다.

apparently : 외적으로 보기에만 진짜 같고 사실은 진짜가 아닌

evidently : 증거가 될 만한 것을 근거로 말할 때

obviously :증거가 될 수 있는 것들이 너무 많아 어느 하나를 특별히 증거로 삼을 필요가 없을 때

(11) only와 also의 용법

(ㄱ) John also phoned Mary today. 「John만이 오늘 Mary에게 전화했다.」
John also phoned Mary today. 「John이 오늘 Mary에게는 전화만 했다.」
John also phoned Mary today. 「John이 Mary에게만 전화했다.」
John also phoned Mary today. 「John이 Mary에게 오늘만 전화했다.」

(ㄴ) John also phoned Mary today. 「John도 Mary에게 오늘 전화했다.」
John also phoned Mary today. 「John이 오늘 Mary에게 전화도 했다.」
John also phoned Mary today. 「John이 오늘 Mary에게도 전화했다.」
John also phoned Mary today. 「John이 Mary에게 오늘도 전화했다.」

(12) already는 조동사와 본동사 사이 혹은 문미에 온다.

조동사가 없는 경우 already는 주어와 동사 사이에 온다. 그러나 be동사가 쓰였을 때는 그 뒤에 또는 문미에 온다. 의문문에서 already가 문미에 오는 경우에는 놀라움을 나타낸다.

Has the post come already?

그러나, 놀라움의 뜻이 없는 보통의 경우 yet를 사용한다.

Has the post come yet?

(13) still과 yet가 시간부사(adverb of time)로 쓰일 때, yet는 부정문에서는 '아직', 문문에서는 '지금까지 해서'의 의미이며 still은 어떤 문장에서 쓰이든'아직도'의 의미이다. yet는 언제나 문미에 와야 하며, still은 같이 쓰이는 동사에 따라 위치가 다르다.

부정 의문문에서 yet은 '놀라운' 또는 '짜증'을 나타낸다.

Aren't you ready yet?

The money is still here if you want it. (be 동사 다음)

They still want to go. (일반 동사 앞)

The building still isn't finished.(not 앞)

He still doesn't understand. (not understanding의 계속)

(참고) He doesn't understand yet. (understanding이 시작되지 않음.)

Is William still here?

「William이 (여기 있었는데) 아직도 있느냐?」

Is william here yet?

「William이 (여기로 오게 되어 있는데) 왔느냐?」

Is William still not here? (놀라움과 약오름을 나타내고 있지만 still을 사용하면 그 정도 더 강하다.)

Is William not here yet?

(14) very와 very much의 용법

very는 형용사나 부사(정확히 말하면 정도의 범위를 갖는(gradable) 형용사나 부사를 강화(intensify)하며, very much는 동사(gradable verbs)를 강화할 때 사용한다.

I'm very disturbed by your attitude.

It is very heart-breaking.(o)

The eggs are very hard-boiled.(o)

We were very pleased by his behavior.

You are very frightening.

I'm very pleased now.

He was very tired then.

The audicnce were very amused.

The picture has been (very) much admired.

The problem has been (very) much discussed.

He is very afraid.

(참고) afraid, alert, alike, aloof, ashamed, averse는 very의 수식을 받을 수 있다.

He is very asleep(?)

(참고) asleep과 awake는 very와 같이 안 쓰이며, 그 대신 asleep은 그 앞에 sound나 fast, awake는 그 앞에 wide나 broad를 동반하여 쓸 수 있다.

He is very much afraid.

(참고) afraid, alike, ashamed, aware는 very much의 수식도 받을 수 있다.

I am (very) well aware of it.

(참고) aware는 (very) well의 수식을 받을 수 있다.

(비교)

He drinks veer very much. (x)
He drinks a lot of beer.
He reads books very much. (x)
He reads a lot of books.
He studied English very much. (x)
He studied a lot of English.
He eats cake very much. (x)
He eats a lot of cake.
He makes a great deal of money.
They like him very much.
He thanked them very much.
I enjoyed the play extremely.
He very much misjudged the situation.
They resent him deeply.
I need a drink badly.
We miss you very much.

(15) '많은' 의 의미를 가질 때 부정문이나 의문문에서는 much 또는 many가 사용된다.

Did you have much rain on your holidays?
There is not much sugar in the sugar bowl.
Do you know many people here?
There are not many mistakes in your composition.

(16) much와 many가 긍정서술문에서 쓰이는 경우

(ㄱ) whether나 if로 시작되는 간접의문문

I doubt whether there will be much time for seeing the sights.
I wonder if many people will be at the party.

(ㄴ) so, too, as, how 등이 그 앞에 올 때

He has so much money and I have so little.

There are too many mistakes in your exercise.

He has drunk too much wine.

You can have as much wine as you want.

You can have as many bottles of wine as you want.

I know how much money that ring cost.

(ㄷ) 문장의 주어를 수식할 때

Many Englishmen like to spend their spare time working in their gardens.

Many hands make light work. (속담)

Much time would be saved if you planned your work properly.

(ㄹ) 혼자서 명사로 쓰일 때

Much depends on what answer he fives to that question.

Much of what he says is true.

Many of us were tired.

(ㅁ) much가 추상명사를 수식할 때, 특히 그 추상명사가 형용사의 수식을 받고 있을 때

He has done much research in the history of his area.

He got much sympathy but little help.

The book is the fruit of much patient research.

그러나 ① 수식받지 않고 혼자서 부사로 쓰일 때는 much의 위치는 동사 앞에 사용된다.

We much prefer his offer.

We much admire your technique.

I much appreciate your invitation.

We much regret the inconvenience.

② 양보절의 경우에도 much가 부사로 쓰인다.

Much as I should like to come, I'm afraid I mush refuse.

(17) 부사나 부사구를 하나 이상 한 문장에 쓸 때 정상적인 어순 '방법', '장소', '시간' 이다.

He's studying hard in his room now. (방법-장소-시간)

I'll meet you at three o'clock tomorrow. (시간의 부사나 부사구가 하나 이상 올 경우에 시점 (point of time) 또는 짧은 기간을 나타내는 것이 먼저 온다.)

We arrived yesterday afternoon, about five o'clock.

At three o'clock tomorrow I'll meet you outside the theater.

I've been to London several times this year. (장소-빈도-시간)

He lives in a small village in California.

We spent the vacation in the mountains, in a small cottage we rented from a friend.

마지막으로 영어학습자가 거쳐야 할 과정은 영어문장 체화(English Sentences Embodiment)다. 영어문장 체화란 영어를 자신의 수족(手足)처럼 만드는 것이다. 수족처럼 만드는 과정은 다음과 같다.

우리는 대화중에 모르는 어휘가 나오면 그 어휘의 정의를 분명히 확인해야 하는데 무심코 지나치는 경우가 많다. '책상'의 정의가 무엇입니까? 라고 질문을 받으면 그냥 웃거나 대답하는 경우에도 정확하지 않다. 무릇 한국인은 전반적으로 개별용어 (Terms)에 대한 정의 (Definition)설명과 그 응용 (Application)에 대한 교육을 소홀히 하지 않았나 하는 점을 지적하지 않을 수 없다. 그래서 의사소통 시 결정적인 약점을 갖고 있지 않은가 하는 생각을 우리는 스스로 해보지 않을 수 없다. 따라서 이와 관련한 용어의 정의 (Definition of Terms)에 대하여 상이점을 살펴본다.

용어 「해설, 해석, 분석, 독해, 번역」을 설명하면 다음과 같다.

- 해설 (explanation) : 알기 쉽게 풀어서 설명함
- 해석(interpretation):사물의 뜻이나 내용 따위를 자신의 논리에 따라 풀어서 이해하거나 설명함
- 분석 (analysis) : 복합된 사물을 그 요소나 성질에 따라 가름
- 독해 (reading comprehension) : 글을 읽어 이해함

• 번역 (translation) : 한 나라의 말로 된 글의 내용을 다른 나라말로 바꿔 옮김

그러므로 「독해」와 「번역」을 제대로 하기 위해서는 반드시 철저한 「해석, 해설, 분석」작업을 거쳐야 한다. 한편, 번역은 「창작 」과 같은 효과를 발휘함으로 그에 상응하는 피나는 노력을 쏟아야 한다. 결국 독해와 변역 작업 수행은 단순히 기술적인 측면을 뛰어 넘어 하나의 예술 창작과정이다. 특히, 「번역은 속도가 느리고 매우 고된 작업이다.」 (Translation is a slow, and laborious process: LANGUAGE AND LIFE IN THE U.S.A./Gladys G.Drothy Janet Ross)

먼저 영문 독해 시 두 가지의 다른 유형이 있다. 즉, 정독(Intensive reading)과 다독(Extensive reading)이다. 정독은 어떤 언어에 대한 기본적 원리를 완성하고 관용표현의 특성을 이용하여 시용히는 방법을 배우는 데 도움이 된다. 다독은 속독할 수 있는 능력을 개발하는 데 매우 유용하다.

학습자가 유창한 독서를 목적으로 할 때의 초기단계에서는, 다음에 제시한 단계를 채택함이 바람직하다.

1. 전체적 의미를 파악하기 위해 가능한 한 속독을 한다.
2. 난해하다고 표기해 놓은 부분을 다시 읽는다.
3. 전문어는 가능한 한 속독을 다시 한다.

이와 관련하여, 독서 방법을 발전시키는 데 필수적인 어떤 기법이 있다. 즉 다음과 같다.

1. 어휘 자체가 아니라 그 어휘가 나타내는 생각을 파악한다.
2. 작가의 문장구성방법을 이해한다.
3. 학습자의 독서 목적에 맞는 독서 방법을 변형하여 채택한다.

→ You know you have to "read between the lines" to get the most out of anything.

-Mortimer J. Adler : How to Mark a Book-

→ Read not to contradict and confute ; nor to believe and take for granted ; nor to find and discourse : but to weigh and consider.

-Francis Bacon : Of Studies-

→ Reading is a joy, but not an unalloyed joy.

-Harry Golden : How to Read a Book, and Why-

→ Books are the best of thing, well used ; abused, among the worst.

-Ralph Waldo Emerson : The American Scholar-

→ Translation is a slow, laborious process.

-Gladys G Doty, Janet Ross : Language and Life and Life in the U.S.A-

다음으로 번역시 일반적인 주의사항은 다음과 같다.

1. 영어의 기본문형구조를 파악하여 한국어를 한국어의 어순에 맞게 배열한다.
2. 영어의 수동태는 한국어의 특성중 하나인 능동태로 바꾼다.
3. 영어의 가정법은 한국어의 직설법으로 바꾼다.
4. 영어의 무생물(inanimate)주어는 한국어의 부사, 부사구, 부사절로 바꾼다.
5. 영어의 어법이나 문법은 한국어의 문법의 감각에 어울리게 바꾼다.
6. 관사에 해석에 유의한다.
7. 도치, 강조, 생략, 공통관계 등을 유의한다.

결국, 독해와 번역을 제대로 수행하기 위해서는 직역(literal translation)과 의역(free translation)을 유기적인 관계에서 자연스럽게 활용하는 포괄적 능력을 갖추어야 한다.

한편, 예습 없이 영어문장을 잘 읽는 사람(sight reader)이 되기 위해 문형의 고정된 표현방법과 변형된 표현에 익숙 한다. 표현하고자 하는 목적에 따라 그 표현방법이 고정된 (fixed) 표현이 있고 그에 따른 다양하게 변형된 표현이 있으므로 이에 유의해야한다. 왜냐하면 영어의 특성은 타언언어에 비해 수용성(adoption, reception)이 강하고 다양성(variety)이 짙기 때문이다.

Practice 1. ※ "그녀는 나에게 충고도 하고, 뿐만 아니라 돈까지도 주었다."를 고정된 표현과 변형된 표현을 사용하여 영어로 옮기시오.

(Answers):고정된 표현

→ She gave me money **as well as** advice.

→ She gave me **not only** advice **but also** money.

(문장내용의 초점은 그녀가 나에게 준 것 중 초점은(focus) 「충고」에 있는 것이 아니라 「돈」에 있다)

(Answers): 변형된 표현

1. She gave me **not simply** advice **but(also)** money.
2. She gave me **not just** advice **but (also)** money.
3. She gave me **not merely** advice **but (also)** money.
4. She gave me **not** advice **alone, but also** money.
5. She gave me **not only** advice **but** money **as well**.
6. She gave me **not only** advice, **and** money **into the bargain**.
7. **In addition to** giving advice to me, she gave me money.
8. She gave me money **besides** advice.
9. **Besides** giving me advice, she also gave money.
10. She gave me **not only** advice **; (:)** money.
11. She gave me money**, let alone** advice.
12. She gave me **not only** money. She gave me advice.

Practice 2. ※ 다음 주어진 "The child is father of the man." 영어문장을 한 국어로 잘 번역한 것을 고르면?

① 아이는 어른의 아버지다.
② 아이가 자라서 어른이 된다.

③ 아이가 자라서 어른이 되어 죽는다.

④ 세 살적 버릇 여든까지 간다.

(Answer) ④

(보충설명)

주어진 "The perfect knowledge of English is father of your reading comprehension." 영어문장을 한국어로 번역을 하기 위해 먼저 "perfect, knowledge, father"의 의미를 분명히 파악해야 한다.

- perfect … 완전한 / 숙달한 중에 어느 것을 선택할까?
- knowledge … 지식 / 경험 중에 어느 것을 선택할까?
- father … 아버지 / 근원 중에 어느 것을 선택할까?

그래서 「영어에 대한 완전한 지식이 영어독해의 근원이다」 보다는 「철저한 영어지식이 영어독해의 근원이다」를 번역으로 선택한다.

(참고) The leopard does not change his spots.
(사람의 성품을 평생 변치 않는다)
(세 살적 버릇 여든까지 간다)

Practice 3. a. supply of water 와 b. water supply 의 차이는

(Answers)

a : 일시적으로 필요하여 물의 공급을 요청하는 것 즉 : 요청 시 음료수 공급을 뜻하지만

b : 물을 항상 공급 하는 것 즉 : 상수도(faucet)를 말한다.

(참고) 영문 표현의 다양성에 스스로 적응해야 하는데 'It'로 시작하는 강조 구문을 살펴본다.

이때 강조어의 표현 방법 즉 품사, 구, 절 등을 철저하게 관찰한다.

It was John that broke the pot yesterday.

It was the dish that Peter broke last night.

It was driving that Linda enjoyed.

It was because of her that I came back suddenly.

It was because Susie was ill that we decided to return abruptly.

It was in July that I first noticed his novel.

It was in the garden that I found Brown's purse.

It's only when I don't want them that she shows up.

It was my uncle who threw an egg at the man.

It's me that told the police.

It was the very fact which convinced me.

It was uncle Tom whose address I forget.

It is in Seoul where they hold the meetings.

It was the President himself spoke to me.

It was to me that she gave me the book.

It was John to whom I gave the book.

Who was it that interviewed you?

Chapter 2. 문제해결 (Problem solving)

모든 영어시험이 선다형 테스트(multiple choice test)를 선호하고 있으나 정답을 고르기 위해서는 무엇보다도 주관식 문제에 철저한 실제연습을 반복함으로써 객관식 문제에 무리 없이 적응하고 순응 할 수 있다. 그 목적을 성취하기 위하여 다음사항에 유의한다.

1. 제시한 문장 내에서 문제의 단어가 어떤 뜻으로 쓰였는가를 신속하게 결정한다.
2. 문장의 형식에만 치우치지 말고 앞뒤의 문맥을 잘 짚어야 한다.
3. 관용어의 의미를 정확히 기억하고 있어야 한다.
4. 주어의 인칭, 수의 일치, 시제에 주의해야 한다.
5. 문장의 주성분이 되는 낱말의 위치를 정확하게 찾는다.
6. 대명사와 대동사는 그 본래의 내용을 철저하게 찾는다.
7. 질문을 정확히 파악한다.
8. 문장 내에서 공통점과 상이점을 파악한다.
9. 자신의 주관을 삽입해서 판단하는 것은 절대 금물이다.
10. 기계적인 파악은 피하고 논리적인 흐름으로 필자의 의도를 파악한다.

A. 문맥에서의 어휘의 이해

(1) 동사를 중심으로 – 다음 ( )에 주어진 철자로 시작하는 적절한 단어를 쓰시오.

01. This trend must be (a) and reversed if humanity is to be saved from the scourge of war.

02. Children are cautioned to (a) their eyes to avoid looking directly at the sun.

03. Prices of the necessities of life were (b) again last month.

04. Hawk tried to (b) confidence in the Australian economic recovery.

05. Businesses sometimes establish firms in foreign countries to (c   ) local restrictions.

06. The company has opened an office abroad in order to (c   ) our tax laws.

07. If the air is polluted, it is (c   ).

08. The general just managed to seize power in the northern states but failed to (v   ) the entire country.

09. Unless we (c   ) our water resources, there nay come a time when our supplies of clean water are completely exhausted.

10. Slow maturation in cool mountain air (e   ) the taste of coffee beans.

(ANSWERS)

01. arrest(고대 프랑스어 어원 ; 정지시키다) : 흐름, 진행을 막다

- arrest the current of a river : 강의 흐름을 막다

cf. stop the way : 진행을 방해하다

- reverse : 방향, 순서 따위를 역으로 돌리다

cf. check one's steps : 갑자기 걸음을 멈추다

- the scourge of war : 전화(戰禍)
- humanity : 인류(mankind)

02. avert(라틴어 어원) : ~로 향하게 하다

- turn one's eyes from~ : ~에서 눈을 돌리다(turn away)
- avoid(고대 프랑스어 어원 ; 비우다) : 의도적으로 피하다

03. boost(구어체) : 가격을 올리다(raise, increase)

- bare necessities of life : 겨우 목숨을 이어갈만한 생활필수품

cf. lift the official rice price : 쌀의 공정가격을 올리다

boost prices : 시세를 올리다

04. boost : 증대시키다

cf. boost(up) a person : 남을 격려하다

- recovery : 회복(restoration)
- recover one's losses : 손실을 메우다

05. circumvent(라틴어 어원 ; 빙 돌아서 오다) : 법규 등의 빠져 나갈 구멍을 생각해 내다 (avoid)

- establish : 설립하다(found)
- restriction : 제한, 규정

cf. avoid suspicion : 혐의를 받지 않도록 조심하다

06. circumvent :기만하다(outwit)=cheat, delude, frustrate

cf. outwit(get the better of by superior cunning or cleverness)
=overreach, foil, baffle, thwart

07. contaminate : 폐기물, 병원균으로 오염시키다(defile)

- pollute(라틴어 어원 ; 더럽히다)
- pollute the air : 대기를 오염시키다
- pollute a water supply : 음용수를 더럽히다

08. vanquish the enemy : 적을 격파하다(conquer)

- manage to do : 간신히 해내다(control, govern)=get into a thing and handle it to the last detail
- fail to do=omit to perform=won't do, can't do : ~하지 못하다

09. conserve(라틴어 어원) : 함께 보존하다(preserve)

cf. preserve game : 새와 짐승의 사냥을 금하다
natural resources : 천연자원

- exhaust : 모조리 써 버리다(use up ; consume)
- exhausted : 우물 등이 메마른

10. enhance(라틴어 어원 ; 높게 하다) : 질, 능력 등을 높이다(augment, intensify)

- maturation : 성숙, 원숙

11. Jazz is an american art which is now (f　　　) in Europe through the determined efforts of musicians in France,

12. He (f　　　) his property as a direct result of taxes unpaid.

13. Those who (m　　　) in the affairs of other are one of the most insensitive people in the world.

14. Nocturnal insects use the moon and the bright stars points of reference to (o　　　) themselves, according to insectologists at the Rutgers state University.

15. If we hurry, we can (o　　　) him in no time.

16. They had scarcely left the airport when they flew into an ugly storm which caused the tiny plane to (p　　　) and the general was inclined to be nervous, but looking at the earphones, dissipated his fears.

17. When water freezes, then it is likely that the rock will (s　　　).

18. The first time it happened to me I was nine years old. Cornered in the school bathroom by the class bully and her sidekick, I was offered the opportunity to (s　　　) a few of my teeth unless I satisfactorily explained why I always got good grades, why I talked "proper" or "white."

I had no ready answer for her, save the fact that my mother had from the time I was old enough to talk stressed the importance of reading and leaning.

(ANSWERS)

11. flourish(고대 프랑스어 어원 ; 꽃이 피다) : 융성하다(thrive)

- flourishing=thriving, vigorous　● determined : 단호한(resolute)

12. forfeit(고대 프랑스어 어원) : 몰수(박탈)당하다

- forfeited game(스포츠) : 몰수게임

13. meddle(라틴어 어원 ; 섞다)

- meddle in other people's affairs : 남의 일에 간섭하다

cf. neither make nor meddle : 일체 간섭하지 않다(SLANG)
interfere in another's life : 남의 생활에 간섭하다
pry into the affairs : 남의 일을 꼬치꼬치 캐다
nose after(for) other's affairs : 남의 일을 캐다
insensitive : 신중치 못한

14. orient(라틴어 어원 ; 태양이 떠오르는 방향) : 새로운 환경에 순응하다 (adapt, adjust)

- orient oneself to college life : 대학생활에 적응하다
- adapt oneself to circumstances : 환경에 순응하여 융통성 있게 행동하다
- nocturnal : 야간에 활동하는 (opp. diurnal)
- a point of reference : 판단(평가) 기준

cf. frame of reference(사회) : 행동, 판단을 지배하는 준거 기준, 틀

- anomie(사회) : 사회(도덕적) 무질서 norm : 표준
- insectology : 곤충학(entomology)

15. overtake : 뒤떨어진 일 등을 만회하다 (catch up with)

- in(less than) no time : 곧(very soon)

16. pitch : 비행기, 배 들이 앞뒤로 흔들리다

- tiny=very small
- nervous : 침착성이 없는
- come over : 라디오, 텔레비전이 분명히 들려오다
- dissipate : 슬픔, 공포 등을 가시게 하다(scatter completely)

cf. make or break(mar) : ~에 훌륭히 성공하든가 완전실패하다
pick and choose : 엄선하다 pick and steal : 좀도둑질하다
forget and forgive : 원한 등을 깨끗이 잊어버리다
fret and fume : 노발대발하다

17. split : 세로로 쪼개지다

- take up : 장소, 시간 등을 차지하다(occupy)
- crack : 갈라진 틈

18. swallow(고대 영어 어원 ; 먹다, 마시다) : 앞서 한 말을 취소하다

- swallow one's words: 한 말을 취소하다

cf. chop one's teeth(구어체, SLANG) : 쓸데없는 말을 지껄이다

- bully : 약한 자를 괴롭히는 사람 • sidekick(구어체) : 친구, 짝패
- save(문어체) : ~을 제외하고는(except) • stress : 강조하다

cf. attach importance to : ~을 중요시하다

(2) 명사를 중심으로 다음 (　　)에 주어진 철자로 시작하는 적절한 단어를 쓰시오

01. The main (b　　) of tom's will his nephew, Smith.

02. One of the greatest (b　　　　) for professional women came in 1973 when the field of banking opened up for them.

03. Schizophrenia is a term used to describe a complex condition-the most chronic and disabling of the major mental illnesses. Schizophrenia may be one (d　　), or it may be many (d　　), with different cause.

04. However, it has the (d　　) that he has to travel to and from the university everyday and he may often miss the good company of his friends in college.

05. He was still in a state of (e　　) hours after his victory.

06. Biologist have studied living organism and have classified them on the basis of their (f　　). They have divided them into two classes, the single-called organism and the many-celled organisms.

07. A famous study by the University of North Carolina surveyed traffic accidents and determined that seat belt reduced serious injuries by to 50 percent and (f   ) injuries by as much as 75 percent. And in the late 1960s, a study in Sweden examined almost twenty-nine thousand accidents among seat-belt users and found that not a single one had resulted in death. The National Highway Traffic Safety Administration estimate that (f   ) would drop by at least 50 percent overnight if everybody used seat belt. But at the present time, only about one person in eight buckles up.

08. The most serious problems surrounding the world hunger situation are that food production gains in the developing world have been consumed by rapid population growth ; that efficient methods of distribution have not been developed to transport food to areas of greatest need ; that millions of people cannot (a   ) subsistence food even when it is available.

09. These three laws ought to have been treated merely as working (h   ) to be tested in many ways.

10. Many famous people try to hide their (i   ) by wearing sunglasses.

(ANSWERS)

01. beneficiary(라틴어 어원 ; 좋은 일은 하다) : 연금, 보험 등의 수취인

• will : 유언, 유언장(last will and testament)

cf. make(draw up) one's will : 유언장을 작성하다

02. breakthrough : 과학 등의 큰 발전 · 약진(most significant advances) : sudden significant advance in any field

cf. banking power : 은행의 대출 능력

03. disorder : 심신기능의 부조, 장애, 가벼운 병(mental or physical disturbance ; disease)

• schizophrenia : 정신 분열증, 조발성 치매(癡呆) • complex : 복합의

cf. inferiority complex : 열등감 superiority complex : 우월감

Electra Complex : 親父複合

Oedipus Complex : 아들이 어머니에 대해서 무의식적으로 품는 성적 사모

• chromic : 병이 만성의(opp. acute) • disable : 불구로 만들다(maim)

cf. a disabled soldier : 상이군인

04. drawback : 결점, 약점(disadvantage, hindrance)

cf. keep good company : 좋은 친구와 사귀다

05. euphoria(그리스어 어원 ; 행복) : 행복감(buoyant feeling of well-being)

06. function(라틴어 어원 ; 성취감) : 기능(role or office of any organ, animal or vegetable)

• biologist : 생물학자 • living organism : 생명체, 유기체

• on the basis of : ~을 기초로 하여 • single-cell : 단세포의

07. fatal(라틴어 어원 ; 운명에 따라) : 치명적인(mortal, deadly, destructive, prophetic, ominous, be sure to kill) fatalities : 사망자 수(사고, 전쟁 등에 의한)

cf. a fatal disease : 죽을 병

• result in=terminate or conclude in as a consequence : ~한 결과를 가져오다

• estimate that~ : ~을 어림잡다(determine or calculate approximately the value, size or cost of)

• buckle up : 자동차에서 안전벨트를 매다

08. afford(고대 영어 어원 ; 앞으로 나아가게 하다) : 음식을 먹다(eat)

cf. subsistence wages : 최저한도의 생활유지 임금

subsistence allowance(money) : 특별수당

• available : 소용이 되는(accessible, at hand)

09. hypothesis(그리스어 어원 ; foundation) : 가설, 억측(proposition or theory assumed as a basis for reasoning, argument, or investigation, or to explain certain phenomena)

- working hypothesis : 작업가설

cf. working couple : 맞벌이 부부

working knowledge : 실용적인 지식

10. identity(후기 라틴어 어원 ; 동일함) : 신원(distinctive individuality)

cf. establish(prove, recognize) a person's identity : 신원을 확인하다

11. One question the teacher should not ask is, "Do you understand?" The question serves little purpose, since those who do not understand are usually too shy to show their (i) and remain quiet.

12. A (m) of the two companies would result in a combining of their profits and assets.

13. Tom is still a (n) in golf because he has only started playing about a month or so ago.

14. Everyone would like a (p) for health problems.

15. An optimist tries to see a little good in everything.

16. Propaganda, however effective, is in effect a (p) of the truth and cannot be ling sustained.

17. Although the artist used various media from time to time, he had a (p) for water color.

18. After hatching the eggs, the female of the species seems to lose interest in her (p).

19. Plastic is a relatively new materials. It has become of major importance in a short time. Strength and flexibility are the two outstanding qualities which make it useful for many different (p).

20. Despite all attempts to decipher the code, it remained a (p).

21. Some of the (r) seemed too severe.

22. Alexander Graham Bell was a teacher of the deaf. Because of his work with people who lived in a soundless world, he became interested in the problems of sound. Our telephone is a (r) of this interest.

23. Although these variations among the arts. the arts are important, their (s) is even greater.

24. A short stay is a (s).

(ANSWERS)

11. ignorance(라틴어 어원 ; 모르는) : 무학이기 때문에 오는 무지
- serve(answer) one's(the) purpose : 목적에 알맞다
- serve two ends : 일거양득이다
- serve one's will : 자기 욕구를 충족시키다

12. merger(라틴어 어원 ; 잠기게 하다, 가라앉히다) : 회사(사업)의 합병
- profit : 이익금
- asset : (개인, 회사의) 자산

13. novice(중세 프랑스어) : 무경험자(beginner, tyro)

14. panacea(그리스어) : 만병통치약(remedy for all ills and diseases, cure-all)

15. optimist(라틴어 어원 ; 최선) : 낙천주의자(opp. pessimist)
cf. optimism : 낙천주의(inclination to look on the best side of life or to expect success)

16. perversion(라틴어 어원 ; 잘못되어) : 왜곡, 남용, 오용
- propaganda : 선전(purported news or facts deliberately spread to propagate a particular ideology or to influence pubic opinion)
- in effect : 사실상, 요컨대
- sustain : 지속하다, 지지하다

17. predilection(라틴어 어원 ; 미리 가려내다) : 편애(preference, partiality)
- from time to time : 때때로(occasionally)
- water color : 수채화

18. progeny(중세 프랑스어) 집합적 의미의 자손(offspring, children, descendants)

19. purpose(고대 프랑스어) : 목적(aim), 취지

cf. for that purpose : 그 목적 때문에
- flexibility : 탄력성
- outstanding : 두드러진(striking, remarkable, noticeable)

20. puzzle : 어려운 문제(puzzler)
- decipher : 암호, 수수께끼를 풀다(decode)

cf. code breaking : 암호 해독

21. regulation(후기 라틴어) : 지방, 공공 단체 등이 정하는 규정, 조례
- severe : 정해 놓은 것을 관용이나 타협이 없이 엄격히 지키는

22. result(라틴어 어원 ; 뒤로 뛰다) : 최종적인 결과

cf. as a result of : ~의 결과로서

23. similarity(라틴어 어원 ; 비슷한) : 유사, 상사(similitude)
- variation : 변화(change)=difference, dissimilarity

24. sojourn(고대 프랑스어 어원) : 일시 체류(temporary stay)

cf. stay overnight : 하룻밤 묵다
  stop at a hotel : 호텔에 묵다
  put up at an inn : 주막에 묵다

(3) 형용사를 중심으로 - 다음 (　　　)에 주어진 철자로 시작하는 적절한 단어를 쓰시오.

01. It was foolish of you to suggest such an (a　　) thing.

02. Great Britain's (a) program succeeded because of the British were willing to cooperate with the Prime Minister's attempts to improve the country's economy.

03. Marie is so (c)that she will believe anything you tell her.

04. People have always found it difficult to govern themselves, which explains why there are so few truly (d) societies around today.

05. Jewish tradition imposes certain (d) restrictions prohibiting pork and certain seafoods and forbidding the serving of milk products at meals which include meat of poultry.

06. Your (d) tactics may compel me to cancel the contract because the job just be finished on time.

07. He expressed his contempt for technological progress when he said that the human race is just interested in finding more (e) ways of exterminating itself.

08. It must not be supposed that growth cannot occur without an alteration of form. Although such a change frequently takes place, it is not at all (e).

09. Through a (f) circumstances, we unexpectedly found ourselves on the same steamer with Uncle Harry.

10. Although my grandmother is old and (f), she still enjoys playing cards and listening to dance tunes.

11. Handwriting which cannot be read is said to be (i).

12. The employer was (i) to his employees.

13. The chairman introduced the speaker with a few (l) remarks.

14. He loses his temper ; his mind is not (l).

15. The movie star signed a (l) contract.

16. A pessimist has a (l) outlook on life.

(ANSWERS)

01. absurd(라틴어 어원 ; 귀가 전연 들리지 않는) : 어리석은(foolish, laughable, incongruous, inconsistent, senseless, wild, nonsensical)
cf. talk of one thing or another : 잡담하다

02. austerity(그리스어 어원 ; harsh) : 국가적 규모의 긴축경제
cf. live on an austerity diet : 내핍생활을 하다

03. credulous : 남의 말 등을 잘 믿는(apt to believe without sufficient basis, easily imposed upon)

04. democratic(그리스어 어원 ; 민중의 정치) : 민주정체의
- govern(=secure obedience to such power or authority)

05. dietary(라틴어 어원 ; 하루의 음식) : 규정식의, 식이요법의
cf. a dietary cure : 식이요법
dietary law(유대교 : 돼지고기 등을 먹지 않는 음식 금기)
- impose : 의무를 지우다(lay)
- impose(place, put) restrictions on : ~에 제한을 가하다
- poultry : 집합적 의미로 가금(닭, 칠면조, 거위, 집오리, 비둘기, 꿩 등)
- at meals : 식사 때

06. dilatory : 느린, 더딘(slow, belated)
- a dilatory measure : 지연 책
- tactics : 책략, 전술

07. effective(라틴어 어원 ; 만들어진 것) : 효과적인(efficient)
cf. show contempt : 경멸하다
- exterminate : 박멸하다(get rid of completely, annihilate)=root out, extirpate, destroy, eradicate

08. essential(라틴어 어원 ; 존재함) : 본질적인(intrinsic, necessary, inherent, indispensable, vital)
- alteration : 변경, 개조(change, modification)

09. fortuitous(라틴어 어원) : 우연한, 뜻밖의(accidental)=contingent, incidental, causal, occasional, random

10. frail(고대 프랑스어) : 연약한(weak, fragile, brittle)=frangible
cf. Frailty, they name is woman.(Hamlet 1:2)

11. illegible(라틴어 어원 ; hard or impossible to read) : 읽기 어려운
cf. readable : 인쇄, 필적 등이 읽기 쉬운(legible)

12. inimical(라틴어 어원) : 적대하는(hostile, unfriendly, opposed, antagonistic)

13. laudatory(라틴어 어원) : 칭찬의(complimentary)
cf. laud(praise, extol) a person to the skies : 몹시 칭찬하다

14. lucid(라틴어 어원 ; 빛나는) : 지각이 정상인, 제정신의(sane, rational)
- lose one's temper : 화를 내다
- lose one's senses : 기절하다

15. lucrative(중세 프랑스어) : 유리한, 돈이 벌리는(profitable, remunerative)

16. lugubrious(라틴어) : 애처로운(sad, dismal, doleful, excessively mournful)

17. Ghost towns, prisons, and (m   ) hospitals are places where people fear to go.

18. The Carsons were (o   ) that their sons would be able to leave the hospital for Christmas.

19. The aim of science is to describe the would in (o   ) language, in such a way that we can, of possible, foresee the results of those alternative course of action between which we are always choosing.

20. As a rule, language once within our control can be employed for (o   ) or for written purposes. And since the opportunities for oral practice enormously outbalance those for written, it is the oral which are chiefly significant in the development of literary power.

21. Mahatma Gandhi urged his followers to pursue a program of (p) resistance as he felt that is was more effective than violence and acts of terrorism.

22. Switzerland has little land and few people. The Swiss people work hard, however, and their country is clean and prosperous. Switzerland is (p).

23. The collective awareness is rapidly growing that the global environment can only be protected for the coming century through genuine international cooperation. But this will require some (r) rethinking on a fundamental level.

24. One brother is (s) and (h) and the other is tall and slim.

25. A mule is the (s) animal of a horse and donkey.

26. One reason that oxen were among the first animals to be domesticated was that the males were very (s) and could therefore be used for doing heavy work.

27. The introduction of fabrics made from rayon, nylon, and other (s) fibers has made many changes in our civilization.

28. These chemicals have been found to be (t) to human life.

(ANSWERS)

17. mental(라틴어 어원 ; 정신의) : 정신병의
    - mental hospital(home, institution, asylum) : 정신병원

    cf. a hysterical movie(play) : 매우 우스꽝스러운 영화(연극)

18. optimistic=hopeful

    cf. a young hopeful : 장래가 촉망되는 젊은이

19. orderly(고대 프랑스어) : 체계적인(systematic, methodical)
    - foresee : 예견하다(predict, foretell)

- alternative courses : 두 갈래길
- alternative course : 다른 수단

20. oral(라틴어 어원 ; 입의) : 구술의

cf. oral traditions : 구비(口碑)

- significant : 중요한, 의미 있는
- as a(general) rule : 대개(roughly)
- enormously : 막대하게
- outbalance : ~보다 중요하다

21. passive(라틴어 어원 ; submissive) : 무저항의, 순순히 따르는

- passive resistance : 비협력 등을 말하는 소극적 저항

cf. passive smoking : 간접흡연

nonviolence : 비폭력

- Mahatma[SKt=great souled]=man revered for wisdom and saintliness : 인도의 대성(大聖)

22. powerful(라틴어 어원 ; 할 수 있다) : 강력한(effectual, influential, commanding, efficient, efficacious, potent, puissant, vigorous, study, strong)

23. radical(라틴어 어원 ; 뿌리) : 근본적인(fundamental, basic)

cf. collective bargaining : 단체 교섭

collective leadership : 집단 지도 체제

- genuine : 참된(real, sincere)
- the will to love : 생존 욕

24. short=small of stature, not tall

heavy=large in size, quantity, extent, or effect

25. sterile(라틴어 어원 ; 불모의) : 생산 못하는(without power to reproduce offspring)

26. strong=physically powerful

- domesticated : 동물을 길들이다(tame)

27. synthetic : 합성의, 인조의(artificial, not genuine)

cf. synthetic fiber : 합성 섬유

synthetic fuel : 합성 연료

• fabric : 피륙, 직물

cf. silk fabrics : 견직물

28. toxic(그리스어 어원 ; bow poison=poison for arrows) : 유독한 (poisonous)

• chemicals : 화학제품

(4) 부사를 중심으로 - 다음 (　　　　)에 주어진 철자로 시작하는 적절한 단어를 쓰시오.

01. (W　　) the advent of the First World War, the United States became the dominant force in the motion-picture industry.

02. In pantomime actors use gestures instead (o　　) words to convey ideas.

03. If nothing is done, it is feared that continued reduction of the ozone layer, warming of the earth, desertification, acid rain, and so forth could in the long run, threaten the survival of the human race and all other forms of life (o) the planet.

04. Ironically, the man who did the man who did the pioneering work in the field, the Nobel Prize winner's mentor, died in 1984. By Nobel rules, the prize is never awarded (p　　).

05. If languages are to be studied (a) all, they must be studied properly.

06. (N　　) must when devil drives.

07. Things (u　　) went bad to worse.

08. They are (r　　) and hungry.

09. Some have a knack of seeing spirits, and others (a　　).

(ANSWERS)

01. advent(라틴어 어원 ; ~에 옴) : 도래(arrival)

- with the advent of : ~의 도래(출현)시

cf. the advent of man-made satellites : 인공위성의 출현
on arrival : 도착하는 대로

- dominant : 영향력을 가진
- force : 국가

02. instead of : ~하지 않고

cf. watch TV instead of studying

- convey : 소식, 통신, 용건 등을 전달하다, 알리다(transmit, communicate)

03. planet(그리스어 어원 ; 방랑하는 것) : 행성, 유성

- on the planet= on this earth : 지구상에서
- ozone layer : 오존층
- desertification : 사막화
- global warming : 온실효과로 인한 기온 상승
- and so forth : ~등, 운운
- in the long run : 결국(in the end)

04. posthumously(라틴어 어원 ; latest born) : 사후에(after one's death)

- ironically : 이상야릇하게도
- pioneering : 선구적인
- mentor : 선도자, 좋은 조언자(wise and faithful adviser)

05. at all[조건문에 사용될 때] : 적어도, 이왕(at least)

06. must needs do=needs must do : 꼭 하지 않을 수 없다

07. unfortunately= as luck would have it : 불행하게도(문장 전체를 설명)

08. rare and~ =very

cf. lovely and~ (=comfortably)

nice and~ (=satisfactorily)

good and~ (=extremely, very)

find and~ (=very)

09. again : 반면에, 또 한편(on the other hand)

(5) 종합 - 다음 (　　)에 주어진 철자로 시작하는 적절한 단어를 쓰시오.

01. When I listened to his cogent arguments, all my (d　　　) were (d　　　) and I was forced to agree with his point of view.

02. In spite of its limited (c　　　) the magazine had a strong (i　　　) on political thought in the country.

03. It is important to understand that 'woman culture' is not and should not be seen as a substructure. It is hardly possible for majority to live in a substructure. It is hardly possible for majority to live in a substructure. Women live their social existence within the general culture and, whether they are defined by patriarchal restraint or segregation into separateness, they transform this restraint into complementarity and redefine it. Thus, women live their (d　　　) (l　　　) as members of the general culture and partakers of women's culture.

04 (M　　　) minds generally (c　　　) everything that passes their under-standing.

05. I am not attracted by the (p　　　) life of the (v　　　) always wander-ing through the countryside, begging for charity.

06. If you carry this (t　　　) attitude to the conference, you will (a　　　) any supporters you may have at this moment.

07. To be director of the most important, largest, and surely richest art museum in the country demands (u   ) concentration and strong personal (i   ).

08. The sugar dissolved in the water (g   ) ; finally all that remained was an almost (i   ) residue on the bottom of the glass.

(ANSWERS)

01. doubt(라틴어 어원 ; 두 개 중에서 고르다) : 불확실함

dispel(라틴어) : 근심, 의심 등을 없애다(drive away, scatter, dissipate)

- cogent : 사람을 납득시키는(convincing, compelling force)

02. circulation(라틴어 어원 ; 원을 만들다) : 발행부수

cf. have a small(limited) circulation : 발행부수가 적다

influence(라틴어 어원 ; 흘러들다) : 영향, 감화

cf. have influence on : ~에 영향을 끼치다

03. dualistic(라틴어 어원 ; 2) : 이원적인

cf. the dualistic theory : 이원설

- be seen as : ~로 예상하다
- substructure : 하부구조, 토대
- existence : 생활(life), 존재(being)
- patriarchal : 가장의, 족장의
- restraint : 억제, 속박
- segregation : 성적 차별

cf. sexism : 남성 상위주의, 여성 멸시

- separateness : 성 분리정책
- complementarity : 상보성(相補性)
- partaker : 관계자, 분담 자

04. mediocre(중세 프랑스어<라틴어) : 평범한(commonplace)
condemn(라틴어 어원 ; 완전히 파멸시키다) : 책망하다(blame, censure)
• pass : 한계를 넘다(excel)
ex. pass belief : 믿을 수 없다
surpass description : 말로 ~할 수 없이 빼어나다
=defy description=beggar description=be beyond description

05. peripatetic(그리스어 어원: 걸어 다니다) : 걸어 다니는, 순회의(walking about, itinerant)
vagabond(라틴어 어원 ; 방랑하다) : 유랑자
• charity : 자비, 동정
cf. beg for one's bread : 걸식하다

06. truculent(라틴어) : 말, 논평 등이 거친 신랄한(sauage, ferocious)
alienate(고대 프랑스어<라틴어) : 소원하게 하다
cf. take(assume) a strong attitude toward(to, on) : ~에 대해 강경한 태도를 취하다

07. unflagging : 지칠 줄 모르는(tireless)
involvement(라틴어 어원 ; 안으로 끌어 들이다) : 관계지식
• concentration : 집중연구

08. gradually : 점차로(little by little)
imperceptible(라틴어 어원 ; 완전히 파악하다) : 지각(감지)할 수 없는
• dissolve : 액체로 용해하다
• residue : 잔류물, 찌꺼기

(6) 숙어 및 관용표현의 이해 – 다음 밑줄 친 부분을 문맥에 어울리도록 영어 및 한국어로 설명하시오.

01. Agricultural produce <u>accounts for</u> a high proportion of their export earnings.

02. <u>Far be it from</u> me to correct you, but I think you've made a serious mistake.

03. When are you going to <u>break the news</u> to your family?

04. He <u>cashed in on</u> his rival's difficulties.

05. This is it! I can't ⓐ<u>cope with</u> this situation any longer. You are ⓑ <u>driving me out of my mind</u>. You know it ⓒ<u>gets on</u> my nerves, but you continue to do it anyway. You don't even think twice about what you're doing. At this point, I am completely fed up.

06. But <u>I'll be damned if</u> I like it! "From then on, the story says, when anyone says something–but later must admit he was wrong–he is said to be "eating crow."

07. Sooner or later everything <u>gang up on</u> me.

08. Rather than the old "drill and kill" forms of computerized instruction, this new form of "cdutainment" is far more effective precisely because kids <u>get totally immersed in</u> an exciting learning experience.

09. To <u>let out</u> a dress means to make it large.

10. My friend told me to <u>pull myself together</u>.

11. More than 3,000 years ago, ancient people <u>stumbled upon</u> the fact that some molds could cure disease.

12. Haskins <u>wasn't cut for</u> journalism.

13. Most of the professors <u>were lenient with</u> him.

14. I don't know what he <u>is up to</u>.

15. <u>Drop me a line</u> the next time you're in town.

16. Could you <u>give me a hand</u> with the door?

17. Whenever Brian approached her apartment, he somehow <u>got cold feet</u>.

18. By early morning he was just <u>grasping at straws</u>.

(ANSWERS)

01. account for : ~의 비율을 차지하다(be responsible for bringing about, consider)

- produce : 집합적 농산물

02. far be it from me to do : ~하려는 생각 따위는 전혀 없다, 외람되게 ~하지 않다

03. break the news to : ~에게 흉보를 전하다

04. cash in on(美語) : ~으로 돈을 벌다(profit from)+see a chance and profit by it, take advantage of an opportunity or happening

05. ⓐ cope with : 극복하다(overcome)

ⓑ drive a person out of one's mind : 사람을 미치게 하다=make a person crazy

ⓒ get on a person's nerves=give a person the nerves : ~을 안달 나게 하다

= make a person nervous

- be fed up with : ~에 싫증나게 하다=be bored(disgusted) with=be fed
  to the teeth(gills) with=be sick and tired of

06. I'll be [I am] damned if~ : 천만에 그럴 리가 있나!=I'm blamed if~ =Blame me if~

- eat(boiled) crow(美語) : 마지못해 싫은 일을 하다, 굴욕을 참다, 자기의 실패를 인정하다=admit + S +be mistaken(defeated)

cf. eat humble pie : 백배 사죄하다=admit one's error and apologize

07. gang up on(against) : ~에 대항하여 단결하다=attack in a group, get together to do a harm to~

08. get immersed in : ~에 몰두하다=be absorbed in=be involved in=fling oneself on

09. let out : 옷을 늘리다, 크게 고치다=make larger or looser

10. pull oneself together : 마음을 가라앉히다=regain one's composure

11. stumble upon : 우연히 발견하다=come by chance

12. be cut out for(to be) : ~에 적임이다=be suited to, be fitted for

13. be lenient with ~ : ~에게 관대하다=not severs, indulgent, merciful

14. be up to : 나쁜 짓에 손을 대고(나쁜 짓을 꾀하고)=doing or planning secretly
=ready for mischief=up to mischief

15. drop A a line=drop a line to A : A에게 한 자 적어 보내다=write and mail a note or letter

16. give a hand : ~을 돕다=lend a hand=bear a hand=give help=make oneself useful
cf. lift(up) a finger(SLANG) : 원조하다(assist)=lift a hand=raise a hand

17. get(have) cold feet : 겁먹다, 도망칠 자세를 취하다
=lose one's courage or nerve=lose confidence in oneself
=be a failure=be timid

18. catch(grasp, clutch) at straws : 지푸라기라도 잡다
=try something with little hope of succeeding
=seize at remote chances to save oneself

19. You may find him charming at the moment, but he will <u>show his true colors</u> soon enough.

20. Those who <u>straddle the fence</u> are not to be trusted.

21. "Well, I hope you are not <u>talking through your hat</u> this time," she said derisively.

22. <u>By sheer practice</u>, he became expert at squad manoeuvres.

23. For the life of me, I cannot solve the problem on my own.

24. In such houses in Acacia Road the delightful business of love-making is in full swing.

25. The number of the attendants at the meeting is in the neighborhood of two hundred.

26. "Lucky you had on those earphones. I could tell by the way you were listening that you were contacting on the radio instructions to bring us in, in one piece." "No," laughed Doolittle, "There were no instructions coming in. I was listening to the World Series!"

27. Some political analysts feel that the power of the northeastern United Sates in on the wane.

28. "Are you carrying a concealed weapon?" the man asked me out of the blue.

29. Jane has been feeling under the weather.

30. The car has caused me no end of worry.

31. In the training of young people, a stitch in time saves nine, and an ounce of prevention is undoubtedly worth a pound of cure.

32. She has been complaining about her neighbours talking about her behind her back, but if you ask me, it's six of one and half a dozen of the other.

33. A Scotsman was having his hair cut. the hairdresser was as talkative as most hairdressers are, but the Scot never said a word. At last his customer's silence was too much for him. "Why don't you say anything?" The Scot pointed to a notice above the telephone : ALL CONVERSATION MUST BE PAID FOR!

(ANSWERS)

19. show(display) one's(true) colors : 기치를 분명히 하다
=show what you are really like=reveal one's real nature

20. straddle the fence : 기회를 엿보다=take both sides of an issue

21. talk through one's hat : 큰소리치다=talk nonsense=talk foolishly or ignorantly

22. by sheer practice : 오로지 연습에 의해=by practice alone
cf. by sheer luck : 정말 운이 좋아서
by sheer force : 우격다짐으로

23. for the life of me : ~아무리해도(~ 않다)
=no matter how hard I try=try as I may

24. be in full swing : 신바람이 나서 한창 진행 중이다
=be actively going on=be in full action=be fully active

25. in the neighborhood of : 약 ~ 얼마
=approximately=about=as a matter of

26. in one piece : 잇대어, 간격 없이, 아무 일 없이

27. on the wane : 쇠퇴하기 시작하여=declining, growing less, dwindling

28. out of the blue : 느닷없이=out of a clear sky=out of a clear blue sky=without any warning=by surprise=unexpectedly

29. under the weather : 몸이 불편하여, 병이 난, 언짢아서
=somewhat indisposed=ill, ailing

30. no end of(to) : 매우 많은=a great deal of, so many, so much

31. An ounce of practice is worth a pound of theory.(이론보다는 실천 ⇨ 속담)

- Prevention is better than cure.(예방은 치료보다 낫다 ⇨ 속담)
- A stitch in time saves nin.(오늘의 일침, 내일의 열침 ⇨ 속담)

32. It's six of one and half a dozen of the other : 오십 보 백보다, 서로 대동소이 피장 파장이다=Two things the same, no difference=not a real choice

33. be too much for one : ~에게 버거운 것=One can not bear

(7) 어휘선택의 환경 - 다음 밑줄 친 부분이 사용되는 근거를 각 문장에서 찾아 설명하시오.

01. Some of us are moved to tears by the purely beautiful. Once when Charles Laughton visited the university of North Carolina to do reading, he went walking through the Chaper Hill flower gardens. Coming suddenly upon a bank of massed daffodils and narcissuses, he promptly <u>burst into tears</u>. Other people have wept at the first sight of the Rocky Mountains, or a blue lake nestled in the hills, or the perfection of Mozart sonata.

02. Today every major anthology of nineteenth-century poetry includes examples of the work which Christina Rossetti produced during her long literary career. Born in 1830, she began composing verse at the age of eleven and continued to write for the remaining fifty-three years of her life. Her brother Dante Gabriel Rossetti, himself a poet and painter, soon recognized her genius and urged her to publish her poems. By the time of her death in 1894, Christina had written more than eleven hundred poems and had published over nine hundred of them. Although this work has <u>earned her recognition</u> as the greatest woman poet of the Victorian Age, there is still no authoritative edition of her poetry.

03. Because of mass education, there is greater awareness among youth. The Brazilian youth, who a generation ago might be helping his father <u>eke out</u> a living from his coffee crop today goes to high school and learns of a whole-new world-in which there are many other alternatives to peasant farming. He begins to wonder whether perhaps his father's way of life isn't wrong, and whether it should be changed. And in the exuberance of youth, changes must be made quickly-right now.

04. In his own account of his life Napoleon <u>explains away</u> all his blunders and leaves to posterity the picture he wished it to have of the great Napoleon.

05. The young people want to make changes in these areas <u>to fit the needs</u> of modern society.

(ANSWERS)

01. burst into tears : 별안간 눈물을 흘리다=burst out crying

- burst ⇨ break suddenly into action, speech, or feeling

cf. fling the door open : 문을 왈칵 열다

fling ⇨ rush or move impatiently or angrily

- the beautiful : 집합적 의미의 아름다운 것
- do + ing : 직업으로서 ~을 하다 ⇨ do teaching : 교직생활을 하다

cf. do the(any, some) + ing : ~의 행위를 하다 ⇨ do the washing : 세탁을 하다

- come upon=encounter, find, meet accidentally
- daffodil : 나팔수선
- narcissus : 수선 • be nestled in : ~에 아늑히 자리 잡다
- perfection : 극치 • massed : 한 덩어리가 된

cf. be the perfection of : ~의 극치다

02. earn : 명성, 평판, 지위 등을 획득하다=merit, deserve

- deserve commendation : 칭찬(praise)을 받다

cf. earn one's crust : 밥벌이를 하다

not earn salt to one's porridge : 거의 아무 밥벌이도 못하다

earn one's(a) living : 생계를 세우다

- anthology : 명시선집 • literary : 저술을 직업으로 하는
- verse : 문학형식으로서의 운문(opp. prose)
- urge A to do : A에게 ~할 것을 강력하게 권하다
- recognition : 세상사람들의 인정
- the Victorian age : 빅토리아 시대(1837~1901 : 도덕관 등이 엄격하고 편협한 시대)
- authoritative : 믿을만한

03. eke out(SLANG) : 간신히 생계를 이어나가다=get little by hard work, earn with difficulty=manage to earn a poor living with hard work

cf. live from hand to mouth : 하루살이 살림을 꾸리다=live without saving for the future make two(both) ends meet : 수입에 맞는 생활을 하다=earn what it costs to live

- awareness : 깨닫고 있음 • alternative : 다른 직업

cf. alternative school : 전통적인 교육과정을 탈피한 초등(중등)학교

- peasant : 소작농 · farming : 농사일 • exuberance : 풍부한 상상력

04. explain away : 곤란한 입장 등을 설명하여 빠져나가다
=plain something so that it does not seem true or important

- account : 설명, 기술 • blunder : 비난하는 큰 실수
- leave A to B=leave to B A : A를 B에게 맡기다
- posterity : 집합적 의미의 자손(opp. ancestry)

cf. give a picture of : ~을 묘사하다

- great : 혈연관계가 1대를 사이에 둔, 증(曾)

05. fit : 적응시키다(make suitable, adapt), 충족시키다(meet, satisfy)

cf. meet the needs of ~ : 요구에 응하다

06. The IMM systems can serve a variety of purposes but their great power resides in highly sophisticated software that employs educational methods to guide the student through a path of instruction individually tailored <u>to suit the special needs</u> of each person.

07. Charles Darwin was in his early twenties when the Admiralty was about to send out a survey ship called the Beagle to map the coast of South America, and he was offered the unpaid post of naturalist. He <u>owed</u> the invitation <u>to</u> the professor of botany who had befriended him at Cambridge, though Darwin had not been excited by botany there but by collecting beetles · · · · Darwin's father opposed his going, but Darwin's Wedgwood uncle spoke up for him and he went. The Beagle set sail on 27 December 1831.

08. Pavlov had given orders for a certain dog to be prepared for and experiment. He himself did not arrive at the laboratory until an hour later and when he did so, he found the dog, resting in its harness fast asleep. It appeared that the conditions of the experiment had themselves brought on that state of sleep. The nature of sleep was always been a mystery and Pavlov at once began experiments of it, based on this occurrence. As a result, he <u>produced a description</u> of sleep, in terms of various kinds of reflexes.

09. For most of Western history, the mark of the educated person was to know the best of what had been thought and written, to be able to think critically, to be morally discerning and esthetically discriminating.

Today, however, American universities teach whatever students want to learn. In 1978, for example, fewer than 20 percent of all under-graduate degrees were awarded in the humanities-literature, language, history, philosophy and other <u>liberal</u> studies. Education, in short, is a buyer's market, and what most students want is not a philosophy of life but a salable skill.

10. I <u>had a narrow escape</u> from being attacked by a tiger in the mountains.

11. Negotiations between <u>management and unions</u> are tribal battles fought out over the neutral ground of a boardroom table, and are as much concerned with territorial display as they are with resolving problems of wages and conditions.

(ANSWERS)

06. serve : 목적을 채우다(meet the needs of, answer the purposes of)

cf. satisfy=meet the conditions or requirements of

suit : ~에 맞다, 적응시키다(please, satisfy)

- a variety of=various=different : 여러 가지의
- reside in : 성질이 존재하다 · sophisticated : 정교한
- employ(문어체) : 물건, 수단 등을 사용하다(use) · path : 방침, 방법
  cf. beaten path(비유) : 보통 방법
- tailor : 용도, 목적에 맞추어 만들다(form or adapt to fit a particular purpose)

07. owe : 감사, 경의 등을 나타낼 의무가 있다(be obliged or indebted for)

- the Admiralty : 1964년에 국방성의 일부분이 된 해군본부(영국)
- send out : 파견하다 • survey : 측량, 실지 답사
- naturalist : 박물학자(field biologist) • botany : 식물학
- befriend : ~을 돕다 • beetle : 딱정벌레 • speak up for : 변호하다

08. produce : 연구 결과를 맺다(bear, bring forth, yield)

cf. produce fruit : 열매를 맺다 bear fine apples : 좋은 사과가 열리다

- be prepared for : ~에 준비가 되어 있다
- experiment : 실험
- laboratory : 실험실 · in harness : 평소와 다름없이(at one's usual routine)
- bring on : 결과를 가져오다(result in, cause, produce)
- mystery : 비밀
- nature : 사물의 본질, 특성 • occurrence : 우연한 사건

- description : 기술 • in terms of : ~의 관점에서
- reflex : 반사 행동 능력(반사 신경)

09. liberal : 일반교양의(not narrowly restricted)

cf. liberal education : 인격교육에 치중하는 일반교양교육

- discern : 뚜렷하게 인식하다 • discriminate :식별하다
- esthetically=aesthetically : 심미적으로 • humanities : 인문학
- in short : 요컨대
- buyer's market : 공급이 많아 구매자에게 유리한 구매시장
- salable=saleable : 팔 수 있는(marketable)

10. narrow : 간신히 ~한(with little margin)

cf. have a narrow escape(shave, squeak) : 구사일생하다

close call=close shave(near thing, near touch, near escape, near go, hair breadth :구사일생)=narrow margin

- escape death by as hair's breadth : 구사일생하다

11. management and unions : 경영자와 노동자

cf. management and labor relations : 노사관계

a labor dispute : 생의

labor and capital(industry) : 노동사와 자본가

- negotiation : 교섭, 협상 • tribal : 부족의
- fight out : 문제, 불화 등을 싸워서 해결하다 • neutral : 중립의
- boardroom : 중역, 이사의 회의실
- be concerned with : ~에 관여하다
- territorial : 담당분야의 • display : 과시행동
- resolve : 분쟁 등을 낙착시키다

12. In books that you own personally it is desirable to make them part of your mind by underlining or making in the <u>margin</u> the more important statements.

13. The car should be judged mot by the promises made in advertisements, but by the results demonstrated in actual use.

14. The receptionist will ask you to fill in your name, your address, and your phone number.

(ANSWERS)

12. margin : 책의 여백(blank border of a page)
   • underline : 어구 등의 아래에 선을 긋다
   cf. marginal land : 불모지

13. demonstrate : 상품을 실물로 선전하다(exhibit the use and operation of)

14. receptionist : 접수계원(office employee who answers the telephone and receives callers)
   cf. terrorist, tourist, chauvinist, masochist, sadist

B. 문형선택의 결정조건 - 다음 밑줄 친 부분의 문형을 설명하시오.

01. He felt, for example, that it is a self-evident principle that everything in the universe has its proper place, hence one can deduce that objects fall to the ground because that's where they belong, and smoke goes up because that's where it belongs. The goal of Aristotelian science was to explain why things happen. Modern science was born when Galileo began trying to how things happen and thus originated the method of controlled experiment which now forms the basis of scientific investigation.

02. We define a more powerful machine as one that is more capable of bending to the will of humans, rather than having humans bend to its will.

03. Younger people cannot look upon their traditions with nostalgia as they did not experience them firsthand. Neither do they have the complex of defeat that plagues the wartime generation.

04. It is important to distinguish among communication, language, and speech. These terms may, of course, be used synonymously, but strictly speaking, communication refers to the transmission or reception of a message, while language, which is usually used interchangeably with speech, is here taken to mean the speech of a population viewed as an objective entity, whether reduced to writing of in any other form.

05. Lew Archer, the detective hero created by Ross MacDonald in The Moving Target (1949), is more literary in his tastes than Mike Hammer, and so more apt to muse on fate and the past than to create a political philosophy out of the individualist fantasies of the present. In part, Archer owes his special sensitivity to the fact that his creator placed him in the hastily thrown up world of California and the West Coast rather than in the grimy eastern cities of Spillane and Hammer. Attuned to history as much as to action, Archer is more fascinated by the past patterns of relationships that erupt into the present than by the immediacies of violence and personal confrontation.

(ANSWERS)

01. belong to : 있어야 할 장소에 있다, ~에 소속하다, ~출신이다

ex. Do you belong here? : 여기 살고 계십니까?

He belongs to the foreign language School. : 그는 외국어 교육원 소속이다.

- for example(예증 법에 사용) : 예를 들면(for instance)
- self-evident : 자명한
- have place : 존재하다

- deduce : 이미 알고 있는 것, 가정으로부터 결론을 내리다(infer)
- hence : 앞에서 말한 이유에서(therefore) • investigation : 연구
- Aristotelian : 사물을 과학적, 연역적으로 고찰하는

02. define A as B : A를 B로 정의하다

- be capable of : ~을 할 수 있다(주어는 사람, 사람의 능력이 개입하는 사물이 되며 소극적이며 순응하는 능력을 말한다)
- bend to ~ : ~에 굴복하다(submit)

03. look upon A as B : A를 B로 간주하다

- nostalgia : 과거에 대한 동경
- complex : 강박관념, 고정관념(fixed idea)
- plague : 괴롭히다(trouble, bother, torment)

04. distinguish among A, B, and C : A, B 그리고 C를 식별하다

cf. distinguish between good and evil : 선악을 분간하다
discriminate among synonyms : 동의어를 구별하다
discern between the true and the false : 참과 거짓을 식별하다
separate good from evil : 선악을 구별하다
tell the good from evil : 옳고 그른 일을 분간하다
tell them apart : 그들을 가려내다

- terms : 용어 • of course : 물론(naturally, as you would expect)
- synonymously : 동의어로 • reception : 이해
- refer to : 관련되다, 적용되다(relate, apply)
- while : ~하는 반면(whereas) • take : 사용하다(use)
- view A as B : A를 B로 간주하다
- entity : 속성에 대하여 본질(existence)
- be reduced to writing : 문장화하다

05. A owe A' to b : A'는 B의 덕택이다

cf. He owes to his parents what he is.

- detective : 탐정의 • literary : 문예의 • taste : 취미
- be apt to do=be inclined to do : ~하는 경향이 있다

- muse on : 심사숙고하다(meditate on, ponder on)
- fantasy : 백일몽 • individualist=egoist : 이기주의자
- in part : 어느 정도(partly, to some extent, not wholly)
- sensitivity : 감수성 • throw up : 급조하다(build in a hurry)
- grimy : 더러운(dirty) • attune : ~을 조화시키다(to)
- pattern : 행동양식
- erupt : 눌려있던 감정 따위가 폭발하다(break out in a rash)
- immediacy : 직접 매개성 • confrontation : 전통적 가치와의 충돌

06. Of the talents which ordinarily raise men to eminence as writers, Boswell had absolutely none. There is not in all his books a single remark of his own on literature, politics, religion, or society, which is not either commonplace or absurd. He has reported innumerable observations made by himself in the course of conversation. Of those observation we do not remember one which is above the intellectual capacity of a boy of fifteen.

07. Legend has it that St. Patrick killed all the snakes in Ireland.

08. Unfortunately he died after ten years of struggle against a disease. He is survived by his wife and two sons.

09. Hold the machine as steadily as you can, and occasionally put some oil on the drill.

(ANSWERS)

06. raise A to eminence : A를 출세시키다

cf. rise to eminence : 출세하다

begin from the bottom of the ladder : 비천한 환경에서 입신출세하다

= rise from the ranks

- absolutely : 전혀(부정문 사용)
- commonplace : 흔해빠진(common, platitudinous, trite)

- absurd : 어처구니없는(foolish, preposterous)
- innumerable : 무수한(numerous)
- above : ~을 초월하여(beyond, surpassing)

cf. This book is above me.(이 책은 나에게 어렵다)
This book is above my understanding.

07. have it that ~ : 주장하다(assert, claim), 말하다(tell, say)

- Legend has it that ~ =There is a story that ~

cf. Gossip has it that ~ =People are saying that ~

08. survive : ~보다 오래 살다(outlive, live longer than)

09. 명령문(Imperative)의 연속

10. A change of air will make you feel all right.
→ If you have a change of air, you will keep all right.

cf. 무생물 주어(Inanimate Subject) 해석

01. An hour's walk will take you to the park.
→ If you walk an hour, you will get to the park.

02. A closer examination of it will reveal the fact.
→ If you examine it more closely, it will reveal the fact.

03. Our success depends upon our honesty, diligence and steadfastness.
→ If we are honest, diligent and steadfast, we shall be ale to succeed.

04. What made her change her mind so suddenly?
→ Why did she change her mind so suddenly?

05. What has made them leave the town?
→ Why have they left the town?

06. His wealth enables him to go abroad.
→ He is so poor that he cannot go to college.

07. His poverty prevents him from going to college.

→ He is so wealthy that he can go abroad.

08. Business has brought him here.

→ He has come here on business.

09. The payment of his debts left penniless.

→ As he paid his debts, he was left penniless.

10. The cry brought her to the window.

→ When she heard the cry, she came to the window.

11. A short walk gives me a good appetite.

→ I have a good appetite after a short walk.

12. No amount of wealth can satisfy him.

→ However rich he may be, he cannot be satisfied.

13. The next morning found him still ill in bed.

→ He was still ill in bed the next morning.

14. The year 1998 witnessed the publication of this book.

→ We witnessed the publication of this book in the year 1998.

C. 기독교 문화의 이해 - 다음 (　　) 의 표현을 영어와 한국어로 설명하시오.

01. "I am (Alpha and omega), the beginning and the ending, saith the Lord."(The Revelation 1:8)

02. A: Dead (flies) cause (the ointment) of the apothecary to send forth a stinking savour : so doth a little folly him that is in reputation for wisdom and honour.(Ecclesiastes 10:1)

B: The philosophies underlying the ethical teaching may vary ; but the practical advice remains in all cases the same, and this advice is in the main unpleasant ; whereas the advice given by commercial propagandists is in the main thoroughly pleasant. There is only (one fly in the ointment) offered by commercial propagandists ; they want your money.-A. Huxley, The Olive Tree

03. A: And lest I should be exalted above measure through abundance of the revelation, there was given to me (a thorn in the flesh), the messenger of Satan to buffet me, lest I should be exalted above measure.(2 Corinthians)

B: and this was (a thorn) to him day after day, and because there was none to whom he could complain of it, the thorn pierced more deeply continually.-Buck, The Gook Earth

04. A: And about (the eleventh hour) he went out, and found others standing idle, and saith unto them, Why stand ye here all the day idle?(Matthew 20:6)

B: What! Was there a wire for him (at this eleventh hour)! Tearing open the blue envelope, he read with mixed feelings the following words.-Campbell, The Click of the Gate

05. A: God (has numbered th days) of your kingdom and brought it to as end.(Daniel 5:26)

B: "Yes," he thought ; "he is a doctor, he must know his own state and that (his days are counted); and the knowledge is more than he can bear."-Stevenson, Dr. Jekyll and Mr. Hyde

(ANSWERS)

01. The Revelation : 요한계시록(The Apocalypse)
alpha : 사물의 시작(beginning of anything)
omega : 최후(the last, the end)
- saith=say(archaic 3rd pers sg pres ind of say)

• Lord=God=the Daity=Heaven

cf. the beginning of the end : 최후를 예시하는 최초의 징조

• Ecclesiastes : 구약성경 중의 하나인 전도서로 Solomon이 썼다고 전해짐

02. ointment : 연고, 고약(unctuous preparation)

a fly in the ointment : 옥에 티(something small that spoils your fun)

• apothecary : (古) 약제사(druggist), 약국

• send forth : 증기, 냄새를 방출하다

• stinking : 악취가 나는 • savour : 특유한 맛

• doth(古)=does(doeth)

• commit a folly : 바보짓을 하다

• be in reputation for : ~로 평판이 있다

• underlie : 분명히 나타내다, 강조하다 • ethical=moral

• practical : 실천적인

• in(for) the main : 대체로(in most cases, usually, generally)

• whereas : 반면 • commercial : 영리본위의

• propagandist : 정치적 선전원, 전도사

03. Corinthians : 고린도서

• Epistles to the Corinthians : 고린도서(전후 2권, Cor.)

• lest~should : ~하지 않도록 하기 위하여

• extol : 지위, 신분, 권력 등을 높이다

• above(beyond, out of) measure : 지나치게

• abundance : 풍수, 다수

a thorn in one's flesh(side) : 고통의 원인(a constant bother, a vexation)

cf. a bone of contention : 분쟁의 원인(a reason for quarrels, the subject of a fight)

• Satan=the Devil • buffet : 사람을 치다, 괴롭히다

• complain of : 한탄하다 • pierce : 뼈에 사무치다

04. Matthew : 신약성서의 마태복음

eleventh hour : 최후의 순간

• ye(古)=you(thou의 복수) • wire : 전보

- mixed feelings : 착잡한 느낌

cf. mixed blessing=Something good that has bad features.

05. Daniel : 구약성서의 다니엘서

One's days are numbered : 여생이 얼마 남지 않다=does not have long to live or stay

- bring ~ to an end : 끝내다
- state : 있는 그대로의 상황 및 상태

06. A: He found him in a desert land, and in the howling waste of the wilder-ness ; he encircled him, he cared for him, he kept him as (the apple of his eye).(Deuteronomy 32:10)

B: As freud was to write, "If a man has been his mother's undisputed darling he retains throughout life the triumphant feeling, the confidence in success, which not seldom brings actual success with it." He was (the apple of her eye). If he complained that a sister–he had five : four were to die in Hitler's gas chambers–was making too much noise at the piano, then the piano had to go.

07. A: He who (spares the rod) hates his son, but he who loves him is diligent to discipline him. (Proverbs 13:24)

B: The discipline of the family in those days was of a far more rigid kind than now. The frown, the harsh rebuke, the frequent application of the rod, enjoined by (Scriptural authority), were used, not merely in the way of punishment for actual offences, but as a wholesome regimen for the growth and promotion of all childish virtues.–N. Hawthorne, The Scarlet Letter.

08. A: If any harm follows, then you shall give life for life, (eye for eye, tooth for tooth), hand for hand, foot for foot, burn for burn, wound for wound, stripe for stripe.(Exodus 21:23~25)

B: Immorality and crime may be expiated by finite punishment ; (an eye for an eye) and a tooth for a tooth ; but sin demands an infinite punishment.－E. S. Bates, American Faith.

09. A: They reeled and staggered like drunken men, and were (at their wit's end).(Psalms 107:27)

B: What, in terms of mind, does crisis mean? It means that one is (at their wit's end) ; that the ordinary and expected has been replaced by the extraordinary and unexpected ; that we are projected into the world of the unknown.－R. R. Marett, Anthropology.

10. A: What has been is what will be, and what has been done is what will be done ; and there is (nothing new under the sun). (Ecclesiastes 1:9)

B: To the present human mind, everything is ready-made, and since the sun can not be new, there can be (nothing new under the sun). But to me, the sun, like the rest of the cosmos, is alive, and therefore not ready-made at all.－D. H. Lawrence, Letter.

(ANSWERS)

06. Deuteronomy : 구약성서의 신명기

the apple of one's (the) eye : 매우 소중한 것(a cherished person or object)

- howling : 황량한
- dispute : 논쟁하다
- triumphant : 승리를 얻는
- gas chamber : 가스 처형 실

07. Proverbs : 구약성서의 잠언

spare the rod spoil the child : 매질을 아끼면 자식을 망친다

- discipline : 징계하다
- rigid : 엄격한
- frown : 눈살을 찌푸리다
- harsh : 가혹한
- rebuke : 힐책
- Scriptural : 성서의 취지에 입각한
- authority : 권위 있는 문서
- wholesome : 도덕적으로 유익한
- regimen : 통치, 관리
- promotion : 촉진

08. Exodus : 구약성서의 출애굽기

an eye for an eye : 같은 수단 방법에 의한 보복(A blow or injury should be given back as hard as each one that is received)

cf. Talion=an eye for an eye a tooth for a tooth give(pay) him tit for tat : 같은 방법으로 복수하다

- stripe : 채찍질
- infinite : 무한한(boundless)
- sin=willful breaking of divine law or violation of the principles of morality
- expiate : 속죄하다

09. Psalms : 시편(The Book of Psalms, the Psalms of David)

at one's wit's(wits') end : 어찌할 바를 모르고(puzzled, not knowing what to do)

- reel : 갈 짓자 걸음으로 걷다(stagger)
- crisis : 위기(juncture, extremity, exigency)
- extraordinary : 색다른(peculiar, eccentric, exceptional)
- project into :마음 상상을 어떤 상황에 놓다
- anthropology : 인류학

10. under the sun : 지상에(on earth, in the world–Used for emphasis)

- ready–made : 이미 만들어져 있는
- cosmos=the universe as a manifestation of order
- nothing new=no new thing

D. 영어 어휘에 영향을 끼친 외래어의 이해

01. To rejoice in life, to find the world beautiful and delightful to live in, was a mark of the Greek spirit which distinguished it from all that had gone before. The joy of life is written upon everything the Greeks left behind and they who leave it out of account fail to reckon with something that is of first importance in understanding how the Greek achievement came to pass in the world of antiquity.

02. Arabian(아랍어) : algebra, alcohol, zenith, sheik, cipher
Old Norse(고대 스칸디나비아어) : sky, leg, window, they
Dutch(네덜란드어) : dock, yacht, sloop, skipper, etch, wagon
Egyptian(이집트어) : gypsy
French(프랑스어) : nonchalant, debris, foibl , fiance, blas , repertoire
German(독일어) : waltz, kindergarten, man
Greek(그리스어) : politics, plastic, metropolis, pyramid
Hebrew(헤브루어) : Sabbath, amen, seraph
Italian(이탈리아어) : bravo, confetti, balcony, gondola, opera, piano
Persian(페르샤어) : bazaar, caravan
Portuguese(포르투갈어) : caste, molasses, Negro
Russian(소련어) : polka, vodka, mammoth
Spanish(스페인어) : Siesta, Negro, patio, cabana, cigar, burro, tomato, lasso, canyon
American Indian(아메리카 인디언어) : tomahawk, wigwam, skunk

(ANSWERS)

01. rejoice : 향유하다

- leave behind : 재산, 기록, 명성, 피해, 처자 등을 뒤에 남기고 죽다
- leave ~ out of account=take no account of : ~을 무시하다(fail to

consider, forget about)

- reckon with : ~을 고려하다(consider something that will make difference in the results)
- achievement : 위업(accomplishment)
- antiquity : 태고(ancient times)
- come to pass (happen, occur)

02. algebra(조각을 잇기 → 대수학)

- alcohol(후기 라틴어 : powered antimony → 알코올)
- zenith(머리 위의 길 → 천정 opp. nadir)
- sheik(old man → 가장, 촌장)
- cipher(영(零) → nought)
- sky(구름 → 하늘, 창공)
- leg(leggr → 다리)
- window(바람의 눈 → 창문)
- they(중세영어 thei → he, she의 복수)
- dock(cage → 형사법정의 피고석)
- skipper(schipper → 선장)
- etch(etsen → 동판 등에 식각(蝕刻)하다)
- wagon(wagen → 짐마차)
- gypsy(Egyptian → 집시)
- nonchalant(무시하는 → 아랑곳하지 않는)
- debris(부수다 → 부스러기)
- foible(weak → 성격상의 약점)
- fianc (약혼한 사람 → 남자약혼자)
- blas (싫증난 → 인생 등에 지친)
- repertoire(연주곡목)
- waltz(walzen → 원무곡)
- kindergarten(아이들의 정원 → 유치원)
- man(고대영어, 사람 → 남자)
- politics(civil → 중세 프랑스어(politique) → 정치학)
- plastic(plastikos, 형성할 수 있는 → 조형의)
- metropolis(어머니인 도시 →수도)
- pyramid(pyramis → 금자탑)
- sabbath(휴식 → 안식일)
- amen(확실히 → 그리되게 해주시옵소서(So be it!))
- Seraph(Ser phĩm) → 인간과 닮은 모십인 세 쌍의 날개를 갖춘 천사, Isaiah 6:2, 6
- bravo(훌륭한 → 잘한다!)
- confetti(sweetmeats → 색종이 조각)
- balcony(들보 → 노대)
- gondola(venice 특유의 평저 유람선)
- opera(labor, work → 가극)

- piano(약하고 부드럽게)
- bazaar(시장 → 상점가)
- caravan(Kãrwãn → 이탈리아어 caravana → 대상(隊商))
- caste(lineage → 카스트)
- molasses(melaco → 당밀)
- polka(2인조 무도의 폴카)
- vodka(물 → 보드카)
- mammoth(mamot → 매머드)
- siesta(라틴어 Sexta(hora) → 낮잠)
- Negro(검정색 → 흑인)
- patio(스페인식 집의 안뜰(inner court))
- cabana(caba a hut → 오두막집)
- cigar(cigarro → 여송연))
- burro(작은 당나귀)
- tomato(tomate → 토마토)
- lasso(lazo → 던지는 올가미)
- canyon(can, long tube → 깊은 협곡)
- tomahawk(Algonquian : 북미인디언의 큰 도끼)
- wigwam(주거 → 오막집)
- skunk(스컹크)

E. 어순의 묘미 - 다음 (   )에 주어진 말을 의미가 통할 수 있도록 어순에 맞게 다시 쓰시오.

01. (The oppressed) must never allow the conscience of (the oppressor) to slumber.

02. That growth (stemmed largely from an increase) in the number of women in the labor force, (an increase attributable) partly to a continuation of long-term social and economic trends and partly to a reflection of pressure on families to increase their income.

03. The goal of efficient study is maximum learning in minimum time. Students are expected to devote quite a bit of time to studying, but little is said about the techniques of study. Too often it is assumed that the student knows (instinctively how to study properly).

04. The rates do not (take into account the layoffs) during the last ten-day period of the month.

05. My grandmother at home and my grandmother talking and knitting with her friends who had (shared the life on the sea) were two entirely different persons.

06. There were certain elderly women whom I knew as a child ; they had (spent much of their lives at sea) with their husbands.

07. (The five years that he spent on) the ship transformed Darwin.

08. (Having spent seven years in analyzing) a survey of the views of some 4,500 American women, Shere Hite has concluded that they are fed up with the male. What is going on right now in the minds of women is a large scale cultural revolution, writes Hite. "Over and over, women of all ages express their increasing emotional frustration and gradual disillusionment with their personal relationships with men."

09. A friends is not expected to (spend evenings being nice to children) or courteous to a deaf grandmother.

(ANSWERS)

01. the oppressed : 피 압제자(opp. oppressor)

ex. the living, the accused

- slumber : 무기력 상태에 있다(be inactive)

02. stem from : ~에서 생기다(derive from)

- labor force : 노동력 인구(work force)
- attributable to : ~의 탓인
- continuation : 계속, 지속
- reflection : 영향

03. know how to do=have the ability, knowledge, and experience to

- efficient : 능률적인
- maximum : 최대한

- devote A to B : A를 B에 쏟다
- technique : 전문 기술
- assume : 사실이라고 생각하다
- instinctively : 본능적으로

04. take A into account : A를 참작 하다=take account of A

- layoff : 일시적 해고, 강제 휴업 기간(period of being without work)

05. share=partake of or experience with others

06. spend=pass time

cf. spend ten minutes on the first problem

08. spend=pass time

cf. spend one's evenings watching television

- analyze : 분석하다
- survey : 개관(review)
- be fed up with=be tired of
- cultural revolution : 문화혁명
- over and over(again)=repeatedly
- frustration : 욕구불만(defeat)
- disillusionment : 환멸

09. spend=pass time

cf. lose, waste, idle away

- courteous=polite

10. Psychologists believe that our dreams can often give us interesting information about ourselves, if we (will take the time to look at them) seriously. On the simplest level, dreams can make us aware of things we have missed during the day because we were too busy to notice them. For instance, if you dream of your teeth falling out, you may have unconsciously picked up signs of dental trouble. Or if you dream of missing an important appointment, your dram may be trying to remind you of an engagement coming up that you have forgotten to write down.

11. Hawthorne was at this time (a tall, strong, athletic young man), fond of outdoor games, but at the same time exceedingly shy. He entered the Athenian Society, a literary body composed of students, in which he took an active part : and there still exists a Latin essay of some merit, which he read there in his junior year. His classmate, Longfellow, entered the rival literary society, between which and the Athenian there was a lively competition and a severe separation; so that the two youths who were to bring the most renown to the class in after years saw little of each other.

12. (Much as I liked) Antonia, I hated a superior tone that she sometimes took with me.

13. We want real success and real happiness. It is this growing interest in a real world, in contrast to the fanciful world of fairy lore, that marks the first great (advance made in) reading taste. The world of real people, real problems, real victories, real facts–these are the reading interest of a man growing up.

14. The great motivation to learning a new skill is an urgent meed to use it. For this reason many scientists do not learn new skills or master new discipline until the (pressure is upon) them to do so.

15. In cultural terms, generations (are not only produced) through biological descent. They are also formed out of a common history and the common experiences people have growing up with others of their age. To be a member of a generation, then, is to belong not only to a family. (It means belonging to) a generation of people to whom you are historically related.

(ANSWERS)

10. take=require

cf. It will take two days.

- fall out : 떨어져 나오다
- pick up=receive, get
- engagement : 약속
- come up : 일이 생기다(approach)

11. athletic : 강건한, 발랄한

- be fond of=enjoy, have a liking for
- at the same time : 그러나, 그렇기는 하나(however)=in spite of the fact, nevertheless, even though
- exceedingly : 대단히(extremely)
- Society : 연구회
- be composed of : ~로 구성되다
- merit : 진가
- lively : 생기에 넘친
- severe : 엄밀한
- renown : 명성(fame, glory, honor, distinction)
- bring A to B : A를 B에 이르게 하다

12. much=to a great degree or extent

- take a high(superior) tone with : ~에게 건방진 말투를 쓰다

13. make advance in : ~에서 향상을 하다

- in contrast to(with) : ~와 대조를 이루어
- fanciful : 기상천외한
- fairy : 요정에 관한
- lore : 민간전승
- mark : 특색을 이루다
- grow up=become old enough to think or decide in important matters

14. put pressure upon a person : ~을 압박하다=bring pressure to bear upon a person

- motivation : 학습의욕유발
- urgent : 긴급한(imperative)
- discipline : 학문의 분야

15. not only A but also B

- generation(average difference in age between parents and offspring, in man, about 30 years)
- produce(bear, yield, bring forth)
- biological : 생물학적인
- descent : 가계(origin, lineage)
- be related to : ~와 관계가 있다

16. Know thyself is not only (simply, just, merely) the key to Greek culture but to the classical culture of (the Western world as well).

17. To many a man has come the realization that he lives (not by bread alone), but also by the good will of his fellowmen.

18. The basic function of a bank is not simply to make money (but to help allocate resources rationally) ; it distributes capital efficiently by lending to borrowers who will be able to employ the money usefully and to repay it.

19. For such actions as are prejudicial to the interests of others, (the individual is accountable), and may be subjected either to social or to legal punishment, of society is of opinion that the one or the other is requisite for its protection.

20. The most important task all mankind must tackle in the process of industrialization is preserving the environment from worsening pollution. Essential to this end (is international cooperation) since

environmental problems are not limited to individual countries but are global and regional in nature as pollution spreads beyond national boundaries.

21. The earthquake shook down in San Francisco hundreds of thousands of dollars' worth of houses and buildings. Not in the history (has a modern city been so) completely destroyed. Nothing remains of the city but memories.

22. There is much to support the belief that there is a struggle for existence among ideas, and that (those tend to prevail) which correspond with the changing conditions of humanity. But it does not follow necessarily that the ideas which prevail are better morally, or even truer to the laws of nature, than those which fail.

23. Scientists must be a frustrated lot, never content with things as they are, especially not content with our own human minds and bodies. (No sooner did they trade) in our brains for computers than they began inventing machines to replace our bodies.

(ANSWERS)

16. not only A but B as well

- key=clue • classical : 고전적인, 정통의
- cf. into(in) the bargain=in addition, besides, also to boot=in addition for good measure=as an extra

17. not alone A but also B

- good will : 화의, 선행, 친선(favor)
- come to=take place, occur, happen

18. not simply A but B

- allocate : 이익 등을 배분하다(assign)

- resources : 자금(money, means, assets)
- distribute A to B : A를 B에게 배분하다

cf. lend money at interest(on goods) : 이자를 받고(물건을 저당잡고) 돈을 대출(대부)하다

lend one's aid to a person : 원조 등을 제공하다(impart)

- capital : 자본, 자산, 원금 • employ=spend
- usefully=to advantage : 유효하게

cf. turn ~ to advantage : ~을 유리하게 이용하다

19. be accountable for : ~에 책임이 있다(responsible)

- prejudicial to : ~에게 침해가 되는(hurtful)
- be subjected to ~ : ~에게 싫은 일을 당하게 하다
- legal : 합법적인(lawful) cf. disciplinary punishment : 징계
- be of(the) opinion that ~ : ~라고 생각하다
- be requisite for ~ : ~에 없어서는 안 된다(essential)

20. be essential to : ~에 필수적이다(indispensable, necessary, vital)

- tackle : 문제 등을 다루다(overcome, grapple with)
- be limited to : ~에 제한되다(restrict)
- in nature : 사실상 • spread : 만연하다

21. earthquake : 지진 cf. seismology : 지진학

- shake down : 진동시키다(rock) • but=except

cf. nothing, none, nobody, all, anything, every one, who, no one+but

22. those which ~ : ~한 것들

cf. those present : 출석자들

- support : 사람, 정책, 주의 등을 지지하다(back up)
- struggle for existence : 생존경쟁 • prevail : 우세하다(succeed)
- correspond with ~ : ~와 조화하다 • humanity=mankind
- It follows that ~ : 당연한 결과로서 ~이 되다(=result in, ensue from)
- be true to : ~에 조금도 틀림이 없다

23. No sooner V + S ~ than S + V ~ : ~하자마자 ~하다

- frustrated : 욕구불만의
- lot : 사람의 패거리(a number of persons collectively)
- be content with : ~에 만족하다　　cf. as things are (go) : 현 상태로는
- trade (in) A for B : A와 B를 교환하다

24. Hard on the heels of most reform movements in education (come the demands to know) whether or not the reforms have made a difference. The current push for excellence in American education is not likely to be an exception, so it seems prudent to speculate about how we can evaluate the extent to which excellence has been achieved.

25. If he should (discard as irrelevant the ideals) which by tradition we profess, what virtues would he name?

26. One of the chief benefits I used to derive from being president of a university (was that) I had the pleasure of entering thoughtful men all over the world.

27. Xenon has a number of applications, (among which may be mentioned) its use in flash lamps for highspeed photography.

28. (It is impossible to take a walk) in the country with an average townsman without being amazed at the vast continent of his ignorance.

29. "How was the pollution in the city?" "In the city, people were always being annoyed by pollutant (of one sort or another)".

30. Not that I don't want to go to the concert.

31. Of my books, (the greater part are) in my library.

32. The reason most Americans don't pay much attention to rising African nationalism (is that they really) do not know modern Africa.

33. Television now plays (so important a part) in so many people's lives that it is essential for us to try to decide whether it is good or bad.

34. The individual is what he is and has the significance that he has, (not so much) in virtue of his individuality, but rather as a member of a great human society, which directs his material and spiritual existence from the cradle to the grave.

35. We parsons are tide to our parishes (like watchdogs to their kennels).

(ANSWERS)

24. come on the heels of ~ : 바로 뒤를 따라서 오다

cf. follow hard after : 바싹 뒤를 따라가다

- make a difference : 효과가 있다(matter, be important)
- push : 분발, 노력
- prudent : 신중한(cautious)
- speculate : 추측하다(about)
- evaluate : 평가하다(estimate)

25. discard A as B : A를 B로 포기하다

- profess : 분명히 말하다
- If ~ should~ : 그럴리야 없겠지만 혹시라도

26. that → introducing a noun clause serving as predicate nominative of a verb

- benefit : 이익(good)
- derive A from B : A를 B로부터 얻다

27. which=a number of applications : 많은 응용

- Xenon : 크세논 가스원소
- flash lamp : 섬광등
- (S=Its use) ~ may be mentioned

28. It is impossible to=can not

- be amazed at ~ : ~을 보고(듣고) 놀라 자빠지다
- vast continent of his ignorance → hyperbole(과장법)

cf. one way or the other : 어느 쪽이든 간에

30. Not that ~ : ~ 이라고 해서 ~은 아니다

cf. Not that I know (of) : 내가 아는 한 그렇지 않다.
(It is) Not that I care.

31. of=among

cf. of all men(people) : 누구보다도 먼저

- candidate : 후보자, 지원자

32. that → introducing a clause of reason

- pay attention to : ~에 유의하다, ~이 비위를 맞추다

33. play an important part(rolc) in ~ : ~에서 중요한 역할을 하나
→ have an important part(role) to play in

34. not co much A, but rather B=not so much A as B : A라기보다는 오히려 B

35. like=similar to, resembling

- parson : 교구목사
- parish : 소 교구
- kennel : 개집

F. 강조 – 다음 문장에서 강조 표현을 찾아 내용을 구체적으로 설명하시오.

01. When one thinks of the Greek deities one thinks of Mount Olympus, and vice versa. It is impossible to disassociate them. In mythology, all the gods resided at the court of Zeus.

02. We must help him, and that immediately.

03. In the fine arts it is only the convention, the form, the incidentals that change : the fundamentals of passion, of intellect and imagination remain unaltered.

04. We must be on guard against the mistakes made in the recent past when come men of good will, in company with others of questionable will, accepted or condoned the fascist approach on the grounds that it sought acceptable ends–family stability, national strength, international peace–and who believed that the desirability of these goals was such that the methods by which they might be achieved were subject to great moral.

05. This ubiquitous importance of water makes it a hub around which the wheel of biological research must be built. It makes water a dominant factor in the food industry, so much so that a knowledge of the behavior of water and its interactions with proteins will lead to steady improvement in the preservation of food.

06. A revolution is under way. We are at the dawn of the era of the smart–machine–an "information age" that will change forever the way people work, play, travel and even think. Just as the industrial revolution dramatically expanded the strength of man's muscles and the reach of his hand, so the smart–machine revolution will magnify the power of his brain. But unlike the industrial revolution, which depended on finite resources such as iron and oil, the new information age will be fired by a seemingly limitless resource : the inexhaustible supply of knowledge itself.

(ANSWERS)

01. think of=remember

- and vice versa : 반대로 같음
- disassociate=dissociate=separate : 분리하다
- mythology=science or study of myths : 신화
- reside : 장기간 거주하다(live)

02. that=in addition to, besides

03. It was there [that] I first met her

- fine arts : 미술, 여술, 집합적 의미의 미술품
- convention : 예술상의 관례
- incidental : 부수적 사건
- unalter=unchange

04. such=so great

- be on guard=be watchful(watching)
- in company with : ~와 함께
- questionable=doubtful
- condone=overlook : 묵과하다
- fascist : 국수주의자
- on the ground that ~ : ~라는 근거로
- stability : 안정
- desirability : 바람직함
- be subject to : 조건으로서 ~을 필요로 하다
- make a mistake : 실수하다, 착각하다

05. so much=an amount that is agreed or will be agreed on

cf. He is ill, so much so that he cannot walk alone.

- ubiquitous : 어디에나 있는(omnipresent)
- hub=center
- dominant : 최대의 영향력을 가진
- behavior : 작용, 반응

- lead to : ~의 결과를 가져오다
- improvement : 향상, 개선
- preservation : 보존, 저장
- wheel : 기구

06. just=exactly

- under way : 진행중인(in progress)
- the dawn of a new era : 새 시대의 시작
- smart : 과학적으로 정밀한(elegant)
- unlike=different from
- fire=animate, excite
- seemingly : 외관상
- inexhaustible : 무진장의

07. Life in the twentieth century demands preparation. Today, all individuals in a country must have adequate schooling to prepare them for their work as well for their responsibilities as citizens. With this in mind, national leaders everywhere are placing more emphasis on the education of the young. In the United States, government officials, parents, and teachers are working hard to give the children—tomorrow's decision makers—the best preparation available.

08. Stressing as it did the accelerated speed, electric vitality, and machine dynamism of the new century, Futurism was an expression of technology.

09. Woman as she is. She is very brave.

10. Little does he know how much suffering he has caused.

11. Although many of his songs are well known to the public, little is known about the early childhood and college background of country singer Johnny Lee.

12. It is Lake Superior, but not Lake Michigan which is the largest lake in North America.

13. Be he ever so heroic, he was not very popular among his people. The reason was that he once was sympathetic to communism.

14. Not only are the juice and pulp of the grape useful, but various products are made from the skins and seeds.

15. Not until the end of the nineteenth century did baby farming become a scientific discipline.

16. Only after he finishes his military service would he be able to get married.

17. So great is the force exerted by tornadoes that they've been known to lift railroad locomotives off their tracks.

18. So great was the force coming out of the Chinese monk's hands that it was known to lift a grown-up man from his seat.

19. In "The moon was already bright in the heavens."

(ANSWERS)

07. as well as=in addition to, besides, and also

- adequate=equal to the requirements, sufficient
- schooling ₩instruction in school, education
- prepare A for B : A에게 B를 준비해 주다
- available : 유효한
- place(lay, put) emphasis on : ~에 중점을 두다

08. as=in the way in which

- accelerate : 가속하다
- electric : 감동적인(thrilling)
- vitality : 생명력, 지속력

- dynamism=dynamics : 원동력, 정신역학
- futurism : 미래파(1910년 경 이탈리아에서 일어난 예술운동으로 cubism(입체주의)에서 발전했음)

09. as=though

10. little → used before a verb

ex. know, think, care, dream, imagine, expect, suspect

11. very(rater, so, as, too, how) little

cf. Very little is known of her past : 그녀의 과거는 거의 알려진 바가 없다.

12. which=that

13. ever so=however

cf. Be it ever so humble, home is home.

- sympathetic : ~에 찬성하는(to)
- communism : 공산주의

14. not only=not merely=not simply : ~뿐만 아니라

15. Not until : 비로소 ~하다

- baby farming : 탁아소 경영

16. Only after=not until

17. So great=Such

18. So great=So remarkable

19. heavens : Intensive Plural (强意復數形)

ex. be in great hopes that ~ : ~을 크게 기대하다

the depths of despair : 절망의 구렁텅이

entertain grave fears for : ~에 대해 크게 걱정하다

carry one's wishes into effect : 희망을 실현시키다

cf. Intensive(强意語)

real, right, mighty, precious, dead, red,

Knock me at the door.(Ethical Dative)

G. 부정표현 - 다음 문장에서 부정표현을 찾아 그 정도를 구체적으로 설명하시오.

01. Don't underestimate Jack. He is anything but a fool.

02. A proper sense of proportion leaves no room for superstition. If one has a suitable sense of balance, superstition cannot influence him at all.

03. The gangster suggested that I accept a bribe. I considered it beneath me to do such a thing.

04. Mrs. Brown is a devoted housekeeper. She has no interests apart from her work.

05. He showed me no small kindness.(=He showed me a great kindness.)

06. Not a day passed but she prayed for her son.

(=Not a day passed that she did not pray for her son.)

07. Rabies, which is also known as hydrophobia, is caused by a virus, a tiny germ too small to be seen through an ordinary microscope. This virus is present in the saliva of dogs or other animals at the time or just before the time they begin to show symptoms of the disease.

08. People take on the characteristics of the things they value of desire. If they accept a high noise level they become noisemakers themselves. If they feel they cannot do without constant sound amplification, constant background music, constant bellowing and blustering, they create the conditions for their own diminution. More than anything else, they minimize thought. We can't escalate the decibels without shrinking the human mind.

09. No longer content with their traditional roles as housewives, women have joined together to create the so-called "women's liberation movement." While the forces behind this international movement vary from culture to culture and from individual to individual, the basic development of effective birth-control methods, the invention of labor-saving devices for the home, and the advent of World War Ⅱ.

10. A cable does not always lie undisturbed on the bottom once it has been laid.

(ANSWERS)

01. anything but=far from being, quite the opposite of

cf. in no way, in no sense, whatsoever

not ~ in the slightest, in no circumstances

02. leave room for=admit(allow, permit) of ~ : ~의 여지를 남겨두다

03. be beneath a person=be beneath a person's dignity=lose one's face(dignity, influence, reputation) : 체면을 잃다, 위신에 관계되다

04. apart from= aside from=except for=outside of

05. no small=great

cf. be no good at : 잘못하다

be no different from : 다를 바가 없다

06. but=if not

cf. Scarcely a day passed but I met her.

Hardly a day passed without my meeting her. : 그녀를 만나지 않은 날이 거의 없었다.

day in and day out : 날마다

07. too=exceedingly

- rabies : 공수병(hydrophobia)
- be caused by : ~에 기인하다
- germ : 세균
- microscope : 현미경
- saliva : 타액, 침(spittle)
- symptom : 징후

08. cannot do without : ~ 없이 지낼 수 없다=can not go without=can not manage without=can not dispense with

cannot(never) ~ without : ~하면 반드시 ~하다

- take on : ~을 나타내다(assume)
- characteristic : 특성, 특색
- constant : 불변한, 끊임없는
- amplification : 증폭
- background music : 효과음악
- bellow : 고함지르다
- bluster : 호령하다
- diminution : 축소
- more than anything else : 무엇보다도 먼저=above all(things)
- minimize : 최소화하다
- escalate : 단계적으로 확대하다
- decibel : 음향의 측정 단위인 데시벨
- shrink : 축소시키다

09. No longer : 더 이상 ~ 않다(not ~ any longer)

- be content with : ~에 만족하다
- traditional : 전통적인
- so-called : 이른바(so named or termed)
- Women's liberation : 여성해방운동(Women's lib)=Women's movement
- vary : 차이가 나다
- while : ~한 반면
- be traced to : (원인, 유래, 출처) 등이 ~까지 거슬러 올라가다
- effective : 효과적인
- birth control : 산아제한
- advent : 중요한 사건, 인물의 출현

10. not always : 반드시 ~하지는 않다

- undisturbed : 방해받지 않고

11. As bad manners are infectious, so also are good manners. If we encounter incivility most of us are apt to become uncivil, but it is an unusually strange person who can be disagreeable with sunny people. It is with manners as with the weather. "Nothing clears up my spirits like a fine day." said Keats.

12. People divide off vice and virtue as though they were two things, neither of which had with it anything of the other. This is not so. There is no useful virtue which has not some alloy of vice, and hardly any vice, if any, which carries not with it a little dash of virtue.

13. Larry was the last person I had expected to find in the library.

14. The baby can't even walk, let alone run.

15. She is none the happier for her beauty.

16. Although he sometimes lost his temper, his students liked him no less for it.

(ANSWERS)

11. unusually : 유별나게
disagreeable : 불쾌한
- infectious : 전염되기 쉬운(catching, contagious)
- encounter : 위험, 곤란 등에 부딪치다(meet with)
- incivility : 무례한 짓(말)
- uncivil : 행위 등이 무례한
- sunny : 쾌활한(cheerful)
- be with : 마찬가지다

12. no useful virtue : 전혀 유익하지 않은 선
has not → does not have
hardly any : 거의 ~ 않다
carries not → does not carry
- divide off : 분리하다
- vice and virtue : 선과 악(good and bad)
- alloy : 혼합물
- a dash of : ~의 소량

13. the last : 결코 ~할 것 같지 않은(least likely)

14. let alone=even less, certainly not : ~은 말할 것도 없이

15. for=in spite of

16. no less=not the less=none the less : 그럼에도 불구하고

H. 삽입 – 다음 문장에서 삽입표현을 찾아 그 내용을 구체적으로 설명하시오.

01. He is rich, to be sure, but very stingy.

02. Another expert asserts that almost all the products that television sells to kids are products that people who care about kids feel shouldn't be consumed in the first place.

03. "My experience, such as it is, is at your disposal."

(ANSWERS)

01. to be sure=without a doubt, certainly, surely
- stingy : 까쟁이의

02. people who care about kids feel
- expert : 전문가
- assert : ~을 단언하다
- care about : ~에 관심을 가지다
- consume : 구매하다
- in the first place : 첫째로

03. such as it is : 변변치 못하지만=being average or mediocre

I. 동격 – 다음 문장에서 동격표현을 찾아 그 방법을 구체적으로 설명하시오.

01. There is some doubt whether John will come on time.
You have no idea how anxious we have been.

02. Airplanes have the reputation of being dangerous and hardened travelers are intimidated by them. They also have the grave disadvantage of being the most expensive form of transport. But nothing can match them for speed and comfort.

03. Man is afraid of the unknown. In an attempt to explain the unknown, primitive man fashioned various kinds of superstitions. The sound of thunder, for example, was thought to be the roar of battle and war between fearful gods in the heavens : lightning was supposedly the sparks from their weapons : and rain was thought to be the tear of gods.

04. Word reached Continental kinsmen and friends of the cowardice of the Britons and the fertility of the island, and in the course of the next hundred years or so more and more of those Saxons, Angles, and Jutes arrived to seek their fortunes in the new land.

05. Legal difficulties are not an unknown occurrence in an international contract situation, that is, in a situation where the contract signers are not from the same countries. In an international contract situation legal difficulties sometimes happen.

06. To all of us, then, to youth and to adult alike, comes the winged challenge to get ourselves ready to orient ourselves for living in an age which the airplane seems destined to mold.

(ANSWERS)

01. There is some doubt (as to) whether ~ : ~일지 어떨지 다소 불확실하다
cf. There is no question about (as to, of) ~ : ~에 의심의 여지가 없다
idea=how ~ been

cf. I had no idea that you were coming : 네가 올 줄은 전혀 생각 못 했다

02. the reputation=of being dangerous

- have(enjoy) the reputation of=have(enjoy) a reputation for : ~로 유명하다
- hardened : 무감각해진
- intimidate : 협박하다
- match : ~에 필적하다(equal)

03. attempt=to explain ~

- be afraid of : ~ 자체를 두려워하다
- the unknown : 미지의 것, 사람, 세계
- primitive : 원시의
- fashion : 형성하다(shape)
- superstition : 미신
- lightening : 번개
- supposedly : 아마도(presumably)

04. Word : 기별, 전언, 소식(news, message, rumor)=of ~

cf. Word came that the party had got to their destination. : 일행이 목적지에 당도했다는 기별이 왔다.
He sent me word (of) how he was leading a new life.

- the Continent : 영국에 대한 유럽대륙
- Kinsman : 독종인 사람
- cowardice : 비겁
- fertility : 토지의 비옥함

05. that is=that is to say=in other words=I mean=that means

cf. the culinary art, or the art of cookery

- legal : 법률에 관한
- occurrence : 사건
- contract : 계약서

06. To all of us=to youth and adult alike

- orient oneself :새 환경에 적응하다
- be destined to do : ~하도록 정해지다
- winged : 숭고한
- come to : 결국 ~에게 해당되다

J. 생략 - 다음 문장에서 생략된 부분을 찾아 구체적으로 설명하시오.

01. Woman as I am, I may be help in time of need.

02. To some life is pleasure, to others suffering. But obedience to duty, at all costs and risks, is the very essence of the highest civilized life.

03. Erich Fromm says the pity in life today is that most of us die before we are fully born. Don't miss yourself! Elisabeth Kubler-Ross tells us that the people who scream the loudest on their deathbeds are the people who have never lived. They've taken no risks. They have been observers of life, but not active participators. They stood on the sideline.

04. Once when a customer came to try on a new suit but was unable to slip into the jacket because the sleeves were too narrow, Cristiani, a designer, not only failed to apologize to the client ; he behaved as if insulted by the client's ignorance of the Cristiani shop's style in men's fashion. "You are not supposed to put your arms through the sleeves of this jacket!" Cristiani informed his client, in a superior tone. "This jacket is only designed to be worn over the shoulders!"

05. From the earliest times men have traveled on water. They made their settlements near water, and they used it for their animals and plants. Later on, the rivers and then the seas became man's highways. Wars have been waged and treaties signed, and civilizations have lived and died all because of water.

06. Given a nation divided into two nearly equal portions which hate each other and long to fly at each other's throats, the portion which is just less than half will not submit tamely to the domination of the other portion, nor will the portion which is just more than half show, in the moment of victory, the kind of moderation which might heal the breach.

07. "A man of sense should not do so."

(ANSWERS)

01. Woman as I am=Though I am a woman

02. to others suffering=to others life is suffering

- obedience : 복종(to)
- at all costs and risks : 모든 희생과 위험을 바쳐서라도
- essence : 본질구성의 요소(element)

03. scream the loudest(scream)

- scream : 공포, 고통으로 절규하다
- participator=participant : 참여자

cf. breath one's last(breath) : 죽다
smile one's consent(assent, thanks) : 미소로써 승낙(동의, 감사)의 뜻을 나타내다
nod assent(approval) : 끄덕여 승낙(찬성)의 뜻을 표하다
look one's thanks : 감사의 뜻을 눈치로 나타내다
look daggers at : ~을 노려보다
speak daggers to : ~에게 독설을 퍼붓다

- on the sidelines : 방관자로서

04. behaved as if he were insulted

- customer : 고객(client, patron)
- apologize to : ~에게 사과하다

cf. with a superior air : 오만한 태도로

05. Wars have been waged and treaties have been signed

- settlement : 정착
- later on : 나중에
- wage war against : ~와 전쟁하다

cf. wage the peace : 평화를 유지하다

- treaty : 조약

06. Given : ~이라고 가정하면

- divide into : ~로 나누다
- long to do : ~을 간절히 하고 싶어 하다
- fly at one's throat=attack a person suddenly with great anger
- tamely : 얌전히, 순순히
- submit to=bow to
- domination : 지배(rule)
- heal a breach : 화해시키다

cf. hold out an olive branch : 화해를 제의하다

07. A man of sense=If he were a man of sense

K. 동일구조 – 다음 문장에서 동일구조표현을 찾아 그 방법을 구체적으로 설명하시오.

01. For most of Western history, the mark of the educated person was to know the best of what had been thought and written, to be able to think critically and to be morally discerning and esthetically discriminating.

02. Delusions of persecution, which are common in paranoid schizophrenia, are false and irrational beliefs that a person is being cheated, harassed, poisoned, or conspired against.

03. A good speaker or writer must know the facts on both sides of the issue he is addressing. And he must understand his audience. Finally, he must speak or write directly and correctly.

04. George adores classical music. He always prefers Beethoven to Bartok and Mahler to Mozart. He always prefers Haydn to Hindemith and Hindemith to Mozart. He always prefers Mahler to any composer whose name begins with B, except Beethoven, and he always chooses to listen to a composer he prefers.

05. Liberty is to faction what air is to fire, an aliment without which it instantly expires.

06. What hunger is in relation to food, zest is in relation to life. The man who enjoys watching football is to that extent superior to the man who does not.

07. I prefer to go into one topic in great detail, instead of touching in many topics.

(ANSWERS)

01. had been thought and had been written

- the best : 제일 좋은 것

cf. the best of the joke : 농담의 묘미

- critically : 비판적으로
- morally : 도덕적으로
- discern : 뚜렷하게 인식하다
- esthetically : 윤리적으로
- discriminate : 식별하다

02. is being cheated, is being harassed, is being poisoned, or is being conspired

- delusion of persecution(grandeur) : 피해(과대) 망상

cf. labor under delusion : 망상에 시달리다

- paranoid : 과대망상적인
- schizophrenia : 정신분열증, 조발성 치매
- irrational : 분별이 없는
- cheat : 부정으로 속이다

- harass : 괴롭히다
- poison : 편견을 갖다
- conspire : 음모를 꾸미다

03. speak directly and correctly or write directly and correctly

- issue : 문제점
- address : 문제 등을 처리하다

04. prefer Beethoven to Bartok and prefer Mahler to Mozart

- adore : 아주 좋아하다
- prefer A to B : B보다 A를 더 좋아하다

05. what는 병행관계를 나타냄

- faction : 분열
- aliment : 자양물, 음식물
- expire : 소멸하다

06. what=Just as

is(with) in relation to : ~에 관하여

- to some extent : 어느 정도까지는

07. prefer to do A rather than(to) do B : B하기보다는 A쪽을 선택하다

- in great detail : 상세히
- touch on=speak of or write of briefly=mention briefly

ㄴ. 영문표현을 위한 구체적 방법

(1) 아이디어의 종류

아이디어의 종류는 다음과 같다.

㈀ Main Idea(주관념)

㈁ Subordinate Idea(보조관념)

㈂ Combined Idea(주관념+보조관념)

㈃ Implied Idea(함축관념)

㈄ Inferred Idea(추리관념)

한편 Main Idea에는 Central thought(중심사상), Theme(주제), Topic sentence(주제문장), Title(제목) 등이 관련된다. 한편 Main Idea를 찾기 위해서는 Interpretation of Words and Phrases(어휘와 숙어의 해석)의 작업이 필수적이다. 즉 Word Connotation(어휘의 함축적 의미) and Tone(어조, 논조)을 이해하여 문맥을 파악하고 'Drawing Inferences(추론), Finding Implications (내포적 의미 파악)'에 도달함이 그 목적이다.

◈ 이탤릭 단어의 의미를 문맥으로 파악하시오.

ex. *Phobias,* such as fear of heights, water, or confined spaces, are difficult to eliminate.

(ANSWERS)

such as=for example

- phobia : 병적인 공포증

cf. Anglophobia : 영국숭배, Photophobia : 빛 공포증,hydrophobia : 물에 대한 공포, acrophobia : 고소공포증,
eliminate : 없애다

cf. Kleptomania : 도벽, 절도광, bibliomania : 서적광, dipsomania : 알콜중독

(2) 문맥의 파악

문맥을 파악하기 위해서는 정의(Definition), 예(Example), 대조(contrast), 유추(Analogy) 등의 방법에 유의해야 한다.

※ 다음 문장을 파악하기 위하여 밑줄 친 부분을 참고하여 설명하시오.

☆ Induction refers to the process of reasoning from the known to the unknown.

(ANSWERS)

refer to : 지시하다, 가리키다, 나타내다(direct for information)

cf. define=state the meaning of

- induction :귀납법(process of reasoning from a part to a whole or of reaching a general conclusion from particular cases)

cf. deduction : 연역법(works from a general principle through a special case, adduced as an instance of the principle, to a conclusion)

01. Toxic materials, such as arsenic, asbestos, pesticides, and lead, can cause bodily damage.

02. In the North Atlantic and North Pacific oceans, all hurricanes are now given girls' names. For years hurricanes in the Caribbean were named after the saint's day on which the hurricanes occurred. An example is the "Santa Ana" hurricane which struck Puerto Rico on July 26, 1825, and on September 3. Early in this century an Australian forecaster named hurricanes in his area after political figures he disliked. Another method of identifying hurricanes was the phonetic alphabet used by the military during World War Ⅰ. The oldest method is the more cumbersome latitude-longitude description. The first written mention of lady hurricane may have been in the novel Storm, George R.Steward(1941). During World War Ⅱ the practice of giving the storms girls' names became more widespread.

03. Some students were working with a tape recorder and listening to their own voices. Others were watching a TV program on physics.

<u>A third</u> group was working in the library. I didn't see anybody just sitting doing nothing. Nobody was wasting time. Even the students taking a break in the cafeteria were having a debate on politics.

04. Is love an art? If so, what are the necessary steps in learning the art? The process of learning an art can be divided into two parts : one, the mastery of the theory ; <u>the other</u>, the mastery of the practice.

(ANSWERS)

01. such as=of that kind, for example=for instance

- toxic : 유독한(poisonous)
- arsenic : 비소
- asbestos : 석면
- pesticide : 살충제
- lead : 납

02. example=(instance) : 일반적 원칙, 사례 등을 나타낼 수 있는 구체적인 예

- hurricane : 서인도 제도에서 부는 폭풍
- name after(for) : ~의 이름을 따서 명명하다
- name the day : 날짜를 정하다
- forecaster : 일기 예보관
- identify : 동일시하다
- phonetic alphabet : 음성기호
- the military : 군대, 군인(복수취급)
- cumbersome : 귀찮은
- latitude : 위도
- longitude : 경도
- description : 기술방식
- practice : 관행
- widespread : 보급된

03. 열거+대조

- physics : 물리학
- break : 잠깐의 휴식
- cafeteria : self-service하는 간이식당
- debate : 논쟁(on)

04. 열거+대조

- mastery : 완전습득

(3) 대조(Contrast) - 다음 (　　　) 에 가장 적절한 말을 쓰시오.

01. One of the dinner guests succumbed to the temptation to have a second piece of cake, (b　　　) the others resisted.

02. Breast feeding is nowadays the exception (r　　　) (t　　　) the general.

03. You had better be alone (t　　) in mean company. Let your companies be such as yourself or superior, for the worth of a person will always be that of his company.

04. One may observe that, (w　　　) ambivalence may be characteristic of may modern women, it is not socially sanctioned. Women may be ambivalent, (b　　　) society does not expect them to be ambivalent the way they are expected to be active, attractive and ambitious.

05. (O　) (t　) (c　　　) we find that even the most everyday things lead to problems to which only very incomplete answers can be given. Philosophy, though unable to tell us with certainty what is the true answers to the doubts that it raises, is able to suggest many possibilities that enlarge our thoughts and free them from the tyranny of custom.

06. Now custom has not been commonly regarded as a subject of any great moment. The inner workings of our own brains we feel to be uniquely worthy of investigation, but custom, we have a way of thinking, is behaviour at its most commonplace. As a matter of fact, it is the (o　　) (w　) about round.

07. When one thinks of the Greek deities one thinks of Mount Olympus, and (v　　) (v　　). It is impossible to disassociate them. In mythology, all the gods resided at the court of Zeus. In the Illiad, Homer spoke of their dwelling on a lofty peak rising above the clouds. In the Odyssey the now world-famous mountain seems more remote and less well defined. Succeeding poets vary in their descriptions from a specific peak to a vague idea of heaven.

Actually, Mount Olympus does indeed exist. It is located in Greece, on the border between Theassaly and Macedonia, some ten miles from the Aegean Coast. It is about 25 miles in length and its highest peak is 9,570 feet at its summit. This mountain range is massive in appearance, rising in precipices broken by ravines. I is covered with snow nine out of twelve months of the year.

(ANSWERS)

01. but=yet, however : 그러나
- succumb to(before) temptation : 유혹에 굴복하다
- resist : 참아내다

02. rather than=on the contrary : 그러하기는커녕
- breast-feed : 모유로 키우다

cf. bottle-feed : 아이를 우유로 키우다
There is no rule but has some exceptions.

03. had better=ought to
- mean : 도량이 좁은　　• company : 동료

04. While=although, whereas
- ambivalence : 반대감정의 병존, 모순
- ambivalent : 상극인

- be characteristic of : ~의 특성을 나타내다
- sanction : 인정하다(approve)
- active : 적극적인
- attractive : 사람의 마음을 끄는
- ambitious : 패기만만한

05. on the contrary=instead, rather, exactly the opposite

cf. I have nothing to say to the contrary.

- incomplete : 불완전한
- philosophy : 철학
- with(absolute) certainty : 확신을 가지고
- enlarge : 확대하다
- free A from B : B에서 A를 벗어나게 하다
- tyranny : 포악한 행위

06. the other way about (a)round : 반대로(on the contrary)

- be regarded as : ~로 간주되다
- of great moment(importance, account, consequence, significance, concern, weight) : 지극히 중요한
- be worthy of : ~할 가치가 있다
- investigation : 연구(examination)
- commonplace : 평범한 것
- as a matter of fact : 사실상

07. and vice versa : 반대로 또한 같다=conversely

cf. It is the reverse of kindness.

Able and unable are opposites.

- deity : 신(god)
- vague : 명확치 않은(ambiguous)
- summit : 산의 정상
- mountain range : 산맥
- massive : 육중한
- precipice : 절벽
- ravine : 흐르는 물에 의해 생긴 협곡

(4) 유추(Analogy) - 다음 (　　　) 에 주어진 철자로 시작하는 적절한 단어를 쓰시오.

☆ Bob is quite (v　　　) ; he is a good student, a top athlete, an excellent car mechanic, and a gourmet cook.

(ANSWERS)

versatile=able to do many things well : 다방면에 능한

- athlete : 운동선수
- mechanic : 기계공
- gourmet : 미식가(epicure)

(5) Key-word를 어떻게 찾을 것인가?

(ㄱ) 상용주요어(Common Key words) : first of all, second, a second reason, also, in addition, another, furthermore

(ㄴ) 논리적 주요어(Logical Key words) : therefore, as a result, the reason for this, the cause of this

(ㄷ) 대조주요어(Contrast Key words) : however, but, on the other hand, in contrast, in spite of this, nevertheless

(ㄹ) 연대기적 주요어(Chronological Key words) : first, next, then, after that, finally, at last, the following year.

(ㅁ) 요약주요어(Summary Key words) : In conclusion, in summary, as we have seen

(ㅂ) 열거주요어(Enumerative Key words) : first, second, third, last, another, next

(ㅅ) 비교주요어(Comparative Key words) : like, unlike, similarly

(ㅇ) 원인과 결과 주요어(Cause and Effect Key words) : because, thus, therefore, since, consequently, It follows that ~

cf. **01**. Taking one with another(이것저것 생각해본 끝에), I decided not to go ahead with the plan.

02. with cause(이유가 있어서)

03. as contrasted with(~와 대조하여 보면)

04. Following the meeting(회의가 끝난 후), tea will be served.

05. to sum up(요약하면, 결론으로서)

06. last but not least(마지막에 말하기는 하지만 아주 중요한)

07. to follow(다음 요리로서)

(6) 수사적 표현(Figure of Speech, Trope)

01. ALLITERATION과 RHYMING

The gold lining in Adam Powell's recently beclouded life has been the prospect of vast profits from Keep the Faith, Baby, his platter of preachy patter.

02. ALLEGORY(Parable)

After ten years' fight against the disease, he finally kicked the bucket.

03. Description of a scene(a sensation, a character, a room)

The five airlines agreed, but the I.A.M. turned thumbs down, went on strike.

04. CIRCUMLOCUTION

The President denounced the kind of leadership that produced the soup lines.

05. DOUBLE DACTYL

Mexico and Bolivia both experienced sharp drops in agricultural production when they went in for helter-skelter land reform

06. DOUBLE ENTENDRE

Now that the shoo is on the other foot. Powell contends that Congress has no constitutional right to deny him his own seat in Congress.

07. HYPERBOLE

If the U.S. is to achieve its goal, the problem should have been ironed out months ago.

08. ONOMATOPOEIA

Fully half the citizens of Oradea were lining the road when the train from Budapest chuffed to a halt.

09. METAPHOR

Housing-perhaps the stickiest issue of all-was relegated to a back burner for a long time.

10. PARONOMASIA

Phil Silvers casts as a pious pimp who combines worship and whoreship.

(ANSWERS)

01. platter(slang) : 음반(phonograph record)

- preachy : 설교하기 좋아하는 • patter : 빠른 말투의 대사
- Every cloud has a silver lining. (괴로움의 반면에는 기쁨이 있다. 쥐구멍에도 해뜰날 있다.)
- silver lining(절망이나 불행 속에서 찾아내는 밝은 희망)에서 gold lining을 만들어냄
- beclouded : 암울한 • prospect : 성공의 가망

cf. a golden thumb : 돈이 열리는 나무, 돈 잘 버는 사람

Allusion(引兪) : 문학적, 신학적, 또는 일화적인 출처를 갖는 표현

ex. • Achille's heel (약점, 취약점-그리스 신화)
- apple of discord(불화의 원인-그리스 신화)
- Armageddon(결정적인 대 혈투-신약성경 요한계시록)
- blue stocking(지적 문학적 태도를 취하는 여자-Benjamin Stilling-fleet)
- dismal science(경제학-토마스 카알라일)
- draconian(매우 가혹한-Draco)
- fatted calf(정성껏 대접함-신약성경 누가복음)
- A man Friday(성실한 추종자-Robinson Crusoe)
- Jekyll-Hyde personality(상반되는 두 성격-Robert Louis Stevenson)
- Mids Touch(돈을 만드는 초인적인 능력-그리스 신화)
- nemesis(정당보복-그리스 신화)
- window's mite(자기희생적인 작은 헌금-신약성서 마가복음)

02. Kick the bucket(slang)=die

cf. Gulliver's Travels : 악행, 우행의 폭로 수단으로 설명된 우화

03. turn thumbs down=say no=disapprove or rejec

- go on strike : 파업하다

cf. turn up(down) the thumb : 칭찬하다(헐뜯다)

04. line : 순번을 기다리는 사람의 열(row, queue)

- denounce : 공공연히 비난하다(criticize)

cf. bread line : 식량배급을 기다리는 실업자, 빈민의 열
soup kitchen : 빈곤자들을 위한 무료급식소
food stamp : 농무성에서 빈민에게 주는 식량 표

05. helter-skelter : 허둥지둥한

- sharp : 급격한 • drop : 물가 따위의 급락 • agricultural : 농업의

06. The shoe is on the other foot : 사정은 역전되고 있다(The opposite is true ; places are changed)

cf. shoo-in :당선이 확실한 후보자

- constitutional : 헌법상의 • seat :의화의 의석

07. iron out=find a solution for a problem

08. come(make) to a halt=stop • chuff : 증기기관이 식식 소리를 내다

09. back burner : 뒷전으로 밀려난 문제

cf. front burner : 최우선 사항 relegate : 일 따위를 밀어내다

10. worship : 신성한 것에 대한 숭배

- whoreship : 매춘행위 • pious : 독실한(religious)
- pimp : 뚜쟁이(pander)

11. PARODY

By the time the Chinese Central Committee had finished its 1,270-word "Dera Ivan" letter, with a facetious reference to fraternal greetings, it had accused Russia of every philandering trick from "great power chauvinism" to "collusion with the U.S."

12. PERSONIFICATION

April was only eight days old when the crisis broke.

13. PUN

There was the New Deal of Franklin Roosevelt, the Fair Deal of Harry Truman, and now the "ordeal" of Lyndon Johnson.

14. SYNECDOCHE

This week the president himself will take to the tube twice.

(ANSWERS)

11. Dear-John-letter : 절교장 • Ivan : 러시아 사람 • facetious : 익살맞은

- reference : 언급 • fraternal : 형제의(brotherly)
- accuse A of B : A를 B라는 이유로 비난하다
- philander : 여자 꽁무니를 쫓아다니다
- chauvinism : 맹목적 애국주의 • collusion : 공모, 결탁(with)

12. old : 사람이 ~ 몇 살의

13. ordeal : 시련

14. tube=television

cf. ◆ Anticlimax

- The rest of all acts of Asa, and all his might, and the cities which he built, are they not written in the book of the chronicles of the kings of Judah?
- Nevertheless in the time of his old age he was diseased in his feet.(I Kings, 15:23)

◆ Antithesis(대조법)

- Marriage has many pains, but celibacy has no pleasures.(Rasselas, Chap. 26)

◆ Cliche(상투어구)

- my better half=my wife
- lock, stock, and barrel=entirely

◆ Euphemism(완곡어법)

- die → pass away(pass on)
- funeral → service(장례식)
- backward countries → developing countries
- sweat → perspire(땀을 흘리다)
- drunk → intoxicated(술취한)
- bastard → natural son(사생아)

cf. Dysphemism : 헐뜯는 말

- father → old man
- doctor → croaker

◆ Hyperbole(과장법)

- a million thanks
- a thousand apologies

◆ Irony(반어법)

- It is a truth universally acknowledged that a single man in possession of a good fortune must be in want of a wife.(Pride and Prejudice)

◆ Litotes(曲言法) • many → not a few • very good → not bad

◆ Meiosis=litotes • remarkable → some • very → rather

◆ Metaphor(은유, 암유)

• All the world's a stage, And all the men and women merely players.(As you like it)

◆ Simile(직유)

• The holy time is quiet as a Nun, Breathless with adoration. (Words worth)

◆ Onomatopoeia(의성어) • bang, buzz, splash, cuckoo,

◆ Oxymoron(모순어법) • enormously little

• politely insulting

◆ Personification(의인법) • Money begets money.

◆ Synecdoche(제유법) • sail → ship • hand → person

◆ Metonymy(환유법)

• redcoats → British soldiers • The pen → a writer

◆ Syllepsis(중의법) · He lost his hat and his temper.

◆ Zeugma(겸용법)

• The accident killed the passengers and the luggage.

(7) 내포적 의미(Word Connotation)의 판단 -다음 밑줄 친 부분을 (긍정적 의미인가 부정적 의미인가?) 중에서 고르시오.

01. The unruly crowd forced its way through the restraint barriers and ruthlessly attacked the rock star.

02. Instantly his face grew black and her face lit up, and it was as plain as though the pair of them had said it that he was mortified by the spectacle of his degraded old father who did not know better than to wear a knitted cap in the street, and she was the thought of a father who did not dress like every other American father.

(ANSWERS)

01. crowd=large number of persons collected together
- unruly : 제멋대로 하는(unlawful)
- restraint : 억제
- carrier : 장벽
- ruthlessly : 무자비하게

02. spectacle : 애처로운 광경(deplorable public display)
- light up : 얼굴이 명랑해지다
- mortify : 굴욕을 느끼게 하다
- know better than to do : ~하는 것이 바람직하지 않음을 알고 있다

(8) 다음에서 세부사항(Specific Details)에 해당되는 표현을 설명하시오.

01. The film about the death of the basketball star was depressing.

02. Some students decided to take the final exam, and other chose to write a term paper.

03. Data processing is my major, so I have to take several math courses.

04. Television is entertaining ; it can also be educational.

05. Because Hal forgot to buy the newspaper, he couldn't check the want ads for used cars.

06. After we left the party, we stopped for a pizza.

07. I did my math homework while I waited for the bus.

08. My sister, who is eight years old, got the chicken pox.

09. George skipped his English class so he could study for his psychology test.

10. If I pass introductory psychology, I will register for child psychology.

(ANSWERS)

01. about : 일반적인 내용에 대하여(concerning)

02. and : 대등하게 연결(also)

03. so : 그러므로(therefore)

04. also : 뿐만 아니라(besides, too)

05. Because : 때문에(직접원인)(for the reason that)

06. After : ~한 후에(시간)(subsequently to the time that)

07. while : ~하는 동안(진행되고 있는 시간)(during the time that)

08. who : 그리고 나의 여동생은(and she ~)

09. so(that) ~ can : 하도록 하기 위해(목적)(in order that ~ may)

10. If : ~한나면(소선)(on condition that)

(9) 주제(Theme)는 반복 사용된다. - 다음 (   ) 에 가장 적절한 말을 채우시오.

01. The word "(f   )" is recurrent.

Flextime, which began in the mid-1960s as an alternative work schedule experiment, will be a fact of life in many industries in the 21st century. We'll work not according to traditional work schedules but according to our biological and emotional rhythms.

The night owls among us will be delighted to work the lobster shifts and let the rest of us work during the day. The number of hours worked won't be as significant as what you accomplish when you work.

The advantage of flextime is that it permits flexible, cost-effective work arrangements.

02. With what subject is the passage mainly concerned? ⇨ (Judgments)

Prejudice means literally prejudgment, the rejection of a contention out of hand before examining the evidence. Prejudice is the result of powerful emotions, not of sound reasoning. If we wish to find out the truth of a matter, We must approach the question with as nearly open a mind as we can and with a deep awareness of our own limitations and predisposition. On the other hand, if after carefully and openly examining the evidence we reject the proposition, hat is not prejudice. It might be called "postjudice." It is certainly a prerequisite for knowledge.

03. What human failure did Plutarch hate? ⇨ (dishonesty)

Plutarch loved those who could use life for grand purposes and depart from it as grandly, but he would not pass over weakness and vices which marred the grandeur. His hero of heroes is Alexander the Great ; he loves him above all other men, while his abomination of abominations is bed faith, dishonorable action.

Nevertheless he tells, with no attempt to extenuate, how Alexander promised a safe conduct to a brave Persian army if they surrendered, and then, "even as they were marching away he fell upon them and put them all to the sword," "a breach of his word," Plutarch says sadly. "Which is a lasting blemish to his achievements." He adds piteously, "but the only one." He hated to tell that story.

(ANSWERS)

01. flextime : 근무시간 자유 선택 제

cf. work flexible : 자유근무시간제로 일하다

- alternative : 기존의 인습적인 접근 방식과 다른
- according to : ~에 따른
- biological : 생물학상의
- emotional : 감정적인
- lobster shift(trick) : 심야근무

- cost-effective : 비용이 효율적인
- arrangement : 예정표

cf. night watch : 야경 교대시간

02.
- prejudice : 편견
- prejudgment : 조급한 판단
- contention : 논쟁
- be the result of : ~의 결과이다
- prerequisite : 필요조건(for)
- limitation : 한계
- on the other hand : 다른 한편으로
- literally : 글자그대로
- rejection : 거부, 거절
- out of hand : 당장(immediately)
- sound : 논리적으로 옳은
- reasoning : 추리
- predisposition : 성질

03.
- grand : 주요한(principal)
- depart from life : 죽다

cf. depart from this life : 이 세상을 하직하다

- pass over : 못 본 체하다
- mar : 망쳐놓다

cf. make(mend) or mar(break) : 성공하느냐, 실패하느냐

- grandeur : 위엄
- extenuate : 정상을 참작하다
- surrender : 항복하다
- piteously : 비참하게
- blemish : 오점(defect)
- abomination : 혐오
- safe conduct : 안전통행권
- put ~ to the sword : 대학살하다
- breach : 약속위반

(10) 주제문(Topic Sentence)의 위치는?

(ㄱ) 두괄식(결론이 문장의 첫머리에 위치)

Another important event in the early 1970s was the Watergate scandal, which affected the public on the same level psychologically as the Vietnam War. The Vietnam conflict had ended and we lost face as a result of it. However, Watergate was to drop a great blanket on our trust in government. Everything ugly in American society was reflected in Watergate, which was devastating in its impact. Society had changed, and the result was massive depression. The American people had lost faith in our government ; it does not seem as if we got it back during the 1970s.

(ㄴ) 미괄식(결론이 문장의 끝부분에 위치)

At the beginning of this century, only eight percent of marriages ended in divorce. in 1976, just over fifty percent did. The dramatic change doesn't necessarily mean that people were happy in marriage in the old days and are unhappy today. Expectations have changed, and divorces are now much easier to come by. People who years ago might have suffered along now sever the marriage bond. Yet, however the statistics are interpreted, it is clear that is a reservoir of dissatisfaction in many marriages.

(ㄷ) 중괄식(결론이 문장의 중간 부분에 위치)

You could be the greatest mechanical genius since Thomas Edison, but if no one knows about your talent or is in a position to judge it, you're wasting your time. Being in the fight field is important. But within that field, it's also a good idea to maintain a high degree of visibility. If you've got the potential to be a brilliant corporate strategist, you may be wasting your time working for a small company employing a dozen or so workers. You'd be better off working for a large corporation where you have the opportunity to take off in any number of direction, learn how the different departments interface, and thus have a larger arena to test your skills.

(ANSWERS)

(ㄱ) Watergate : 1972년 Washington, D. C.에 있는 민주당 본부 건물에 도청 장치를 한 정보활동

- scandal : 추문, 의혹

- affect : 충격을 주다
- conflict : 전쟁
- lose face : 체면이 깎이다
- as a result of : ~의 결과로
- blanket : 결점

cf. wet blanket : 헐뜯는 사람

- ugly : 명예롭지 못한(disreputable)
- reflect : 반영하다
- devastating : 참화를 가져오는
- impact : 충격(influence)
- massive : 강력한
- depression : 의기소침

(ㄴ)
- end in : 결국 ~이 되다
- divorce : 이혼
- not necessarily : 반드시 ~인 것은 아니다
- expectation : 기대감
- come by : ~을 얻다(acquire)
- sever : 인연 관계 등을 끊다
- statistics : 통계 숫자
- interpret : 설명하다
- reservoir : 축적
- dissatisfaction : 불만족

(ㄷ)
- be in a position to do : ~할 수 있는 입장에 있다
- visibility : 가시도
- potential : 잠재력, 가능성
- brilliant : 기막힌
- corporate : 단체의, 집합적인
- strategist : 전략가
- be better off + ing : ~하는데 더욱 형편이 좋다
- take off : 앞으로 나아가다
- direction : 방면

- interface : 조화시키다
- arena : 활동무대

㈃ 양괄식(결론이 문장의 첫머리와 끝부분에 동시에 위치)

Burger King Corporation offers both a service and a product to its customers. Its service is the convenience it offers the consumer–the location of its restaurants and its fast food service–in catering to his or her lifestyle. Its product, in essence, is the total Burger King experience, which stars from the time you drive into the restaurant's parking lot and ends when you drive out. It includes the speed of service, the food you order, the price you pay, the friendliness and courtesy you are shown, the intangible feeling of satisfaction–in short, an experience. Burger King, then, is marketing a positive experience, as promised by its advertising and promotional efforts and delivered by its product.

(ANSWERS)

㈃ offer A to B : A를 B에게 제공하다

- convenience : 편리한 것
- location : 특정의 소재
- cater : 제공하다
- in essence : 본질적으로
- parking lot : 주차장
- include : 포함하다
- courtesy : 예의
- intangible : 감지할 수 없는
- in short : 요컨대
- positive : 실행으로 나타내는
- promotional : 판매촉진의

cf. A. I. D. A(Attention, Interest, Decision, Action)

(11) 유추(Analogy) 해석

Another evolutionary puzzle way a good deal more difficult to solve until recently. This is the problem of how the flightless ratites became so widespread geographically. The ratites were once regarded as primitive birds separated by oceans that they could not cross. It seemed necessary in those days to construct hypotheses that explained the independent evolution of each member of the group. The biologist T. H. Huxley was almost alone in opposing such hypothesis ; he based his opposition on his studies of the birds' bone structures.

(ANSWERS)

It can be inferred from the passage that quite recently scientists' views of the ratites have changed substantially.

- evolutionary : 진화론적인
- a good(great) deal + more, less, too many, too much : 훨씬 더, 아주 더
- ratite : 타조, 거위 등의 평흉류의 새
- be regarded as : ~로 간주되다
- primitive : 발달되지 않은
- in those days : 그 당시에
- construct : 세우다
- hypothesis : 가설
- independent : 독자적인
- base A on B : A를 B에 기초하다

(12) 글의 흐름을 바꾸는(Transition) 방법

The principle of rhythm and line also contributes to the overall unity of the landscape design. This principle is responsible for the sense of continuity between different areas of the landscape. One way in which this continuity can be developed around the entrance to the house can be continued around the sides and into the backyard. Such an arrangement helps to tie the front and rear areas of the property together. Another means by which rhythm is given to a design is to repeat shapes, angles, or lines between various areas and elements of the design.

(ANSWERS)

- rhythm : 조화, 균형
- line : 윤곽
- contribute to : ~에 공헌하다
- overall : 전체적인
- unity : 통일성
- landscape : 조경술, 도시계획사업
- be responsible for : ~에 이바지하다
- continuity : 연속성
- planting bed : 조림지
- shrub : 관목
- entrance : 입구
- arrangement : 배치
- property : 소유지
- tie-together : 일치시키다
- angle : 각도
- element : 원리(principle)

(13) 글의 제목(Title)을 찾는 요령

Martha Graham, a dancer, is considered one of the most important artists of the twentieth century. She originated a new art form called modern dance. Martha Graham was one of the first people to use dance movements of classical ballet, found it difficult to accept the realism of modern dance. These people had never seen barefoot dancers twist their bodies into "ungraceful" shapes. These shapes expressed conflict and confusion as well as traditional feelings. However, as the years went by, modern dance became a widely accepted part of our culture. Now Martha Graham is respected not only for her important artistic works, but also for her remarkable courage.

(ANSWERS)

The best title. → A courageous innovator in Modern Dance

- originate : 창안하다(invent, create)
- find it ~ to do : to do ~함이 ~한 점을 알다
- barefoot : 맨발의
- twist : 몸을 꼬다
- conflict : 갈등
- confusion : 혼란
- remarkable : 놀랄만한(striking)
- traditional=long-continued

cf. Ballet mimes : 발레 동작의 상징

(14) 글을 구성하는 방법

(ㄱ) 예증(example, illustration)을 사용

It is a common observation that all bodies do not fall with equal accelerations. A leaf, a feather, or a sheet of paper, for example, may flutter to the ground slowly. That the air is the factor responsible for these different acceleration can be shown very nicely with a closed glass tube containing a light and heavy object, a feather and a coin, for example. In the presence of air, the feather and a coin, for unequal accelerations. But if the air in the tube is evacuated by means of a vacuum pump, and the tube is quickly inverted, the feather and coin fall with the same acceleration ….

Although air resistance appreciably alters the motion of falling feathers and the like, the motion of heavier objects like stones and baseballs is not appreciably affected by the air. The relationships v=gt and $d=1/2gt^2$ can be used to a very good approximation for most objects falling in air.

(ANSWERS)

- common : 일반적인, 일상적인
- observation : 관찰
- body : 물체
- acceleration : 가속도
- flutter : 떨어지다
- tube : 진공관
- presence : 실재
- evacuate : 비우다
- by means of : ~에 의하여
- vacuum pump : 진공펌프
- invert : 거꾸로 하다
- resistance : 저항
- appreciably : 분명히
- alter=change
- and the like : 기타 종류의 것
- relationship : 관계
- approximation : 근사치

(ㄴ) 정의(Definition)하기

A cave is a natural opening in the ground extending beyond the zone of light and large enough to permit the entry of man. Occurring in a wide variety of rock types and caused by widely differing geologic processes, caves range in size from single small rooms to interconnecting passages many miles long. The scientific study of caves is called speleology. It is a composite science based on geology, hydrology, biology, and archaeology, and thus holds special interest for earth scientists of the U.S. Geological Survey.

Caves have been natural attractions since prehistoric times. Prolific evidence of early man's interest has been discovered in caves scattered throughout the world. Fragments of skeletons of some of the earliest manlike creatures have been discovered in cave deposits in South Africa, and the first evidence of promotive Neanderthal man was found in a cave in the Neander Valley of Germany. Cro-Magnon man created his remarkable murals on the walls of caves in southern France and northern Spain where he took refuge more than 10,000 years ago during to chill of the Ice Age.

(ANSWERS)

The passage implies from its definition of cave that caves must be a natural opening in the ground.

- cave : 동굴(a hollow in the earth especially one opening into a hill)
- natural : 천연의
- opening : 트인 구멍
- entry : 입장
- range A from B : A에서 B까지의 범위이다
- interconnect : 서로 연결시키다
- speleology : 동굴학, 동굴탐험
- composite : 복합의, 종합의
- be based on : ~을 기초로 하다
- geology : 지질학
- hydrology : 수문학
- archaeology : 고고학
- attraction : 매력

- prehistoric : 유사 이전의
- prolific : 풍부한
- scatter : 뿔뿔이 흩어지다
- fragment : 파편
- skeleton : 해골
- deposit : 퇴적물
- mural : 벽화
- take refuge in(at) : ~에 피난하다
- chill : 냉기, 한기

(ㄷ) 비교(comparison)와 대조(Contrast)를 사용

Housing in New York City differs in several ways from that in most other cities of the United States. About 60 percent of New York's families live in apartment buildings or hotels. In other cities, most people live in one of two-family houses. About 75 percent of the families in homes. About 70 percent of the housing in New York City is more than 30 years old, and over 300,000 families live in buildings that are more than 70 years old. Most other cities have a far larger percentage of newer housing.

(ANSWERS)

- housing : 주택
- differ from : ~와 다르다
- in several ways : 몇가지 면에서
- apartment : 공동주택(flat)
- rent : 집, 토지 등을 임차하다
- far + 비교급 : 훨씬

(ㄹ) 원인과 결과(Cause and Effect)를 진술

Racial conflicts in New York City have had many causes. A major cause has been discrimination against blacks, Puerto Ricans, and other minority groups in jobs and housing. Many minority group members have had trouble obtaining well-paying jobs. Many also have had difficulty moving out of segregated neighborhoods and into neighborhoods where most of the people are white and of European ancestry. When members a minority group have begun moving out. In this way, segregated housing patterns have continued, and the chances for conflicts between the groups have increased.

(ANSWERS)

- racial : 인종의
- conflict : 갈등
- major : 주요한
- discrimination : 차별(distinction, segregation)
- have trouble + ing : ~하는데 어려움을 겪다=have difficulty + ing
- ancestry : 조상(ancestors)
- resident : 주민
- segregated : 인종 차별의, 특수 인종에 한정된
- chance : 가망(prospects)

(ㅁ) 분류(classification) 방법을 사용

Horticulture, the study and cultivation of garden plants, is a large industry. Recently it has become a popular area of study. The horticulture field consists of four major divisions. First, there is pomology, the science and practice of growing and handling fruit trees. Then there is olericulture, which is concerned with growing and storing vegetables. A third field, floriculture, is the science of growing, storing, and designing flowering plants. The last category, ornamental landscape horticulture, is concerned with using grasses, plants, and shrubs in landscaping.

(ANSWERS)

- horticulture : 원예학
- consist of : ~로 구성되다
- division : 부분
- pomology : 과실재배법, 과실재배학
- olericulture : 야채재배보관
- floriculture : 화초재배, 화초원예
- category : 분류, 범주
- be concerned with : ~와 관련이 있다
- ornamental : 장식용의

(ㅂ) 연대순(Chronological Order)에 의한 기술

In the early 1930s, the newly established Federal Bureau of Narcotics took on a crucial role in the fight against marijuana. Under the directorship of Harry J. Anslinger, a rigorous campaign was waged against the drug and those using it. By 1937 many states had adopted a standard bill making marijuana illegal. In that same year, the federal government stepped with the Marihuana Tax Act, a bill modeled after harrison "Narcotics" Act. Repressive legislation continued, and by the 1950s severe penalties were imposed on those convicted of possessing, buying, selling, or cultivating the drug.

(ANSWERS)

- established : 설립된
- narcotic : 마취약
- take on : 입장을 취하다(assume)
- crucial : 결정적인(decisive)

- marijuana : 삼, 대마
- directorship : 중역의 직책
- wage campaign against : ~ 상대로 운동을 벌이다
- rigorous : 엄격한(strict)
- adopt : 채택하다
- illegal : 불법적인
- federal government : 연방정부
- step with : 보조를 맞추어 조치를 취하다
- model after : ~을 귀감으로 삼다
- repressive : 억압적인
- legislation : 법률 제정
- severe : 엄중한
- penalty : 형벌
- be imposed on : ~에게 부과하다
- convict of : 유죄를 선고하다

(ㅅ) 통일성(Unity)의 추구

Progress is gradually being made in the fight against cancer. In the early 1900s, few cancer patients had any hope of long-term survival. In the 1930s, less than one in five cancer victims lived more than five years. In the 1950s, the ratio was one in four, and in the 1960s, it was one in three. Currently, four of ten patients who get cancer this year will be alive five years from mow. The gain from one in four to four in ten represents about 69,000 lives saved each year.

(ANSWERS)

- Progress → Surviving cancer
- make progress : 진보하다
- cancer : 암
- survival : 재생
- victim : 희생자
- ratio : 비율
- currently : 현재
- from now : 앞으로는
- represent : 나타내다, 설명하다

(ㅇ) 일관성(Coherence)의 추구

Gold, a precious metal, is prized for two important characteristics. First of all, gold has a lustrous beauty that is resistant to corrosion. Therefore, it is suitable for jewelry, coins, and ornamental purposes. Gold never needs to be polished and will remain beautiful forever. For example, a Macedonian coin remains as untarnished today as the day it was minted twenty-there centuries ago. Another important characteristic of gold is its usefulness to industry and science. For many years, it has been used in hundreds of industrial applications. The most recent use of gold is in astronauts' suits. Astronauts wear gold-plated heat shields for protection outside the spaceship. In conclusion, gold is treasured not only for its beauty but also for its utility.

(ANSWERS)

중요어휘(Important word)의 반복

- precious : 매우 귀중한
- prize : 높이 평가하다
- characteristic : 특징
- first of all : 맨 먼저
- lustrous : 광택 있는
- resistant : ~에 저항력이 있는(to)
- corrosion : 부식
- be suitable for : ~에 알맞다
- jewelry : 보석
- ornamental : 장식적인
- polish : 광택을 내다
- untarnished : 더러움이 없는
- mint : 화폐를 주조하다
- usefulness : 유용
- application : 응용
- utility : 유용
- astronaut : 우주비행사(cosmonaut)
- gold-plate : 금을 입히다
- shield : 보호, 방어
- protection : 보호
- spaceship : 우주선
- in conclusion : 결론적으로

cf. the genius of the English language : 영어의 특질(inherent character)

(ㅈ) 대명사(pronoun)의 사용

01. Language is a cultural or social product and must be understood as such.

02. Those who live in a big city like Seoul are always being annoyed by noise of one sort or the other.

03. There is perhaps no one of our natural passions so hard to subdue as this. Beat it down, stifle it, mortify it as much as one pleases, it is still alive. While I could conceive that I had completely overcome it, I should probably be proud of my humility.

04. Documents alone do not keep democracy alive, nor maintain the state of law. There is no particular safety in them. Living men and women, generation after generation, must continually remake democracy and the law and that involves an ongoing state of tension between the past and the present which will never completely resolve.

05. On June 242,000, Quebec celebrated a momentous event ; the French-speaking former province was at last free and sovereign, separated once and for all from Anglophone Canada. After that, in the gloomy scenario for the future of a divided Canada offered in Lansing Lamont's Breakup : The coming End of Canada and the States for America, little good comes to either nation. Economic stagnation and heightened tensions between ethnic minorities are some of the possibilities the writer foresees.

06. Some observers see a burning hostility in proposition that is likely to spread. The sweeping measure would deny illegal immigrants public schooling and most health and welfare benefits. It also would require school, hospital and social workers to turn in illegal immigrants.

07. She was busy looking everywhere in the stores for Jim's present with only twenty-one dollars and eighty-seven cents in her hand. She found it at last. It surely had been made for Jim and for no one else. It was a platinum watch chain, a beautiful one, worthy of the watch, As soon as she saw it, she knew that it must be for Jim. It was like him, good taste and quality. The description applied to both. It cost twenty-one dollars. When Della arrived home she was less excited, and gradually she became more reasonable. She began to comb and arrange her hair, now cut very short, in the best way she could.

(ANSWERS)

01. as such : 그러한 것으로서

02. one sort or the other : 어느 쪽이든 간에(one way or the other)

03. this → pride

- subdue : 감정을 억누르다
- beat down : 압도하다(suppress)
- stifle : 감정을 억누르다(suppress)
- mortify : 감정을 억제하다
- while : ~반면
- conceive : 생각을 마음에 품다(entertain)
- overcome : 극복하다
- be proud of : 긍지를 갖다
- humility : 겸손

04. that=to remake democracy and the law

- document : 문서
- democracy : 민주주의
- maintain : 유지하다(keep)
- particular : 특정한
- generation after generation : 대대로
- involve : 포함하다

- ongoing : 진행 중의
- tension : 긴장 상태
- resolve : 해결하다

05. After that : 그 후(앞서 언급한 내용을 지시)

- celebrate : 식을 올려 축하하다
- province : 지역
- separate : 분리하다
- gloomy : 비관적인
- highten : 고조시키다
- minority : 소수민족
- momentous : 중요한
- sovereign : 독립의
- once(and) for all : 단호하게
- stagnation : 불경기
- ethnic : 인종적인

06. It → the sweeping measure

- burning : 격심한
- hostility : 증오감
- proposition : 제안, 진술, 조건
- sweeping : 일소하는
- deny A, B : A에게 B를 줄 것을 거절하다
- immigrant : 외국에서 오는 이민
- benefit : 혜택
- turn in : 경찰에 신고하다

07. both → Jim and the platinum watch chain

- look everywhere : 샅샅이 찾다(ransack)=look in every nook and corner
- description : 설명
- reasonable : 진정된
- comb : 빗질하다
- arrange : 매만지다

08. Giant industries, which delivered the first sub to the United States Navy in 1900, have already built five operational research submarines and are currently building three more.

09. The functioning of greenhouses is based on the fact that glass, being almost completely transparent to visible light, which brings most of the sun's energy, is opaque to the heat rays which are emitted by the object warmed up by the sun's radiation

10. The thoughtful serious state of mind in which Mary found herself had been induced in her by a conversation she had with her father on the evening before.

11. It was not yet eleven 0'clock when a boat crossed the river with a single passenger who had obtained his transportation at that unusual hour by promising an extra fare. While the youth stood on the landing-place searching in his pockets for money, the ferryman lifted a took a very accurate survey of the stranger's figure. He was a young man of barely eighteen years, evidently country bred, and now, as it seemed, on his first visit to town.

(ANSWERS)

08. which → and they(giant industries)

- giant : 거대한
- sub : 잠수함(submarine)
- deliver : 인도하다
- operational : 작전상의

09. which → and it(glass)

- greenhouse : 온실(hothouse)
- transparent : 투명한
- opaque : 열, 전기 등을 통하지 않은
- emit : 빛, 열 등을 방출하다
- radiation : 복사열, 방열, 방사선

10. which → the thoughtful ~ mind

- find oneself in ~ : 자신이 ~한 처지에 있음을 알다
- conversation : 대화
- induce : 유발하다

11. which → the newly risen moon

- passenger : 승객
- transportation : 수송
- stand ~ing : ~하며 서 있다
- search for : ~을 찾다
- ferryman : 나룻배 사공
- accurate : 정확한
- survey : 바라다 봄
- bred : ~에서 자란
- by(the) aid of : ~의 도움으로

(ㅊ) 명사 대용어(Noun Substitute)의 사용

01. Until recently, the ability to make tools was considered one of the characteristics that distinguished humans and their ancestors from all other animals. In 1964, Dr. Jane M. Goodall shattered this belief when she observed that chimpanzees in the African forest frequently make simple tools for catching termites. The ape first looks for the right materials.

02. History proves that dictatorships do not grow out of strong and successful governments, but out of weak and helpless ones. If by democratic methods people get a government strong enough to protect them from fear and starvation, their democracy succeeds : but if they do not, they grow impatient. Therefore, the only sure bulwark of continuing liberty is a government strong enough to protect the interests of the people, and a people strong enough and will enough informed to maintain its sovereign control over its government.

03. When television is good, nothing-not the theater, not the magazines, or newspapers-nothing is better. But when television is bad, nothing is worse. I invite you to sit down in front of your television set when your station goes on the air and keep your eyes glued to that set until the station signs off. I can assure you that you will observe a vast wasteland. You will see a procession of game shows, violence, audience participation show, formula comedies about totally unbelievable families, blood and thunder, more violence, sadism, murder, Western badmen, Western goodmen, private eyes, gangster, still more violence, and cartoons. And, endlessly, commercials that scream and cajole and offend. And most of all, boredom. True, you will see a few things you will enjoy. But they will be very, very few. And if you think I exaggerate, try it.

(ANSWERS)

01. this belief → 인간이 다른 동물과 구별되는 특징적 요소는 도구를 만드는 능력이다

- distinguished : 구별되는
- shatter : 충격을 주다
- termite : 흰개미

02. bulwark → Something that defends or protects

- dictatorship : 독재권
- protect A from B : A를 B로부터 보호하다
- starvation : 기아
- impatient : 참을 수 없는
- sovereign : 주권을 가진
- bulwark : 성채, 보루, 방호물
- interest : 이익
- informed : 지식이 있는

03. wasteland → average television programs

- invite A to do : A에게 ~할 것을 권하다
- station : TV 방송국
- go on the air : 방송하다
- glue to : ~에 뚫어지게 응시하다
- set : TV
- sige off : 방송을 종영하다
- wasteland : 정신적·문화적 불모지대(생활)
- procession : 방송진행
- private eye : 사설탐정
- commercial : 광고방송
- cajole : 감언이설로 속이다(coax)
- exaggerate : 침소봉대하다

04. The earliest authentic works on European alchemy are those of the English monk Roger Bacon and the German philosopher St. Albertus

Magnus. In their treatises they maintained that gold was the perfect metal and that inferior metals such as lead and mercury were removed by various degrees of imperfection from gold. They further asserted that these base metals could be transmuted to gold by blending them with a substance even more perfect than gold. This elusive substance was referred to as the "philosopher's stone."

05. There are many ways of communicating without using speech. Signals, signs, symbols, and gestures may be found in every known culture. The basic function of a signal is to impinge upon the environment in such a way that it attracts attention, as, for example, the dots and dashes of a telegraph circuit. Coded to refer to speech, the potential for communication is very great. While less adaptable to the codification of words, signs contain greater meaning in and of themselves. A stop sign or a barber pole conveys meaning in and conveniently. Symbols are more difficult to describe than either signals or signs because of their intricate relationship with the receiver's cultural perceptions. In some cultures, applauding in a theater provides performers with an auditory symbol of approval. Gestures such as waving and handshaking also communicate certain cultural messages.

(ANSWERS)

04. philosopher's stone → another name for alchemy

- authentic : 확실한(reliable, genuine)
- work : 연구
- alchemy : 연금술
- inferior : ~보다 못한
- lead : 납
- mercury : 수은
- imperfection : 불순물
- blend A with B : A에 B를 결합하다
- philosopher's stone : 비금속을 황금으로 변화시키는 힘이 있다고 연금술사가 찾아 헤매던 현자의 돌(즉 실현 불가능한 이상)

05. signal → an interruption in the environment

- impinge on : ~에 영향을 주다
- convey : 의미를 전달하다
- intricate : 복잡한
- communicate : 전달하다
- codification : 성문화
- barber('s) pole : 이발소 간판기둥(적색과 백색의 얼룩무늬 기둥 : 수술 후 환자의 붕대를 나타냄)

cf. barber surgeon : 이발사 겸 외과의사 ; 돌팔이 의사

M. 작가의 견해(The point of view of the writer)를 파악해야 한다.

01. The railroad was not the first instrument to impose regularity on society, or to draw attention to the important of precise timekeeping. For as long as merchants have set out their wares at daybreak and religious services have begun on the hour, people have been in rough agreement with their neighbors as to the time of day. The value of this tradition is today more apparent than ever. Were it not public acceptance of a single yardstick of time, social life would be unbearable chaotic : the massive daily transfers of goods, services, and information would proceed in fits and starts, the very fabric of modern society would begin to unravel.

02. The Declaration of Independence was the instrument by which the thirteen colonies declared their independence from Great Britain. It was written by Thomas Jefferson, one of a special committee of five assigned by the Continental Congress to draw up a form of declaration. When the declaration was originally brought before Congress on June 28, 1776, the delegates from Pennsylvania and South Carolina refused to approve it until it carried an amendment. That amendment was then written into the declaration, which was finally approved on July 4. Originally only the president and secretary of the Continental Congress affixed their signatures ; the delegates added their signatures as their individual States confirmed the action of Congress.

(ANSWERS)

01. An accepted way of measuring time is essential for the smooth functioning of society.

- instrument : 시설, 설비
- impose A on B : A를 B에 떠맡게 하다
- regularity : 규칙적인 질서
- draw attention to : 관심을 나타내다
- precise : 정확한
- set out=display
- wares : 상품(articles)
- at daybreak : 새벽에(at dawn)
- service : 예배
- rough : 대강의
- apparent : 분명한
- Were it for=It it were not for=But for=Without(~없더라면)
- yardstick : 나무, 금속으로 만든 야드 자
- chaotic : 혼란스러운
- transfer : 이동
- in(by) fits(and starts)=irregularly(때때로 생각나는 대로)
- fabric : 구조(structure)
- unravel : 해결하다

02. the instrument by which the 13 colonies declared their independence from England.

- The Declaration of Independence : 미국의 독립선언(1776. 7. 4)
- colony : 식민지
- draw up : 작성하다

- delegate : 대표자(deputy)
- amendment : 수정
- affix : 서명 등을 써넣다
- Continental Congress : 대륙회의(독립을 전후하여 2번에 걸친 주대표 회의)

PART IX
Protection and Security Checklists (경호경비 점검표)

1. EXECUTIVE PROFILE

✦ **NAME:**

NICKNAME:

DRIVERS LICENSE:

DATE OF BIRTH:

SOCIAL SECURITY:

PHYSICAL DESCRIPTION:

WEIGHT: HEIGHT: BUILD:

EYES: HAIR: HAIR STYLE:

GLASSES: FACIAL HAIR:

SCARS: TATTOOS:

OVERALL PHYSICAL DESCRIPTION:

OFFICIAL TITLE:

BUSINESS ADDRESS:

TELEPHONE NUMBER:

RESIDENCE ADDRESS:

TELEPHONE NUMBER:

DESCRIPTION OF RESIDENCE:

SIZE OF YARD :

DOGS: NUMBER: NAMES:

✦ VEHICLE INFORMATION:

PERSONAL VEHICLE(S):
MAKE AND MODEL:
COLOR:
REMARKS:

COMPANY VEHICLE(S)
CHAUFFEUR NAME:

SERVANTS NAME:
ADDRESS:
DESCRIPTION:

PLUMBER:
ADDRESS:
DESCRIPTION:

GARDENER
ADDRESS:
DESCRIPTION:

SECRETARY
ADDRESS:
DESCRIPTION:

OTHER RESIDENCE SUCH AS SUMMER HOME, CABIN, ETC.
ADDRESS :
TELEPHONE:

NEIGHBORS:
NAMES:
ADDRESS:
TELEPHONE;

FAMILY:
SPOUSE:
NAME:
DATE OF BIRTH:
DESCRIPTION:

CHILDREN
NAMES:
AGE:
SCHOOL:
LOCATION
TELEPHONE:
TEACHER:

CLUBS AND ORGANIZATIONS
NAME:
TELEPHONE:

✦ MEDICAL HISTORY:

PERSONAL PHYSICIAN:
NAME:
TELEPHONE:

OFFICE ADDRESS:
TELEPHONE:

AFFLICTIONS:

BLOOD TYPE:

PRESCRIPTION DRUGS:
PHARMACIST

NAME:
TELEPHONE:

OFFICE ADDRESS:
TELEPHONE:

DENTIST NAME:
TELEPHONE:
OFFICE ADDRESS:
TELEPHONE:

REMARKS:

2. VIP APPEARANCE SITE

Site:	Type of site:
City:	Date of appearance:
Site manager and event organiser:	Phone:
Time of event:	Approximate duration:
Will principal speak?	When?
Approximate duration?	
Will principal dine?	Will there be a receiving line?
Preferred receiving line set-up:	
Entrances to site:	Exits from site:
Preferred entrance:	
Preferred exit:	
Alternate entrances:	
Alternate exits:	
Command post location:	
Additional security:	Local law enforcement:
Private security:	

Other protective teams?

Number of fixed security posts (mark on diagram):

Liaison with local police: Phone:

Liaison with private security: Phone:

Number of radio channels needed:

ID badges needed: protective team: Local law enforcement:

Armed private security: Unarmed private security:

Other personnel:

How much publicity has the VIP visit received?

Number of employees at site:

Permanent: Temporary:

Special security precautions in effect:

Will a search be carried out by bomb-detection canines?

When will it be carried out and will the site be sealed afterwards?

Nearest police station: Phone

Normal response time

Nearest hospital with emergency centre

If a sporting event, is there a rivalry with a history of violence?

For sporting events, where is the most secure seating (boxes, private clubroom, etc)?

For theatre, opera, etc, where are the most secure boxes?

Counter-sniper team deployed?

Where?

If the principal is speaking outside, can podium/platform be positioned to limit exposure to snipers?

Other information:

3. DAILY OPERATIONS ORDER

Principal:

Name:

Family members and staff accompanying:

Special considerations:

Health problems:

Religious idiosyncrasies:

Political affiliation: Member of royalty?

Date: City:

Predicted weather:

Intelligence:

Local situation:

Government:

Police:

Military:

Economic:

Other:

Potential threats:

Political:

Religious :

Personal:

Criminal:

Terrorist:

Other:

Itinerary:

1200–0200:

0200–0400:

0400–0600:

0600–0800:

0800–1000:

1000–1200:

1200–1400:

1400–1600:

1600–1800:

1800–2000:

2000–2200:

2200–2400:

Attire

Equipment:

Weapons to be carried:

Medical kit:

Communications equipment :

Other:

Vehicles:

Co–ordination:

Fixed–post security:

Office:

Residence and hotel:

Other venues:

Phone numbers:

Police: Fire:

Ambulance: Doctor:

Hospital: Embassy:

Residence and hotel: Other:

Meetings and appointments:

Routes between venues and estimated travel times:

Meals : Times Locations:

Local security assistance at venues:

Venue:

Private:

Local:

State:

National:

Protection team:

Team leader:

Asst team leader:

Security advance party:

Drivers:

Medic:

Others and assignments:

4. Executive Biographical Inventory

✦NAME:

NICKNAME (FOR IDENTIFICATION):

ADDRESS:

ALTERNATE ADDRESS SUMMER, ETC.):

DESCRIPTION:

AGE: IRTHDATE:
PLACE OF BIRTH: HEIGHT:
WEIGHT: COLOR OF HAIR:
SEX: NOTICEABLE PHYSICAL
TRAITS
HOME PHONE:
WIFE:
ADDRESS OF WIFE:
DESCRIPTION OF WIFE:
VEHICLES:

1. LICENSE:
   STATE:
   DESCRIPTION

2. LICENSE:
   STATE:
   DESCRIPTION

3. LICENSE:
   STATE:
   DESCRIPTION

CODE: FAVORITE BOOK: FAVORITE SPORT :
MEDICAL EMERGENCY INFORMATION:
DOCTORS NAME: PHONE:
SPECIAL MEDICATION:

✦HOUSEHOLD MEMBERS:

1. NAME: RELATIONSHIP
   ADDRESS:
   DESCRIPTION:
   MEDICAL EMERGENCY INFORMATION:

2. NAME: RELATIONSHIP:
   ADDRESS:
   DESCRIPTION:
   MEDICAL EMERGENCY INFORMATION:

3. NAME RELATIONSHIP:
   ADDRESS:
   DESCRIPTION
   MEDICAL EMERGENCY INFORMATION:
   FINGERPRINTED?
   LOCATION IF NOT IN FILE:
   RECENT PHOTOGRAPH:
   LOCATION IF NOT IN FILE:

5. Executives and Personnel

01. Executives and Publicity Identified Personnel :
Name:
Title:

02. Branch or Profit Center Executive Personnel:
Name:
Title:
Location:

03. Personnel to Authorize Ransom Payment

04. Name of Financial Institution:

Contact:

Telephone Number:

05. Personnel to Administer Payment and Plan-Draw Payment:

06. Personnel to Handle Police, Press Contact :

Press:

Police:

Federal Bureau of Investigation:

07. Persons to Be Notified of Demand:

Name:

Telephone (Office):

(Home):

6. THREAT ASSESSMENT PROTECTEE

✦ Client's personal life:

Name:

Place of birth (Nationality):

Places lived within the past 20 years:

Places frequently visited on business or pleasure:

Current profession or government position:

Past profession or government position :

Military or diplomatic service :

Any military combat experience:

Known medical problems:

Spouse; name and nationality:

Pertinent info about spouse (ie profession, government service, etc.):

Children; names, ages, place of residence:

Noteworthy relatives, business associates or friends:

Religious affiliation :

Political affiliation:

Social and fraternal affiliations:

Employees ;at residence

Personal employees (ie admin asst, secretary)

Lifestyle ;private, low profile or outgoing, high profile

How often photographed ;society page, business page, sports section, entertainment section, scandal sheets:

Vices ;gambling, drinking, lovers:

Is there a driver? For the principal: For spouse: For children:

Are the drivers trained?

Known enemies:

Have there been threatening phone calls, letters, etc?

Have there been threats or attacks in the past?

What is the nature of any threats ;Assassination? Kidnapping? Against the family?

What security precautions are already in effect?

✦ Client's professional life:

In what type of business is the client engaged?

Who provides the primary competition?

Are there any pending lawsuits, particularly over injuries?

Is the client a corporate raider or engaged in hostile take-over actions?

How are employee relations?

Any particularly disgruntled employees?

Any who have been fired or have left with substantial bitterness?

Any strikes or other labour unrest?

What type of security is in effect at the place of business?

Is there a secure parking facility?

What type of screening is in effect for visitors, mail and phone calls?

If in government service, do the client's decisions affect:

Military affairs or operations:

Law enforcement:

Relations with other countries:

Financial or trade matters:

Where does the principal travel on business?

Is there a private aircraft and(or) yacht?

Who does the travel planning?

Who normally knows the itinerary?

Where does the principal usually stay when travelling?

How often and where does the principal make public appearances?

7. KNOWN THREAT DATA SHEET

NAME: ALIAS:

ADDRESS:

DATE OF BIRTH: TELEPHONE:

HEIGHT: WEIGHT: HAIR: EYES:

TATTOOS: SCARS:

SSAN :

DRIVERS LICENSE: FBI NO.:

POLICE NO.: C.I.I. NO.:

MILITARY SERVICE: RANK:

TYPE OF DISCHARGE:

VEHICLE: LICENSE : COLOR:

USE OF ALCOHOL:

USE OF DRUGS:

✦MENTAL HISTORY:

✦SEXUAL DEVIATION::

✦AVAILABILITY AND SKILL LEVEL:

FIREARMS : EXPLOSIVES :

✦CRIMINAL HISTORY:

✦DID SUSPECT MAKE A SPECIFIC THREAT?

WHEN: WHERE: TYPE:

✦INTERVIEW WITH SUSPECT:

DATE: TIME COMMENCED: TIME ENDED:

INVESTIGATORS PRESENT:

OTHERS PRESENT:

PROPERTY TAKEN:

SUMMARY OF INTERVIEW:

ATTACHMENTS:

FINGERPRINT CARD:

PHOTOGRAPHS:

HANDWRITING EXEMPLAR

8. A BOMB THREAT RECEIVED

TIME AND DATE:

HOW REPORTED:

EXACT WORDS OF CALLER:

QUESTIONS TO ASK:

① WHEN IS BOMB GOING TO EXPLODE?

② WHERE IS THE BOMB?

③ WHAT KIND OF BOMB IS IT?

④ WHAT DOES IT LOOK LIKE?

⑤ WHY DID YOU PLACE THE BOMB?

⑥ WHERE ARE YOU CALLING FROM?

DESCRIPTION OF CALLER'S VOICE:

MALE( ) FEMALE( ) YOUNG( ) OLD( ) ACCENT( ) TONE OF VOICE( ) BACKGROUND NOISE( )

IS VOICE FAMILIAR? IF SO, WHO DID IT SOUND LIKE?

OTHER VOICE CHARACTERISTICS:

TIME CALLER HUNG UP:

REMARKS:

NAME, ADDRESS, TELEPHONE NUMBER OF RECIPIENT:

9. A BOMB THREAT CALLER

① What is your name?

② What is your address?

③ When is the bomb going to explode?

④ Where is the bomb right now?

⑤ What does the bomb look like?

⑥ What kind of bomb is it?

⑦ What will cause the bomb to explode?
⑧ Why?
⑨ Did you place the bomb threat?

Exact wording of bomb threat:
Sex of caller:
Race:
Age:
Length of call:
Telephone number where call was received:
Time call was received :
Date call was received:

✦ CALLER'S VOICE:

Calm( )	Angry( )	Excited( )
Slow( )	Rapid( )	Nasal( )
Stutter( )	Lisp( )	Raspy( )
Deep( )	Soft( )	Loud( )
Laughter( )	Crying( )	Normal( )
Distinct( )	Ragged( )	Cracking voice( )
Slurred ( )	Clearing	throat( )
Disguised( )	Familiar( )	Whispered( )
Deep breathing( )		Accent( )

If the voice is familiar, what did it sound like?

BACKGROUND SOUNDS:

Street noises( )	Kitchen sounds( )
PA system( )	House noises( )
Motor( )	Factory machinery( )
Animal noises( )	Static( )
Long distance( )	Office machinery( )
Voices( )	Clear( )

Music( ) Local( )

Booth( ) Other( )

BOMB THREAT LANGUAGE: Well spoken (education level)( )

Message read( ) by threat maker( )

Incoherent( ) Taped( )

Foul( ) Irrational( )

REMARKS:

Call reported immediately to:

Your name:

Your position:

Your telephone number:

Date checklist completed:

10. MAIL BOMB RECOGNITION

Weight unevenly distributed ( )

Heavier than usual for its size ( )

Heavier than usual for its class ( )

Not uniform or with bulges ( )

Unusual thickness ( )

No return address ( )

Poorly typed or handwritten address ( )

Title for the executive incorrect ( )

Addressed to a high ranking executive by name, title, or department ( )

Greater than normal rigidity, particularly along its center length ( )

More than enough postage ( )

Foreign postmark ( )

From an unusual city or town ( )

Foreign writing style (　　)

Misspelled words (　　)

Marked airmail, registered, certified, or special delivery (　　)

Marked personal, confidential, private, or eyes only (　　)

Peculiar odor (　　)

Oil stains (　　)

Springiness to envelope (　　)

Wires, strings, or foil sticking out or attached (　　)

Excessive sealing material (　　)

11. RANSOM DEMAND TELEPHONE

Time of Call:

Make every attempt to gain as much information from the caller as he will furnish , but do not give the caller the impression you are reading questions from a checklist, or are trying to keep him on the line so the call can be traced. Write down the responses of the caller word for word.

Would you please repeat your statement?:

Who is making this demand?:

How do I know this is not a joke? We get many pranks here.:

IF A KIDNAP:

What is he(she) wearing?:

May I talk to him(her)?:

Could you explain what you want?:

I will have to give your demands to my superior. We will want you to include the Recognition code and the Private unlisted number in all future communications with us.

If the caller gets into specifics on payment, ask, "What do you want"?:

If money: what currency and how do you want it?:

Where and when should the ransom be delivered?:

How should the payment be made?:

End the call on a positive note by assuring the caller his demand will be communicated to the proper person in the company, as soon as possible.

Leave the caller with the impression that his call has been understood and action will be taken. Make note of the following information.

Time call ended:

Background noises:

Sex of caller:

Approximate age:

Any accent:

Any voice peculiarity such as lisp or stutter:

What was the caller's attitude:

Was the caller sober:

Did the caller sound educated:

What did you notice about the call that you find unusual:

If the caller seemed familiar with the building or operation indicate how:

12. PRIOR TO ADVANCE MAN'S DEPARTURE

01. Have you OBTAINED NAME, ADDRESS AND PHONE NUMBERS FOR POLICE?

A. HEADQUARTERS

B. CHIEF

C. ADDRESS

D. DISPATCHER

02. Have you NOTIFIED POLICE OF YOUR PROPOSED ARRIVAL AND PURPOSE OF THE TRIP?

03. Have you OBTAINED SAMPLE IDENTIFICATION FOLDERS FOR POLICE BRIEFING?

04. Have you OBTAINED MOTORCADE NUMBER STICKERS?

05. Have you ARRANGED FOR ALL SUPPORT EQUIPMENT?

A. TEMPORARY IDENTIFICATION MEDIA FOR:

(1) AUTOS

(2) PERSONNEL

(3) PRESS

(4) OTHER (SPECIFY)

B. PORTABLE RADIOS FOR:

(1) AUTOS

(2) PERSONNEL

C. OBTAINED LIST OF CONTACTS.

D. OBTAINED PROPOSED ITINERARY.

E. OBTAINED CREDIT CARDS.

F. WEAPONS AND AMMO.

13. ARRIVAL AT SECURITY LOCATION SITE

01. Have you MET WITH CHIEF OF POLICE AND BRIEFED HIM?

02. Have you MET WITH EVENT CONTACT MAN AND DISCUSSED ITINERARY?

03. Have you ARRANGED SURVEY FOR: ROUTES (   ) AIRPORT (   ) HOTEL (   ) SITE (   ) HELIPORT (   ) RESIDENCE (   )

04. Have you ARRANGED FOR TYPE AND NUMBER OF CARS REQUIRED?

05. Have you CHECKED LOCAL INTELLIGENCE FILES FOR ANY INCIDENTS OCCURRING DURING PREVIOUS DIGNITARY VISITS?

06. Have you ARRANGED FOR CROWD CONTROL?

07. Have you RECORDED TIME AND DISTANCE BETWEEN ALL POINTS OF TRAVEL?

08. Have you ARRANGED FOR COMMAND POST TO COORDINATE ALL MOVEMENTS? WHERE (   )

09. Have you NAME OF PERSON TO OPERATE COMMAND POST.

10. Have you MADE SURE THAT HE HAS COPY OF ALL UNIT NUMBERS AND PERSONNEL AUTHORIZED TO BE ON PRIMARY FREQUENCY DURING MOVEMENTS?

11. Have you ARRANGED FOR RADIO LIAISON WITH LOCAL POLICE?

12. Have you BRIEFED ALL POLICE ON POST & ASSIGNMENTS?

13. Have you OBTAINED LODGING FOR PROTECTIVE DETAIL?

14. Have you OBTAINED LODGING FOR PRINCIPAL?

14. PERSONAL SECURITY

01. Are any of your leisure time activities conducted on a regular schedule?

02. Is your parking space marked with your name and title?

03. Do you have regularly scheduled meetings each day, or week, or . month? Can you change the time of the meetings?

04. Do you have lunch at the same place every day?

05. Do you have a general sports activity at a regularly scheduled time?

06. Do you change your routes to and from work?

07. Do you have a duress code for your driver to warn you when it is not safe to enter the vehicle?

08. Do you have a crisis management plan?

09. Do you use different entrances when entering and leaving work?

10. Do you know where to go to get help along your route to and from work?

11. Do you drive on well travelled roads?

12. Do you have a secured entrance to your office?

13. Can you vary the hours you work?

14. If you are in a chauffeur driven car has the driver been trained in evasive driving?

15. What time do you leave for work?

16. How do you get back and forth to work? Private vehicle, chauffeur driven?

15. ADVANCE SECURITY

01. Have you MET WITH THE MANGER ?

02. Have you MET WITH POLICE AND FIRE OFFICIALS ?

03. Have you DISCUSSED EVENT WITH CONTACT MAN ?

04. Have you MADE PHYSICAL SURVEY OF ARRIVAL AND DEPARTURE POINTS ?

05. Have you DETERMINED POSTS FOR ARRIVAL AND DEPARTURE ?

06. Have you ARRANGED FOR MOTORCADE PARKING & SECURITY ?

07. Have you SELECTED ROUTES TO THE SITE ?

08. Have you DETERMINED ROUTE SECURITY ?

10. Have you MADE PHYSICAL SURVEY OF THE SITE?

11. Have you SET UP CHECKPOINTS ?

12. Have you ARRANGED FOR BOMB AND TECHNICAL SWEEPS ?

13. Have you MADE POST ASSIGNMENTS ?

14. Have you MADE FIRE SAFETY SURVEY?

15. Have you ARRANGED FOR PACKAGE AND GIFT INSPECTION ?

16. Have you DETERMINED LOCATION OF COMFORT AREAS?

17. Have you INSPECTED ELEVATORS ?

18. Have you MADE NAME CHECKS ON CLOSE PROXIMITY PERSONNEL

19. Have you MADE ARRANGEMENTS FOR PRESS AREA?

20. Have you ARRANGED FOR POLICE AND FIRE DEPARTMENT BRIEFING AND POSTING ?

16. GUARD SECURITY

01. Is the agency willing to reveal guard training techniques?

02. Have you assigned a senior person to monitor security services to determine that standards are being met, and that the agency's contractual obligations are being fulfilled?

03. Does the agency have guard incentive programs?

04. Does the agency have a career program for its guards?

05. Do the guards meet educational and medical checks?

06. Does the contract with the guard company assure that they are an independent contractor, thereby relieving your firm of joint employer liability?

07. Does the contract guarantee costs?

08. Does the contract contain penalties for nonperformance or poor performance?

09. Will your account have a representative assigned who is from the highest level of management?

10. Will the agency you select have the capabilities to offer other services such as investigations, disaster planning, executive protection, employee screening, and polygraph testing?

11. Will there be a union conflict if your employees go on strike?

12. Have you determined whether or not you have limited security requirements?

13. Have you checked with a local law enforcement official for recommendations?

14. Have you checked with colleagues who are using security services for recommendations?

15. Have you requested information on the security agency's clients, the names of current customers, and the length of time the account has been with the agency?

16. Have you requested information on the agency's financial status?

17. Has the agency a set of standards to which guards are held? What are they?

18. Have you reviewed the credentials of the senior executives of the guard company?

19. Have you determined if the agency you are selecting has a union affiliation? Which one?

20. Have you visited the agency's local office?

21. Have you discussed prior clients and why they are no longer clients?

22. Have you reviewed provisions for contract terminations?

23. Have you visited current accounts and talked to management?

24. Have you double checked the insurance liability of the agency?

25. Have you reviewed the contract's provisions for replacing unsatisfactory guards and for terminating the contract?

26. Have you assigned a senior person to monitor security services to determine that standards are being met, and that the agency's contractual obligations are being fulfilled?

27. Have you discussed any special training required to accomplish the assignment, I.e., firearms, CPR. fire safety, first aid, etc.?

28. In the contractual arrangement with the guard company, have you avoided too much control over their employees?

29. If you have determined that your security needs are complex, have you talked about your needs to a select group of trustworthy agencies?

30. If your security needs are simple, are you aware that it is time consuming and a waste of productivity to obtain a wide variety of competitive bids?

31. If you are analyzing a security agency, have you requested information on the amount, type, and stipulations of their insurance coverage?

32. If your plant is paying for guard services, have you discussed wages and job-related expenses, I.e., travel, holidays, supervisors, etc.?

33. If your situation requires a formal presentation and contract, have the documents been reviewed by your legal counsel and insurance company?

17. RESIDENTIAL SECURITY

01. Are doors and windows always kept locked?

02. Is your residence left unattended during the day? On a regular basis or occasionally?

03. Are they well trained in their duties? Are they qualified with weapons? Do they have power of arrest?

04. Are you acquainted with your neighbors? Have you met to discuss mutual security matters?

05. Are you and family members sufficiently familiar with neighborhood environment to notice strange persons or vehicles?

06. Are you and your family aware of locations of nearest police station, hospital, fire station and other sources of emergency help? Have you posted address and telephone numbers for emergency use?

07. Is your home equipped with fire extinguishers? Are family members familiar with their location and use?

08. Was security a factor in the selection of your residence?

09. Were all locks changed or rekeyed after you moved in?

10. Do you receive mail at your residence?

11. Do you receive other deliveries at your residence, i.e., newspapers, groceries, milk, fuel oil, fresh water, etc? NOTE: Terrorists frequently use delivery or sales pitches to gain entrance to home for intelligence or attack purposes.

12. Do you employ maids, yardmen or other servants? Did you advertise for them? Were they recommended by someone? If so, whom? Did they approach you and offer their services? Did you ask for references? Were references checked? Were police and security agencies checked for criminal records, terrorist or subversive connections?

13. Do servants live in? Do they have unrestricted access to the residence?

14. Do you or family members provide transportation to and from work for servants? NOTE: This is a dangerous practice. Pay for taxi or bus transportation.

15. Do you know where your servants live? Has this been verified? How long have they lived there?

16. Do servants have access to your travel schedules? How far in advance do they know of vacations and changes in your schedule?

17. Do servants have access to keys? Are they allowed to remove keys from the premises?

18. Do you have residential guards? Are they American or foreign nationals?

19. Do you ever display the American flag at your residence? Have you removed your name from mailboxes, and other locations where passersby can observe it?

20. Do you have a local telephone? Is it reliable? Is your telephone number listed in a public directory? Base directory?

21. Do you own a dog?

22. Do you keep weapons in your home? Are they secured? What kind do you have? Are family members familiar with their location and operations?

23. Do family members exercise care when discarding letters, personal papers and other materials to ensure nothing is included in trash which could assist a terrorist in developing information about you? for example, Envelopes containing name, rank, address; letters with personal information or information about travel plans; party maps showing residences of other Americans; pjone books, orders,etc.

24. Has a security survey previously been accomplished on your residence? If so when and by whom? Were recommendations considered valid and were they adopted? If not, why not?

25. Have you established a strick control of all residential keys? List all persons having keys? Have you hidden keys outside your residence?

26. Have family members been cautioned not to unlock or open doors to persons they do not know and until identity is established?

27. Have you recently fired any household servants, drivers or other employees? If so, whom and why? Have you had any quarrels or harsh words with servants?

28. Have you ever experienced problems with your guards, I.e., sleeping on duty; not following established procedures; rudeness; gun play or carelessness? Was this properly noted to superiors? Was disciplinary action taken? Did it correct the problem?

29. Have you received obscene, threatening, annoying phone calls or an unusual number of wrong numbers or silent callers? Have you maintained a log of such calls? Did you report calls to police or security?
Were they investigated?

30. Have neighbors reported any suspicious activity in the neighborhood or persons asking questions about you or your family? Have neighbors been asked to report such matters to you?

31. Have you installed any alarm, locks or other security devices?

32. Have you obtained a first aid kit, flashlight, candles battery powered radio and other emergency equipment? Are they regularly inspected? orders, etc.

33. Who lived in your residence prior to you and your family?

34. What procedures exist for accepting deliveries? Are suspicious or unexpected deliveries refused? Are identities of delivery persons checked and verified with appropriate dispatches prior to accepting delivery or allowing access?

35. What procedures have been established for checking out repairmenand and service representatives? Are they asked for phone numbers of companies they represent and other identification that can be verified before they are allowed access? Are they closely supervised while in the residence? Do repairmen call by appointment only?

36. How long have you lived in your current residence?

37. How do you and your family members answer the telephone? NOTE: Do not give out identity or other information until the identity of the caller is established.

18. CITY FILE

City:
Country:
Principal language spoken:
Time difference from Greenwich:
Last visited:
Currency and current exchange rate:
Airport:
Airport code:
Distance from airport to city centre:
Police contacts: Local: National:
Private security contacts:
Electronic security specialists:
Bomb dog handler:
Limo services and trained drivers:
Linguists and translators:
Acceptable medical facilities:
Medical evacuation air service:
English speaking, US or European trained doctors

Favourite hotels: Manager, Reservations and number:
Favourite hotels: Manager, Reservations and number:
Favourite hotels: Manager, Reservations and number:
Favourite restaurants: Manager and number:
Favourite restaurants: Manager and number:
Favourite restaurants: Manager and number:

Special threats or dangers:

Criminal:

Terrorist:

Ethnic and religious:

Medical:

Weapons restrictions and licences

Gun shop, armourer and gunsmith

✦Embassies:

US:

UK:

Other applicable:

Information regarding use of radios (frequencies, regulations, etc.):

Information regarding use of mobile phones:

Local customs regarding gratuities (and bribes):

Important local taboos:

Principal religions:

Location of:

All-night pharmacies:

Dry cleaners and laundries:

Other transportation:

Yacht basin and harbour :

Rail station :

Heliport :

Other useful information:

19. ROUTE

Date and time route will be travelled.

Distance to be covered.

Driving time based on advance team travelling the route.

Mark factories, offices, schools and other buildings that increase traffic at certain times during the day.
Locations of police stations. Locations of hospitals with emergency centres.
Locations of overpasses.
Locations of bridges.
Locations of tunnels.
Points where road construction may cause slow-downs.
Other traffic choke points.
If an official motorcade, note whether police can control traffic lights to speed progress.
Note any parades or other events scheduled that will affect traffic.
One-way streets and the direction of their flow.
Wooded areas including parks.
Buildings that offer particularly good shooting positions for snipers.
Mark particularly dangerous sites for a command detonated explosive device.
Pedestrian areas, especially where crowds are likely.
Communication dead zones.
Areas where loud noises may occur, especially if they could be mistaken for gunfire or explosions.
Note potential alternate routes at critical points.
Note speed limits.
Will a local police officer or officers be assigned to a motorcade?
How many cars will comprise the VIP motorcade?
Are several cars of the same type available?
Mark entrance to be used at destination.

20. AIRLINE

Name of airline:
Flight number:
Gate number:
Contact person and number:

Airline security contact and number:
Departure time :
Arrival time:
Type of aircraft (attach cabin diagram):
Special notes on aircraft type:
Origin of flight:
Any stops?:
Preferred seating for principal and party:
Preferred seating for protection team:
Are there any other known VIPs on the flight?
Do they have a protection team?
Is this an airline that flies with armed security personnel?
Express check-in procedures:
Location of airline VIP lounge:
Special VIP disembarkation arrangements:
Special baggage procedures:
Procedures for transporting weapons:
Alternate flight in case of cancellation:
Flight reconfirmed on?
Other information:

21. AIRPORT

Airport:
City:
Airport code :
Time +/-Greenwich:
Distance to city centre :
Hub for which airlines:
Other major airlines providing service :
Number of concourses (attach airline map):
Is there a separate international terminal?
Transfer time?

Passenger volume :
Approx. flights per 24 hours
Flights announced in which languages?

Location of, and numbers for:
Airport police :
Airport emergency medical services:
Lost luggage:
VIP lounges:
VIP drop-off points:
VIP pick-up points:
Car rental agencies:
Limo services:
Taxi stands:
Restaurants:
Express baggage claim:
Normal waiting time for luggage?
Customs and Immigration:
Time from representative gates to limo pick-up area:
Normal time to clear Customs?
Bureau de Change:
Other information:

22. AIRPORT AND TRAIN STATION

01. Have you MET WITH AIRPORT/TERMINAL MANAGER?

02. Have you MET WITH REPRESENTATIVE?

03. Have you BRIEFED POLICE AND FIRE DEPARTMENTS?

04. Have you MET WITH CONTACT MAN FOR ADVANCE?

05. Have you SELECTED PARKING SPOT FOR PLANE.

06. Have you ARRANGED FOR PLANE SECURITY AND REFUELING?

07. Have you SELECTED PRESS AREA?

08. Have you SELECTED PUBLIC AREA?

09. Have you ARRANGED FOR PHYSICAL BARRIERS?

10. Have you SURVEYED OUTER PERIMETER?

11. Have you SURVEYED INNER PERIMETER?

12. Have you SET UP ADMITTANCE PROCEDURES?

13. Have you ARRANGED FOR MEDICAL SUPPORT (AMBULANCE)?

14. Have you ARRANGED FOR RUNWAY SECURITY?

15. Have you ARRANGED FOR BAGGAGE SECURITY?

16. Have you ARRANGED FOR BAGGAGE HANDLERS?

17. Have you ARRANGED FOR IDENTIFICATION MEDIA?

18. Have you ARRANGED FOR VIP RECEPTION?

19. Have you LOCATED RESTROOMS AND PHONES?
REMARKS:

23. HOTEL

City :
Date of visit :
Hotel: Address:
Phone: Fax:
Web site: e-mail:
General manager and manager: Phone:
Head of security: Phone:

Rooms needed for members of the party as follows: Principal:
Family: Staff: Protective team:

Reservations made:

Date: Under what name?

Confirmed: Rooms reserved:

Command post location:

Check-in and check-out procedures:

Restaurants (including hours of service and acceptable attire):

Hours of room service:

Special facilities:

Computer and business centre:

Gym and spa:

Swimming pool:

Shops :

Medical:

Valet, dry cleaning and laundry :

Translators:

Security vault and safe deposit:

Hotel security:

How many guards on duty each shift?

How are they dispatched?

Are they armed?

Nearest police station :

Fire safety:

Check smoke detectors

Check electrical wiring

Check fire extinguishers

Check fire hoses

Nearest fire station

Evacuation procedure

Nearest hospital with an emergency centre
Number of hotel entrances
Exits
How many allow a limo to pull up nearby?
Lifts
Are any lifts express?
Can it be arranged to lock out one as an express?
Are lifts limited access by key card?
Staircases
Parking facilities
Can secure parking be arranged?

Other personnel and phone numbers:

- Assistant manager
- Concierge
- Restaurant managers
- Head waiters
- Head porter
- Doorman

Other useful information:

24. HOTEL AND RESIDENCE

01. Have you MET WITH MANAGER OR OWNER?

02. Have you MET WITH HOTEL SECURITY?

03. Have you DISCUSSED ARRANGEMENTS WITH CONTACT MAN?

04. Have you SELECTED SUITE FOR PRINCIPAL?

05. Have you ASSIGNED ROOMS FOR DETAIL MEMBERS?

06. Have you MADE SURVEY OF ALL ROOMS?

07. Have you SET UP SECURITY ROOM?

08. Have you MADE POST ASSIGNMENTS?

09. Have you OBTAINED EXTRA KEYS TO SUITE?

10. Have you ARRANGED FOR MAIL RECEPTION?

11. Have you ARRANGED FOR SECURE FOOD PREPARATION?

12. Have you ARRANGED GIFT AND PACKAGE INSPECTION?

13. Have you ARRANGED FOR TECHNICAL SWEEP?

14. Have you ARRANGED FOR BOMB SWEEP?

15. Have you MADE FIRE SAFETY INSPECTION?

16. Have you INSPECTED THE ELEVATORS?

17. Have you MADE NAME CHECKS ON EMPLOYEES?

18. Have you MADE CHECKLISTS FOR HEAD TABLE, GUESTS?

19. Have you LOCATED COMFORT STATIONS FOR PRINCIPAL?

20. Have you LOCATED SECURE TELEPHONE FOR PRINCIPAL?

✦ROUTE to HOTEL AND RESIDENCE

01. Have you MADE SURVEYS REGARDING INTERSECTION CONTROLS, OVERPASSES, UNDERPASSES, BRIDGES, SEWERS, MANHOLE INSPECTIONS?

02. Have you OBTAINED HOSPITAL LOCATIONS AND PHONE NUMBERS AND SELECTED EMERGENCY ROUTES?

✦PROTECTIVE DETAIL OIC

01. Have you ARRANGED WITH OIC FOR ADDITIONAL PEOPLE?

02. Have you COORDINATED WITH OIC FOR NAMES OF DETAIL MEMBERS AND THEIR ASSIGNMENTS?

03. Have you DISCUSSED POTENTIAL PROBLEMS WITH OIC?

25. RESTAURANT

Name of restaurant:
Date of visit:
City:
Address:
Phone:
Serving hours:
Manager:
Head waiter:
Secure parking:
Number of entrances and exits:
Acceptable attire:
Normal seating capacity:
Bar/ and lounge:
Number of private dining rooms Private seating capacity:
Average time for a four-course meal:
Average cost for a four-course meal with wine:
Are any receptions, banquets, etc, scheduled on day of visit?
If so, what type?
Does restaurant attract persons of any specific ethnic and national background?
Do employees tend to be of a specific ethnic and national background?
Best points to locate members of the protective detail:
Nearest police station:
Normal police response time:

Nearest hospital with emergency centre:
Do restaurant and kitchen appear clean?
Are emergency exits easily accessible?
Are any portions of the restaurant particularly vulnerable to attack from the street?
How well lit is the restaurant?
Other information:

26. BUILDING-1

ADDRESS:
CITY:
NEAREST INTERSECTION TYPE OF BUILDING:
FLOORS:
NO. TENANTS:
BUILDING OWNER: PHONE:
MANAGER: PHONE:
CONTACT PERSON: PHONE:

CONCEALMENT ON ROOF: YES, NO
TYPE OF ROOF:
VIEW OF ROUTE FROM ROOF: YES, NO
FLAT:
DO WINDOWS OPEN: YES, NO
PEAKED:
VIEW OF ROUTE FROM:
SLANTED:
BALCONY: YES, NO
OTHER:
PORCH: YES, NO
PATIO: YES, NO
LEDGE: YES, NO
WINDOWS: YES, NO

ACCESS TO ROOF: OUTSIDE: INSIDE: FIRE ESCAPE:
NONE: OTHER: LADDER:
EXPLAIN:
RECOMMENDATIONS: YES, NO
MAN ON ROOF: YES, NO
MAN INSIDE BUILDING: YES, NO

OTHER SECURITY RECOMMENDATIONS:

27. BUILDING-2

01. Have you MET WITH BUILDING SECURITY?

02. Have you DETERMINED MOST DANGEROUS BUILDINGS IN THE AREA?

03. Have you SELECTED POST REQUIREMENTS FOR ROOFTOPS?

04. Have you CONTACTED OWNERS OR MANAGERS OF BUILDINGS AND COORDINATED WITH THEM?

05. Have you MET WITH CONTACT MAN FOR THE EVENT?

06. Have you DETERMINED LOCAL PRESS REPRESENTATIVES?

07. Have you COORDINATED WITH PRESS SECRETARY?

08. Have you ARRANGED FOR PRESS IDENTIFICATION?

09. Have you BRIEFED LOCAL POLICE ON PRESS IDENTIFICATION AND PROCEDURES?

10. Have you ESTABLISHED PRESS AREA?

11. Have you OBTAINED NAMES AND TITLES OF THOSE ATTENDING MEETINGS?

12. Have you ARRANGED FOR FLAGS, SEALS, ROSTRUM, ETC.?

REMARKS:

28. OFFICE

01. A survey should be conducted to determine if the office is constructed in a manner to minimize unauthorized entry and to inhibit terrorist attack.

02. Coordination should be made with security or law enforcement personnel for recommendations on selection and use of protective security devices for offices. If possible, a high-perimeter fence or wall with lighting to inhibit entry should be added if it does not already exist.

03. If entry is normally restricted to organizational members, or restricted in periods of high stress, a peephole or small window aperture in doorways where visitors arrive should be available so that they can be observed for identification purposes; an intercom or interview grill will be helpful in this identification process.

04. Consider restricting entry to the interior of the office at all times; use a reception room for normal handling of visitors.

05. Consider, also, installing metal detection devices at controlled entrances; do not permit nonorganiational members to bring in boxes or parcels without inspection.

06. Make the offices as fireproof as possible. Ensure that fire extinguishers are available and in working order; they should periodically be checked and recharged as required.

07. Emergency items such as a supply of fresh water, food, candles, lanterns, flashlights, extra batteries, blankets, portable radio, camping stove with spare fuel, ax, first-aid kit, and other appropriate items such as a bomb blanket should be maintained.

08. Select and prepare an interior "safe room" for use in case of attack.

09. Emergency exits, evacuation and escape routes should be selected, and the staff should be briefed on them.

10. Ensure that all members of the organization know the location of fire equipment, bomb blankets, fire escapes and other emergency exits, electrical service switches, weapons, and emergency radio.

11. Keep the grounds to the office well lit at night if appropriate. Exterior lighting is one of the least expensive and most effective deterrents to entry and cannot be overemphasized.

12. Be alert to persons disguised as public utility crews, road workers, vendors, etc., who station themselves near the office in a position to observe your activities and gather information for future attacks.

13. Determine if the local police patrol the area. If not, request that they do.

14. Consider using private guards.

15. Attempt to draw as little attention as possible to the location or purpose of your office. In high-risk areas, consider removing all identifying signs.

16. Ensure that each host country employee is given a security check; updating of earlier checks should be done periodically.

17. Ensure that all doors are locked at night, on weekends, and when the office is unattended; keep tight control of door and other keys.

18. Do not leave important or confidential papers unattended; ensure all are secured at all times.

19. Lock all cabinets and closets when not in actual use. Janitors should be under supervision when cleaning unless they have been cleared for security purposes-and even then they should be spot-checked.

20. Lock all office lavatories when not in actual use. They, too, should be cleaned only by, or under the observation of, a cleared employee.

21. Visitors should be escorted when visiting the office. Control of strangers seeking entrance should be maintained.

22. Do not discuss in the presence of or reveal to visitors the travel plans or timetables of staff or visits by members of other offices.

23. Notify the appropriate security personnel immediately of an unexplained package anywhere in or near the office; know what to do in bomb threat situations.

24. Do not reveal to telephone callers, unless sure who they are, the whereabouts of persons asked for.

25. There should be a standard operating procedure established for emergencies; and everyone must understand their role.

26. Lock the doors to service areas such as closets and cupboards.

27. Empty wastebaskets frequently to prevent an accumulation of trash which would hide a device.

28. Don't have parcels, boxes, cases, stacks or bundles of books or magazines in public areas.

29. Generally keep the premises clean and neat so that it will be easier to observe something out of place (both inside and around the exterior).

30. In rooms and offices, see if the construction of built-in furniture (or its placement) creates hiding places and alter, move, or change it to remove them.

31. If curtains, drapes, or cloth covers create hiding places, raise, tie back, or remove them.

32. Have any adjacent mailbox removed from proximity to the building.

33. Arrange for local officials to place a "No Parking" sign in front of the office entrance if possible.

34. Remove bicycle racks from near entrances or any wall of the office. Be alert for parked or abandoned bicycles or motorcycles near the entrance or walls; they may be bombs.

35. Fasten down or lock manhole covers near the building.

36. Lock desk drawers accessible to the public.

29. HOSPITAL

NAME OF HOSPITAL:	TELEPHONE:
ADDRESS:	ADMINISTRATOR:
EMERGENCY PHYSICIAN:	TELEPHONE:
OTHER LIAISON:	TELEPHONE:
LOCATION OF EMERGENCY ROOM:	TELEPHONE:
LOCATION OF AMBULANCE SERVICE:	TELEPHONE:

EMERGENCY MEDICAL CAPABILITIES;

EMERGENCY ROOM;	GENERAL SURGEON;
X-RAY;	NEUROSURGEON;
CORONARY CARE;	THORACIC SURGEON
WHOLE BLOOD:	
CARDIOLOGIST:	INTENSIVE CARE:
	PATHOLOGIST:

TYPES OF CASES REFERRED TO OTHER HOSPITALS:

REMARKS:

30. MOTORCADE

01. Have you ARRANGED THE MOTORCADE WITH LOCAL POLICE?

02. Have you DISCUSSED MOTORCADE WITH CONTACT MAN?

03. Have you SELECTED ROUTES?

04. Have you DECIDED ON CARS TO BE USED?

05. Have you ARRANGED FOR CARS?

06. Have you ARRANGED SECURITY FOR CARS?

07. Have you ARRANGED THE NUMBER AND PLACE OF EACH VEHICLE TO BE USED IN THE MOTORCADE?

08. Have you ARRANGED FOR NUMBER AND ARRANGEMENT OF PRESS BUSES?

09. Have you BRIEFED ALL DRIVERS?

10. Have you MADE A DRY RUN OF ROUTES?

11. Have you ARRANGED FOR POLICE ESCORT?

12. Have you ARRANGED FOR RADIOS IN ALL CARS?

13. Have you ARRANGED FOR POLICE SUPPORT IF MOTORCADE GOES THROUGH MULTIPLE JURISDICTIONS?

14. Have you ARRANGED FOR BACK UP PRINCIPAL CAR?

31. HOW TO NEGOTIATE WITH TERRORISTS

01. TRY TO MAKE SURE THE VICTIM IS ALIVE.

If possible and you can talk to the terrorist, tell him honestly:

✦That you will do everything for the release of the victim.

✦That you just want to make sure that the victim is unharmed.

✦That you would like the victim to write a note to you or to say something to you so that you know positively that he is alive and unharmed.

02. ASK THE TERRORIST TO REFER TO HIMSELF BY A CODE NAME that you agree upon so that you will know that you are talking to the same person each time. Do not reveal the code name to anybody until after the victim is released. It is common for several different people to try to collect a ransom in any publicized kidnapping. Give each person calling a different code name. Use a neutral or even a favorable code name and not a derogatory code name-e.g., Honest Abe rather than Doubting Thomas.

03. OBTAIN AND REPEAT INSTRUCTIONS FOR FUNDS DELIVERY. If possible, work out alternate instructions in case you cannot comply fully with the original instructions.

04. ENDEAVOR TO LESSEN THE AMOUNT OF FUNDS BEING DELIVERED. Since the safety of the victim is most important, do not haggle over the amount of funds. However, if the opportunity arises, tell the terrorist that you can obtain one–half or one–third for immediate same–day delivery to any spot he wants but that delivery of the fully amount might take longer since you need higher authorization. If the terrorist is intransigent, drop the subject immediately.

05. ASSURE THE TERRORIST THAT THE TELEPHONE IS NOT BEING TAPPED, THAT LAW ENFORCEMENT HAS NOT BEEN INVOLVED, AND THAT THE NEWS MEDIA IS BEING KEPT OUT. (BUT ONLY IF HE BRINGS UP THESE SUBJECTS FIRST).

06. COOPERATE WITH OTHER NEGOTIATORS. So that everyone concerned is aware of the situation. Do not discuss the situation with anyone other than your fellow negotiators.

32. HOW TO NEGOTIATE WITH THE FAMILY

01. KEEP THE FAMILY AS CALM AND AS UNWORRIED AS POSSIBLE. Assure the family that the company is doing and will do everything possible for the safe release and return of the victim. Assist the family by doing small chores. Try to have the family resume normal activities as far as is possible. Act cheerful and confident.

02. If possible, the family members should not be interviewed by the news media. Younger family members, especially teenagers, might reveal detailed information that might jeopardize the success of your operation.

03. If necessary for their safety, comfort, and security, move the family to a safe haven, for instance, a motel in a secluded location, until the situation is resolved. The police will usually cooperate by assigning protection to the family. If not, hire a private body guard.

04. COOPERATE WITH OTHER NEGOTIATORS SO THAT EVERYONE CONCERNED IS AWARE OF THE SITUATION. Do not discuss the situation with anyone other than your fellow negotiators.

33. HOW TO NEGOTIATE WITH LAW ENFORCEMENT

01. AS SOON AS PRACTICAL, NOTIFY LAW ENFORCEMENT OF THE SITUATION
Most terrorist situations are under the joint jurisdiction of federal and local authorities. The Federal Bureau of Investigation (FBI) and the Postal Authorities are concerned with possible federal law violations. Local police are concerned with possible local law violations.

02. BE HONEST AND FRANK WITH LAW ENFORCEMENT.
In all situations, law enforcement will cooperate with you and with each other for the safe return of the victim. Law enforcement agencies will do nothing to jeopardize the safe return of the victim and will conduct investigations in a covert manner until the victim is returned.

03. HONESTLY ASSESS THE CAPABILITIES OF LAW ENFORCEMENT. In some communities, local police have limited capabilities and experience. In such cases, it will be better to notify the FBI first for their primary investigative activity and to make sure that capable investigation is conducted. Local law enforcement, in this case, would handle secondary investigation, upon notification by the FBI.

04. COOPERATE WITH OTHER NEGOTIATORS. Cooperate so that everyone concerned is aware of the situation. Do not discuss the situation with anyone other than your fellow negotiators.

05. LOCAL POLICE AND THE PRESS. Remember, a telephone call to the local police switchboard or emergency number will usually be monitored by the press and television news reporters. If you are to exercise any control over the press, let the FBI notify the local police in every instance.

34. HOW TO NEGOTIATE WITH THE MEDIA

01. REMAIN IN CONTROL OF ALL INFORMATION RELEASED TO THE MEDIA.

It is better for the safe return of the victim that as little detailed information as possible be released to the press, television, an radio. You can admit that a situation exists but do not reveal any details about the family situation, the amount of ransom demanded, or the details of the ransom delivery. Furnishing too many details will permit:

✦ Sick, antisocial, greedy people to enter the picture and complicate things by fraudulent attempts to get money (this is why code names are necessary in all negotiations with the kidnappers);

✦ Overly aggressive news reporters might complicate funds delivery by close surveillance;

✦ The efforts of law enforcement to secure the return of the victim, to apprehend the kidnappers, or to recover the ransom funds might be jeopardized by releasing information that should be concealed. In a terrorist situation where the safety of personnel is at stake, it is belter to release too little rather than too much information. Law enforcement advice should be sought about the release of specific details. Criminals and terrorists read the papers and listen to news broad casts.

02. ONLY ONE PERSON SHOULD HANDLE ALL CONTACTS WITH THE MEDIA. All other people should refer all contacts from the media to that one person. This will prevent the media from playing one official against another to obtain more information. This will permit the controlled release of nonvital information. It is standard media procedure to attempt to have a ·person feel important by releasing small details that are then used to confront a second person with the released information.

03. DO RELEASE TO THE MEDIA ALL DETAILS ABOUT SPECIAL MEDICATION OR TREATMENT NEEDED BY THE VICTIM.

04. REMEMBER AT ALL TIMES THAT YOU DO NOT HAVE TO ANSWER ANY QUESTIONS by the media or anyone else except in a court under subpoena. Many people feel that they should or have to answer questions from the media or well-intentioned citizens. Learn to say, "No comment at present."

05. COOPERATE WITH OTHER NEGOTIATORS so that everyone concerned is aware of the situation. Do not discuss the situation with anyone other than your fellow negotiators.

SPECIAL

경호일담(Security Antidote)

북한의 김정일 위원장이 러시아의 메드베데프 대통령과 정상회담을 갖기 위해 특별열차를 이용하여 2011년 8월 23일 오전 러시아 브랴트공화국의 울란우데역에 도착했다.

김정일 국방위원장은 김정일전용특별열차에 싣고 온 메르세데스벤츠방탄승용차를 타고 현지경찰의 삼엄한 에스코트하에 시내를 통과하여 행사장으로 이동하였다고 현지 언론인 리아옴스크인포가 보도했다. 이 과정에서 김정일 일행의 차량행렬을 지켜본 현지인들은

김정일 국방위원장이 탄 전용방탄벤츠가 90년대식 구형모델이란 사실에 다소 놀란 표정들이었다고 보도했다.

우연히 이 뉴스를 본 필자는 VIP경호 통념상 피방문국에서 제공하는 차량을 이용하지 않은 김정일 위원장의 행보에 약간의 의아함이 들었다. 그 이유는 지난 봄 김정일 위원장이 중국을 방문했을 당시 중국 측이 제공한 최상의 방탄차량을 이용 한 것과 비교하면 예우 상 많은 차이점 이 있다고 생각되기 때문이다. 필자가 나름대로 추측을 한다면 세가지면으로 생각이 된다. 첫째는, 정치적인 면에서 러시아는 중국만큼 북한의 중요성이 크지 않다고 생각 하는 것이 아닌가 하는 점이고, 둘째는, 모스크바가 아닌 지방정부에서 행사가 열림으로서 멀리 떨어 진 지방정부까지 중앙정부차량을 이동시키기가 현실상 어려웠을 수도 있다고 추측할 수가 있겠고, 세 번째는, 이번 러시아방문 일정이 시작부터 북한에 돌아 갈 때 까지 총 이동 거리가 7,800km에 이르는 장거리로써 김정일 위원장의 건강을 고려한 결과, 북한에서 주로 이용 하던 전용차량을 편리하게 이용하도록 북한 측과 러 측이 상호 배려해 준 것이 아닌가하는 점이다.

한편, 거의 같은 시기에 우리나라의 이명박 대통령이 몽골공화국을 시작으로 중앙아시아의 우크라이나와 카자흐스탄공화국을 순방하고 귀국 하였다.

필자는 대한민국경호실에서 과거 이십여 년 간 대한민국 대통령경호임무를 완벽하게 수행하기 위해 미국을 비롯하여 유럽과 아프리카, 중동, 남아메리카 그리고 아시아 등 세계각국의 경호담당자와 많은 경호경험을 공유 한 바 있다. 특히 이번 김정일 위원장의 방탄차량에 대한 기사를 보면서 이명박 대통령의 첫 방문국인 몽골공화국에

서의 '방탄차량관련 해프닝'이 문득 떠올라 이 글을 쓰게 된 동기가 되었다. 1999년 우리나라 김대중 대통령은 대한민국 대통령으로서는 최초로 몽골공화국을 방문하게 되었는데 필자가 경호선발대책임자로 현지에 도착 해보니 몽골정부에는 방문정상에게 제공 할 방탄차량을 보유하고 있지 않았다.

당시 몽골에 대한 현황보고서에는 몽골국민대다수가 사냥할 목적으로 총기를 소지하고 있다고 보고 한바 VIP경호에 '방탄차량확보문제'가 불요불급한 사항이라고 판단한 필자는 곧바로 본국에 이 문제를 보고하게 되었다. 다행히 당시 방탄차사업시장에 진입하기를 학수고대하고 있던 B사가 방탄리무진을 제공하겠다고 나섬으로써 몽골까지 방탄차량을 공수하여 대통령의 몽골방문행사기간동안 사용함으로써 안전하게 임무를 수행한 소중한 경험을 갖고 있다.

필자는 이번 김정일 위원장이 아직도 90년대식 구형벤츠를 전용차량으로 이용한 보도를 접하면서 북한의 최고 실권자에 대한 경호장비가 타 국가에 비해 매우 뒤떨어져 있다는 사실을 깨닫게 됨과 동시에 북한경제에 대한 현실이 어느 정도인지 시사 하는 바가 크다고 유추한다. 또한 외부와의 소통단절이 결코 북한의 발전에 전혀 도움이 되지 않음을 깨달아야 된다고 보면서 결론적으로 북한은 한반도와 북한의 미래를 위해서라도 자신감을 가지고 바깥세계와 진심으로 소통하기를 간절히 기대해본다.

(박영서: (전) 대통령 경호실 경호3처장)

저자소개

박영서

서울대학교 사범대학 졸
대통령경호실 경호원 임용
경호사무관 승진 및 선발, 수행과장 보임
경호부이사관 승진 및 경호부장 보임
경호이사관 승진 및 경호 3처장 보임
대통령경호실 퇴임
인천항부두관리공사 사장 역임
인천항보안공사 사장 역임
인천항보안공사 고문 역임
(현)대통령경호안전연구회 이사

전경복

동국대학교 대학원 영어영문학과 졸업
중앙대학교 어학교육원 강의교수
한국외국어평가원 영어전문위원실장
한국평생교육평가원 영어실장
코리아타임스국제교류원 영어평가연구실장
한국청소년운동연합 자문위원
대통령경호실 교육혁신 자문위원
KBS 한국어진흥원 전문위원
21세기미디어뉴스시사코리아 논설실장
(현)대한민국일등봉사대 사무총장